金融经济论丛
金雪军文集

第三卷 经济改革与金融创新

金雪军 编著

ZHEJIANG UNIVERSITY PRESS
浙江大学出版社
·杭州·

卷首语

　　本卷收集了一部分经济理论与经济运行、经济与金融改革研究的论文。

　　我对经济理论与经济运行的研究和几个因素相关，首先，从 1977 年考入南开大学经济学系开始至今，自己在经济学领域的学习与研究已经 47 年，从未间断过。1977 年国家恢复高考制度，然当时全国的高校除了几家财经类院校招收部分财经类专业外，只有为数不多的几所大学像北大、南开、复旦、武大等，设有经济学系招收政治经济学专业，在大学学习的课程也主要是理论经济学方面，其实就是以政治经济学为主线的课程，如政治经济学资本主义部分和社会主义部分，资本论第一卷、第二卷、第三卷，经济学说史、经济史等，一直到大三才有当代西方经济思潮与流派的课程，至于应用经济学门类的课程多是一门学科一门课，大多属总论和概论性质。大学毕业后即又考取南开大学经济系的研究生。在研究生阶段，除继续深化政治经济学与资本论的课程外，增加了比较多的西方经济学和国际经济学的内容，记得萨缪尔森的《经济学》中文版是作为西方经济学课程的教材，其英文版作为专业英语的教材。这一切使自己得以系统地学习了当时理论经济学的主要内容包括政治经济学、西方经济学、经济学说史、经济史和国际经济（世界经济）的基本理论与知识，也引起了自己研究经济理论和经济运行的浓厚兴趣。1984 年研究生毕业后，根据当时国家对大学生的毕业分配机制，教育部系统先行进行部属重点高校之间的师资调配，正值当时以理工科为主的浙江大学发展社会科学，两校协调后通知我进浙大报到。当时的浙江大学经济学科只有刚从马列教研室基础上挂牌成立的社会科学系下的政治经济学教研室，主要从事公共课政治经济学的教学，记得浙江大学竺可桢学院前身浙江大学混合班刚成立，首届混合班的政治经济学课程就是由我在1985 年开设。当时的经济学科本科专业教学只是政教专业下的一个政经方向，到 80 年代中期，浙江大学社会科学系又划分为哲学社会学系和经济学系，经济学系专业设置为国民经济管理专业，浙大也有了第一个经济学硕士点"政治经济学"。所以，在 80 年代，虽然自己也开设了金融课程，然同时从事政治经济学和西方经济学的教学，1990 年我晋升为副教授开始独立指导硕士研究生也是政治经济学专业，甚至到 1998 年浙大第一个经济学博士点也是政治经济学，我作为第一批博士生导师之一至今也仍然招收政治经济学专业的博士生；后来自己牵头申报获批的国家留学基金国际合作项目也是去德国克劳斯塔尔工业大学从事与实验经济学与行为经济学相关的进修访学与合作研究。其次，上世纪 80 年代的中国处于改革开放的第一阶段，经济理论界和实务界讨论的问题也多集中在所有制改革、价格改革和市场经济基本问题上，浙江省又处于改革开放的前沿，作为恢复高考后入学的第一届大学生，深切感受到改革开放和社会经济实践的呼喊，经济理论工作者必须关注与研究这些新课题。第三，还有一个因素对我在这一领域的研究也很有关系，上世纪 80 年代的浙江大学是个以理工科为主的学校，浙江大学校训是"求是创新"，使我在关注国家改革开放与经济社会发展的重大问题时，也形成了一个基本理念，即需要把制度创新与技术创新结合在一起。

我在这一领域的研究主要集中在以下几个方面，一是属于经济学的基本理论方面。(1)经济周期理论。在读研究生期间，我参加了国家"六五"社会科学重点研究项目"国家垄断资本主义条件下的经济周期研究"，我承担的任务是研究利率与经济周期的关系，该项目成果后作为专著出版，当时自己对几乎所有主要的经济周期理论的著作进行了专门阅读，也逐渐关注经济周期与经济波动的问题。(2)知识经济理论。既包括技术革命对经济理论的影响，也包括制度演变与技术演变之间的关系等。1999 年，在浙江大学出版社支持下，我主持编著了国内最早全面阐述中国知识经济的系列丛书"面向 21 世纪中国知识经济系列丛书"，中国科学院院长路甬祥院士为丛书作了序，该丛书列入国家重点出版项目，还获得了中国图书奖；我牵头申报的关于发展知识服务业的课题也获批了国家软科学研究项目。二是属于经济改革与金融改革方面，在经济改革领域包括所有制改革、价格改革和工资分配体制改革等，80 年代提出"层次结构股份制""工资分配三层次、劳动五差别和多层次浮动分成制"等受到当时学界和实际部门关注，被多种报刊转载。在大学读书期间，结合经济学课程的学习，自己在这方面也写了一些习作，我的本科毕业论文就是讨论价格结构与经济结构的关系。1984 年到浙大任教以后，结合改革开放的理论与实践探讨，逐渐发表了一些文章。当时经济理论界与实务界围绕经济改革的这些重要问题,有各种不同的观点与方案,我的研究的一个特点是通过比较研究,提出自己的思路与观点。关于金融改革与金融创新基本问题的研究,一直是我关注的领域,尤其是利率体制改革的研究。结合地方政府委托项目,我也比较早地开始了对杭州的长三角区域金融中心和科创金融,温州的民间金融,嘉兴的科技金融,台州的小微金融,衢州的绿色金融,义乌的国际贸易金融,绍兴的直接金融与数字产业金融等方面的研究,后其中不少成为国家金融改革的试点。基于金融创新与金融改革的研究成果,2017年还获2016年度英国大本钟奖之金桑树奖最受推崇经济学家奖,为该年度经济学家唯一获奖者。

有幸作为改革开放后首批考入大学经济学系的人之一,充分感受到时代的脚步与经济学的魅力。在本卷完成之际,我要特别感谢我的研究生导师魏埙教授,他学贯中西,对马克思主义经济学、西方经济学和国际经济学都有很深的造诣,这也使我能把这些学科结合起来进行教学与研究成为可能,我在给博士生开课中,还专门开设了"马克思主义经济学与西方经济学的比较研究"。先生还介绍我去拜访请教人大的宋涛教授、卫兴华教授,北大的胡代光教授,复旦的张薰华教授、洪远朋教授等前辈;感谢我的本科生导师贾秀岩教授,他是我国价格理论的开拓者与名家;感谢教给我经济学知识的付筑夫教授、季陶达教授、杨敬年教授、谷书堂教授、朱光华教授、高峰教授、夏长森教授、林惠雄教授、邹树梅教授、王述英教授、纪明山教授等各位老师。感谢我到浙江大学从事经济学教学科研给我很大关心与帮助的周文骞教授、俞明仁教授等各位老师。感谢我研究工作的合作者。

目　录

CONTENTS

经济周期的决定因素和运动机制新探索[①]

——马克思经济危机理论再研究

马克思经济危机理论的重要性众所周知。然而,国内外经济学界对其认识却不尽一致;资产阶级经济学家又提出了种种经济周期理论,其中影响最大的应推从货币信用和经济周期的关系上来寻找经济周期的原因和机制的观点。因此,摆在当代马克思主义经济理论工作者面前的一个重要任务是,从理论和实际结合上说明:(1)经济周期是由何决定、如何实际运动的? (2)货币信用对经济周期能否发生作用、怎样发生作用?

一、经济周期是由何决定、如何实际运动的?

经济周期是资本主义社会再生产的运动形式。由危机、萧条、复苏和高涨四阶段组成,周而复始,循环往复。其中危机是这一周期的终点和下一周期的起点。

经济危机是资本主义基本矛盾即生产社会化与资本主义私人占有形式之间的矛盾决定的。这个矛盾具体表现为整个社会生产的无政府状态和个别企业生产的有组织性、生产无限扩大的趋势和劳动群众购买力相对缩小之间的矛盾。"市场的扩张赶不上生产的扩张,冲突就成为不可避免的了。而且,因为它在把资本主义生产方式本身炸毁以前,不能使矛盾得到解决,所以它就成为周期性了。"[②]正是这些矛盾的激化和缓和,导致经济周期的循环运动。

---

① 本文作者金雪军,最初发表在《马克思主义经济理论课程教改探索》,哈尔滨工业大学出版社 1987 年版。

② 恩格斯:《社会主义从空想到科学的发展》,人民出版社 1951 年版,第 200 页。

问题是如何用它来说明危机的具体过程。马克思并没有集中在一个地方系统地完整地论述过，而是分别在《资本论》第一卷分析以货币为媒介的商品流通时，从买与卖的矛盾的角度以及分析资本主义积累的一般规律时从资本和劳动的矛盾加深的角度、在《资本论》第二卷分析社会资本再生产时从两大部类之间必须保持一定比例关系的角度、在《资本论》第三卷分析利润率下降规律时从资本主义内在矛盾展开的角度论述了危机。这就产生了如何完整地理解马克思的危机理论，并用它来说明危机的具体过程的问题。这个问题解决与否，直接关系到是否为货币信用决定经济周期的理论留下缺口。

如果把马克思的危机理论说成是"比例失调论""消费不足论"或者"利润率下降规律决定论"，这既曲解了马克思的思想，也割裂了资本主义经济内部各种矛盾的联系。苏联著名经济学家门德尔逊在《经济危机和周期的理论与历史》一书中批判了前两种观点，但是，由于他既没有把作为资本主义基本矛盾的表现的两种形式内在地联系起来，又没有把利润率下降规律的作用放在应有的地位上，因此，他并没有解决这个问题。我认为，这些资本主义经济的矛盾和机制都是由资本主义基本矛盾决定的。它们有机地结合在一起，共同发挥作用来决定和影响经济危机。这个内在联系如下：

两大部类之间按比例发展是社会再生产顺利进行的条件。在资本主义条件下，生产资料的生产可以在一定程度上优先发展，但是最终还是要依赖于消费资料的生产。资本主义基本经济规律和竞争规律刺激着资本家扩大生产，但是，消费资料的生产却受到劳动群众有支付能力需求的限制。并且，这种限制随着生产的扩大而扩大。当消费资料生产和生产资料生产比例失调时，就会引起生产资料生产的下降，而这又反作用于消费资料生产部门，导致其生产的进一步下降。两者相互作用的累积促使社会生产普遍下降。

在资本主义条件下，利润率是生产的刺激和推动力。"生产的扩大或缩小……取决于利润以及这个利润和所使用的资本之比，即一定水平的利润率。"[1]因而，利润率的变动成为经济周期的直接作用机制。"要使劳动资料和生活资料作为按一定利润率剥削工人的手段起作用，劳动资料和生活资料就周期地生产得太多了。"[2]利润率表现为生产过程和流通过程的结果，其变动反映了资本主义生产和消费之间矛盾的加剧或缓和。在既定的资本有机构成条件下，影响利润率的因素如剩余价值率的高低、资本周转速度的快慢都既受生产和消费的

---

① 马克思：《资本论》（第三卷），人民出版社 1976 年版，第 589 页。

② 马克思：《资本论》（第三卷），人民出版社 1976 年版，第 592 页。

影响,又影响生产和消费,价格的波动更直接反映了商品供求关系。一般说来,利润率普遍提高反映了再生产过程的矛盾有所缓和,表明资本主义生产能继续扩大;反之,利润率普遍下降则反映了再生产过程的矛盾加剧,表明资本主义生产不能继续扩大。在资本有机构成趋于提高的条件下,平均利润率趋向下降,它促使资本主义内在矛盾日益扩大和加深,也就是说,在利润率下降过程中,资本主义的一系列矛盾如生产扩大和价值增殖的矛盾等等都将进一步展开和尖锐化。"利润率下降在促进人口过剩的同时,还促进生产过剩、投机、危机和资本过剩。"①具体说来:

在经济高涨阶段,生产和消费之间的矛盾较为缓和,生产资料生产和消费资料生产的比例相对均衡,利润率较高,投资增加,生产规模不断扩大。因为消费资料生产直接依赖于劳动群众的消费,也因为生产资料的生产具有优先增长和在一定程度内可以脱离消费资料生产的特点,随着高涨的持续,社会生产和消费的矛盾开始加剧,在社会生产各部类中,消费资料生产部门的比重开始下降,生产资料生产部门的比重相对上升。一般说来,生产资料生产部门是资本有机构成较高的部门,其比重相对上升则使社会平均有机构成提高。

高涨阶段后期,资本有机构成的提高使平均利润率开始下降。当利润率下降以后,资本家通过扩大生产规模,增加产量,提高劳动生产率,加重剥削等方法来增加利润量以弥补利润率的下降带来的损失。由于大资本家积累的增加,中小资本家的破产和劳动群众购买力的相对缩小,所以,生产和消费之间的矛盾进一步扩大,经济危机爆发。危机阶段,利润率的维持遇到了严重的困难,资本过剩、人口过剩和生产过剩的状况非常严重,资本家不可能用扩大生产的方法来抵消了。因此,利润率持续下降。

危机阶段后期,由于生产的严重下降,商品和资本的大量毁灭和贬值,社会上商品供求的矛盾有所缓和,利润率开始停止下降;生产也随之停止下降,社会生产处于停滞状态。这时个别企业,主要是较大的企业,开始更新固定资本,以谋求在价格水平低下的情况下,通过改进生产设备、降低成本,来获得较高的利润率。如此影响所及,有越来越多的企业实行固定资本更新,从而使整个经济走向复苏,利润率普遍上升,固定资本大规模更新,整个经济走向繁荣。

我们看到,在现实生活中的利润率是利润率在决定和实现双重意义上的统一,因此,对利润率的作用,也必须从两者统一的角度去看。西方"新马克思主

---

① 马克思:《资本论》第三卷,人民出版社 1976 年版,第 617 页。

义"者用利润率下降来说明经济危机的产生,认为利润率由利润份额,生产能力利用率和潜在的产量——资本的比率三部分组成,又用工资的变化来说明利润的变化。他们分别用其中或几个因素来解释利润率下降。他们的根本错误在于离开资本主义的基本矛盾,离开资本主义基本经济规律,从经济的表面现象上来解释利润率的下降和利润率下降在经济危机中的作用。武汉大学经济系编的《经济文稿》1983年第1~2期有一篇文章专门对此作了评述。但是,这篇文章的作者一方面认为资本有机构成的提高是利润率下降的主要因素,以危机为起点的经济周期是利润率下降规律的运动形式,另一方面又认为从一个经济周期看,资本有机构成的提高不会对利润率的变动起很大的作用;一方面认为由平均利润率下降趋势规律的作用造成的资本过剩、生产过剩带来了实际利润率的急剧下降,另一方面又认为从一个经济周期看,实际利润率的急剧下降不可能由资本有机构成提高来说明,这又使它具有矛盾的一面。因而使它不可能从理论和实际相结合上,科学地说明利润率下降和危机的关系。其实,马克思早已明确指出,资本有机构成的提高是利润率下降的主要决定因素,促使利润率下降和抵消利润率下降的因素的冲突必然在周期性的经济危机中表现出来。因此,我们对利润率下降的分析,不能够离开资本有机构成。对于现实生活中的利润率,也必须把资本有机构成同资本主义生产和消费的状况结合起来加以考察。

利润率变化规律是由资本主义基本矛盾所决定的。它的作用也正是由于它加剧了资本主义基本矛盾,加剧了并不是因为利润率下降才存在的社会生产和消费之间的矛盾。无论是利润率的决定还是实现,都是由资本主义基本矛盾,由资本积累的状况决定的。因此,我们在否定那种把经济危机和利润率下降规律割裂开来的观点(这种观点在理论上忽视了利润率在资本主义经济运动中的特殊地位,在实际上又忽视了危机爆发前利润率就开始下降的情况)的同时,也要否定那种把利润率下降规律看成是经济危机的直接原因,用利润率下降规律来说明危机的观点(这种观点混淆了作用机制和实际原因的区别)。

可见,资本主义经济周期的变动不是由货币信用的变动决定的。从一般规律的意义上说,直接作用机制也不是货币信用。和资产阶级经济学家所解释的正相反,货币信用对经济周期是否发生作用,如何发生作用,必须看它是否作用于、怎样作用于资本主义基本矛盾以及由此决定的社会生产和消费之间的矛盾;是否作用于、怎样作用于利润率变动规律。

二、货币信用对经济周期能否发生作用、怎样发生作用？

虽然马克思为了批判资产阶级经济学家用货币信用的变动来解释经济周期变动的错误观点，在论述经济周期和货币信用的关系时，着眼于前者对后者的决定作用，而对货币信用在经济周期中能否、怎样起作用，没有直接加以集中而系统的论述。但是马克思在《资本论》第二卷分析资本再生产时从资本循环和社会资本再生产运动的角度，在《资本论》第三卷分析剩余价值的分配时从借贷资本和职能资本的关系，经济周期中借贷资本的运动的角度论及了货币信用的作用。这些阐述对我们下面的分析很有指导意义。

社会再生产结构可分为横向结构和纵向结构。横向结构，就是各种物质资料生产部门之间生产的比例；纵向结构，就是各生产部门的生产和消费资料的关系的远近。

货币信用在资本主义经济中的作用是和借贷资本市场的形成及其扩大联系在一起的。而借贷资本市场的形成和扩大又是和扩大再生产密切联系在一起的。一方面，正是在扩大再生产的条件下，才有巨大的积累资本作为借贷资本的来源；另一方面，也正是在扩大再生产的条件下，生产日益超出资本家自有资本经营的范围。在剩余价值规律和竞争规律的作用下，资本"越是成功，扩展得越快，它越是缺乏资本"。

在借贷资本市场形成以后，职能资本家在现实生活中是以企业主收入率即企业利润率的高低作为是否生产或是否扩大生产的基本指标的。利息率虽然不会直接影响平均利润率，但一定影响企业主收入，影响企业利润率的高低。在一般情况下，利息率较高，资本家将减少对借贷资本的运用或者不得不减少企业利润，这都将导致生产的缩减；反之，利息率较低，资本家就会扩大对借贷资本的运用或相应地提高企业主收入，这无疑将引起生产的扩大。

利息率水平的高低对不同企业的影响是不同的。利息率水平高，将首先影响那些借贷资本占经营资本比重大而获利率小的企业。一般说来，那些中小企业就是借贷资本占比重大而利润率较低的企业。利息率水平低，首先影响那些借贷资本占经营资本比重小而获利率大的企业。因为在扩大再生产条件下，企业几乎都需要借入资本，而且，企业越大，它所需要的借贷资本的数量也越大。那些大企业比中小企业在偿还债务方面更有保证，当然也更有条件借款。因而，它们最有条件利用低利息率，扩大生产规模，由此从横向和纵向两方面影响整个社会经济。

我们看到,前者恰恰是高涨阶段后期到危机阶段的情况。后者恰恰是危机阶段后期经过萧条走向复苏阶段的情况。

既然危机的中心问题是生产和消费的脱节,那么,我们不但要从生产方面,而且也要从消费方面去考察利息率的作用。

消费具有这样一种结构形式,即信贷消费和非信贷消费的结合。信贷消费是提前消费,如果它在总消费中占的比重较大,我们称其为提前型消费结构;反之,如果信贷消费在总消费中占的比重较小,我们称其为非提前型消费结构。

利息率对这两种结构的影响是不同的。就非提前型消费结构而言,利息率水平的变化对工人消费没有多少直接影响,因为在这种结构形式中,工人一般以消费非耐用必需品为主。但是,它对资本家的消费有所影响,因为它能引起资本家对奢侈品需求的变化。利息率水平高,资本家对奢侈品的需求可能减少,资本家会把其原计划用于购买奢侈品的一部分钱储蓄起来;利息率水平低,资本家对奢侈品的需求可能增大,资本家会将计划储蓄的一部分钱用来购买奢侈品。如果是提前型消费结构,上面所述的依然适用。不同的是,现在大量的耐用消费品以信贷方式进入消费领域,这时候,高利息率将引起社会提前消费的减少,低利息率将引起社会提前消费的扩大。

通过以上分析,我们可以归结出货币信用对经济周期的作用机制了。

经济高涨阶段,资本主义生产和消费之间的矛盾较为缓和,生产资料和消费资料的生产之间的比例相对平衡,利润率较高,利息率较低。上升的利润刺激着资本家扩大投资和生产,这时候的低利息率不但有利于一部分资本家扩大对奢侈品的需求,更重要的是它满足了大批资本家为了扩大投资和生产而对借贷资本的需求。其中,大资本家处于更有利的地位。生产以更快速度上升,生产资料生产部门在社会生产部门中的比重上升,社会资本有机构成提高,生产和消费之间的矛盾开始扩大,利润率开始下降。资本家用扩大生产、加紧剥削的方法来弥补,利息率较快提高,生产和消费之间的矛盾进一步扩大。利润率的下降和利息率的提高首先打击了那些中小企业,其中,生产消费资料的中小企业首当其冲。中小资本家的经营困难和工人的失业,以及资本家对奢侈品需求的减少,使消费资料更加过剩,消费资料生产的下降引起生产资料生产的下降,生产过剩的经济危机就这样全面爆发。

经济危机阶段,商品销售发生严重困难,利润率下降。此时,因为资本家普遍要求现金支付,利息率猛升。它使企业在最需要货币的时候不能得到货币。

由于大批企业破产,生产持续下降,利息率开始下降,经过危机阶段生产的大量破坏,资本的大量贬值,利润率停止下降,利息率处于最低点。随着生产和消费之间矛盾的缓和,利润率缓慢回升,较多的资本家开始更新固定资本。这时候的低利息率使资本家能较易得到借贷资本,实现固定资本的更新。其中,大资本家处于最有利的地位。随着生产资料生产的恢复,消费资料生产也得以上升,利润率又开始较快地上升,经济从复苏走向高涨。

苏联经济学家谢·阿·达林认为,利息率只有在萧条阶段和复苏阶段才对再生产发生作用。但是,我们看到,和谢·阿·达林的观点不同,危机阶段的高利息率加深了危机的程度,复苏阶段的低利息率有助于生产的恢复,而高涨阶段前期和中期的低利息率有助于资本家扩大生产,高涨阶段上升的利息率则加速了危机的到来。

可见,我们在否定资产阶级经济学家把货币信用的变动看成是经济周期变动的原因的同时,也不能忽视货币信用对经济周期变动的重要作用。

货币信用对经济周期之所以发生作用,就在于它通过对资本主义生产和消费的影响,在社会生产方面又主要是通过和利润率的变动相呼应、改变和企业利润的对比关系来影响利润率,从而作用于经济周期。虽然,在危机阶段有一种不同的情况,即由于这时资本家是否能顺利得到借贷资本关系到他是否能比较顺利地度过危机。因此,高利息率在加深危机的程度方面似乎能起较为直接的作用,但是,这种影响归根到底仍然离不开利润率的作用。正是因为在这个时候利润率持续下降,而上升到极点的利息率又将使企业利润率进一步下降,甚至有可能使资本家得到的企业利润不可能用来支付高额利息,所以,使得资本家在最需要货币的时候反而更不容易得到货币,而遭受更严重的破产。

国有企业改革思路的比较研究①

一、三种主要思路比较

第一种思路认为,国家所有制企业缺乏活力的主要原因,在于企业缺乏良好的外部环境。主张通过启用各种经济杠杆,特别是通过价格改革,为企业创造较好的市场环境,提供同等的竞争条件,从而增强企业活力。这种思路看到了国家所有制企业的改革需要有相应的外部条件才能成功,有其可取之处。但如果指望仅仅通过改善企业外部经济条件就能解决企业的活力问题,又过于简单化了。从理论上说,企业有无活力主要取决于企业有无自我发展的动力和压力。健全经济杠杆固然能给企业创造一个得以参与竞争的较好外部环境,但对于国家所有制企业来说,目前不仅缺乏竞争的环境,还缺乏竞争的动力和压力。外部条件对于事物发展的影响必须通过内部因素才发生作用,内部因素不变,外部因素的变动无法从根本上使事物发生变化。我们认为这种思路并没有真正找到国家所有制企业所面临的问题的症结所在,具有很大的局限性。从实践上看,价格改革对于消除企业对国家的过分依赖收效并不显著。之所以如此,是因为价格改革只着眼于理顺企业之间的关系,而不是理顺国家与企业之间的关系。如果企业的行为机制不改革,仍吃国家的大锅饭,对市场的价格信号的反应就缺乏灵敏度,市场价格再合理,也无法促使企业行为的合理化。税收、金融手段调节也有类似的问题。国家所有制形式的主要矛盾是企业和国家之间的关系。企业之间关系的合理化也取决于企业和国家之间关系的理顺。

第二种思路前进了一步,它认为国家所有制企业缺乏活力的主要原因,是

① 本文作者金雪军、姚先国、吴国华,最初发表在《社会主义初级阶段与深化企业改革》,四川人民出版社 1988 年版。

企业经营机制的不完善,期望在保持企业的国家所有制形式的前提下,通过改善企业经营机制来加以解决。

如何改善企业经营机制?不少同志几乎一致主张扩大企业自主权。毋庸置疑,企业自主权的扩大对于增强企业活力起了一定的作用,但实践证明它并不能彻底解决国家所有制经济形式所面临的问题。这种思路是依据生产资料四权分离的理论提出来的。根据四权分离的理论,社会主义全民所有制的生产资料属于全民所有,但企业具有对这些生产资料的占有、支配和使用权。然而,生产资料所有权必须在现实的经济利益上得以实现,由此首先产生一个问题:在企业拥有对全部生产资料的使用权和支配权的情况下,国家所得到的经济利益能否与其所有权相适应?一旦企业经营状况不好,这个问题就突出起来。在企业亏损,甚至面临破产威胁时,作为生产资料所有者的国家是否听之任之,企业是否还应具有生产资料的占有、支配和使用权?可以断定,为了确保与生产资料所有权相适应的经济利益不被损害,国家就必须以各种形式"关心"自己企业的经营。其次,企业自主权究竟扩大到哪一级才合适?理论界对此主张不一,在政策规定上也不明确,或不配套。究其根源,是难以在国家整体利益和企业微观效益之间作出权衡。因此,不少企业的人事权、物资权和销售权仍然形同虚设,在一些企业中还出现了追求短期利益等新问题。

针对这种情况,不少同志又提出了实行各种承包经营责任制的主张。和一般地扩大企业自主权的主张相比,这种主张进一步强调了产权分割,更接近问题的关键。按这种主张,企业所有权仍归国家,由政府或主管企业的领导机关和企业承包人签订承包合同,明确规定双方的权利与义务。这比单纯扩权已大进了一步。但实行这种主张也有一系列的问题值得研究。首先,和扩权主张相同,一旦企业出现亏损,受损害的仍然是国家。国家把巨额资产交给应聘者全权经营,企业存亡系于应聘者一身,风险太大。而要保证国家利益不受损害,国家客观上又必须对企业进行种种干预,因此很难真正理顺国家与企业的关系。其次,也很难保证国家财产的完整性和增殖性。虽然承包者要以一定财产和货币作抵押,不足者按月扣减工资作储备。但是,一方面,我国工资水平低,光几个人乃至几十个人的财产远不足以成为国家巨额资产的抵押品,同时由于社会主义制度的性质所决定,也不可能扣减维持基本生活需要的工资使承包者无以为生。另一方面,由于承包有一定期限,承包人总是考虑尽量增加承包期内的收益,以完成国家财政的要求,增加自己的收入,而不易重视企业的长期发展问题。再次,由少数人承包后,经营得当的个人高收益诱惑与经营不当的风险承担可能形成对承包人的压力和动力机制，但对企业内部广大职工却很难也这样说。而且容易因为内部收益分配问题造成承包人和企业职工之间的新矛盾。这从实行承包的一些企业中已经可以看到。最后，人们总是想承包那些有利可图的企业，即包盈不包亏。一旦出现不利的局面，就想退出承包。承包经营责任制能否在所有企业自然而然延伸下去，从而解决企业活力问题，很令人怀疑。前几年，在国营大中型企业试行工资总额同经济效益挂钩浮动证明：一旦企业因为种种原因，其税利下降，甚至只是上不去，它就要求退出"挂钩"试点。工资不能增加尚且如此，如果用财产作抵押进行承包，一旦出现经营不佳，其结果是可想而知的。这些问题在租赁制中也存在。因此，对承包经营责任制也不能期望过高。

第三种思路更进一步，它认为国家所有制企业之所以存在这么多问题，其主要根源在于企业的国家所有制形成。主张对国家所有制形成本身进行变革，至于用何种形式来代替，则存在着不同的意见。

有的同志主张变国家所有制形式为三级全民所有制形式，产供销活动在全国范围内组织起来的企业实行全国人民所有制，原料来源和市场以省或县为主的企业实行全省或全县人民所有制。他们认为，由于国营企业数量减少，地方政府对于本地区企业又更为了解，因此实行三级所有制能够较正确处理国家和企业的关系。确实，这种主张对于划清中央和地方责权利关系是有作用的。然而，它仍然主张由政府管理企业，因而仍然无法摆脱企业对政府的依赖。它只是地方政府和中央政府的分权，而试图用这种分权来解决企业活力问题已被实践证明是难以奏效的。同时，由于强化了地方政府的地位，对于需要不断发展的企业来说，这种按行政区域进行的分权将进一步增加企业在跨地区经济联系中的障碍。实际上，现在许多国营企业本来就是由各级地方政府管理的，国营企业体系中，一直有一个"地方国营"的企业部分，这些企业由地方政府直接管理，并没有避免国家所有制形式所带来的一系列矛盾，并没有比其他国家所有制企业有更大的活力。既然现有地方国营企业的问题都不能很好解决，难道国有企业转归地方所有就能解决问题吗？

有些同志主张变国家所有制形式为集体所有制形式。这是根据国营企业的活力往往不如集体企业的现状提出来的，它在理论上缺乏科学依据。生产资料所有制形式是由生产力水平决定的，我国生产力水平又是多层次的，产供销都面向全社会的先进的社会化大生产企业，生产是不可能单纯靠企业内劳动者的组合就可以进行的，更不可能把这些代表先进生产力、体现整个社会全体劳动人民利益的财产全部归企业内劳动者所有。因此,只要承认全民所有制和其相适应的特殊的经济利益,就不可能由集体所有制来完全代替它。从实践上说,仅仅把巨额全民财产变为部分劳动者集体财产,也是难以成功的。

还有的同志主张发展租赁业,用银行贷款的方式发展长期投资。"把租赁当作一个产业来发展,走一条居民收入转化成银行储蓄,银行向租赁行业贷款以发展长期性投资的积累新路。"① 其依据主要是日本经济是通过居民储蓄到银行贷款的间接融资道路而得到发展的,但没有看到我国和日本经济条件的差别。其中一个显著差别是我国企业和银行之间的关系根本不同于日本企业和银行之间的关系。在日本,多数的商业银行、长期信用银行等金融机构,是直接由金融寡头支配的。这种金融机构和企业的关系是不同资本家即不同所有者之间的关系,因而企业并不能依赖银行。它依然面临着生死存亡问题,从而不得不努力增强自身的竞争能力。而在我国,人、工、农、中、建五大银行均为国有,企业和银行之间的关系仍然是同一所有者的关系。既然是同一所有者,银行就需要支持企业。因而,不改变企业的国家所有制形式,仅仅借助银行,仍然无法避免企业对国家的过分依赖问题。从实践上看,尽管固定资产投资体制进行了一些改革,扩大了银行贷款的比重,缩小了财政拨款的比重,在一定程度上促进了企业改善经营管理,但并没有根本解决企业活力问题。企业争投资、资金占用积压等状况仍然存在。

对国家所有制企业改革思路的判断,应立足于两个基本点:一是看它能否保证整个国家最大经济利益的实现;二是看它能否与商品经济的本质属性相符,并适合社会主义商品经济进一步发展的需要。对于代表全社会利益的国家来说,重要的不是对企业采取何种控制手段和管理方式,而在于这种手段和方式所带来的最终结果。国有企业只有通过改革真正获得了商品生产者应有的权利和地位,才能既求得自身的生存和壮大,又推动整个社会主义商品经济发展,提高全社会经济利益。这也正是国家的根本利益之所在。我们反对企业对政府的过于依赖,正在于这种依赖使企业难以成为真正的商品生产者,从而也损害了社会经济利益和国家整体利益。因此,目前讨论国有企业改革问题,更重要的是立足商品经济,使企业与商品经济的内在要求相适合。上述种种思路的缺陷,正是或多或少地偏离商品经济这一基本立足点。

商品经济的一个重要特性就是竞争,而竞争必然出现优胜劣汰。对企业来

---

① 见《经济发展与体制改革》1985 年第 1 期(内刊,中国经济体制改革研究所承办)。

说，既有可能取得盈利，得以发展，也存在着亏损乃至破产的可能性。如果说企业经营者能确保企业所有者的财产并给其带来相应的利益，企业所有者或许对企业经营者的活动不会干预。然而，在商品经济条件下，这种"确保"是不可能的。因此，企业所有者总是力图促使企业取得盈利和发展，避免亏损乃至破产，特别是在企业经营者无相应的资产给予抵押保证时，为了保证自己的财产不受损害并能取得经济利益，它必然要干预企业经营活动。因此，仅仅在所有权与经营权分离上做文章，难以割断国家与企业的脐带，企业也难以具备商品生产者的素质和活力。有些同志往往用股份公司或借贷资本与职能资本的关系，来说明在所有权和经营权分离的条件下，经营者有充分的动力、压力和权力搞活企业，并以此来证明四权分离可以解决国家所有制形式的矛盾。这实在是一种误解。就股份公司而言，虽然股东们往往聘请企业家来具体经营，然而从股份经济发达的国家来看，股东对于股份企业的干预并未丧失。就借贷资本和职能资本的关系而言，一方面，资本主义银行贷款给企业，为了保证自己贷款的安全，往往伴随着对企业的监督和干预，我们从银行由中介人变成万能的垄断者的过程中就可以看到这一点。另一方面，由于银行和企业是两个不同所有者，银行贷款给企业，企业也不能完全依赖银行。再者，企业都有一定比重的自有资本，一旦企业经营状况不好，首先受影响的是其自有资本。因而，这种情况下所有权和经营权的分离对所有者、经营者双方的影响，和国家所有制形式下所有权和经营权的分离对所有者、经营者双方的影响，是完全不同的。

可见，如果立足商品经济，那就需要寻找另一条改革国家所有制形式的道路。

二、对股份制形式的思考

用股份制形式代替国家所有制形式，是第三种思路中的又一主张。近两年来，经济学界对此进行了广泛讨论，不少同志不赞成，更多的同志有疑虑。我们觉得在分析这一问题时，首先应该明确：第一，衡量一种方案的利弊，一定要和经济条件、经济环境结合起来。第二，任何一种思路方案（包括股份制）都不可能尽善尽美。哪一种方案有利，只是比较而言，关键要看它是否有助于解决国家所有制形式的矛盾，是否符合社会主义商品经济发展的要求。从理论与实际相结合的角度看，尽管股份制形式也不能解决企业所有的问题，还可能带来一些新的问题，但与上述诸方案相比较，是相对有利的。各地股份制试点的情况证明了这一点①。

股份制形式立足于商品经济,能够最大限度地避免国家对企业直接行政干预和企业对国家的过分依赖。上述一些强调产权分割的方案,往往考虑对生产资料经营权进行层次性分割,而股份制形式却是生产资料所有权本身的分割。这种分割将对企业产生重大影响。首先,它使压力机制发生了变化。上述大部分方案,尽管在不同程度上都强调企业经营权和所有权的分离,但在企业所有权仍属于国家的情况下,企业压力主要来自行政系统,而在股份制形式下,不光企业生产的商品,而且企业财产本身也处在市场竞争中,因而要求企业最大限度地承受市场竞争的压力。其次,它使动力机制发生了变化。上述诸多方案尽管在不同程度上都强调企业相对独立的经济利益,但在企业所有权仍归国家的情况下,企业主要向上级主管部门负责,企业扩大生产规模的动力也主要来自上级主管部门的意见。而在股份制下,工人不光是作为劳动者和工资领取者,企业作为劳动者的集体组织参与企业活动,而且还作为资产的所有者和企业的投资者关心企业的生产和收入。即使企业和职工个人职权在全部股份中所占的比重并不大,只要这个股权数占到企业和个人全部财产的相当比重,企业的经营状况好坏对企业和个人来说就至关重要,企业和职工的积极性和责任感无疑将增强。有的同志认为,由于等量股金总是可以得到等量股息,因此企业职工入股并不增强责任感。这些同志没有看到,股息取得是带有风险的,等量股金得到等量股息是有条件的,即该企业的利润率不得低于社会一般企业的利润率。在商品经济条件下,这只有通过企业和职工努力提高产品的竞争能力才能实现。更何况作为股东,等量股金获取等量股息只是他的最低要求,他的着眼点在于尽可能高的股息。因此,即使在一些国家大量参股的企业内,也形成了一个相互制约、监督的机制,形成了对这些企业自我发展的新的推动力量,从而使企业能够最大限度地处于追求经济利益的亢奋之中。那种用国家作为大股东的少数股份企业的情况来说明一般股份企业,并且以为由于国家作为大股东而强化政企不分的观点,其根据是不足的。

不仅如此,由于股东既不能退股,又要承担财产责任,为了确保自己的财产长期取得收益,他们就必须考虑企业的长期发展。不错,股票可以转让,但股票转让的条件,是要股票本身为人们所欢迎,而要做到这一点,就要使购买者认为你的企业是有发展前途的。有的同志认为,为了发行股票,必须支付较高的红

---

① 参见 1987 年 10 月 19 日《世界经济导报》。

利和股息,因而企业每时每刻都承受着高分配的压力,其经济行为必然短期化。这些同志没有看到:其一,企业并不是每时每刻都在发行股票。其二,即使股东转让股票,也只是换了一个股东,对于股份企业来说,股金并未减少,并不需要每时每刻都用高分配去刺激已入股的股东。其三,股票投资本身就是风险投资,新股东投资主要看该企业是否有长期盈利的可能,而不仅着眼于某一时刻的盈利与否。

有的同志认为,股份制是对社会主义公有制的否定。这种看法是不正确的。除了没有看到是否动摇公有制,主要是看其同什么样的社会制度相联系以外,还在于:第一,社会主义制度下的股份参与者包括国家、集体和个人,实际上是一种以全民和集体财产为主,吸收个人财产为辅的联合所有制形式。第二,马克思在论述股份公司的性质时指出,资本主义下的股份公司是和私人资本、私人企业相对立的社会资本、社会企业。"资本主义的股份企业,……应当被看作是由资本主义生产方式转化为联合的生产方式的过渡形式"①。既然资本主义制度下的股份企业尚具有和私人资本相对立的性质,就更没有理由把社会主义制度下的股份企业看成是资本主义私有制的东西了。

有的同志认为,股份制的出现将造成多目标的投资决策和多元化的金融渠道,影响国家对经济的宏观管理。这种看法也是不正确的。首先,由于国家基本摆脱了对企业的直接干预,因而更有能力和精力集中抓宏观管理。其次,股份制与宏观经济控制产生的基础很有相同之处,它们都是社会化大生产和商品经济发展的要求。再次,股份制形式能促进资金流动,有助于消灭资金转化呆滞等宏观失控的起因,能使企业加深对外部资金的依赖,有助于提高信贷利率等宏观调控手段的作用效应,有利于企业之间在投资和生产上的衔接,有助于实现为企业创造一个良好的外部条件等,因而更有利于宏观管理。最后,股份制形式是宏观经济控制得以完善和加强的条件。因为宏观经济控制的完善既要依赖于企业对宏观调控有十分灵敏的反应,又需要有连接宏观经济和微观经济的机制;既能把企业经济活动、社会对企业经济活动的要求集中起来,又能直接受制于国家的宏观管理和调节。股票市场恰恰具备了这一特征。那种认为股份经济的发展影响了宏观经济控制的观点是值得商榷的。因为正是在国家投资一统制下所产生的"投资饥饿症"和独家经营、封闭式、高度集中的金融系统所造成的对资金流动的限制,才引起和加剧了宏观失控。其实,股份经济对

---

① 《马克思恩格斯全集》第 25 卷,人民出版社 1979 年版,第 498 页。

于宏观经济控制的冲击的可能性在于股份制度所具有的一些特点,如股票价格和股票的面值不等,股息收入具有不预期性和不确定性,使股票交易中投机和欺诈行为成为可能。但是,就像商品价格和价值的背离既为商业投机提供了可能,同时又为经济的运行提供了一个强有力的杠杆一样,股票价格和其面值的不等也同样为经济的运行提供了一个强有力的杠杆。同时,正像在社会主义条件下,商品价格和价值的背离不会在社会范围内形成严重商业投机的现实性一样,股票价格和其面值的背离也不会在全社会范围内使严重的金融投机成为现实。前段时间在社会集资中出现的一些问题,除了一些具体做法上的原因外,一个很重要的原因是这种社会集资并不是完全的股份经济。股票和债券混淆,旱涝保收,还本付息,我国银行利率又太低,以致使资金从银行中转移出去。股票持有者对企业行为无约束力,集资企业中的很大一部分又是新建企业,需先进行固定资产投资。因此,用此来证明股份制形式和宏观经济管理不相容是不够公平的。我们认为,只要管理好股票的发行、购买和交易,是完全可以避免它对宏观管理可能发生的冲击。

在赞成股份制形式代替国家所有制形式的同志中,存在着两种不同的观点。一种是"部分代替"。即认为在一小部分企业(特别是小型企业)中可以实行股份制形式,而不必也不能够在国营企业中普遍实行股份制。但是,从理论上来说,小型企业实行股份制并不能解决国家所有制形式的矛盾在大中型企业中普遍存在的问题,它只使这一小部分企业增强自身压力,并不能影响大多数国营企业的行为。同时,对什么样的企业可实行股份制,什么样的企业不易实行股份制,缺乏一个划分标准,也缺乏一个合理的有科学根据的比例。

还有些同志的观点是"统一代替"。即认为国家所有制形式企业,不管其大小、地位,普遍实行股份制形式,统一由社会各种机构、集团和个人认购股权,不必考虑国家是否应该成为企业最大股东问题。然而,既然生产资料所有权要求有和其相适应的特定的经济利益,而社会主义的全民财产必须由国家为代表,因此,对于一些对国民经济正常运行和发展有重大影响的大型企业,需由国家来控制。在股份制形式下,企业最终决策权属股东大会,这就有必要使国家在企业股权中占据主要地位。何况,股份企业形成有一个条件,即企业具有预期盈利性。但事实上总存在一些为社会所必需而又无盈利的企业,这类企业因为很少有人购买其股票,因此离开国家很难维持。即使股票制度高度发达的一些国家也是这样。

实行股份制形式必须考虑:一方面,股份制形式在适应生产力水平方面具有较大的弹性,它既能适应生产力水平较低的企业,也能适应生产力水平较高的企业。另一方面,由于我国国家所有制企业成千成万,规模、条件、在国民经济中的地位都有很大差别,用股份所有制形式代替国家所有制形式,决不能用一刀切的简单方法,而应当区别对待。这两个方面相互联系。前面两种观点之所以不妥,原因就在于他们只注重了其中一方面而忽视了另一方面。

考虑到这两方面的特点,我们提出"层次结构股份制"的设想,即把国家所有制企业分成若干类,分别对待,形成一个分层次结构型的股份制。

对于那些与现代化发展有密切联系,但投资量大且风险很大的新兴工业(如原子能、宇航)、社会必需但利润率长期低下甚至无盈利的企业(如一些基础设施、基础工业)和兼有调节、管理宏观经济的企业(如某些银行)来说,前者因为客观上无多少人愿投资,后者既是经济企业又是国家机关,其活动领域既包括经济领域又包括管理领域,需要国家全权掌握,实行指令性计划,因此不宜采取股份制形式。但是,为了挖掘企业潜力,提高企业和职工的积极性,国家对这类企业也需实行经济责任制。

至于那些资金特别少、规模特别小的企业(如一些生产经营小商品的工商小企业和饮食服务业中的小店),不必采取股份形式而可采取分期付款的方式,拍卖给某一集体组织,将其改为集体所有制性质,有的还可以拍卖给个人。

除这些企业外,我国现阶段全民所有制企业都可实行不同的股份制形式。

(1)股份企业Ⅰ。对国民经济的正常运行和发展有重大影响的企业(如大型钢铁厂、大型电站、专业银行、飞机制造、一些高精尖的军工企业和大科研企业)和投资数量大又需政府统筹规划安排的部门(如矿山改造、地区开发),宜采取国家为主要股东,吸收其他股份的形式。国家对这些企业采用指导性计划和指令性计划并施的方法。企业在完成国家硬性任务前提下,可接受市场调节。

(2)股份企业Ⅱ。上述企业以外的一般大型企业(如大型商业企业、一些大型机械、食品加工企业、大型日用工业品企业),宜采取以企业集体为主要股东,吸引国家和个人等其他股份的形式。国家对这类企业采取指导性计划,从经济杠杆、法律等方面行使调节、监督的职能。对确需企业完成的生产任务,由国家和企业签订合同。企业生产计划以市场调节为主。

(3)股份企业Ⅲ。中小型企业由于其数量多、规模小、资产少,国家可以不参股,由集体和个人认购股权,哪一方面为主均可。企业生产可完全由市场调节。

实行层次结构股份制形式可以避免股份形式绝对以个人为主,或绝对以企业为主,或绝对以国家为主的不现实性。它能解决普遍以个人为主与个人不可能认购更多资产的矛盾,能解决普遍以企业集体为主与社会客观经济利益可能受到影响的矛盾,能解决普遍以国家为主与国家管理过多的矛盾。至于企业股权利益的分享,即新参加企业职工的收益是否等同于老职工的问题,可以通过按工龄、贡献和企业集体股权收益给个人部分按比例挂钩的方法来解决。

实行股份制要采取什么样的步骤? 我们认为,首先要做好股票发行、交易和对股票市场的管理的准备工作。这既要考虑当前经济发展的需要和可能,又要考虑经济发展的趋势;既不能忽视经济运行的内在规律,仅仅停留在眼前的一些具体问题上,又不能脱离当前的需要,不考虑切合实际的解决方法。在当前的条件下,发展股份制企业宜采取如下步骤:

(1)股票的发行和购买宜采取先企业内进行为主,后社会化的方法。这既是考虑到当前发展股份制企业的迫切需要,也是考虑目前对股票的发行、购买和股票市场的管理还没有一套比较健全的方法和制度。用股份制形式代替国家所有制形式,尚需经过少数企业的试点。具体方法是:第一步,股票的发行主要由企业自己进行,企业的股票主要由国家、企业和该企业职工购买。这可以先在那些职工具有较多闲置货币的企业中进行。随着经济的发展和职工收入的提高,职工购买股票的潜力也会增大。如果有些企业职工实在没有条件购买,也可以先由国家和企业购买。第二步,股票的发行通过银行来进行,在符合"层次结构股份制"的前提下,对企业股票,国家、企业、企业职工、社会上其他成员和团体均可购买。

(2)股票的交易,在股票的发行和购买以企业内进行为主的情况下,尚无必要成立面向全社会的股票交易所。然而,股票性质要求它可以转让。因此可以考虑,一方面股票可以在企业内转让,一方面可以向银行进行股票贴现,被贴现的股票或者作为国家资金入股,或者再从银行转向企业,再在企业内出售。在条件具备时,再转向在全社会范围内进行。

(3)股票的管理宜采取先用税收调节为主,后用利息率调节为主的方法。第一步是用税收调节为主。因为现阶段利息率既不能有较大的浮动,利息率调整频率也不高,因此宜用免税或减税的方法。第二步是用利息率调节为主。因为运用利息率杠杆可以更为灵活地调节股票价格,在宏观上管理好股票市场。其前提则是要建立一个浮动计划利率制度。

我们是从某一方面占主要地位的角度来论述的,并不排斥在具体进行过程中,可以根据具体情况及时进行相应的调整。

土地收益变化和农产品
价格改革方案的选择[①]

近几年来农业生产面临的徘徊局面增强了深化农产品价格改革的迫切性，也给人这样的启示：仅从农产品价格的外部因素，如工业品价格、职工生活水平、国际市场价格来考察农产品价格水平的合理与否颇有不足之处。农产品价格水平是否合理，固然和农产品价格的外部因素有关，但更主要的是取决于农产品价格本身的构成因素。本文拟结合土地问题谈点看法。

一、土地收益变动态势

对于农产品价格水平而言，土地问题的核心在于土地收益变动态势。而在这一点上，一直存在着截然不同的观点。西方流行着这样一种看法，认为由于"土壤养分不能按植物摄取量比例归还"，土地肥力是递减的，因而，土地收益报酬也是递减的，即如果在同一块土地上连续追加投资，超过一定限度以后，增加的收益就会依次递减，这是一条具有普遍意义的规律。

对于这种看法，马克思主义经典作家认为，它抛开了技术进步和生产力状况，"不适用于技术正在进步和生产方式正在变革的情况"[②]，战后美国农业发展的情况证明这一批评是正确的。由于农业科学的进步和全盘机械化的实现，在 20 世纪 50 年代和 60 年代，美国农业劳动生产率提高很快，成本并没有提高（参见图 1）。

然而，正如对马克思主义经典作家的其他许多观点的态度一样，长期以来，

① 本文作者者刘春杰、金雪军，最初发表在《价格理论与实践》1988 年第 6 期。

② 《列宁全集》第 5 卷，人民出版社 1986 年版，第 88 页。

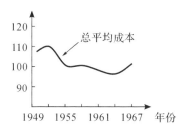

图 1　20 世纪 50—60 年代美国农业劳动生产总平均成本

我国经济学界一些同志也片面理解了他们的这一思想。它突出表现在：第一，马克思主义经典作家明确指出，土地报酬递减不适用于"技术正在进步和生产方式正在变革的情况"，而我们许多同志却不管技术进步和生产方式变革与否，把土地收益递减看成是在任何状态下都是不适用的。第二，马克思主义经典作家明确指出："……要处理得当，土地就会不断改良"。① 这就是说，不光需要技术进步，而且必须把它加以实际应用，且要应用得当。而我们许多同志却往往把技术进步和土地改良直接等同起来。第三，马克思主义经典作家的批评是针对资产阶级学者把它看成是一条绝对、普遍的规律，从长期趋势的角度而言的，而我们许多同志却把它看作是在任何时候都是如此的。这种对马克思主义经典作家的观点的片面理解导致我国一些经济理论工作者和实际工作者在批判西方经济学者把土地收益递减看成是普遍适用的规律的同时，也走到了另一个极端，完全否定土地收益递减的可能性和一定条件下的现实性。例如有的同志就无视我国 30 多年来农业生产成本的变化起伏不定，有很长一段时期是上升的实际情况，坚持认为由于我国农业集约化程度不高，不存在投资收益递减。

我们认为，这一问题的关键在于对科技进步及其应用的认识。从科学技术发展的历史看，存在着两个十分引人注目的现象：一是科技进步呈现一种阶段性。它表现为科学技术的突破需要有一个过程。和其他事物的变动规律一样，从长期看，科学技术处于不断变动之中，但从一定时期看，也往往呈现相对静止（不是绝对静止）的状态。二是科学技术的应用呈现一种波动性。它表现为科学技术的应用往往首先从小范围开始，由点到面，逐步推广。也就是说，科学技术应用及其普及也需要有一个过程。

正因为如此，我们认为，那种把土地收益变动看成是绝对递减或绝对递增的观点都是片面的。土地收益变动呈现这样的态势：在一定时期内，当科学技

①　《马克思恩格斯全集》第 25 卷，人民出版社 1979 年版，第 880 页。

术和生产方式尚未出现重大突破,科学技术的应用和生产的新方式尚未广泛普及的情况下,从社会角度看,在单位土地上的追加劳动和资金投入将出现收益递减的状况。例如美国,由于到 20 世纪 70 年代末农业生产仍处于靠育种、施肥、植保、机械耕作等手段的阶段,也出现了投资收益递减的状况。1978 年美国商品肥料消费量是 1950 年的 2.6 倍,但种植业产量只是 1950 年的 1.7 倍。又如我国,1953 年到 1978 年,我国农业生产成本呈现上升趋势,在 1979 年到 1982 年,由于实行家庭联产承包责任制,发展多种经营,使农业生产方式得到了很大改进,农业生产成本出现下降趋势。近几年来,由于农业科学技术和农业生产方式未出现新的重大突破及其在农业生产中广泛应用,农产品成本又呈现上升趋势。从较长时期看,随着科学技术的突破和广泛应用,生产方式的变革,在土地上的追加劳动和资金投入的收益会递增。经过一定时期,由于更新的科学技术、生产方式尚未出现,又会出现收益递减的状况。

二、土地收益变动态势和农产品价格水平

土地,是农业最基本的生产资料。在一定的价格水平下,土地收益变动具体表现为农产品成本和产量变动关系。

土地收益递增可以产生于以下几种情况:(1)总产量一定,总成本减少;(2)总成本一定,总产量增加;(3)总成本减少,总产量增加;(4)总成本增加不如总产量增加得快,单位成本下降。如 1984 年和 1980 年相比,由于单位面积产量提高,单位成本降低,其中 6 种粮食作物单位成本下降 1.73%,3 种油料作物单位成本下降 19.9%,8 种经济作物单位成本下降 2%[1]。农业生产处于收益递增时,比较常见的是这种情况。

土地收益递减可以产生于以下几种情况:(1)总产量一定,总成本增加;(2)总成本一定,总产量减少;(3)总成本增加,总产量减少;(4)总产量增加不如总成本增加快,单位成本上升。如据全国 2162 个生产队调查,6 种粮食作物平均亩产量,1976 年比 1965 年增加 38%,但亩成本增加 54%[2]。农业生产处于收益递减时,比较常见的是(4)所述的情况。

在社会对农产品需求既定的情况下,农产品产量增加,单位成本下降,一方面由于增加了社会农产品供给量,有必要调整农产品价格;另一方面由于单位

---

① ②　引自童宛生等:《商业物价讲稿》,北京商学院学报 1984 年版,第 149 页。

成本下降,农产品价格下降不会影响农业生产者的收入,因而形成了农产品价格下降的必要性和可能性。而农产品产量减少,单位成本上升,一方面由于减少了社会农产品的供给量,也有必要按新的供求状况调整价格;另一方面由于单位成本上升,为保证农业生产者的收入,也需要提高农产品价格,从而形成了农产品价格上升的必要性。由于土地收益递增一般总是和单位成本下降联系在一起,土地收益递减总是和单位成本上升联系在一起,因此,土地收益递减推动着农产品价格上升,而土地收益递增则作为决定农产品价格下降的基本因素。

在一定时期内,由于土地收益递减,农产品价格要求上升。从长期看,由于土地收益递增,农产品价格要求下降。换言之,农产品价格的变动也要求呈现阶段性的特点。可见,那种把农产品成本的变动看成是不断上升或不断下降的观点是值得商榷的,把农产品价格的调整看成是一次可以成功,或只要不断提高,或不断降低就能成功的观点也是不正确的。

从我国情况看,要在较短时间取得农业科学技术的突破及其在生产中的广泛应用,尚存在许多困难。第一,我国农业科学技术水平较低,底子较差。尽管新中国成立以来,陆续装备了一些新设备,有了一点现代化的物质基础,比新中国成立前来说,农业机械化程度有很大提高,但是,从总体上看,农业基本上还是手工劳动,低水平的现代化农业也还只是处于示范阶段。粮、棉劳动生产率长期停留在第一个五年计划时期的水平上。第二,农业劳动力过剩。科学技术的广泛应用是一个不断用技术、知识来代替体力劳动的过程,是劳动力不断转移的过程。尽管随着乡镇企业和第三产业的发展,劳动力转移正在进行。但是,我国农村人口多,新中国成立以来,农业劳动力绝对数又有较大增长。而由于我国城市受到如口粮、就业等问题的限制,这个转移过程将是较长的,而且,由于这些问题短时期难以完全解决,即使农村剩余劳动力暂时转移,也有倒流回去的可能。劳动力的剩余及其转移的长期性客观上制约着新的重大科学技术短时期在农业上的广泛应用。第三,文盲和半文盲占很大比重,农业科技人员数量很少。农业科学技术进步,特别是农业科学技术的广泛应用,需要农业劳动者去实施,这就需要农业劳动者有较高的科学文化水平。而全国农村青壮年农民中约有30%是文盲,有的村文盲率达90%。新中国成立以来,国家共培养104万农业专业人才,现在在农村的仅剩15万人。农业科技人才严重流失的状况至今有增无减。第四,国家财力限制。对土地的改良,农业科学技术的突破及其推广应用,需要国家拿出大量资金。新中国成立以来,国家对农业作了一定扶植。由于国家财政收入的限制,不可能指望对农业的资金扶持在较短时期有大幅度增加。和1980年以前相比,目前国家对农业的基本建设投资还有所下降。第五,农用生产资料缺乏,生产资料价格上升。农村土地改良和农业新的科学技术的广泛应用是和农用生产资料的增加联系在一起的。由于不少农用生产资料严重不足,随着价格体制的改革,生产资料价格的上升不可避免。它必将影响农业劳动者实现生产资料和劳动力两种生产要素的替代。第六,经营管理水平落后。干部受自然经济观念影响,习惯于小农经济的经营管理,轻科学,重经验。长期以来,我国农业机械作业能力仅发挥出60%~80%。据一些地方调查,前几年由于经营管理不善造成的不合理开支占农业总费用的5%左右,按此推算,全国一年浪费五六十亿元。这种状况的改变也需要有一个过程。第七,耕地面积减少。长期以来,每一农业劳动力平均耕地面积不足5亩,仅及世界平均数25.9亩的1/5左右。根据预测,到2000年,通过开垦荒地可增加耕地约1亿亩,但城乡建设等在此期间需用地约2亿~3亿亩,净减少耕地1亿~2亿亩。人多地少的局面越严重,农业生产成本的下降越困难。第八,土地承包、转包方面的问题。土地改良往往需较长时间和较多的资金投入。由于一家一户承包经营,在资金上有很多限制,同时,土地承包、转包总有一个期限,因此,承包者总是考虑如何在承包期限内尽可能地使用资源,对承包期外的长期发展往往忽视。据调查,现在不少接包土地的承包户怕转包户索回土地,难以收回追加投资。这种情况客观上制约了农村土地实行规模经营。

上述问题的解决非一朝一夕可以实现。因此,在我国当前及今后一定时期内,土地收益递减的状况将不可避免(据报载,某省土壤有机质含量在2%以上的耕地仅1000万亩,不到耕地面积总数的1/3),农产品成本的上升将不可避免,它是当前及今后一段时期内推动农产品价格上升的主要力量。

三、土地收益变动态势和农产品价格改革

土地收益递减,在一定的价格水平下,将使资金在农业中的投入进一步减少,从而使农业后劲不足的状况更加严重,形成土地收益递减—农业生产下降—农业中资金投入减少—土地收益进一步递减的恶性循环。

在较短时期内,打破这一恶性循环的关键在于农产品价格的调整。

由于土地收益递减,农产品成本上升所引起的农产品价格的上升是符合社会经济运行的正常秩序的,它和通货膨胀(货币发行量过多引起的价格上升)不

能等同。它代表着一种变化了的社会供给,而按变化了的社会供给发行货币,是具有经济发行性质的。在这种情况下,如果根据农产品价格提高的程度同比例发行货币,社会总供给和社会总需求是相等的;如果社会上货币流通量已经过多,它将有助于社会总需求和社会总供给差距的缩小;如果社会上货币流通量正常,而不相应增加货币,它就会形成流通中的货币量小于商品流通所需要的货币量的局面。

在我国当前及今后一段时期的情况看,对于农产品价格的改革,可以有四种选择。

(一)价格固定,限制需求

有的同志认为,当前城市职工的收入水平只能承受目前的农产品价格水平,价格不能再提高了。这些同志没有看到,是否提高农产品价格,是关系到是否遵守客观经济规律的问题。这种方案由农业生产者全部承担农产品成本上升的压力,似乎在一定时期对消费者有利,但是,由于在这种情况下,价格和提高了的农产品成本相比,农业生产者无多少收益,有的甚至还要亏本。同时,由于农民收入的减少,对土地的改良和投资积极性下降,使现在已经相当弱的扩大再生产能力更弱,这必然引起农业生产进一步的萎缩。因此,从长期看,不但对农业生产者,而且对消费者也是极为不利的。

(二)价格放开,工资不变

这种方案虽然能使农业生产者的收入不受影响,有利于调动农业生产者和生产投资的积极性,但是,由于农产品和人们生活有十分密切的关系,其价格放开必然影响城市职工的实际生活水平。这种方案由城市职工全部承担农产品成本上升的压力,风险太大,难以实施。

(三)价格放开,相应提高工资

这种选择的优点是农业生产者的收入不会减少,能够维持并发展农业生产。同时,城市职工生活水平不受影响。其缺点是工资提高要依赖于国家财力。由于国家财政的限制,很难做到职工工资按此比例普遍提高。这种方案同农产品价格全额补贴一样,由国家全部承担农产品成本上升的压力,根据国家财政收支状况,也难以实现。

（四）有步骤、有控制地提高价格和工资

其基本原则是以小于农产品成本提高的幅度（70％左右）提高农产品价格，以小于农产品价格提高的幅度（70％左右）提高工资水平。它的优点在于避免了前几种方案由农业生产者或城市职工或国家财政单独承担农产品成本上升的压力的不现实性，而由三者共同来承担。这种方案的焦点之一在于职工的生活水平要受到一定影响。对于这一点，可以通过国家对职工业余兼职政策的放宽，就业范围的扩大使每一职工分摊扶养人员的减少来解决。对农业生产者，国家可通过结合调整农产品内部的比价，在提高农产品价格总水平的幅度内，对价格较高、成本较低的农产品少提价，价格较低、成本较高的农产品多提价的方法来缓和对他们的影响。实行这一方案，虽然国家要在一定时期增加支出，但随着农业生产良性循环的实现，所取得的收益远远大于这部分支出。因此，和其他几种方案相比，它是比较有利的。

利率与我国经济运行[①]

摘　要　利率与汇率、税率一样,同是经济运行中的重要杠杆,然而,利率作用的发挥依赖于人们对其有效调节。新中国成立40余年来,利率与经济运行的关系如何? 怎样才能发挥利率作用? 如何评价现行的利率体系? 怎样进行和深化利率改革? 是我国经济运行中迫切需要解决的问题。本文试图对这些问题作出回答。

（一）

长期以来,尽管按产品经济模式进行经济管理,生产资料所有制形式向单一的国家所有制过渡,企业生产严格按指令性计划进行,国家对产品实行统购包销,但是,我国经济仍存在着波动。从表1可见,中国经济已发生了7次循环波动,每次循环波动时间平均为5年左右,最长为7年,最短为2～3年。平均波动幅度为23%左右。波动次数为两头少,中间多,即50年代前中期和80年代各一次,50年代末到70年代末有5次。波动幅度为两头小,中间大,即50年代前中期和80年代波动幅度小,50年代末到70年代末波动幅度大。

社会主义国家经济循环波动并不是我国特有的。仅从第二次世界大战后到1980年,集权型经济模式的典型苏联发生了6次循环波动,每次循环波动时间平均也为5年左右。而较早摆脱苏联模式的南斯拉夫也存在着经济循环波动的状况。从20世纪50年代到80年代,大约发生了6次循环波动,平均每次时间为6年左右。其他社会主义国家也同样存在这种现象。当然,它和资本主义经济危机周期是有根本区别的。

---

①　本文作者金雪军,最初于1990年发表在《浙江大学学报(社会科学版)》第1期。

再来看看我国利率的变动状况。

先看看新中国成立初期和"一五"时期。这是我国经济取得重大成就的时期,也是利率经常变动的时期。面对物价飞涨、不法商人囤积居奇,人民银行大幅度提高利率。1949 年到 1950 年初,工业贷款利率高达 144%,又实行了折实存款利率和期限差别利率。面对物价趋跌,人民银行及时采取了降低利率、增加存款档次的措施。在 1950 年 4 月到 1951 年 7 月这一年多一点的时间中,4次调整了利率,把存款档次由原来的 6 个增加到 14 个。在 1952 年到 1957 年,根据当时物价进一步下降的形势,为促进工商企业发展生产,又分 4 次调整了贷款利率。在这一时期,总的说来,利率制定比较科学,考虑了经济的实际状况特别是物价、企业、资金状况;利率变动比较灵活,总行规定利率变动范围,各地有自行制定具体利率权;利率差别比较明显,根据期限长短和信用风险大小确定利率;利率管理比较合理。对贷款实行了转期加息,过期罚息制度,并实行单利计息和复利计息结合制度。这一时期的利率变动反映了经济活动的实际需要,对稳定和发展全国经济起了十分明显的作用。

表 1　我国经济波动状况和利率变动

年份	固定资产投资年增长率%	社会总产值年增长率%	国民收入年增长率%	平均储蓄存款利率%	工业企业贷款利率(月息)[①]
1953	110.26	18.7	14.0	10.30	4.5
1954	12.11	8.5	5.8	10.30	4.5
1955	2.49	6.1	6.4	8.25	4.5
1956	52.83	17.9	14.1	5.55	4.5
1957	−5.97	6.1	4.5	5.55	6.0
1958	84.53	32.6	22.0	5.46	6.0
1959	31.88	18.0	8.2	4.17	6.0
1960	13.19	4.7	−1.4	4.44	6.0
1961	−62.54	−33.5	−29.7	4.44	6.0
1962	−44.07	−10.0	−6.5	4.44	6.0
1963	33.66	10.2	10.7	4.44	6.0
1964	42.20	17.5	16.5	4.44	6.0
1965	30.75	19.0	17.0	3.33	4.8
1966	17.47	16.9	17.0	3.12	4.8
1967	−26.63	−9.9	−7.2	3.12	4.8
1968	−19.26	−4.7	−6.5	3.12	4.8
1969	62.91	25.3	19.3	3.12	4.8
1970	49.07	24.2	23.3	3.12	4.8

续表

年份	固定资产投资 年增长率%	社会总产值 年增长率%	国民收入 年增长率%	平均储蓄 存款利率%	工业企业贷款 利率(月息)①
1971	13.37	10.4	7.0	3.00	4.2
1972	−1.08	4.5	2.9	2.70	4.2
1973	6.13	8.6	8.3	2.70	4.2
1974	5.72	1.9	1.1	2.70	4.2
1975	17.65	11.5	8.3	2.70	4.2
1976	−3.85	1.4	−2.7	2.70	4.2
1977	4.65	10.3	7.8	2.70	4.2
1978	21.96	13.1	12.3	2.70	4.2
1979	4.58	8.5	7.0	2.70	4.2
1980	6.65	8.4	6.4	3.56	4.2
1981	−10.51	4.6	4.9	4.76	4.2
1982	26.64	9.5	8.3	5.86	6.0
1983	12.62	10.3	9.8	6.12	6.0
1984	24.50	14.7	13.5	6.12	6.0
1985	39.39	16.5	12.3	6.85	6.6
1986	40.60	9.1	7.4	7.38	6.6

资料来源:《中国统计年鉴》、《中国经济年鉴》有关各期。

①指流动资金贷款利率,1953—1956年为定额流动资金贷款利率超定额流动资金贷款利率为4.8‰。

再看看"二五"到改革开放前的情况。这一时期是我国排斥市场机制,按产品经济模式管理经济的时期,是我国经济循环波动比较频繁(共5次,平均4年1次),波动幅度较大的时期(从波峰到波谷最大落差为66.2%),也是利率变动很不合理的时期。在这20年中,利率变动很少,较大的调整只有6次,其中1966年到1978年,利率调整只有1次。利率只是计划分配资金的计量核算工具。种类档次越来越少,到1971年,贷款利率只有三个档次,存款利率也只剩下四个档次,存贷款利率比新中国成立初少50多个,比1956年少20多个。这些档次并不考虑期限和风险性,贷款按用途和对象分档,存款按存款人分档。利率水平逐渐降低,在50年代末60年代初,利率还有升有降。如1958年12月降低存款利率和提高农贷利率并举,1959年6月和1960年6月提高存款利率,1961年4月降低农贷利率。到60年代中期特别是70年代后,利率全面大幅度降低,在1965年4月降低储蓄存款利率的基础上,1971年8月,存贷款利率又一次大幅度降低。这种在经济存在循环波动的情况下一味降低利率,减少档次的做法无疑是和发挥利率作用的客观要求相悖的。这一时期，利率制定很不科学，与经济的实际状况特别是物价、资金等状况严重脱节。利率变动很不经常，对利率的管理高度集中。利率差别日趋缩小，不但没有直接融资形式，只有单一的银行利率（1960年11月还停办了有奖储蓄），而且在银行利率中，期限和风险原则也完全放弃。利率管理不合理。不少贷款过期不加息，不少存款不计息。尽管国家银行垄断信用，国家信用、商业信用和个人信用几乎不存在，但是，银行也只在超定额贷款中承担融资义务。即使在这一领域，也必须严格按计划进行。在这种高度集中统一的资金供给制下，利率是不可能发挥调节经济的作用的。

最后看看改革开放后的时期，这是我国发展有计划的商品经济，改革传统经济管理体制的时期。也是利率机制开始受到重视的时期，利率变动多了起来，从1979年至1987年，连续5次提高了存款利率，4次提高了贷款利率，1982年，贷款利率恢复到"文革"前水平，1983年、1985年4月和8月又进一步提高了农贷、流动资金贷款和固定资产贷款利率。一年期储蓄利率由1971年的月息2.7‰提高到1985年8月的6‰。利率档次逐步增加，并注意了期限原则。这一时期，总的说来，利率制定依据有所改进，开始考虑国家实际经济状况特别是物价、企业、资金状况。利率变动逐渐频繁。多次调整了利率，不但人民银行，而且专业银行和信用社也具有了一定的利率浮动权。利率差别逐步明显。一方面，银行利率档次增加，如储蓄存款增加了3年、5年、8年等档次，工商银行对国营企业流动资金贷款利率就有了6种。另一方面，开始形成银行存贷款利率、国家信用利率、贴现率、同业拆借利率、民间借贷利率、直接融资利率、再贷款和再贴现利率等多样化利率体系。利率管理开始严格。恢复了加息罚息制度，这一时期利率调节经济的作用开始得到发挥。

从新中国成立以来利率变动的实际状况，不难看出，我国利率变动和经济运行是长期严重脱节的。经济运行显示出波动，利率则长时间固定。这种状况与现代商品经济对利率的客观要求相违背，它使国家失去了一个重要的调节机制。当然，它并不能使利率作用完全消失，这一作用以消极的形式表现出来——加大经济活动程度。同时也可以看到，我们在认识和发挥利率作用方面走过了一条曲折的道路：利率制定由比较科学到很不科学再到注意科学性；利率调节经济作用的发挥由比较充分到基本消失再到受到关注。这种状况与我们对社会经济模式的总体认识密切相关。利率管理体制是和整个经济管理体制密切联系在一起的，产品经济模式下需要高度集中的利率管理体制，利率只是一种计量工具,有计划商品经济模式下需要灵活性和统一性相结合的利率管理体制,利率具有调节经济的重要作用。

(二)

尽管在改革过程中,利率杠杆的重要性为越来越多的人所认识,但是,长期以来形成的利率体系不合理的状况尚未得到根本改变。随着商品经济发展,和产品经济模式相适应的利率体系越来越暴露出严重缺陷。

我国利率体系存在的主要问题有:

第一,水平"低"。近些年来,国家几次提高了存贷款利率,但利率水平低的格局仍未消除。对此,可以有两种方法说明:第一种方法是名义利率比较法。从贷款利率水平看,工商企业流动资金贷款利率为11.7%,它当然已经达到了1953年全国统一利率以来的最高水平,但是,和世界主要发达国家商业银行贷款利率水平相比,仍为低水平。西方发达国家如美、意、澳大利亚、荷兰等几乎都在17%左右。现在流行着一种看法,认为不应和国外利率水平比,这是值得商榷的。首先,比较总是要有参照物的,从方法论讲,横向比较是基本方法之一。其次,西方经济也具有现代信用经济的性质,银行与企业的关系也有值得我们参考之处。再次,我国经济对外开放步伐在加快,在从事生产、交换等活动时与西方国家、银行和企业交往在扩大。因此,在考虑利率水平时不能不顾及西方国家的利率水平。同时,现行银行贷款利息在企业成本中所占比重很低,大多数部门和行业不到1%。而我国企业流动资金主要又来自向银行借款。近几年由于定期高息的储蓄存款在银行存款中的比重上升,国家又多次调整存款利率,银行存款平均水平逐年提高,这使存贷利差相应减少,进而影响了银行纯收益。据统计,现行银行纯收益率不足20%,比能源工业低20%,比原材料工业低5%,比轻工业低3%。长此下去,必然影响金融企业的生存和发展。由于农业贷款利率低于工业贷款利率,农业银行特别是农村信用社压力更大。从存款利率看,我国利率水平也要低于西方主要发达国家的存款利率水平。以企业存款利率为例,我国企业存款大多为活期存款,企业平均存款利率水平长期不到4%,它不到普遍高于5%的西方发达国家企业存款利率水平的80%。第二种方法是实际利率比较法。如果说,经过几年的调整,我国名义利率已有较大的提高,那么,从实际利率看,我国利率水平低的局面更为明显。近些年来,我国通货膨胀率一直较高,实际利率相应很低,从1979年以来,实际利率除了有三年越过3%以外,其他各年均在3%以下,其中有几年处于负利率的状态。

可见，那种仅仅看到近几年名义利率提高就得出利率水平低的问题已经解决的结论，根据是不足的。

第二，结构"乱"。其主要表现在如下几方面：一是存贷款利率调整不同步。几年来，存款利率调整得多，幅度大，而贷款利率调整少，幅度小。其结果必然导致存贷利差缩小。加上优惠利率种类繁多（约有50种，占全部贷款利率种类的绝大多数），使贷款利率水平进一步降低，存贷利差，更加缩小，甚至造成有的档次倒挂。二是相同或相似的存款或贷款，利率却存在明显差别。例如，企业定期存款利率低于个人定期储蓄存款利率。一般说来，前者金额要比后者金额大得多，而银行办理大额定期存款比办理小额定期存款所应付的成本要低。企业定期存款利率应该高于个人定期存款利率。又如，定期存款利率低于同期金融债券利率，而这两者都是以银行为债务人的。又如，国家通过银行办理的拨改贷利率要低于银行信贷发放的固定资产贷款利率。三是长期来贷款不问期限长短，行业内各部门经营方式、种类及利润率区别，都采用一个档次。如工业企业流动资金贷款，占用一月是六厘，占用一年是七分六厘。又如，石油工业一般利润率为70%～80%，而煤炭工业一般利润率为1.9%，但贷款利率却是同一标准。虽然现在实行了差别利率，但差幅太小，作用有限。

第三，管理"死"。利率管理高度集中，缺乏灵活性。利率都由国家制定，不但专业银行基层行没有决定利率的权力，甚至连中央银行也没有完全统一的利率管理权，只享有一定幅度的利率浮动权。专业银行尽管也规定有一定的浮动权限，但由于管理层次过多，加上地方政府的干预，往往不是名存实亡就是变成变相的优惠利率。不仅如此，现行利率体系往往自我封闭，不能和其他经济调节手段紧密衔接，协调动作，在一些情况下甚至抵消了其他经济杠杆的作用。

这样的利率体系，显然不能适应有计划商品经济发展的需要，不利于我国经济基本问题的解决。

首先，现行利率体系不利于解决总量失衡问题。总量失衡直接起源于投资需求和消费需求膨胀。贷款利率低，意味着借入资金成本低下，这必然鼓励地方和企业对信用投资资金的过度需求。同时，企业还会将未来用于积累部分的纯收入转化为职工的消费基金，而未来扩大生产的资金则依赖于借入资金。存款利率低意味着利息收入少，负利率则意味着资金贬值，这肯定会抑制储蓄的增长。据统计，目前人们手持现金已达1000多亿元，相当于1987年我国财政收入2347亿元的43%。

其次，现行利率体系不利于解决结构失调的问题。利率水平低造成的信用资金需求膨胀给正确选择信贷投向带来了困难。信用配给和选择政策是信用资金需求旺盛的必然结果。而信用配给和选择政策的实行又依赖于优惠部门和项目的确定。然而，国民经济部门，同一部门各企业，同一企业在不同时期的情况差别很大；长短线产品错综复杂地相互交织，各地区经济发展的要求也有很大不同，因此，事先制定一个全国统一的信贷政策是很难准确反映经济结构调整的实际需要的。至于利率结构的混乱，例如同种或相似贷款有不同利率、期限、风险原则的忽视，都会加大经济结构调整的困难。如基建贷款利率低于流动资金贷款利率，客观上鼓励了基建规模的扩大。

再次，现行的利率体系不利于解决经济效益问题。贷款利率的高低直接影响着投资成本的大小。贷款利率低下，评估新投资项目盈利率就高，这实际上降低了社会衡量投资效益的标准。同时，贷款利率低下，企业使用资金的成本也小，不利于企业节约资金，挖掘资金使用潜力。也不利于整个社会合理安排和充分利用人力资源。

最后，现行的利率体系限制了利率职能和作用的发挥，不利于国家对经济的宏观调节。

（三）

现行的利率体系迫切需要改革，已经进行的利率改革亟待深化，这是解决我国利率与经济运行关系的必由之路。

我们认为，利率改革的基本原则应该是：

1. 利率浮动化。传统经济体制下利率管理权由国家直接掌握，尽管操作似乎比较方便，管理比较简单，但使利率失去了应有的灵活性。这种单纯自上而下的垂直管理方式和需要横向联系的商品经济是不相适应的，商品市场特有的多变性也是国家事先难以准确把握住的。全国实行利率浮动化，省要落实利率浮动化。作为全国商品经济最发达的地区，又担负着先进入国际市场的任务，沿海省份利率浮动的幅度应该大一些，利率浮动化的步骤应该快一些，利率浮动权的下放应该再明确些。

2. 利率差别化。传统经济体制下利率结构严重不合理，种类单一，档次很少，它显然无法适应千差万别的企业生产经营状况和人们的多种需要，经过调整，这种情况有所改变，然而，从目前的银行利率体系中，期限性利率（按信用时间长短决定的利率）、经营型利率（按资金成本和盈利目标决定的利率）所占比重仍很小，而政策性利率占相当大比重。这种结构仍严重影响着利率作用的发挥。利率的决定必须考虑借贷资金的安全性、流动性、收益率和期限长短。虽然在利率结构的说明上存在着"预期"和"分段市场"等理论的区别,但是,不同的借贷资金项目应该有不同的利率是顺理成章的,应当实行利率差别化。必须指出,利率差别化不是利率优惠化。目前利率种类的差别中所表现出来的普遍优惠的状况是不利于经济发展,抵销利率体系改革的成效的,因为普遍优惠的结果将压低利率水平,扰乱利率结构调整,不利于通过利率变动调节经济。许多贷款,如中短期设备贷款,根本不应实行优惠利率。优惠利率过多影响了银行业务的正常进行,长期看,将影响贷款量扩大,对企业也是不利的。所以,必须改变优惠利率过多的状况,严格区分援助性贷款和经济性贷款,取消经济性贷款中的优惠利率。即使是援助性贷款,其利率最低数量也应不低于银行成本,以利于银行业务正常进行。当然,可以实行财政贴息或其他相应的补偿方法。

3.利率水平客观性。传统利率体系最大问题就在于其主观因素太多,对客观可能和条件考虑很少,甚至不加考虑。利率水平是突出的例子。长期以来,人为地把利率制定在很低的水平,基本上处于象征性的地步。当通货膨胀率稍高一些,就呈现负利率状态。在资金紧缺时,这样的水平显然脱离客观实际。我国利率改革的重要内容就是要使利率水平真正能反映现实经济状况。这里的关键并不在于具体的利率水平是多少,而是制定的利率水平要有客观基础。

4.利率形成的市场参与性。利率可以有多种制定方法,但不管怎样,利率作为"资金"价格,必须反映资金的供求状况,而供求力量的对抗制衡必须在市场上存在和体现。因此,离开市场,是无法正确制定利率的。进一步说,在商品经济中,经济的稳定发展还依赖于商品供求和资金供求同时达到均衡,利率不仅要反映资金供求而且还应反映商品供求的状况。而这离开市场是难以事先准确估计的。当然,市场参与并不是利率完全市场化。

深化利率改革,应当注意以下几点:

(1)明确方向。作为有计划的商品经济,要建立的是一个灵活性和统一性相结合的浮动利率制度,而不能是完全市场决定的利率制度。

(2)坚定态度。既然我们已经知道高度集中、缺乏弹性的利率制度不适应我国经济发展的要求,决不能采取犹豫、徘徊的态度,只有深化改革,才是唯一选择。

(3)稳妥步骤。在深化利率改革总方针下,在步骤上宜采取先点后面不断扩大的方法。在总结浮动利率试点经验教训的情况下,省可在一部分地区先推行,进而在全省范围实行。全国应有浮动利率改革试点省。

(4)配套措施。利率改革有三个配套问题,一是利率改革诸方面,二是利率改革和金融体制其他方面改革,三是利率改革和其他经济手段的协调。

(5)创造条件。利率对经济发挥作用,国家运用利率调节经济,依赖于一定条件。这些条件具备如何对利率机制建立和完善是直接有关的。

(6)选择时机。要充分考虑利率改革对经济运行的影响,特别是总供给和总需求的状况。利率改革会引起利率水平的变动和利率结构的重组,因此,需要在总供给缺口较小,市场形势较缓和,产业结构调整时进行。现在经济发展的实际情况恰提供了这样的时机。

国有企业工资分配制度改革思路的比较①

关于企业工资分配管理体制改革,从近几年讨论的情况看,已提出的主张大致可分为四种主要思路。

第一,国家规定变动制。认为企业工资分配存在诸多问题的主要原因在于国家没有经常调整和理顺工资关系,因此,主张在原有工资运行机制中,通过国家对职工工资的调整拉开收入差距,解决平均主义问题。和长期实行的以差别很小、变动极少为主要特点的固定工资制度相比,它强调随经济变动,经常调整工资水平和结构,发挥了工资政策的作用,这无疑前进了一步。但是,它仍然坚持国家直接规定企业工资分配的变动数量与比例,坚持工资变动的全部权限集中在国家,因而不可能解决工资分配问题。从理论上说,物质利益是人们活动的基本目标和动力,而工资收入是职工的基本物质利益所在。由于长期实行平均主义,因此比较准确地反映人们之间物质利益的差别是企业工资改革的关键所在。显然,国家无力单独承担起这一任务。无论是只规定某一项工资变动,还是规定全部工资变动,都不能真正兼顾各地、各行业、各企业、各职工实际情况的差别。从实践上看,几年来按照这一思路采取的步骤收效甚微。1977年,以参加工作年限为调资尺度,1978年、1979年两次按职工比例升级,1981年按行业和部门轮流升级,均以解决平均主义的目的开始,以不同行业、企业、职工互为参照,攀比上升,平均调资告终。

第二,企业工资双轨制(不是指企业与机关事业单位之间工资的双轨制)。认为企业工资分配存在问题的主要原因是国家对劳动力管理的高度集中性,从而期望在保持国家对企业工资管理机制的前提下,通过改善劳动力管理机制,

① 本文作者金雪军,收入《治理整顿与深化改革》,四川人民出版社1991年版。

从(横向)减少国家对工资管理的比重来解决。这种制度的实行是同企业实行固定工与合同工、临时工并存的劳动制度相联系的。其特点是国家直接管理该企业中一部分职工工资的变动,而另一部分职工工资变动由企业负责。相对于国家对所有职工工资的直接管理制度而言,该制度使企业有了对其中一部分职工工资的分配自主权,从而有助于积累管理经验,提高管理水平。但它同样不能解决企业工资分配存在的问题。从理论上看,在不同经济条件下,对劳动者工资的分配机制可以有很大差别,或者由国家直接分配,或者由市场决定等等。但是同样的劳动要求同样的报酬是劳动者的基本要求,也是劳动者能否接受工资的基本尺度。与关心其他工种的职工收入相比,劳动者更倾向也更容易与从事同样工作的人进行收入对比,这是一方面。另一方面,工资分配问题的存在是普遍现象,一部分工人工资由企业管理并不能影响大多数企业职工的行为。从实践上看,只要两部分工人工资水平存在差异,由于工资"刚性""看齐"效应,不管何者较高,企业均处于强摩擦的压力下而最后合(上)而为一,不然就会出现如下局面:如劳动者有可能出入企业,则会另行寻找工作;如无此可能,则人心思走,消极怠工。两者都影响劳动者的积极性和企业的稳定。因此,尽管由于其简单方便,较容易为企业采用,但往往也是以增强激励机制的愿望始,以工资攀比上升,形成新的平均主义终。

第三,企业自主分配制。认为企业工资分配存在问题的主要原因是国家的直接管理,因此,主张完全改变原有的工资运行机制,由企业完全自主地决定职工的工资,包括工资标准、结构和变动等。它被许多经济学者称为国有企业工资改革的基本方向。这种制度明确地把工资分配高度集中的管理体制看作是问题存在的基本原因,无疑抓住症结所在。然而,用这种制度解决劳动与收入脱节的矛盾需要依赖于一定的条件。条件之一是,要有一个完善的市场体系特别是劳动力市场,劳动者和企业能够互相自由选择,劳动者随工资的差别而流动。由于人们一般总是高估自己的能力和水平,具有"这件事我也能干"的心理,因而,如果无此市场,这一因素产生的看齐心理将促使劳动者在收入分配上互相攀比,从而冲击企业自主分配。但是,全民所有制的性质决定了劳动力不是商品,因而也不可能形成劳动力市场,因为劳动力成为商品的基本前提是除了提供劳动之外一无所有。条件之二是,企业要有一个平等的竞争环境,要排除由国家决定的企业外部因素和企业生产技术设备的差异,使企业分配真正是自身努力的结果。否则,由于企业效益不反映劳动成果,也必将形成企业之间的攀比心理,从而冲击企业自主分配。但是,这一条件目前甚至一个较长时期都难于建立。从实际情况看,目前不同企业劳动者之间的相互攀比的心理和普遍实行的任期制、承包制相结合,促使企业竞相提高工资水平,把企业职工收入提高到"自主分配"最大限度的企业比比皆是,许多企业在此压力下,甚至动用银行贷款。可见,在不存在相应条件的情况下,"自主分配"越完全,越会跌入循环攀比的怪圈之中。何况,强调经济自发均衡力量的工资制度,即使具有相应的条件,也必然带来工资波动过大,加剧劳动者生活和社会经济动荡的问题。

有的同志针对这种情况,提出用国家征税的方法来处理。但是,(1)如前所述,企业之间、职工之间的收入"看齐"心理只有在市场竞争的自由选择中才能消除,国家征税既无法创造这一条件,又不能消除工资差别。(2)国家征税着重是从企业外部即企业之间的平衡关系来考虑问题,并不能解决企业内部把收入如何合理分配给职工的问题,而这恰是劳动者注意力的重点所在,因为对于单个劳动者而言,这是更实际的、可以看得见摸得着的。

有的同志主张由国家规定工资总额与经济效益挂钩比例来解决,这种方法无疑对确保国家财政收入是十分有用的,但它并不能达到上述目的。如果说国家征税着重考虑企业之间的平衡,那么它更倾向于处理国家与企业的分配关系。两者都没有完全触及工资分配的核心问题即企业内部的分配。这几年按"挂钩"进行的工资改革试点情况已充分证明这一点。同时,它也需要排除由国家决定的企业外部因素和企业生产设备的差异。"鞭打快牛"、苦乐不均、攀比工资、竞相涨价、忽视技改、不搞开发等等给这种做法的可行性打了大大的问号。

第四,浮动工资制,它和第一种制度的区别在于:国家并不是简单规定某一或全部工资,而是只规定一个基本界限,具体水平由企业决定。工资变动的权限并不是全部集中在国家,而是由国家和企业分别掌握。它和第二种制度的区别在于:企业并不是只有部分工人工资的"完全"分配权,而是对所有工人的工资都有部分分配权。它不是国家和企业在工资管理上的横向分工,而是纵向分权。它和第三种制度的区别在于:国家并不是对工资撒手不管,而是根据社会总的经济状况和劳动者生活状况先规定一个基本范围。浮动工资管理制度具有十分突出的优点:(1)打破了国家管理过多、过死的状况,但又避免完全自主分配易带来的动荡,有利于实现平等与效率的统一。(2)能在保证社会整体利益的基本前提下,反映和满足各地、各企业的实际需要和可能,充分发挥各方面的积极性。(3)能够体现在每一个企业和职工身上,而不是只有部分企业与职工,或只有企业没有职工,或只有职工没有企业。各方面均有承受力,从而避免了工资分配上标准过多过乱和企业、职工团结受影响的现象。（4）操作简便可行，避免了和原有制度无法衔接的矛盾。（5）能和其他经济手段协调配合。我国经济是计划经济与市场调节相结合的经济，浮动工资容易和指导性计划、浮动价格、浮动利率等机制密切配合。上述这些证明了浮动工资管理制度在实现工资功能，达到工资改革的目的上具有其他制度无法替代的长处。因此，比较各种工资制度，浮动工资管理制度是适合社会主义商品经济的最优工资管理制度。

有的同志认为，浮动工资只能在小型集体企业或个别经营特别好或特别坏的企业实行。理由是多数企业受客观条件影响，难以考核贡献大小①。这是值得商榷的。（1）考核制度是任何工资管理制度都必须进行的基础工作，并不只限于浮动工资制度。（2）如前所述，工资分配问题是国有企业普遍存在的，少数企业的实施解决不了这一问题。（3）集体企业工资分配制度应该与集体所有制性质相适应，而分配上的自主权是集体所有制的基本要求，因此，这已不是实行不实行浮动工资的问题了。（4）如果说客观条件影响企业就难以实行，一方面，客观条件是对任何工资制度都存在的问题；另一方面，从现实情况看，效益特别好或坏的企业往往受客观条件的影响最明显。

有的同志认为，浮动工资全盘继承等级工资会带来技级与价值不符的缺点，并认为不能直接计量劳动的岗位职工不宜实行②，这实在是一种误解。（1）浮动工资管理制是一个贯穿工资管理各方面的完整制度，不等于目前一些企业搞结构工资时的那种板块结合的一小部分，更不等于一些企业目前在搞的浮动升级制度。（2）浮动工资制度正是着眼于打破现在的工资等级制，而代之以维持人们社会平均基本生活需要为前提的工资灵活变动制度。（3）劳动能否直接计量，只是说明浮动工资制度实施具体依据什么尺度，而并不说明浮动工资一定不能实行。其实，任何工作都是可以寻找到一定的考核要求的，这一要求也是所有工资制实行的基础。

关于企业工资分配形式的改革，从近几年讨论的情况看，已提出的主张大致也可分为四种主要思路。

第一，把生产过程开始以前就能确定的一项或几项因素作为工资分配的基本尺度。这些因素大致可分为两类：一是工作差别，二是人的差别。前者有"岗位"等，后者有"资历""年龄"等。按这种思路确定的工资形式有等级工资制、年

---

① 参见《劳动经济研究参考资料》，1983 年第 7 期。

② 杨团主编：《企业结构工资制系统设计》，经济管理出版社 1988 年版，第 171 页。

功工资制、岗位工资制等（结构工资制其实也可归于这一思路，它基本上是这几种因素加一小部分奖励的综合）。由于资历、年龄、岗位等均属"硬"指标，在一定时期很少变动，因而它简单方便、容易管理，这种思路比较适宜于集中管理的体制。然而，这种形式存在相当大的矛盾，最突出的是，价值是凝结的劳动，分配是价值的分配，所以分配的基础是劳动的凝结，而凝结的劳动只有在劳动实际付出后才存在，因此，劳动贡献、劳动能力、劳动时间三者是有很大差别的。而这种形式实际上把三者等同起来，无法激励职工劳动积极性的提高。在岗位工资制下，尽管在取得某一岗位前，人们必须努力争取，但是，岗位的取得取决于很多因素；岗位的差异及其取得往往会引起职工们的矛盾；人们一旦取得岗位，就失去了进一步发挥积极性的基础。

第二，把生产过程的结果作为分配的基本尺度。按这种思路确定的工资形式可分为含量工资制、提成工资制、包工工资制等。它强调动态因素。在这种工资形式下，工资将是经常变动的，因为生产成果既取决于劳动者的积极性，也取决于市场、设备、政策等。这种思路把劳动成果和收入直接挂起钩来，因而具有较强的激励能力。但它也面临着很多难题。（1）适用条件苛刻。它比较适合于能够进行准确计量产品的劳动，而我国企业中相当大部分的劳动却是难以用产品来直接计量的，有些虽可以计量，也是许多人共同协作配合才完成的。（2）更严重的是，它不利于资源的合理利用，它往往容易促使企业和职工追求短期利益，忽视长期利益。当工资与产品之间的比例确定后，企业和生产者倾向于使用尽可能多的设备，从而造成产品多、收入多、消耗大的局面。它和承包制经营形式相结合，这种状况将更严重。（3）它容易导致产品的供求失衡。实行这种工资制，必须是社会缺乏而又必须大力发展的产品的生产企业，如果产品已经过多，或者已基本平衡，实行这种制度必然造成产品积压和资源浪费。

第三，立足于提高工人的劳动能力。按这种思路确定的工资形式主要有知识工资制等。它强调职工能否掌握更多知识，以适应今后劳动。这种思路有利于提高劳动者的知识水平，注重企业的长期发展。这对于目前高级劳动者缺乏和初级劳动者过多并存，企业考虑短期利益较多的状况来说，尤为可贵。然而，它也存在多种问题。（1）和以前的劳动能力不能作为分配的主要尺度一样，未来劳动能力也不能作为现在分配的主要依据。实际上，即使是现在的劳动能力也不等于现在的劳动贡献，也不能作为分配的基本尺度；今后的劳动能力，不等于今后的劳动贡献，同样不能作为今后分配的基本尺度。（2）专业化是社会化大生产发展的规律。尽管各工种劳动者之间协作越来越加强，但从单个劳动者来说,没有必要也不可能非要掌握多种岗位的工作能力。(3)它使人们忽视本职岗位工作。它会产生这样的矛盾:在本职岗位认真工作的由于缺少时间和精力去学习别的知识,工资少,而在本职岗位工作不够认真的,能有时间和精力学习别的知识,反而能够得到较多收入。这显然是不合理的。

第四,把已实现的生产结果按各经济主体贡献的比例进行分配,即分成制。它和第一种思路的区别在于国家并不是预先规定企业职工工资数量,而是在生产成果实现后再进行工资分配。它和第二种思路的区别在于它不是只确定工资与生产成果的联系,而是确定各经济主体对已实现的生产成果的分配比例。它和第三种思路的区别在于它立足于现实财富的分配,而不是未来的东西。和前三种思路相比,分成制无疑具有十分突出的优点。(1)改变了工资分配与财富创造和经济发展脱节的状况,把工资的分配放在已实现的生产结果基础上,从而使工资分配有了坚实的经济基础,既能避免工资跟不上财富创造,也能避免工资超前分配、消费基金膨胀的状况。(2)改变了工资分配固定不变的格局,有助于通过灵活调整,实现工资分配的基本功能。(3)适用于不同的行业和企业,有助于改变工资具体形式过杂、过乱的状况。(4)充分注意国家、企业、职工在生产中的作用,兼顾了三者的利益以及短期与长期利益,有助于克服企业在工资分配上的短期行为。在发挥劳动者积极性的同时注意生产资料的节约利用,从而促使整个生产能力利用率的提高。不难看出,把分配建立在生产成果实现的基础上,实现工资分配的基本功能,确立一个可以参照的分配制度,立足于经济长期持续发展,兼顾各经济主体的利益等,均是我国工资改革需遵循的目标。无疑,分成制是实现这些目标的最优分配形式。

金融改革的困境与出路[①]

摘　要　金融改革是经济改革的重要组成部分。至今为止,金融改革已进行了十余年。十余年来,金融改革取得了哪些成果,带来了什么样的变化? 金融改革过程中存在着什么样的问题,其原因何在? 下一步金融改革如何迈步,怎样深化? 这些问题的解决与否,对我国金融事业的发展、金融体制改革的深入是至关重要的。本文试图对这些问题作一回答。

自始至今,金融改革已走过了十余年的历程。十余年的改革带来了金融和经济的发展,但也出现了诸多严峻的问题。如何正确评价十余年金融改革,总结经验教训,寻求相应对策,对于肩负深化金融改革、发展金融事业重任的我国金融经济界,无疑是必须回答的问题。

一

1979 年开始的我国金融改革,以 1985 年为界,大致可分为两个阶段。第一阶段以发展金融机构、中央银行和专业银行机构分设和松动信贷资金管理为重点。第二阶段则以建立与社会主义有计划商品经济相适应的金融体制为目标,把改革的重点放在建立新的金融调控体系、发展金融市场和实现专业银行企业化上。这是在经历第一阶段实践后,金融领域所进行的更为重大的变革。可以说,以此为标志,我国金融体制进入了全面改革的阶段。

十余年的金融改革,基本上是沿着党的十一届三中全会提出的路线方针,

---

①　本文作者金雪军,最初发表在《浙江大学学报(社会科学版)》1991 年第 2 期。

根据发展社会主义有计划商品经济的要求,按照计划经济与市场调节相结合的原则进行的。十余年金融改革的成效是显著的,经过改革,至少在以下方面出现了根本性的变化。

第一,金融地位主体化。过去,尽管作为信贷中心,但由于只在财政为主的分配之后进行有限的资金再分配,银行明显依附于财政部门。现在,银行已经成为我国经济的重要杠杆,加上财政收入在国民收入中比重不断下降,银行肩负越来越大的再分配资金的任务,金融已在国民收入再分配和经济调节体系中居于主体地位。

第二,金融机构体系化。过去,尽管也有货币管理和存贷业务,在存贷业务中也有工业与农业、国内与国外之分,但基本上是人民银行的大一统格局。现在,不但中央银行与专业银行分设,中央银行与各专业银行的分支机构有很大发展,而且许多新的银行和非银行金融机构也相继建立,形成了以中央银行为核心、专业银行为主体、有多种形式的金融机构组成的金融机构体系。

第三,金融业务多样化。过去,尽管也有存款和贷款的种类划分,但是存款种类很少,贷款只限于短期性。现在,不但有中短期设备贷款,存款种类也大大增加,而且还开办了担保、抵押、贴现、委托、代理、特种贷款等信贷业务,咨询、保险、租赁、信托、信用证结算和对外金融业务也得到恢复和发展。

十余年的金融改革初步改善了银行之间、银企之间的关系,扩大了专业银行和基层行的自主权,深化了全社会的金融意识,培养了一批社会主义的金融家和金融专业人才,促进了金融和经济的发展,冲击了旧体制,为金融改革的深入,建立与有计划商品经济相适应的金融体系,积累了经验,打下了基础。那种轻视甚至否定金融改革成就的观点是不能成立的。

然而,一个完善的金融体制是统一性和灵活性相结合,即计划经济与市场调节有机结合的体制,它是一个拥有运用自如的宏观调控体系、内容丰富的金融市场体系和充满活力的金融机构体系的体制。我们可以清楚地看到,一方面,1985年以后的金融改革正是按这一思路进行的,金融改革的基本方向是正确的,另一方面,尽管在一些方面有所变化,但与目标相距甚远,不仅如此,还出现了一些新的问题。

其一,宏观金融调控未能摆脱放就乱与控就死的循环。长期以来,无论是对经济还是金融,均采用直接行政手段进行集中管理,前一阶段在改变这一局面上曾花了相当力气:中央银行与专业银行划分资金,信贷计划与信贷资金分开,实行期限贷款和多存多贷制度,允许银行之间业务竞争等。这些新的变化要求建立新的宏观金融调控机制，但是，至今为止，这一问题并未解决：公开市场业务未能形成；由于没有区分基础货币与派生存款，准备金制度带有存款创造存款的性质，未能真正调节派生存款；利率管理权仍高度集中在国家手中。在新的宏观金融调控机制未能建立的情况下，金融的放开容易引起金融秩序的混乱，而由于没有新的调控机制，一出现这种迹象，就会倾向于重新使用原有的直接行政管理手段，从而又容易统得过多。可以说，金融活力增强与宏观调控至今还未找到可操作的最佳结合点，仍处于放—活—乱—控—死—放，即集中过多、统得过死和软弱无力、经常失控的循环反复中。

其二，金融市场的发育几经周折，至今尚未定型。长期以来，金融市场一直被视为异端，不敢问津。前一阶段的改革突破了这一禁区。同业拆借、票据承兑业务比较活跃，证券发行和交易开始出现，外汇调剂业务也在拓展，然而，尽管我们在这一方面有所进展，但是走走停停，曲折反复。至今为止，对现在是否应该开放金融市场尚有争论，在实践上出现一段时间鼓励，一段时间限制；现有的金融市场主要还是短期资金市场，而这还主要是银行之间的资金调剂活动；由于对社会集资存在种种疑虑，证券的发行市场受到严格限制，证券交易所更是只有在个别城市才有，证券交易主要是国库券交易。同时，由于利率管理高度集中，资金的流动缺乏市场调节机制，因此，证券的发行交易与银行的存贷业务之间未能形成一个均衡机制。

其三，专业银行企业化步履困难，进展缓慢。长期以来，银行在人们眼中，不是经营货币资金的经济单位，而是行政管理机关。在实践中，存款、贷款、利率均有国家统一规定指标，银行只有执行的义务。前一阶段的改革使这一状况有所变化：建立了以资金效益为中心的考核指标体系，实行了不同形式的承包经营责任制和存贷结合的信贷资金管理制度，形成了利润留成和成本管理制度，提出了一业为主、适当交叉的银行业务竞争原则等等，在专业银行由国家行政管理机关向企业化经营方向迈出了一步，但是，这离企业化的要求差距还很大，至今为止，无论是隶属关系，还是在人们观念上，专业银行都仍然是国家行政管理机关的一部分，中央银行和专业银行在管理体制和职工待遇上并无多大区别；政策性贷款与经营性贷款在专业银行贷款业务中混杂在一起；作为经营对象的资金"价格"也严格按照国家规定，尽管有 20％～30％利率浮动的规定，但一方面利率浮动还只是试点，另一方面浮动幅度受到严格限制，再一方面由于上级行层次过多的截留和地方政府的干预使之往往有名无实，专业银行之间的关系也一直在业务竞争和各自分工中走钢丝，一段时间讲竞争，一段时间讲分工;专业银行总行与分支机构通过垂直领导已成一体,几家银行在经济活动中居于垄断地位,银行与企业之间的关系依然是"父母之命,媒妁之言",相互选择的余地仍不大。

金融改革中出现的更为严峻的问题是:一方面从金融调控手段到金融市场再到专业银行企业化都进行了试验和探索,不可谓不尽全力,另一方面却未能真正做到活而不乱,控而不死。这正说明了金融改革已进入了新的困境。认识这一问题,将使人们看到面临的艰巨任务,在金融改革方面作进一步努力。

二

对于金融改革,人们殚精竭虑,但目前却进退两难。我以为,之所以产生这种状况,是和以下因素分不开的。

首先,金融改革与经济改革脱节。国民经济是一个有机整体,金融是其中一个重要组成部分,金融活动和经济活动存在着相互影响、相互制约的关系。但从现实生活看,对工商企业和银行的管理有一个明显的差别,对银行来说,存在着按系统管理强化的倾向,即中央银行和专业银行均实行高度集中的垂直领导体制,不仅原先曾一度以地方领导为主的建设银行这样,后来成立的中国银行、中国工商银行等也同样。对工商企业来说。则出现一个按系统管理弱化的倾向,即大量原先的部属企业划归地方领导,纳入地方分块领导体制之中。我国的经济改革是沿着扩大地方和企业自主权,尊重地方和企业实际利益,调动地方和企业积极性的思路进行的。为了实现这一目的,相应地必须扩大地方权利、增强地方责任以实现地方责、权、利的有机结合,国家还实行了地方财政、外贸、工资等包干措施。在这种格局下,地方的利益意识越加突出,各地按不同特点发展经济的要求也更为明显,而高度集中垂直领导的银行管理体制尽管使金融系统有可能减轻地方行政管理部门干预的压力,避免成为地方行政管理部门的依附物,保持货币政策对经济的制约性,在一定程度上起矫正地方短期行为的作用,但与经济改革的要求也产生了很大的矛盾。第一,由于高度集中的垂直领导体制,下级行只有执行权,没有决策权,不但地县行,甚至省级行也如此。这样,一方面不可能根据各地经济发展的需要采取不同的货币政策,往往使上级行的政策陷入"一刀切",另一方面也助长了下级行行动上的攀比性与"一窝蜂",只要对我下级行没有损失,不管地理环境、经济可能,人家有的我也要有。第二,由于集中管理的银行垂直领导体制,使地方为了自身利益需要,建立地方金融机构。这种由地方政府出资并支持的金融机构当然完全服务于地方政府的需要,成为地方政府的资金供应部门,其行为一旦失当,就会加剧金融秩序的混乱。第三,管理体制上的这种差别使下级行处在系统管理和地方管理的夹缝之中,既要严格遵守全国规定的统一货币政策,另一方面又要以促进地方经济的发展为直接任务,而两者有时矛盾较大,很难两全。经济改革越深入,地方和企业自主权越大,越要求改革现有的高度集中的金融管理体制,建立纵向分权、分层次的金融管理体制,实施区域性、差别性的金融政策。

其次,金融改革的理论与实践脱节。脱离实践的理论只是一种空中楼阁,而没有理论指导的实践是盲目的实践。金融改革也同样需要把理论和实践有机结合起来。但在金融改革中,具体对策谈得多,系统理论研究少,至于把改革的基础理论研究与对策研究结合起来就更少了。几年来,金融改革进行了多次攻坚,但是缺乏一个系统的改革理论,这无疑影响了改革的深入。现在有一种观点很流行,即认为"实践"就是具体实务工作中出现的问题,这实在是一种误解。不错,对具体实务问题也需要进行研究分析,然而,中国金融目前最大的实践是改革,结合中国金融的改革和发展进行理论研究,一就是最充分的理论联系实际。还有一种观点在地方也很有市场,即认为金融改革理论研究是中央的事情,地方只要按照中央制定的政策执行就行,这当然起源于地方只有执行权而无决策权的状况,然而这种局面反过来又使纵向分权、分层次金融管理体制和区域性、差别性的金融政策更难产生。这种局面急需改变。金融改革是整个金融经济界不可推卸的历史责任,作为地方,不但要重视区域性金融改革理论研究以制定正确的区域性金融政策,而且要为全国金融改革理论的发展做出贡献。

再次,金融改革的目标与步骤脱节。明确的目标与正确的步骤是金融改革不断深入的基本条件,然而,从金融改革的状况看,却存在着目标模糊、步骤随机的现象,两者之间还存在明显脱节。尽管经过一段时间摸索,逐渐明确了建立一个与有计划商品经济相适应的金融体制的方向,然而,由于缺乏分阶段目标和明确的衡量标准,金融改革的目标实际上是相当模糊的。在这种情况下,改革的步骤与措施就往往容易这样:或听其自然,观望等待,贻误时机;或随机选择,匆匆出台,急于求成;或者期望毕其功于一役,或者犹豫徘徊难下决心。十余年金融改革中,采取了一个又一个措施,进行了一个又一个试验,轮番作战,其结果并未解决金融改革的实质问题。

又次,宏观金融改革与微观金融改革脱节。微观金融与宏观金融共同构成了金融的整体。十余年的金融改革中,通过实行承包经营责任制、行长责任制和行长目标管理责任制,下放若干权力给下级行,在一定程度上调动了下级行的积极性。但是,由于宏观金融管理体制并未有较大变化,基本上仍是利用原有的行政管理手段,未能及时形成适应微观金融活动需要的金融调控新体系,因此,不能真正巩固和发展已经取得的微观金融活力增强的成果,容易放任自流,引起混乱,或者高度集中管理,影响活力。

最后,宏观金融内部与微观金融内部各要素改革脱节。金融改革的成功不仅需要宏观金融与微观金融之间改革的配套,也需要两者内部各要素之间的协调。例如宏观金融调控体系中的利率与公开市场业务。如果没有一个作为资金"价格"的变动自如的利率机制,就不可能真正形成完善的证券市场,当然也不可能有公开市场业务。但反过来,只有资金供求双方能够在市场上相互选择,才能使"资金价格"利率能真正按经济运行的要求变动自如,从而为中央银行运用利率杠杆进行金融调控创造必要的条件。微观金融也是如此。然而,至今为止,我们在宏观与微观金融内部改革上,往往也是单项调整,并未形成一个统一、协调的改革格局,其结果往往相互牵制,这无疑是改革进展缓慢的重要原因。

可见,尽管有外部等方面的原因,但金融改革所面临的严峻形势在很大程度上是金融领域本身造成的。对金融改革缺乏系统而完整的研究,金融改革中存在着种种脱节的状况,这是无法真正解决金融改革的问题的。

三

十余年的金融改革,有成绩,有失误;有进展,有矛盾。面对当前严峻的金融改革形势路往何方? 如何迈步? 这是迫切需要解决的问题。

很清楚,既然已经明确社会主义经济是有计划的商品经济,必须建立与其相适应的金融体制,既然已经知道高度集中金融管理体制是几十年金融和经济活力不够的原因,那么,对上述问题的回答只能是:深化金融改革。

如何深化金融改革,我认为,必须切实注意下列诸方面:

第一,方向。金融改革的目标可以具体分为两个层次。一是根据有计划商品经济发展的要求,建立一个统一性与灵活性相结合的金融体制。它既不能是产品经济模式下的高度集中的金融体制,也不能是完全市场化的金融体制。二是根据这一基本方向,在改革过程中,根据不同情况,制定应该达到的分期目标。两者互为前提，没有基本方向，就不可能制定分期目标，而没有分期目标，基本方向的实现就无法落到实处。

我认为，目前金融改革的重点应是宏观金融管理体制的改革，这不仅是因为宏观金融管理体制的改革明显滞后，而且是由于金融体系诸缺陷的直接原因在于高度集中的宏观金融管理体制，正是高度集中的、主观因素过多的宏观金融管理体制才使金融体系不能反映实际资金变动的状况和经济活动的需要。一个运用自如的宏观金融管理体制必然促进金融体系的合理化，但如果没有宏观金融管理体制相应的改革，金融体系的调整将仍然摆脱不了和经济需要脱节的概况，更重要的是，有计划商品经济的发展提出了改革现行宏观金融管理体制的要求，有计划商品经济要求金融政策的制定和运用要遵循价值规律，要求货币机制能够随着商品生产和交换的实际需要灵活变动，这只有改革现行的宏观金融管理体制才能做到。因此，现阶段金融领域最大、最迫切需要解决的是宏观金融管理体制问题。我国金融改革的实践也证明，目前迫切需要建立一个能适应微观金融主体活力增强的纵向分权分层次的宏观金融调控体制，以真正摆脱控—死—放—活—乱—控的怪圈。

第二，决心。如前所述，既然我们已经明确没有改革就没有出路，没有发展；既然我们已经明确改革不是主观的产物，而是有计划商品经济发展的需要，那么决不能采取犹豫徘徊、观望等待的态度，只有深化改革，才是唯一出路。在金融改革出现严峻形势下，现在有的同志怀疑金融改革的必要性，提出了重新强化大一统的高度集中的金融管理体制的看法，这是不能成立的。金融改革出现的严峻形势是改革的方法问题而不是是否需要改革的问题。只要客观地回顾一下我国金融改革的历程，任何一个不带偏见的人都会承认改革所取得的成绩。高度集中的金融管理体制带来的只是金融主体缺乏活力和效率，它与有计划商品经济发展是格格不入的。如果不思改革，那么只会贻误时机，阻碍金融与经济发展。经济发展需要金融发展，发展中国家金融深化的任务更为艰巨，这一切离开金融改革是无法做到的。

第三，步骤。金融改革需要有明确的目标和具体的路线，但改革又是对新体制的探索，因此改革步骤要稳妥，宜采取以点带面，逐步扩大的方法。

具体说来，首先，要提出金融改革的阶段目标，确定相应的步骤以减少代价。金融改革如一场大战役，它是由许多小战役构成的；金融改革需较长的历程，是可以分为不同阶段的。分步到位比一步到位更切合实际。

其次，要抓好金融改革试点。改革试点不是仅提供一种优惠，而是要使试点单位真正通过改革发挥其潜力和活力,金融改革试点单位应通过体制的调整和变化来取得金融和经济的发展,金融改革试点成功与否是不能用享受信贷、税收、分配上的优惠政策取得收益来证明的。改革的结果是要使社会财富的大蛋糕不断扩大,而不是把蛋糕中原先归国家的一块划给地方、企业或个人而已。因此,要使改革试点真正名副其实。有责任、有条件、有目标、有衡量。改变目前存在的只要享受试点政策优惠的好处而不承担改革应尽责任的现象。

再次,要及时对金融改革试点进行检查、验收,对成功的试点及时推广,做到成功一个,推广一个。目前在一些地方有一种值得注意的状况:对改革试点听之任之。至今为止,全国已有几十个金融改革综合试点城市,单项改革的试点单位和地方更多,效果如何? 有何教训? 是否成功? 能否推广? 都需要有明确的回答。只有不断试点,不断总结,不断推广,才能丰富理论,避免盲目,逐步到位。步骤的稳妥意味着采取步骤前的仔细考虑、采取步骤后的认真观察、步骤完成后的严格考核验收。其实,从改革的实践看,许多原来很好的方案,只是因为"一刀切"和"一窝蜂"而最终成为一种失误。

第四,措施。改革只有在整体设计、综合配套的基础上循序渐进才能取得成功,否则必然产生撞车效应。这一点已为金融改革的实践所证明。因此,必须摒弃那种东一榔头西一棒子的改革,使金融改革与经济改革、金融改革内部各改革措施前后衔接,互为促进,产生合力。

金融改革的配套,如前所述,可分为不同层次,主要有宏观金融与微观金融内部各要素改革的配套,宏观金融改革与微观金融改革的配套,金融改革的目标与步骤的配套,金融改革的理论与实践的配套,金融改革与经济改革的配套。

第五,条件。改革旧的金融体制,建立新的金融体制需要有一系列条件,其中最主要的是法制建设、信息系统建设和思想建设。

无论是人们的思维,还是决策的人员,都是处在变动之中的,如果没有一个相应的法制保证,那就容易处于一种决策多变的状态。因此,金融改革成果的巩固依赖于法制的保证。我们的金融法规建设迫切需要加快步伐,特别是一旦确立,必须严格遵守。

改革是一种探索,无论是改革措施的出台,还是改革措施之间的相互配套,甚至改革结果的检验,都必须有一个准确、灵敏、及时的信息传递系统,否则,改革措施容易陷入超前、滞后或撞车的状态。

目前,仍有不少人忽视金融改革的意义和作用,仍然把银行单纯作为政府的资金供应部门,"白条子贷款"现象依然存在,必须注重金融改革的舆论宣传,为改革创造良好的思想保证。

金融改革不是哪一个机构的事，而是金融和经济发展的基本要求。金融改革需要花费一定的代价，甚至可能是较大的代价，因此，只有让大家真正理解改革、支持改革才能成功，而要做到这一点，改革措施出台前要充分注意听取基层行和群众的意见。长期以来，即使是总行与省分行间也很少有碰头研究工作的机会，省分行基本属于执行层次，地市县行更是如此，这种局面急需改进。

第六，时机。要充分考虑金融改革对经济运行的影响，特别是对总供给与总需求状况的影响。金融改革会引起金融活动规模的变动和金融结构的重组。在经济过热和通货膨胀严重的情况下，客观上要求采取紧缩性的货币政策，对银行活动的管理也总是更加严格，而金融改革将扩大专业银行和基层银行的自主权，这当然将松动对银行的高度集中的管理。同时，从旧体制到新体制的转变也有一个过渡时期，这一时期又特别容易出现管理不明确的状况，因此，在经济过热和通货膨胀严重情况下进行金融改革难度较大，相比之下，在总供给缺口较小，市场形势较缓和时进行金融改革较为适宜。

利率制度比较研究①

——我国现阶段应实行什么样的利率制度?

在经济金融界关于利率改革问题的讨论中,特别是在近几年实际操作中存在着一个倾向,即对于利率水平和结构谈得多、动得多。然而,把利率水平或者利率结构调整作为利率改革的重点并没有真正抓住问题的实质。

我们认为,对利率改革重点的选择,应立足于看它能否与商品经济本质属性相符,并适合社会主义市场经济进一步发展的需要。由此出发,利率改革的重点应该放在利率管理体制的改革上。

一个灵活的,富有弹性的利率管理体制必然促进利率水平和结构的合理化,但如果没有利率管理体制相应的改革,利率水平和结构的调整将仍然摆脱不了和经济需要脱节的状况。

怎样选择我国的利率管理模式,我们可以把不同的模式作一比较。

(1)固定利率制度。这是我国长期实行的利率管理模式。其主要特点是利率水平固定,差别不明显,变动不经常,它是产品经济和经济封闭性的产物。因为在产品经济条件下,国家对经济高度集中管理,企业投资,定价的自主权,利润率和利息率客观上对企业无多大的刺激或约束作用。传统经济体制下,对外经济贸易的范围和规模受到很大的限制,加上国家对于外贸的高度集中管理,汇率和利率对企业出口产品也无多大刺激或约束作用。这种模式不能灵活反映资金和外汇市场上供求状况,是不适应商品经济发展的要求的。

(2)自由利率制度。其主要特点是利率完全随资金市场状况变动而自发变动,变动频繁,波动幅度较大。它是和完全的市场经济联系在一起的。一般说

---

① 本文作者金雪军,最初发表在《金融研究》1993 年第 7 期。

来,市场形势较好,上升的利润率和下降的利息率总是伴随在一起,两者结合促进生产规模进一步扩大。市场形势恶化、利润率下降,企业普遍要求现金支付,利息率猛升,两者结合加剧了形势的恶化,自由利率制度强调经济自发均衡的力量,但其结果往往伴随并加剧经济动荡。从对外经济的角度看,自由利率制度和自由汇率制度相联系,加剧对外经济的动荡;在自由利率制度条件下,即使实行国家干预汇率制度,由于利率变动对外汇市场的供求关系具有重要制约作用,因此,当利率变动引起外汇市场状况变化时,国家对汇率进行干预,必将经常性的导致汇率和外汇市场状况变动较大的脱节,从而最终影响对外经济发展。

(3)规则的利率变动制度。即单一规则货币政策下的利率变动制度。根据单一规则的要求,为使货币供应量与经济增长率相适应,应按每年一个固定的增长率实行货币供应量的增长。在这种货币政策下利息率也将相应地按一定比例规则地变动。这种模式着眼控制货币供给量和通货膨胀。但是经济活动千变万化,单一固定不变比率的利率变动不可能充分反映经济活动的实际变动。尤其是经济还要经常受外生变量的影响。同时,对外经济还受国际经济形势影响,而国际经济形势的变动更频繁、更复杂,因而这一政策就更难实施。不仅如此,这一主张把货币政策仅仅看作为抑制通货膨胀,而把利率变动放在被动的地位是和市场经济发展的要求不相适应的。从货币供应量和利率比较看,利率对生产过程具有更直接的作用,这是因为在市场经济中,企业总是根据企业利润率的高低来决定如何生产的,因此,在借款时一般总是考虑利息率和一般利润率水平的高低的。

(4)利率由国家规定变动制度。它和第一种利率制度的区别在于:利率变动是经常的,而不是固定的。国家根据经济变动的状况,经常调整利率水平和利率结构,然而,利率变动的全部权限仍集中在国家手中,这种制度看到了利率政策的作用,强调了根据经济状况不同调整利率,比固定利率制度前进了一步,但是,它仍然没有解决国家管理过多的问题,无论是只规定某一项利率变动,还是规定全部利率变动,都不能真正兼顾各地情况的差别,更谈不上兼顾国内、国际经济状况。

(5)浮动利率制度。它和第四种制度相比,区别在于:国家并不是简单规定某一或全部利率,而是只规定一个基本界限和范围,具体水平由分支行按各地经济需要而定,利率变动权限并不是全部集中在国家手中,而是由国家、地方和基层行分别掌握。这一制度能够在保证国家基本要求的范围内,充分发挥各方面的积极性,反映和满足各地、各方面的实际需要。它和浮动汇率制度配合,能够使汇率和利率及时反映市场供求状况,实现资金市场和外汇市场的平衡。能使国家根据经济发展需要和对外贸易需要及时调整。

(6)国家间接调控下的市场利率制度。其基本特点是中央银行既不直接规定利率水平,也不制定任何利率变动界限,而只是根据国民经济运行的实际状况与需要通过再贴现利率或再贷款利率和存款准备金制度、公开市场业务来调节市场利率,而存款、贷款利率则由各金融机构根据资金市场的供求状况自主确定。这种制度与第二种制度的区别在于市场利率被置于中央银行再贴现、再贷款利率以及存款准备金制度、公开市场业务的调节之下,而不是完全听任市场盲目确定。这种制度与第四种制度的区别是中央银行不具体规定利率变动界限,而是用再贴现率或再贷款利率等来调节。其优点是利率变动有充足的弹性,能及时灵活地反映并调节资金市场供求状况,但同时又置于中央银行的宏观调控之下而不至于陷于盲目变动之中,使之能够最终服从于宏观经济发展的要求。显然,这是一种充分发挥基层银行积极性,适应并促进微观经济活力增强,但同时又置于宏观有效调控之下的利率制度。它是与社会主义市场经济的要求相一致的利率管理模式。

比较上述各种利率制度,显然,第一种至第四种方式均不符合我国经济发展的要求,而必须从后两种方式中选择。

由于第六种方式最能适应社会主义市场经济发展的要求,因此,从方向看,我们应实行这种利率制度,它也可以说是利率改革的目标模式。

在现阶段应推行浮动利率制度。浮动利率制度与国家间接调控下的市场利率制度的区别主要在于国家是否要规定一个利率变动的界限,在浮动利率制度下,仍然需要国家运用再贷款、再贴现利率引导调节银行与资金市场利率,因此,通过深化改革,在具备所需要的条件后,从浮动利率制度转化为国家间接调控下的市场利率制度,无论从理论上还是从实际操作上看,均是不难做到的,只要中央银行取消所规定的变动幅度就可以了。由于在浮动利率制度下,仍然需要发挥中央银行再贷款、再贴现利率调节银行与资金市场的作用,因此,这一制度不但没有否定再贷款、再贴现利率的作用,而且使之得到了实际运用,对于建立国家间接调控下的市场利率制度而言,这无疑也是一种不可缺少的"练兵"与"试运行",只要中央银行把浮动利率的幅度定的宽松些,界限定的科学些,在现阶段的条件下,是可以发挥利率机制的作用并避免金融动荡,促进经济发展的。从社会经济发展的角度看,这一阶段也是不可缺少的。

　　浮动利率体系由基准利率、调节利率和市场利率三部分组成，基准利率是中央银行根据经济发展的总体要求确立的利率标准，它往往通过行政手段确定。调节利率是中央银行在基准利率确定的基础上，根据当期和下一期经济活动变动状况，引导市场利率变动的利率。它可以以再贷款或再贴现利率的形式出现。市场利率是分支行根据资金供求的实际状况，随时变动、实际进行借贷业务的利率。现在有一种流行观点，认为浮动利率是和基准利率，市场利率并列的这是把商品价格形式套用在利率上的观点。但是，两者是有重大区别的。浮动利率体系的三个组成部分的关系并不表现为资金范围的横向分块，而是资金管理的纵向层次差异。首先，由中国人民银行根据国家经济发展的总体要求，较大的时间借贷资金的供求状况制定资金基准利率。其次，在银行系统中，由中国人民银行通过调节利率来影响和调节各金融机构的利息率。再次，由于各地、各部门、各企业经济和资金情况有很大差异，因此，在遵守基准利率的前提下，各金融机构可随时变动利息率。由于总行在制定基准利率时要充分考虑资金供求（它总是在市场利率变动中反映出来）的实际情况，因此，浮动利率体系的三个组成部分又是紧密联系，互为前提的。

粮食价格放开后调控方式的选择①

　　近年来，一些省份粮食产品价格已相继放开。然而，由于粮食产品与经济发展和人民生活息息相关，因此，价格放开后如何进行有效调控就成为迫切需要解决的问题。本文试就粮食产品价格放开后调控方式问题作一探讨。

　　采取什么样的方式对放开后的粮食产品价格进行调控，首先需要对粮食产品价格调控方式进行系统考察，以了解各调控方式的特点。粮食产品价格放开后的宏观调控方式，大致可有以下几种：

　　(1)价格界限。即政府对于已放开的价格，根据农业生产和居民收入等状况规定一个最高价格或最低价格，其中最高价格的制定是为了维护消费者的利益，使粮食产品价格的上升能够处在消费者承受能力的限度之内；最低价格的制定则是为了维护农业生产者的利益，使农业生产者不致因为粮食产品价格下降而生存困难。这种方式的优点是操作方便，作用直接。然而，这种方式也有一系列问题，最突出的是最高价格与最低价格的界限较难确定，主观因素较多；即使其界限确定时符合实际，但因为相对稳定也容易与粮食产品供求实际状况相脱节。

　　(2)商品吞吐。即政府为使粮食产品价格适应一定的经济、社会生活需要，由特定机构通过买卖粮食产品来影响粮食产品市场的供求关系，平抑粮食产品市场价格，其中价格过高时，通过出售粮食产品来降低价格；价格较低时则通过购买粮食产品来提高价格。这种方式的优点是实施比较灵活，然而，这种方式的实施也有一系列相当严格的制约条件。一是要有一个专门机构来从事这种非营利性活动，如果由一般国营商业部门来从事这一活动，则有一个正确处理

---

　　①　本文作者金雪军、刘春杰，最初发表在《中国农村经济》1993 年第 11 期。

与划分政策性业务与盈利性活动关系的问题。二是要有灵活的反应能力，能够较准确地预测判断粮食产品市场动向，及时调整自身的行为，作出相应的决策。三是要有雄厚的资金实力。无论是为了把过高的价格降下来，还是使过低的价格提高，都需要有大量的资金。四是要有商品储存的物质条件。不但要有一个良好宽裕的仓储设施，而且要有保证粮食产品质量，不致使其霉烂变质的条件。五是要有顺畅的传递能力。国营商业买卖粮食产品的行动要能以较短的时间迅速影响社会对粮食产品的供求状况，并促使社会其他经济主体相应调整行为。

（3）直接补助。即政府根据粮食产品价格变化对农业与居民的影响，对某些经济主体进行直接资助。它又可具体分为几种方式，一是对农业生产者给以资金支持，如农用生产资料价格补贴，农业基础设施改造资金支持等。二是对粮食产品消费者给以适当补助。三是对粮食产品进出口商给以进出口补贴，如在粮食产品国际市场价格低于国内市场价格时，为鼓励出口而给以出口补贴；在国内生产不足、国际市场价格又较高时，为促进进口而给以进口补贴。直接补助的优点是能够从经济利益上直接保证生产者、经营者与消费者的利益，不致因市场供求变化而导致收入减少与生活水平下降，尤其是对于农业生产者而言，这种方式也往往与政府对农业的资金投入相联系，有利于农业生产条件的改善与后劲的增强。然而，这种方式也存在着一系列问题。首先，它需要大量的财政支出，从而将大大增加财政负担。其次，它会在一定程度上减弱市场机制对生产的刺激与压力功能，容易使一部分生产者产生某种依赖心理，不利于生产经营效率的提高。再次，它与关贸总协定的需求不相符合，反补贴是关贸总协定强调的，客观上会存在一个如何使利用直接补助手段与关贸总协定要求相协调的问题。

（4）同行议价。即由行业组织例如行会、协会对粮食产品价格进行协商定价，这其实是行业管理的一种方式。这种方式在一定程度上避免农业生产者因相互之间竞相涨价或降价，避免生产者之间对粮食产品价格评价过分悬殊；同时，这种方式既能做到符合国际惯例，又能使我国粮食产品在国际市场上发挥整体优势，避免自相残杀，肥水外流。然而，这种方式也存在着明显的缺陷，最突出的是容易偏重于生产者利益，而影响消费者的利益，这是因为行业组织一般以生产者组织为多；不仅如此，它还容易造成市场上的垄断局面，影响竞争的充分展开。即使粮食产品价格议定时由专家或消费者代表参与，但一方面，因为消费者人数众多，需求差异很大，难以形成一个可以把众多消费者的要求统一起来的机制与机构;另一方面,消费者对粮食产品的需求变化是任何行业性组织都难以约束的。可见,在这种情况下,消费者的利益往往难以得到充分保证。

(5)期货贸易。即政府利用期货交易所具有的形成权威价格、矫正价格过大背离与套期保值避险等功能来影响乃至调节粮食产品供求与价格。这种方式往往需要粮食批发市场的存在。这一方式由于扩大了粮食产品供求接触的范围,延长了粮食产品价格形成的过程,因此能够形成一个与实际较为一致的价格;由于实行对冲交易(套期保值)可以使生产者与经营者得到较稳定的收入。然而,这种方式也有一些值得注意的问题。一是期货贸易客观上伴随着投机成分,从而在一定程度上将增加粮食产品市场的不安定成分,二是从事期货交易需要有相当大的管理成本与交易成本,对于专业人才、信息取得等要求很高。此外,期货交易的顺畅运行还需要有严格的、完善的法规与健全的机构。

(6)环节管理。即政府不是对粮食产品购销价格直接调节,而是通过对粮食产品流通环节进行管理来调控粮食产品市场价格,其具体形式又可分为以下几种,一是经营者管理,即对从事粮食产品流通的经营者在资格等方面给以一定要求;二是价格申报制度,超过一定界限提高价格或降低价格应向有关方面申报告示;三是差率管理制度,即对于批发与零售中间环节价格差额以一定限制;四是明码标价制度,环节管理的特点是重点放在流通环节,而不是直接体现在购销价格上,从而既可以避免层层加价,影响消费者与生产者的利益,又可以保证经营者的合理收入。但这种方式依然需要较强的行政力量,在差率确定上也容易与市场供求实际状况相脱节,此外,这种方式需要有一支庞大的且素质较高的检查监督队伍。

(7)告示价格。即政府根据一定时期农业生产与居民收入的实际状况,定期预测、计算并公布告示价格,以作为消费者与生产者评定与提出价格的向导,引导市场价格变动,这种方式既有宽松性,但又能及时给生产者与消费者以明确的信号。这种方式的问题一是告示价格的确定要花费较大的人力与精力,且其确定也难以保证与实际状况一致,二是即使能做到与实际状况相一致,但这种价格只起一种告示作用,而对生产者、经营者与消费者不存在明显的约束力。

(8)进出口调整。即政府通过调整进出口数量来影响粮食产品价格,达到平抑粮食产品价格的目的。这种方式的优点是操作方便,时间较短。然而这种方式也存在若干问题,从进口的角度看,既需要有足够的外汇储备,也依赖于国际粮食产品市场能提供供给;从出口的角度看,也依赖于国际粮食产品市场的需求状况,同时,政府对产品进出口的过多干预与关贸总协定的要求也存在着矛盾之处。

(9)自发调节。即国家对放开的粮食产品价格不再进行干预,完全由市场供求自动调整实现价格平抑。严格说来,它并不是政府宏观调节的方式,但也是为政府选择的一种方法,这种方法的优点是反应十分灵敏,但其缺点也十分明显,突出的是粮食产品生产有一个较长的周期,因此,对于价格的调整往往需要经过一个相当长的时间;同时,在调整过程中,又要承受农业生产受到损失的严重后果,往往本身就伴随较大的波动。因此,自发调节难以以较低成本解决粮食产品价格的波动问题。

通过上述诸种方式的比较,可以看到这些方式各有所长,但都或多或少有一定局限性。实际上,在上述诸种方式之间,也有一个相互交叉的问题,因此,关键是政府根据不同状况,促使多种方式有机配合,发挥多种方式的合力作用。

我国现阶段粮食产品价格放开后应采取什么样的调控方式,既需要考虑上述各种方式的特点,也需要考虑我国粮食产品价格变动的特点及其影响。

从我国粮食产品情况看,目前有两个明显特点。

其一,粮食总量不足的状况已经基本改变,粮食内部结构失衡与流通渠道不够畅通的问题愈发突出。对粮食总量问题,已有不少论文进行介绍与分析,不再赘述。需要强调指出的是,在粮食供求矛盾有所缓和的同时,粮食内部结构失衡的矛盾却日益突出。随着人民生活水平提高,对粮食品种要求也发生很大变化,现在的粮食品种结构已无法适应市场需要。此外,由于部门利益、地方利益的存在,产区调出与销区调入之间的矛盾也很突出,影响了正常的粮食购销调存,流通渠道也不够通畅。

其二,粮食供给问题并未完全过关,粮食生产下降的可能性仍然很大。这一方面是因为粮食的稳定增产不仅需要有较有利的自然条件,更需要有农业科学技术的突破及其在生产中的广泛应用。显然,自然条件的变化难以避免,而由于我国农业科学技术水平较低,底子较差,农业劳动力的剩余及其转够的长期性,农业科技人员数量较少,文盲与半文盲占很大比重,国家财力限制了对农业基本建设投资规模的扩大,农用生产资料价格上升,农业经营管理水平落后,耕地面积减少,土地承包、转仓方面存在的问题等等因素,目前和今后一段时期内,要在较短时间取得农业科技的突破及其在生产中的广泛应用还存在许多困难,因此,粮食生产供给稳定增长的基础尚不稳固。浙江省农调队的样本调查结果已显示,1993年全省农作物总播种面积下调18.3%,其中粮食播种面积将调减 22.7%,粮食减产已成定局。江西省也预计粮食面积调减 300 万亩。另一方面,对粮食需求将进一步扩大,这不仅是因为我国每年新增 2500 万以上的人口,而且还由于随着生活水平提高,间接消费的粮食(即粮食的转化产品——肉、蛋奶等产品)占粮食总消费的比重不断增加。在发达国家,直接消费与间接消费的比例在 1∶4 以上,而我国目前这一比例只有 1∶0.2。

可见,现在一些地方出现的"卖粮难"现象,只是粮食供给结构与需求结构存在差异、流通渠道不够畅通、人们生活水平与消费水平尚属低下的产物。

在粮食产品价格调控问题上,坚持这样的原则:市场可以解决并且解决较好的应该由市场做,对市场难以解决的问题,则以保持粮食生产稳定,增强粮食生产发展后劲为基本立足点,同时综合运用多种方式,以抵消粮食产品价格的波动,保持粮食产品价格的稳定。当然,综合运用多种方式并不是说在任何时候,对任何一种粮食产品都要用上述每一种方式,而是根据不同情况,实行不同组合,也就是说,根据不同情况,采用不同的两种以上方式的组合,并使采用的方式协调配合,有机结合,共同发挥作用。

调控方式是因市场经济发展的要求决定的,同时,就现阶段粮食产品所面临的主要问题而言,恰恰是市场发育不够、市场机制发挥受到限制、市场流通不畅的结果,不但地区之间如此,粮食内部结构调整也是如此。从粮食内部结构调整而言,增加优质米生产,降低早籼米比重靠行政命令是行不通的,即使由国家通过粮食储备,吞吐商品也难以实现。

政府必须促使粮食生产稳定发展,使农民收入增加,提高种粮的积极性,增加农业积累与农业投入。同时,由于我国一度存在"卖粮难"的状况在一定程度上也影响了农民生产粮食积极性,因此,需要采取有效措施支持农业,稳定与发展粮食生产。

由于各种调控方式各有利弊,一种方式无法解决非常复杂的粮食产品价格调控问题,同时又由于我国财政的承受能力、居民的承受能力与农民的承受能力都无法独自承担粮食产品价格变动的压力与影响,因而需要多种经济主体分担。

论知识经济中的知识转化①

知识经济,按照经济合作发展组织(OECD)的定义,是和农业经济、工业经济相对应的一个概念,指建立在知识信息的生产、流通、分配和使用之上的经济。这里的知识,是一个广义的概念,不仅包括种种自然科学知识,还包括各种社会科学知识,是人类文明对世界认识的总和。

在知识经济社会中,人们的知识是创造财富的源泉。但是如果知识缺乏有效的转化,那么也只能停留在人们的头脑或书本上,不能成为现实的财富。因此,如何将知识进行合理而有效的转化,便成为关系到知识经济运作和发展的核心问题。

一、实现知识转化的必要性

知识经济的概念,不仅包括了"信息经济"(Information Economy)的范畴,即信息的生产、搜寻、处理的过程,还有其独特的内涵,即创造力。在技术水平和制度环境不变的条件下,实现知识转化就具有十分重要的意义。首先,信息在市场经济条件下具有指示功能,使资源能够有效配置到效率较高、获利较多的产业和部门中去,而对大量信息处理能力的提高,能使经济主体比以往更能捕捉细微的获利机会,减少时滞效应。其次,大量信息与科学技术的获得提供了最优生产的方法,即信息的组合功能,从而使资源的组合效率提高。以上两点充分说明信息的利用能够促进生产效率的提高,降低生产费用。同时,信息的利用还能够降低交易费用。因为交易费用产生的原因之一就是信息不充分。

---

① 本文作者金雪军、章华,最初发表在《浙江大学学报(社会科学版)》1998 年第 4 期。

正如诺思教授所指出的那样,信息成本是交易成本的关键[1],信息经济的发展趋势是越来越多接近充分信息状态,从而有效地降低交易费用。正因为获得有效信息有上述好处,于是人们逐渐认识到,信息也是一种财富。那么,人们就愿意为攫取这种资源付出代价。由此,以从事信息的生产、搜寻、处理,提供咨询服务和技术支持为特征的信息产业本身也创造了巨大财富,且信息产业的新增产值占新增 GNP 的比例有逐年上升的趋势。以美国为例,如今,美国微软公司的产值已超过三大汽车公司产值的总和,并且自 1996 年起,信息产业的新增产值的 2/3 左右。

知识和信息导致的技术和制度创新,其意义更大。近现代的经济史已对技术进步对经济的贡献给出了实证。至于制度创新,一方面,社会科学知识的获得和技术进步一起导致制度变迁;另一方面,信息成本的提高又会使制度产生变迁,而制度的动作又反过来降低了信息成本(卢现祥,1996)[2]。

综上所述,知识经济中知识的转化不但在"信息经济"层次上降低了生产费用和交易费用,而且通过有创造性的技术进步和制度创新,动态地提高了生产效率和交易效率。

二、实现知识转化的前提

从经济学上考虑,知识向经济的转化基于以下原理:首先,生产要素可以分为两大类。按是否具有实体性分类,一类包括自然资源、资本资源和人力资源,另一类则包括科学技术、管理和教育等因素。两者一经结合,便使生产效率产生质的飞跃。其次,在知识向经济的转化过程中,根本的媒介是人。转化的过程本身也就是人力资本的释放和渗透过程。而财富的实现更需要人们积极而有创造性的工作。

知识经济本身是一个历史范畴,受经济、文化、社会等条件的制约。而知识向财富的转化,从宏观层面上看,要有三个基本前提。首先,科学技术的迅猛发展。科学技术,尤其是电脑的发展和网络的普及,突破了时空的限制,使许多原来能够指导实践,但受时空限制而无法实现的思想和理论借助现代化的技术手段得到了广泛的应用。例如,"计算机硬件和软件、远距离数据传送技术和存储设备的显著改进使实施的金融技术成为可能,否则它们就只能停留在高深而不实用的理论上"[3](宋逢明,1997)。其次,人口素质的普遍提高才能够形成一个能对知识进行正确评价的市场。最后,市场机制的完善和创新。许多知识,在原有条件下,不能直接转化为财富,如经济管理知识。但是,随着市场机制的发展和完善,创新手段层出不穷,并不断为市场所接受,从而使拥有这些技术的人可以凭借其专业知识谋利。如排名世界第二的巨富巴菲特就是靠自己的知识和经验积累了约 166 亿美元的巨大财富。

三、知识转化的途径

在知识经济中,知识已成为经济系统的内生变量。这意味着知识本身形成自身的投入—产出循环,并与经济发展相互推动。在市场经济条件下,知识转化要形成良性循环,也必须遵循市场规律。

概括来说,知识转化可以有三个途径:其一,加强科研单位和使用知识产品的企业之间的沟通和交流。因为知识产品具有效益和价格的不确定性、易逝性等特点,知识产品交易市场先天就具有因信息不对称引起的不完全性。科研单位要经常将一些科研的成果和信息传递给企业,而企业则相应地将市场的需求信息反馈给科研单位,使应用性的科研真正成为"市场主导型的科研"。其二,类似于投资中的直接融资方式。即科研单位采用"科技入股""科技参股"的形式加盟企业,做到风险共担,利益共享。如果这样做的交易成本很高,那么在企业的经济实力和规模都允许的条件下,企业还可考虑兼并科研单位,形成纵向一体化。国际上不少跨国公司都采用了这种方式。其三,类似于投资中的"间接融资"方式。即设立一种类似于"银行或保险公司"性质的中介组织。一方面对科研提供经费支持,并从事对科研成果的评价、收购工作,另一方面对知识产品进行包装,并推销给企业,从而取得利润差额。这样做至少有两个好处:其一是承担了本应由科研单位承担的沉入成本(Sunk Costs)。沉入成本这里指研究和开发某项技术的成本,包括所投入的全部人力、物力和资金,这项成本一旦发生就不能再改变,故又称为历史成本(Historical Costs)。并以社会保险的形式分散了风险;其二是中介组织不直接以知识谋利,即使被其掌握了诀窍,也不致使知识无偿扩散。同时中介组织专业化的工作使对知识的评价更为有效,从而降低了知识产品测定和评估的成本。与第一种方法相比,后者更具有"知识运营"的色彩。

市场机制的动作会产生市场失灵(Market Failure)。知识市场也不例外。如果任由知识市场自由运行,会产生"重应用性科研,轻基础性科研"的问题。而基础性科研是应用性科研的源泉和支撑。一味强调应用而不重视基础性科研,会使应用性科研缺乏后劲,最终也会使技术进步趋于停滞。这时,就需要政府的适当介入,有计划地支持基础性的研究。只有正确处理好基础性科研和应用性科研之间的关系,才能使知识源源不断地转化为现实的生产力。这也是关系到知识经济的可持续发展的问题。

在实现知识转化的过程中,还要注意以下两个问题:

首先,要注意构造良好的产权制度,保证知识的有效转化。产权制度保证了转化的激励和约束。从激励的角度来看,产权是一种权利的约束,任何人通过转让某些权利实现与其他人的合作,可以为其带来较高的收益。这就对知识产品的拥有者产生了激励,使"知识运营"在产权制度保证下成为一种在内在的利益驱动下的行为。再从约束角度看,一定的产权制度决定了知识转化的形式,也就影响转化的深广度,构成对知识转化的现实约束。比如,在产权清晰、知识受到严格保护的场合,人们就愿意进行这种转化;而在产权不清、知识产品的外部性较大的场合,人们就不愿意进行对他自己来说可能是得不偿失的知识转化。

其次,要注意解决知识转化过程中的"瓶颈"问题,即高级人力资本的培养。知识是一种稀缺的资源。而且,由于高级人力资本在知识转化的过程中处于关键地位,高级人力资本的短缺往往会引起整个转化过程的停滞,从而产生"瓶颈"。正所谓:"千军易得,一将难求。"因此,要实现知识的有效转化,还需要大力培养高级人力资本,如高级管理人才、高级科技人才等,使其充分发挥"领头羊"的作用。

参考文献

[1]卢现祥.西方新制度经济学[M].北京:中国发展出版社,1996.

[2]宋逢明.金融科学正在走向工程化阶段[J].国际经济评论,1997(23):26-28.

[3]R.科斯,阿尔钦·诺斯.财产权利与制度变迁[M].上海:上海三联书店,1994.

启动民间投资的制度性障碍分析[①]

在内需不足、消费不畅的宏观环境下,从 1998 年夏开始,政府采取了一系列积极的财政政策和货币政策,使投资保持了较快增长,对近两年国民经济持续增长起了关键作用。同时应当看到,迄今扩张性的财政政策所启动的主要是政府的公共投资,但对于非政府的社会民间投资的拉动则不是很明显。为什么扩张性的财政政策对民间投资的拉动不大? 除了非国有企业的内部企业制度不完善、机制不健全,影响了自身的规模扩张能力,降低了投资积极性外,我们认为目前制约我国民间投资增长的主要原因是一些制度性障碍造成的,包括财税制度障碍、金融制度障碍、法律制度障碍、产业壁垒障碍等,本文将对此进行详细分析。

一、财税制度障碍导致扩张性财政政策的收缩效应,从而导致民间投资不足

1. 积极的财政政策本身的矛盾性所产生的收缩效应。

财政政策包括支出政策和收入政策,从支出政策看,是一个积极的扩张性政策,国家通过发行国债和适当的财政赤字以增加财政支出。但从收入政策看,又具有明显的收缩性质。

一是税收制度的紧缩性。由于我国目前的税制是以流转税为主体,这类税收占全部税收的 70% 左右。流转税属于间接税,这种税的一个重要特点是具有税负转嫁的性质。在市场经济运行中,间接税由消费者和生产者按商品的供给

---

① 本文作者郑亚莉、金雪军,最初发表在《财政研究》2000 年第 11 期。

弹性和需求弹性分别负担。局部均衡条件下,只要商品的需求弹性不等于零或无穷大,间接税负担由该商品的生产者和消费者分别承担,各自承担的比例取决于该商品的供需弹性。需求弹性小于供给弹性,消费者承担的比例大于生产者;需求弹性大于供给弹性,消费者承担的比例小于生产者。图 1 和图 2 分别说明在通货膨胀和通货紧缩时期征收的间接税由消费者和生产者分担的比例情况。S_0 和 S_1 分别表示对企业征收间接税前、后的供给曲线,D 代表需求曲线(假定消费者的需求曲线不变),对企业征收的间接税为 P_1P_2。在通货膨胀时期,由于商品的需求弹性远远小于商品的供给弹性,对企业征收的间接税通过商品的出售大部分转嫁给了消费者,如图 1 所示,消费者负担 P_0P_1,生产者承担 P_0P_2,消费者对税收的负担远远大于生产者的负担。在通货紧缩时期,由于商品的需求弹性远远大于商品的供给弹性,对企业征收的间接税没法通过商品的出售把大部分转嫁给消费者,如图 2 所示,消费者负担 P_0P_1,生产者承担 P_0P_2,生产者对税收的负担远远大于消费者的负担。与 1994 年税制改革对比,目前我国正处于通货紧缩的时代,商品需求弹性大于供给弹性,虽然间接税总体负担基本没变,即使政府不主动增加税收,需求不足和物价持续下降也会自动加重企业的税收负担,制约了企业的投资积极性。

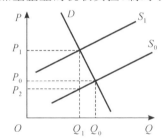 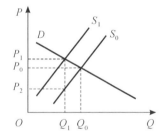

图 1　表示通货膨胀时期的情况　　　　图 2　表示通货紧缩时期的情况

二是一些税种设计抑制民间投资。1994 年的税制改革中对投资实行征税,与大多数国家采用消费型增值税不同,我国实行的是生产型增值税,两者相比,后者对投资的实际税负重于前者,它不允许抵扣购进资本品所含税款,对投资具有抑制作用。对资本品的重复征税改变了企业投资的选择,特别是对资本密集和技术密集企业的重复征收问题更为突出,不利于企业的设备更新换代和技术进步。实行生产型增值税在当时通货膨胀情况下是必要的,但长期实行抑制投资的做法将影响经济持续增长,特别是现在我国处于通货紧缩时期,逐步过渡到消费型税基是增值税进一步改革的方向。另外,私营企业除了要缴 33% 的企业所得税以外,个人分红还要缴 20% 的个人所得税,这也抑制民间投资的增加。

2. 积极财政政策的"投资乘数效应"、"扩散效应"和"示范效应"的减弱。

(1)"投资乘数效应"减弱导致我国财政政策不理想。

投资增长对国民产出增长的数量关系是通过投资乘数来实现的,即投资可以导致几倍于投资增长的国民产出的增长。乘数原理表明,投资乘数取决于边际消费倾向的大小,边际消费倾向越大,乘数的值越大;反之,投资乘数可以表示为边际储蓄倾向的倒数,边际储蓄倾向越大,投资乘数的值则越小。

从表1中可以看出,1990—1999年我国的投资乘数随着宏观经济政策的扩张而逐渐增大,同时随着宏观经济政策的紧缩而逐渐下降,由于宏观经济政策的滞后性,尽管1998年下半年我国采用扩张性的财政政策,增加政府支出,但1998年的投资乘数为1.259,是1991年以来的最小值;1999年的投资乘数仅为1.319左右,这说明通过扩张性财政政策增加1000亿元投资,只形成1319亿元需求。投资乘数之小,远未达到人们原来乐观的设想。

表1   1990—1999 年我国的投资乘数表

年度	城乡居民储蓄存款总额(亿元)(S)	呈现股民储蓄存款年增加额(亿元)ΔS	社会消费品零售总额(亿元)(C)	社会消费品零售年增加额(亿元)(ΔC)	边际消费倾向 $MPC=b$ $= \Delta C/(\Delta S + \Delta C)$	投资乘数 $K = 1/(1-b)$
1990	7119.8		8300.1			
1991	9241.6	2121.8	9415.6	1115.5	0.345	1.527
1992	11759.4	2517.8	10993.7	1578.1	0.385	1.626
1993	15203.5	3444.1	12462.1	1468.4	0.299	1.427
1994	21518.8	6315.3	16264.7	3802.6	0.376	1.603
1995	29662.3	8143.5	20620.0	4355.3	0.348	1.534
1996	38520.8	8858.5	24774.1	4154.1	0.319	1.468
1997	46279.8	7759.0	27298.9	2524.8	0.246	1.326
1998	53407.5	7127.9	29152.5	1853.6	0.206	1.259
1999	59621.8	6214.3.	31134.7	1982.2	0.242	1.319

资料来源:《中国统计摘要—2000》。

注:目前计算投资乘数的方法并不统一,本表采用的方法只能近似表示。

(2)我国财政投资未能实现大规模的"扩散效应"。

投资的"扩散效应"是指投资于某一个行业对其他行业的带动作用。投资

"扩散效应"的大小取决于产业链的长短。投资于产业链长的项目,虽然形成有效供给的时间跨度大,但在一定时序内,由投资的扩散效应所激发起的投资需求乘数也相对较大,对于国民经济增长的刺激也相对较大。而投资于产业链短的项目,则扩散效应相对较小,不可能激发起更大的投资乘数。

1998年以来财政投资主要集中在基础设施方面,而对劳动密集的、中小规模的以及吸纳社会民间资本参与的生产建设项目,则较少考虑。由于这些投资的产业链短,产业关联度小,这种投资主要作用于当期的经济增长,其产业的带动效应不足、投资乘数较小,投资力度减弱马上会影响到经济发展速度,而且基础设施建设往往需要几年时间,它就不可能引起像前几年在发展轻纺工业、家电工业、汽车摩托工业时所出现的扩散效应。因此,可以看出我国这次财政政策并没有达到带动民间投资的理想作用。

(3)我国财政政策的"示范效应"不足。

投资的"示范效应"是指一种产品的兴起、一个项目的成功,会带动其他投资者的效仿,形成相互跟进的投资热潮。当前刺激内需的主要力量仍是政府投资,广大私人投资由于对市场前景预期不佳而难以增加,这便导致了政府投资的孤军深入,"示范效应"不能发挥,私人投资难以启动。

另外,"示范效应"不足,还在于政府投资对私人投资产生了挤出效应。从1998年和1999年的状况看,由于中央加大公共交通建设和基础投资,有的地方项目准备不足,但又不愿放弃中央给的无偿投资,便把原来与外商和私人投资者合作的项目改为中央财政投资项目。这样,财政投资便取代了原来的非国有投资,形成了"挤出效应",这方面已有不少报道,但挤出效应的实际大小难以准确估计。

二、金融制度障碍导致了金融体制的收缩效应,从而制约民间投资的增加

从金融的角度看,民间投资难以启动主要是由金融体制的收缩效应引起的。金融体制的收缩效应可从以下几个方面导致民间投资资金萎缩。

1. 为控制金融风险,商业银行惜贷行为明显增加。

只生产30％产值的国有企业占有了70％以上的信贷资源,而由于经济制度转轨等方面的原因,许多国有企业负债累累,大量信贷资金无法收回,国有商业银行不良资产比率上升。据美林公司估计,1998年中国四家国有商业银行的

平均坏账比率为 29%,摩根银行的估计数字为 36%(武剑,1999)。为防范由此产生的金融风险,政府相继采取了一系列措施加强金融监管,如严格规定各银行每年的不良贷款率必须下降 2 个百分点,而且新增贷款的不良贷款率控制得更低,达不到控制指标的分支行将受到严厉处理。在这种情况下,国有银行在放贷时变得格外谨慎,"惜贷"现象随即出现。为了避免因增加坏账而遭受行政处分,银行对收益不确定的项目经常是尽可能少贷或不贷。因此,尽管给中小企业提供必要金融支持的呼声一浪高过一浪,中国人民银行提出集中精力做好十项金融工作,其中有三项与改善中小企业金融环境直接相关。同时,全国已有 48 个城市建立了以改善中小企业融资环境为目标的中小企业融资担保(或反担保体系)。但是,在防范金融风险"紧箍咒"下,中小企业在"听说可以搞到钱"与"实际可以拿到钱"之间,道路往往很不平坦,商业银行对中小企业的惜贷行为更为严重。另外,银行在风险防范机制未能有效运作的前提下所采取的谨慎的信贷政策,必然会导致投资加速效应产生所必需的银行支持功能难以发挥。

2. 商业银行对国有企业的融资倾斜造成民间投资资金萎缩。

国有经济和非国有经济在融资活动中所处的不平等地位必然会导致资金更多地流向国有企业,将非国有经济排斥在正规的金融市场外。对国有企业的融资倾斜不但体现在管理当局对国有商业银行制定的一系列信贷政策上,也体现在国有商业银行在信贷发放过程中的"唯成分论"倾向上。在提供贷款中,银行首先考虑贷款的安全性,但在国有部门内部的循环中却形成了一种特殊的"安全"准则,由于银行是国有的,它承担着国家政策导向性目标,支持国有企业是其义不容辞的责任,这方面出了问题可以向国家要政策进行冲抵,而对非国有企业贷款的失败却难辞其咎。比如,如果一笔给私营企业的贷款出了问题,有关负责人倒不一定被认为是犯了"政治错误",而可能被认为收了对方的贿赂,因此使得在实践中人们更怕承担风险(樊纲,1999),这必然会促使信贷人员偏离商业原则,更加偏向国有企业,而对非国有企业敬而远之。另外,国有商业银行由于规模比较庞大,而非国有企业却以中小型居多,对它们进行贷款会增加银行信贷管理成本,不利于提高经济效益,这也是国有银行融资倾斜的一个很重要的原因。

3. 直接融资对非国有企业的"所有制歧视"和"规模歧视"造成了民间投资资金的萎缩。

目前我国直接融资的发展明显滞后于间接融资的发展。我国企业直接融资比例偏低,1996 年才达到 3.53％,而 1980—1984 年日本、美国、法国、德国直接融资的比例分别为 15.0％、34.6％、11.7％、28.3％。据统计,到 1998 年底我国累计通过境内外股票市场直接筹资 3510 亿元,国内上市公司达 851 家,市价总值约 21000 亿元,约占国内生产总值的 25％,而其中流通市值只占 1/3,约 7000 亿元,占国内生产总值比重为 8％～9％。而在 1996 年一些发达国家如美国、日本、德国,其证券流通市值占 GDP 的比例已分别达到 244％、178％、133％,就连一些发展中国家也达到 50％以上,如印度、泰国、巴西等。何况直接融资存在着更为严重的"所有制歧视",在股票市场上,国有企业具有优先权,非国有企业上市限制较多。如,到 1998 年年底为止,我国境内上市公司数为 851 家,其中民营企业的上市数为 28 家(直接上市为 8 家,买壳上市为 20 家),仅占总上市公司数的 3.29％。另外,"规模歧视"使得人们往往重视大型企业,忽视广大中小型企业,这都会造成一部分效益好的非国有企业无法得到充足的资金进行产业扩张。

4. 缺少与非国有中小企业发展相适应的非国有中小银行业的发展。

中国当前存在的是一种计划金融体制,在这种体制下,中央政府出于监控风险的良好愿望,对非国有金融机构进行严格管制。如,近年来国家整顿中小金融机构,将各地城市信用社并入城市商业银行,这将使原有的一些融资渠道不复存在,使中小企业的贷款更加困难。统计数据表明,1993 年,国有银行占全社会金融机构贷款的比重占 80.3％,经过非国有金融机构发展相对较快的 1993—1995 年,到 1995 年底这一比例下降到 76.4％,而从 1996 年开始,国家对信托、城市信用社等机构进行整顿和重组,其发展受到很大的影响,到 1998 年底,这一比重又上升到了 79.1％。可见,随着对非国有经济服务的非国有金融机构的比例相对收缩,民间投资资金的来源相对减少。

三、产业壁垒障碍造成民间投资领域狭窄

目前我国能源、交通、邮电通信、城市基础设施等经济性基础设施建设以及文化、教育、出版、卫生等社会性基础设施建设,基本是由政府控制和国有投资为主,这些部门不向非国有投资和个人投资开放,这一方面会造成这些部门发展严重不足,急需投资进行扩张(这以城市基础设施和教育等部门发展相对滞后最为典型);另一方面,由于存在着行业和部门垄断,非国有企业即使具备很强的投融资能力,也很难介入这些垄断部门和行业的投资活动,民间投资积极

性受到很大压抑。目前，根据有关政策，银行、铁路、保险、电信、高速公路等 30 个行业是限制私人经营的，这样就限制了私营企业的产业发展范围，制约了非政府投资规模的扩大。从市场经济的原则看，政府投资的效率往往低于民间投资。据估计，目前在政府投资的项目中，有 20% 的投资完全可以由民间投资来取代（杨茵娟，2000）。现在政府投资的项目，也许就是今后能充分发挥民间资本作用的领域，政府现在的大规模进入，有可能造成未来民间投资的进一步萎缩。因此，逐步放宽非国有投资的领域对于提高非国有投资收益率、启动民间投资是较为关键的。

四、法律制度障碍削弱了民间投资的积极性

制约民间投资增长的法律制度障碍首先表现为对非公有权保护的法律框架不健全。也就是说，资产所有者的不确定因素多，保卫自己财产的交易成本高。对于非国有企业而言，一方面，保护私有产权是可置信的；另一方面，这并不意味着私营企业在维护其产权方面就会有足够的谈判权。虽然在修改《宪法》时承认个体私营经济的地位，但是没有相当明确有效的维护私有产权的法律条款，法律在对公有产权和私有产权的侵害、适用范围和量刑不一样。如一家国有企业中，如果内部人员或者外部不法分子，贪污、挪用或者偷窃其财产，毫无疑问，要以贪污、挪用或者偷窃公物罪论处；而一家非国有和集体的企业，内部人员或者外部不法分子贪污、挪用或者偷窃财产，在许多地方当作民事纠纷来处理（周天勇，2000），这样会使得大量的无形的激励损失产生；由于担心国家或国家机关的机会主义行为，使企业家无法形成对将来的稳定预期，导致一些私营企业很难有长期的投资行为。

其次表现为政府行政权力在政府寻租动机支配下迟迟不肯退出市场而导致民间投资的交易费用高。从目前情况看，投资者除需要面对项目自身损益外，还需支付更高的交易费用，并承担着更大的投资风险，如任何投资活动必须经过严格的程序，从立项、筹资、土地调拨、物资供应到外汇使用，手续相当复杂，经常要盖几十个图章。另如一些行政机关对所辖企业乱收费、乱摊派、乱集资，千方百计吃拿卡要的现象还较普遍。据统计，1996 年全国行政事业性收费总额约 1958 亿元，其中行政性收费 562 亿元，事业性收费 1396 亿元；行政事业收费总额中中央批准项目和标准的 1009 亿元，地方批准项目和标准的 949 亿元（张光远，2000）。从中小企业全部负担看，各种苛捐杂税约占 2/3，税收只占

1/3(周天勇,2000)。由此可见,纷繁复杂的政府干预导致了经济活动中交易成本大幅度上升,资本的预期收益率下降,从而严重削弱了民间投资者的积极性。

参考文献

[1]周天勇.发展中小企业:未来社会稳定最重大的战略[J].中国工业经济,2000(7):5-11.

[2]樊纲.克服信贷萎缩与银行体系改革[J].经济研究,1999(1):5-10+54.

[3]吴敬琏,汪丁丁.关于中国改革前途的对话[J].经济世界,1999(1):7-12.

[4]武剑.储蓄、投资和经济增长[J].经济研究,1999(11):29-38.

[5]杨茵娟.国债警示录[J].财政与税务,2000(4):53-55.

[6]张光远.我国收费体制改革思路研究[J].改革,2000(4):5-15+40.

制度兼容与经济绩效①

摘　要　"诱致性变迁型"的正式制度与非正式制度是兼容的,而"强制性变迁型"的正式制度可能与非正式制度并不兼容。在正式制度与非正式制度能够兼容的情况下,经济运行所需的交易成本较低,经济绩效相应较高;反之则反是。正式制度和非正式制度由于各自变化的机制不尽相同,在经济体制的变迁过程中,可能造成两者不能兼容。

关键词　制度兼容;经济绩效

自罗纳德·科斯(Coase,1937)发表了经典文献《企业的性质》后,至今新制度经济学已经成为"显学"。然而,大部分制度经济学家并未考察将非正式约束和正式约束组合起来并决定组织和经济绩效的方式(Victor Nee,1998)。本文的研究则试图在这方面做一些尝试和努力。

一、正式制度与非正式制度之间的关系

广义的制度既包括了正式制度,也包括了非正式制度,两者是相辅相成的。正式制度,也称正式约束,是指这样一些行为规范,它们以某种明确的形式被确定下来,并且由行为人所在的组织进行监督和用强制力保证实施。由于在动态意义上说,某一时点的正式制度都是作为制度变迁的结果而存在的。因此,按照正式制度形成途径的不同,我们把正式制度分成两类:一类是适应非正式制度的要求出现,后经过制度制定者确认的正式制度,称之为"诱致性变迁型"的

---

①　本文作者金雪军、章华,最初发表在《经济学家》2001 年第 2 期。

正式制度;另一类是人们有意识地设计并创造出来的行为规则,称之为"强制性变迁型"的正式制度。非正式制度,也称非正式约束,是指人们在长期交往中自发形成并被人们无意识接受的行为规范,主要包括价值道德规范、风俗文化习惯、意识形态等。以下的讨论将说明:"诱致性变迁型"的正式制度能够与非正式制度兼容,并促进经济绩效的提高;而"强制性变迁型"的正式制度可能与非正式制度不兼容,从而导致较低的经济绩效。

首先来讨论"诱致性变迁型"的正式制度与非正式制度的关系。我们试图通过一个思想实验来看看"诱致性变迁型"的正式制度产生的逻辑内涵。首先,假定农夫和养牛者在毗邻的土地上各自经营,并且受到某种风俗、习惯的约束(比如"不取不义之财"),否则将受到社会的排斥。现在,发生了牛走失并损坏谷物的事情,农夫为了自身利益必须去找养牛者谈判。假定农夫与养牛者之间就此事达成了一个协议。当农夫所受到的损害较小的时候,由于考虑到创建正式制度并对保证其实施是有成本的,并且双方认为现有的非正式制度足以保证协议的实施的话,两人并不打算将这一协议变成正式制度。至此我们发现,在交易中,是非正式制度在保证着交易的进行。这一结论得到了一个实证研究的证明:艾利克森(Ellickson,1986)对加州的夏斯塔郡(Shasta County)乡村居民做了一项田野调查,研究它们如何解决因离群牲畜闯入造成他人财产的损害。他发现当地居民几乎不曾诉诸法律,而是靠精致的非正式限制的结构化解纷争。

现在考虑两种变化:(1)双方交易的标的物的价值发生变化,在本例中,是牛对农夫的谷物的损害加大。(2)有不受原有的非正式制度约束的新的养牛者进入,他的牛对农夫造成了侵害。在第一种情况下,当养牛者的净收益(牛对农夫的损害)大于他违反非正式制度所受到的预期损失(社会的排斥)时,由于养牛者先天所具有的自私自利的机会主义倾向,他会选择违约。这时,非正式制度就无法保证交易的进行,我们称为"非正式制度失效"。在第二种情况下,一旦发生了新的养牛者对农夫的侵害,农夫与新养牛者之间也不会选择用非正式制度来保证协议的实施,因为两者之间没有这样的基础,农夫对新养牛者没有信任,所以协议无法"自我实施"。所以,非正式制度在这种情况下也会失效。此时,正式制度就应运而生了。

让我们总结一下。首先,当交易双方选择一种类型的约束来保证协议的执行时,他们往往会首先考虑非正式制度。因为只要交易双方身处同一社区,相互了解和彼此信任时,则可以利用现成的非正式制度来保证协议的实行,此时利用非正式制度的边际收益大于边际成本。其次,由于人们所具有天生的机会主义倾向,所以即便有非正式制度的约束,但是当违约的收益足以抵消违反非正式制度所受损失的话,"非正式制度失效"也会发生。实际生活中,"杀熟"的现象能够在一定程度上证明这一点。再次,由于分工和专业化的作用,市场半径不断扩大,人们必须与一些素不相识的人合作和交易,这就"不可避免地产生技术知识的不对称分布和关于行为不确定性的信息不对称分布"(汪丁丁,1996)。在没有非正式制度约束的前提下,这些交易者之间的"第一次博弈"具有很大的风险,协议无法"自我实施"(Telser,1980)。当"非正式制度失效"发生时,作为对它必要的补充,正式制度就出现了。这里的正式制度体现了非正式制度的要求,是后者的明确化,并且保证了对行为人的普遍的约束力。所以这一类正式制度与非正式制度能够兼容。而且这类正式制度往往是经过诱致性制度变迁形成的,即"诱致性变迁型"的正式制度。

需要强调两点。第一,正式制度因为是经过组织确认并强制实施的,所以对交易行为者的道德要求较低,或者说是一种将他们从原来的人际网络中剥离出来的非人格化的过程。经过这一过程,以人际关系、文化背景为基础的"低文本文化"(low context culture)就变成以经济契约为基础的"高文本文化"(high context culture)(Hall,1974)。这样,分工与交易就突破了非正式制度作用着的原有社区的限制,范围将大大扩展。第二,转化为正式制度的非正式制度需要满足一定的条件。除了成本制约的因素,最重要的条件就是能转化为正式制度的部分必须具有"主体间性"(intersubjectivity)。所谓"主体间性",是指主观知识经过交流,可以在不同程度上为不同的主体所相信,于是具有了某种"客观性"或进入这些人的客观知识的界域。简单来说,就是指一件知识当我认为真确时,是否别人也认为真确(汪丁丁,1996)。在我们看来,汪丁丁强调了交易双方的"主体间性",而我们所强调的是对于确认并保证实施正式制度的实施的组织(第三方)而言的"主体间性"。组织对交易规则、交易后果等方面要与交易双方一样具有"共同知识",否则正式制度就难以实施。关于这点,诺思(1990)也有类似的看法。他指出:"对于进行非人情交换的经济体系而言,达成契约的第三者执行是一个重大的难题"。事实上,在经济交易中由于"第三方"缺乏"共同知识"而造成监督和执行的困难,是"合同不完全"的主要原因之一(Hart,1995)。

现在,我们再来考察非正式制度与"强制性变迁型"的正式制度之间的关系。我们认为,在非正式制度与"强制性变迁型"的正式制度之间存在差异,两者有可能不能兼容。原因可以概括为：

1."强制性变迁型"的正式制度是由政府推行的,往往是专家决策的产物,虽然我们并不否认专家知识的作用,但是由于人的有限理性,专家们不可能对分散在每个人身上的知识有全面的了解,所以制定出来的政策会与非正式制度发生冲突。

2.作为"强制性变迁型"的正式制度的制定者,往往身负多重价值,其中最重要的是经济利益和政治利益。因此制定出来的政策往往是总价值最大化的结果,如果正式制度与非正式制度的偏好结构不同,那么这两者就会产生不一致。

3."强制性变迁型"的正式制度的制定者由于受到"注意力"的限制(Simon,1989),只能"一时解决一事",因此正式制度的制定就有一定的时滞;即使能及时制定出来,制度的推行也存在时滞。

4.制度的明确性是以其失去灵活性为代价的,正如海纳(Heiner,1983)指出的那样:人们获取和建立制度知识的努力应当在某处达到均衡,即进一步制度化所带来的好处与制度化所放弃的灵活性的价值在边际上相等。正式制度就其本质而言也是一种契约,也会因为制定成本过高而导致契约不完全。而且正式制度一经确定,在较长时间内具有稳定性,这就造成不确定性与制度刚性之间的矛盾,从而使正式制度与非正式制度不能兼容。

5."制度移植"造成两者并不一致。后起国家在借鉴发达国家和地区先进经验的时候,容易只看到正式制度的作用,而忽视了支撑正式制度的非正式制度,从而照搬"外壳",造成"形似神不似"。于是,移植的正式制度也有可能与本国的非正式制度并不兼容。俄罗斯的情况可能是最好的注解。

二、制度兼容与经济绩效

在研究制度兼容、交易成本和经济绩效三者关系的过程中,我们的逻辑如下:正式制度的目标取向与组织中个人的利益和偏好是否一致决定了正式制度和非正式制度是否兼容,两者的兼容与否决定了组织和经济运行的交易成本,而交易成本的大小最终决定了经济绩效的高低。这可以概括为三个问题:制度兼容性问题、交易成本问题和经济绩效问题。

关于第一个问题,除了我们在上一节中对正式制度产生的探讨和总体上的判断之外,我们还需补充从偏好和利益是否一致角度研究经济行为者的行动模式。美国的社会学家默顿(Robert Merton,1959)从社会学的角度出发,研究了"文化所诱发的过高愿望同阻止这些愿望实现的社会结构性障碍之间"的断裂,"官方认可的关于成功的文化目标同达到这些目标的合法的制度化手段之间"的断裂。这实际上十分类似于我们所研究的,个人在面对偏好和利益不同情况下的行动模式。

经济学中对经济绩效的考察,一般集中于经济体制的激励和约束机制。这是因为,经济绩效最终还是要落实到经济行为者的决策和努力上的。所以,在考察制度的兼容性对经济绩效的影响时,激励因素便成为首要考虑的因素。经济行为者所受最佳激励的条件可以由下式推导:

设生产可能性界面方程为 $P_0 = F(P_i)$,其中 P_0 为常量,P_i($i = 1,2,\cdots,n$)为绩效集;

最优化目标为:$\mathrm{Max} U_j = \sum f_{ij} \cdot P_i$　这里 f_i 为偏好集,j 代表政府(g)及一群(个)人(m)。其一阶条件为:

$$\frac{f_{1j}}{\partial F_{2202}/P_1} = \frac{f_{2j}}{\partial F_{2202}/P_2} = \frac{f_{3j}}{\partial F_{2202}/P_3} = \cdots = \frac{f_{nj}}{\partial F_{2202}/P_n}$$

由上式可知:任一制度安排下,要使政府与一群(个)人最优绩效选择合一,双方对各项绩效的偏好即对各项绩效愿意支付的价格的相对比例必须相同。

另一个影响经济绩效的重要因素是监督的费用。由于经济行为者具有机会主义倾向,而某些经济成果的衡量又缺乏客观尺度,所以监督就十分必要。但监督的成本可能过高,从而大大抵消产出的成果。因此,如何降低监督费用,也成为保证经济体制以较低成本运行的关键。最后,考虑到制度的路径依赖性(path dependence),制度能否自我强化,以及强化的方式和成本也是一个重要因素。

综上所述,在考察制度兼容性对交易成本继而对经济绩效的影响时,主要通过激励、监督费用和强化成本三个方面进行。在此我们主要侧重研究前两个因素。

首先,当一个组织的正式规则被觉察是与子群体中的成员的偏好和利益一致的时候,这种一致性将会大大提高组织与经济的绩效。组织中的成员受到一种自我激励,这种激励通过正式制度的确立而变得更加明确。而且当博弈的正式和非正式的规则一致时,它们将相互强化。当非正式规则与正式规则具有一致性的时候,我们很难清楚地界定非正式的社会控制与正式的社会控制的边界。我们特别强调,非正式与正式约束的一致性将导致较低的交易成本,因为监督和强化机制能以一种非正式的方式取得预期的效果(Nee,1998)。在这种情况下,用来为使人们遵守规范而给予其社会报酬的成本是较低的,因为这些是在个人关系的网络中,在一个社会性的相互作用的过程中自发形成的。

其次,如果当一个组织的正式规则被觉察是与子群体中的成员的偏好和利益有较大差异的时候,这种不一致性将会导致较低的绩效。首先,对立的规则与规范会给经济行为者带来无所适从的感觉,在他作出究竟将哪一个作为指导他行为的规范的选择之前,他是缺乏激励的。其次,由于组织目标与个人的利益偏好不一致,不能使个人自觉为组织的目标工作,所以监督他们的成本也是很高的。需要强调的是,这种差异往往会导致正式制度的形式化。而实际上,非正式制度出现并指导着组织的日常事务。如果组织目标与个人的利益差异足够大的话,两者间不一致的关系将进一步演化成为相对立的关系。对立的规范对经济绩效有着最为消极的影响,它们往往导致组织的冲突和摩擦。

最后,我们将制度兼容性对经济绩效的影响归纳为表 1 所示:

表 1　制度兼容性对经济绩效的影响

制度兼容性	对经济行为人的激励	对经济行为人的约束	交易成本	组织和经济绩效
一致	强,自激励	自我约束	较低	较高
不一致	弱	需要另设监督机构	较高	较低

以上讨论表明,在其他条件相同的静态条件下,如果正式制度与非正式制度一致,则无论是从激励角度还是从约束角度来看,所需的交易成本都较低,从而导致较高的经济绩效。反之,亦然。

三、制度演进与经济绩效

以上我们着重从静态角度分析了正式制度与非正式制度的兼容性问题。在这里我们主要用进化博弈论的方法,来研究制度演进中的兼容性问题。

进化过程是否一定能带来最佳的传统和制度呢? 答案是否定的。青木昌彦(Aoki,1999)构造了这样的博弈结构变化来说明进化并不一定导致最优结果的出现。

假定社会中的人们在当初所面临的博弈的平均模式如图 1(a)所示。这是一个"囚犯困境"，其中 R 是支配战略，很容易确认这是一个 ESS[①]。在该社会的历史初期条件中，采取 R 行为成为习惯、规范。

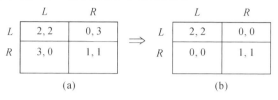

图 1   进化博弈中的路径依赖

现在假定该社会的环境起了变化，由(a)变为(b)，这样就形成了多重纳什均衡：(R,R)和(L,L)。当发生这样的环境变化时，该社会的习惯又会发生怎样的变化呢？值得注意的是，在该社会中受历史初期条件制约的人们是处于采取 R 行动的状况之中的。在此状况下即使在收益上发生变化，但如果将其他所有的人都采取 R 行动作为给定条件的话，最佳反应只能是 R，所以均衡的结果仍然为(R,R)。由于(L,L)比(R,R)有帕累托优势，所以证明了由于社会的历史初期条件的原因，将会产生最佳反应动力的结果难以从帕累托劣势的社会传统中摆脱出来。这就是社会体制进化的路径依赖性。

一般认为，与正式制度相比，非正式制度的变迁更具有演进的特点。用谢识予(1999)的形象比喻，正式制度与非正式制度的变迁受不同的手指引：指引正式制度(尤其是"强制性变迁"型的正式制度)的是"刘易斯之手"(Lewisian hand)，其内涵是通过理性、理性的共同知识、主观的认识和判断。而指引非正式制度变迁的是所谓的"斯更努之手"(Skinnerian hand)，其内涵是人们只通过他们过去的行为观察到它们获得的效用，并强化好的行为或继承坏的。正是由于两类制度的变化机制有很大的不同，因此在制度演进的过程中仍可能出现正式制度与非正式制度的不一致。

那么，如何克服路径依赖，来实现制度演进中的制度兼容呢？进化博弈论也给出了自己的解决之道。青木昌彦(Aoki,1999)研究了社会向更优均衡进化的机制，把它们归纳为以下三点：

第一，通过引入比较系统的突然变异，即所谓的 KMR 机制[②]，使社会脱离

---

①   ESS 也称进化安定战略。在进化博弈论中，ESS 的意义在于说明通过进化达到稳定的分布，在这点上如果产生突然的变异，也会被击退。

②   由于篇幅所限，不展开对 KMR 机制的具体分析，有兴趣的读者可参阅青木昌彦、奥野正宽.经济体制的比较制度分析[M].北京：中国发展出版社,1999:308-311.

原有的低水平均衡。第二,通过政府的政策性介入,将人们的行动转换到有更高支付的战略上。第三,通过积极推进处于低水平均衡的社会与具有不同习惯的社会的交流,提高原社会形成更佳习惯的可能性。经过上述措施,新制度的正式制度和非正式制度就可能在较高水平上达到兼容。在两者能够兼容的情况下,正式制度与非正式制度能够以一种非正式的形式达到自我强化,这种强化是一种互动形式的强化,使两者结合得更为紧密。两者的协调和兼容能造成一种报酬递增的机制,从而降低交易费用,提高经济绩效。

四、结论与展望

本文在界定相关概念的基础上,从静态和动态两个层面研究了制度兼容问题,得出了以下几个重要的结论:

1.正式制度可分为"诱致性变迁型"的正式制度和"强制性变迁型"的正式制度两类。我们的研究表明,"诱致性变迁型"的正式制度与非正式制度是兼容的,而"强制性变迁型"的正式制度可能与非正式制度并不一致。

2.当正式制度与非正式制度能够兼容的情况下,经济运行所需的交易成本较低,而经济绩效相应较高;当正式制度与非正式制度不一致的情况下,则对应着较高的交易成本和较低的经济绩效。

3.正式制度和非正式制度由于各自变化的机制不尽相同,在经济体制的变迁过程中,可能造成两者不能兼容。

显然,这些并不是问题的全部,更多的问题等待着进一步的研究。从某种意义上说,我国当前所进行的改革,始终面临着正式制度和非正式制度的兼容问题。为了达到制度兼容从而获得较高的经济绩效,我们的改革还有很长的路要走。

参考文献

[1]哈特.企业、合同与财务结构[M].上海:上海三联,上海人民出版社,1995:12-26.

[2]哈耶克.个人主义与经济秩序[M].北京:北京经济学院出版社,1989:76-77.

[3]科斯,阿尔钦,诺思.财产权利与制度变迁[M].上海:上海三联,上海人民出版社,1994:3-96.

[4]诺思.经济史中的结构与变迁[M].上海:上海三联,上海人民出版社,1994:179-192.

[5]诺思.制度、制度变迁与经济成就[M].台北:时报文化出版企业有限公司,1990:47-57.

[6]青木昌彦,奥野正宽.经济体制的比较制度分析[M].北京:中国发展出版社,1999:274-275.

[7]宋林飞.西方社会学理论[M].南京:南京大学出版社,1997:125-127.

[8]汪丁丁.在经济学与哲学之间[M].北京:中国社会科学出版社,1996:106-123,192-201.

[9]伍山林.制度变迁效率评价[J].经济研究,1996(8):31-36.

[10]西蒙.现代决策理论的基石[M].北京:北京经济学院出版社,1989:163-169.

[11]谢识予.纳什均衡论[M].上海:上海财经大学出版社,1999:146-164.

[12]Edward H. Beyond culture[M]. New York:Doubleday,1974:136-142.

[13] Heiner R. The origin of predictable behavior [J]. American Economic Review,1983,73(4): 560-595.

[14] Victor N. Norms and networks in economic and organization performance[J]. American Economic Review,1998,88(2): 75-79.

[15] Olson M. The rise and decline of nations: Economic growth, stagflation and social rigidities[M]. New Haven,CT: Yale University Press,1982:242-247.

[16]Porter M E. National competitive advantage[M]. New York:The Free Press,1990:358-359.

加快公务员人力资本转换和增值的政策建议[①]

我国公务员数量庞大,质量相对低下,导致我国政府行政成本居高不下,行政运行效率难以提高。如果长此以往,势必影响党和政府在人民群众中的声誉,影响党和政府领导地位的巩固和稳定。因此,加快公务员人力资本的转换和增值,提高行政效率已刻不容缓。

一、强化对公务员的学历要求

我国现行的新进入国家公务员队伍的主要途径有三:一是从高校毕业生中招考,二是面向社会公开招考,三是转业干部的补充。根据目前国家公务员队伍知识结构较为单一,接受高等教育水平偏低的状况,在招考公务员时,要注意录用不同学科的高校大专以上毕业生,提高公务员队伍的学历水平。同时,也要录用一批具有一定市场经济知识并已有实践经验的人,使公务员队伍的学历、知识结构更趋合理。转业干部到政府机关工作也要经过相关的考试,在上岗前要进行系统的培训。

在进行培训前,首先要对现有公务员的实际能力进行测评,以找出理想与实际之间的差距。然后,再对这些差距进行分析,以确认是否可以通过培训解决问题。在培训需求分析和预测的基础上,制定培训计划,设置培训课程,选择培训方式、人员(教员与学员)、场地等一系列工作。

对公务员培训,要采用以经验学习理论为基础的互动式教学方式,集理论讲授、角色模拟扮演、管理游戏、个案教学、小组讨论于一体,使受训者有更多的

---

① 本文作者朱晓明、金雪军,最初发表在《管理世界》2001 年第 4 期。

参加机会,真正做到教员与学员及学员之间的经验共享,实现真正意义上的理论联系实际。同时,在培训中要辅以电化教学、计算机模拟等高科技手段,使培训更加形象、生动、逼真。

培训主管部门要及时进行培训效果评估及跟踪反馈。对课程设计、培训方式、授课效果要及时评估,对受训者返岗后工作状况要进行定期跟踪反馈。要积极提高公务员培训师资队伍素质。从政府机关、学校和企业管理人员中选择优秀人才充实到公务员培训师资队伍中,改善师资队伍的结构,同时要加大投资,改善师资队伍的工作、生活条件,充分发挥从教人员的积极性。

二、强化对公务员的观念更新

由于我国现有的政府职能是建立在计划经济体制基础上的,我国的政治体制改革滞后于经济体制改革,从现有的公务员队伍的年龄结构看,占70%左右的公务员都是从计划经济时期走过来的,计划经济时期的观念和行为方式一直在自觉或不自觉地影响着他们的思维方式和行为。因而在经济全球化,我国经济转型的今天,公务员的观念更新尤为重要。首先,可仍通过定期或不定期地请专家学者进行系列专题讲座,灌输市场经济、法律、科技基本知识及当今世界的发展势态等。其次,可以组织一部分人通过参加短训班,中、长期培训班,走出国门脱产培训(现许多地方还采取选拔一些基础知识较好的公务员通过考试到国外大学进修1年,攻读MBA和MPA的学位),转变观念及思维方式。再次,可让一些公务员到农村、企业直接参与市场经济的锻炼,1~2年后再回国家机关,可为公务员队伍注入新的活力。

三、建立符合国情的公务员激励制度

提高人力资本开发、利用效率的有效途径是激励。目前,我国对公务员所采用的激励,基本上是以职务晋升激励为主,从这一点而言,激励手段过于单一。为此,我们必须建立一套多维交叉的公务员激励体系。主要包括:(1)精神激励手段。通过建立明确的组织目标激发公务员的工作热情;有计划地进行工作轮换;使公务员工作不断丰富化、扩大化;授权;机会奖励,如培训、给予更富挑战性的工作;等等。(2)物质激励手段。对公务员只谈党性、良心,而缺乏激励、保护措施,那是远远不够的,它既杜绝不了公务员的越轨,也不利于促使公务员为实现奖励的最大化而不遗余力,重奖之举的最大好处便是把对公务员的外部约束和公务员的自我约束有机结合起来。公务员的报酬制度大致可分为两种类型:一种是高薪金制,在西方,一位高级行政官员的年俸可以与首相相比;一种是社会平均工资加较为优惠的福利条件。从我国的国情来看,以参照第二种类型更为妥当。(3)根据不同的对象采取相应的激励手段。"自助餐式"福利也称弹性福利制,它是目前在西方企业中一种比较流行的激励手段。其核心思想就是强调让员工依照自己的需求从单位所提供的福利项目中来选择,组合属于自己的一套福利"套餐"。这一激励手段,也可以引进到我国公务员人力资源的激励手段中来,以丰富我国公务员人力资源的激励形式。(4)注重激励的时效性和公平性。既要激励公务员对未来工作的热情,又要承认公务员曾经作出过的贡献。设立公务员人力资源投资专项基金。

流动也是激励机制的有效的构成部分,可以通过流动而升迁或者达到其他一些个人目的从而达到激励的效果。人力资源的流动需要一定的投资,它包括职位空缺后为填补空缺职位而录用、培训新公务员等方面的投资费用,以及流动出去的公务员离开原来职位后,以前曾花费的培训费用。人力资源的流动有利于人力资源质量的提高。当前,比较符合我国国情的是推行竞争性流动。当然,建立一种新型的流动制度不是一蹴而就之事,需要一个过程,但现在就可以迈出步子。从某种意义上讲,现在必须迈出这一步,因此,可以考虑分步实施的问题。在法律尚未确定公务员自由流动权力以前,是否可以考虑有条件地流动。可选择的方法有二,一是凡参加竞职流动者,需事先经单位批准;二是先规定一些暂不可流动的情况(如任职年限、任职高低),其余可以自由流动。在全体公务员中实行竞职流动之前,是否可以在部分公务员中推行。这里也有两个方案可选择:一是确定一些部门,二是确定一些人员,让这些人员参加竞职流动。尽管在机构改革中有不少单位是采取第二方案的做法,但最好选择第一方案。因为当一部分人员被列举出来让其流动时,他们已经是戴上了"富余人员"的帽子,自己感到被歧视了。在晋升性的竞职流动实施之前,可以考虑实行平级之间的竞职流动,即所竞职的岗位级别,不能高于原任职的岗位级别,这样可以使竞职流动操作的难度减小。待条件成熟,方可放开级别的限制。主要依据岗位任职条件来选人,而不局限竞职者是否同一级别。

四、提高健身意识、完善医疗保险制

要提高公务员的健身意识,改善他们健身的物质条件。特别是在健身时间的分配上,要充分给予保障。健全休息福利制度的监督保障机制,保证公务员享有法定的休息时间。政府要高度重视公务员的健康工作,加强宣传,使他们由"被动"健身转向"主动"健身,推进全民健身运动。

要确保年休假制度落到实处。首先,从立法上加以完善,健全监督落实的机制,对公务员本人不请年休假不但不给予奖励,反而还要给予必要的行政、经济处罚。其次,明确劳动部门对年休假制度的执法检查权,保证有明确的执法主体来保障这一制度的落实。再次,执法主体要加强对年休假制度执行情况的检查。检查中一旦发现有违规情况,一定要按法规严肃予以查处。只有这样,才能确保年休假制度的落实,才能保证公务员主动健身时间。

要全面实行社会统筹医疗基金与公务员个人医疗账户相结合的社会保险制度。建立国家、单位、个人三者投资的医疗保险基金,坚持公平与效率相结合,公务员享受基本医疗保障的待遇与个人对社会的贡献适当挂钩。同时建立医患双方的制约机制,因病施治,合理检查,合理用药,最大限度地减少浪费。重点是做好以下几项工作:(1)要保障公务员的基本医疗需求。体现个人纵向积累和社会横向共济的作用。让大多数人分担少数人的风险。在保障基本医疗保险的同时,再考虑补充保障或特种保险,以解决少数特殊的、高费用疾病的付费问题。(2)要建立医疗经费运行和控制机制,遏制医疗费用的不合理增长。合理确定个人负担比例,制定医疗内部管理的具体规定、药品报销目录以及医疗费用审核报销制度,强化医患双方的费用意识。要建立合理的基金管理程序,采取"抓大放小"策略,对管理难度较大的门诊病人的费用,实行"包干办法",住院病人费用实行统筹。

五、树立"以人为本"的管理思想,增强机关内部对广大公务员的向心力和凝聚力

对公务员的管理,除了不断提高公务员本身的各项素质外,还必须为公务员的学习、工作和生活创造良好的外部环境,使机关能吸引人,能促使人加快成长。这一方面各级领导者要注重领导艺术,注意调动各方面的积极性和创造性,协调好各方面的关系,形成融洽和谐、团结奋进的良好工作氛围。另一方面要建立起有利于公务员的吸引、成长和合理配置的机制。一是要营造尊重人才的组织气氛,除了在精神上给予鼓励以外,还要通过奖励等方式予以物质上的鼓励,承认人才的价值;二是要建立竞争机制,通过竞争,增强公务员的质量意

识、服务意识、成本意识和效率意识,加快公务员人力资本的开发速度和开发质量;三是要建立优化组合机制,其组合方式主要有以下 4 种:(1)以业务尖子、模范人物为核心建立小群体;(2)将具有不同专长、不同风格的公务员组合在一起,形成"杂交"优势;(3)疏通公务员队伍的"进出口",促进公务员的合理流动;通过优化组合,最大限度地发挥组织效应;(4)建立新陈代谢机制,通过任期制、辞职辞退制、退休制等,以保证行政机关的生机和活力。

马克思制度经济学与新制度经济学的比较：
继承与融合^①

与大多数对马克思主义经济学和西方经济学的比较分析重在二者的区别甚至对立之处不同,本文重在分析马克思制度经济学与新制度经济学的相通或相近之处。此处所谓相通除了指在某些方法或结论上基本相同以外,更多的是指相统一的、相互补充的、可以继承的甚至可以相互融合的一面。通过本文的比较,笔者想指出,二者在一些重大问题上完全可以相通。因而,如果能将二者融合在一起,也许意味着制度经济学的更高境界,预示着人们对制度及制度演进的认识更为全面、更为科学。

一、实证分析

无论是马克思制度经济学对制度的特征、内在矛盾及其发展趋势的分析,还是新制度经济学对制度及其变迁的分析,事实上都基于相同的方法论特征,即都是试图回答"是什么"和"为什么"的问题,因而都可以属于实证分析的范畴。关于新制度经济学属于实证经济学的范畴,应该不会有什么分歧;关于马克思制度经济学,早有学者认为,其根本的理论贡献就在于揭示了当时资本主义经济的内在运行机理,特别是其制度结构上的基本矛盾及原因,即回答了资本主义制度的运行规律是什么和为什么的问题。这是其理论的根基和生命力所在。因此,它本质上应属于实证分析的范畴。当我们讲到马克思制度经济学运用阶级分析、抽象分析,而新制度经济学则更侧重于成本收益分析、均衡分析

---

① 本文作者卢新波、金雪军,最初发表在《经济学动态》2001 年第 12 期。

等等时,实际上只是指出了他们在具体分析工具上的不同,这些不同的分析工具又都服务于共同的方法论思想,那就是实证分析。

实证分析所包含的一个重要思想理念是其理论结论具有开放性。这种开放性包含了三层含义:第一,真理是与时俱进的。每一个理论都是对现实生活的抽象或总结,又要经受现实生活的检验,同时也要而且也必然地具有随现实生活的发展变化而不断适应和发展的内在机制。第二,与别的理论不是互相排斥而是相融的,或者说对一切科学的成果具有消化吸收功能,并在此基础上做出创新。马克思制度经济学本身就是在吸收了当时非常广泛领域的科学成果基础上的综合和创新。因此,他的理论超越了与他同时代的其他理论。新制度经济学也是对新古典经济学和旧制度经济学的超越和创新。第三,分析方法的不断创新。人们对客观规律的抽象和总结具有明显的历史性和时代性。这既指理论本身揭示的是处于某一特定历史阶段上的事实,也指人们对客观规律进行抽象和总结的能力也受特定历史条件的制约。这一能力取决于哲学思想的发展和科学特别是数学的进步。各种哲学思潮的涌现,标志着我们对世界的看法在改变(进);数学本身的发展说明我们对客观规律进行抽象和总结的方法和途径在改变(进)。没有微积分,也就不会有经济学的边际革命;没有不动点原理,也就难以很好地完成对福利经济学第一定理的证明;没有博弈论,也就不会有经济学的一系列新成果。但无论现代经济学的分析方法如何新颖,也无论马克思制度经济学的分析方法如何传统,都无法否认其共同的实证分析特征,只不过具有不同的时代特征而已。实证分析的开放性特征使得无论是马克思制度经济学还是新制度经济学都具有无限的发展空间,也为两者可能的融合以及在此基础上的进一步创新提供了方法论支持。当处于两个不同时期的理论具有相同的研究对象和一致的方法论基础时,讨论二者的继承和融合也就有了充分的逻辑和现实基础。

二、所有制理论与产权理论

所有制理论与产权理论分别构成了马克思制度经济学与新制度经济学的核心理论。

在马克思那里,经济制度的本质特征体现在"所有制"范畴中,它主要包括三方面内容:(1)经济活动者对各种经济资源的占有制度,最能体现其特征的是对生产资料的占有关系;(2)由此而决定的经济活动者在一定生产活动中的地位和作用，即他们之间在运用经济资源时的结合方式；（3）由上述二者决定的对经济资源收益的分配制度。简而言之，就是所有制的完整结构包括了所有、占有、支配、使用诸权利及其相互的组合方式，由此说明资本主义这种特定的组合方式所包含的内在矛盾及其发展趋势。新的制度形式的根本特征也表现在所有制结构的演变上。

在新制度经济学那里，一切交易本质上是一种产权的互换。交易不仅仅限于流通领域，而且渗透到经济活动的一切领域，因此，产权被理解为是一组行为性权利，是一组权利束，体现了一种人与人之间的基本关系。一个完整的产权包括使用权、收益权和转让权，其中每一种权利又可得到进一步的细分。产权的全部权利在空间和时间上的特定分布状态，以及产权内部各种权利之间的边界和相互制约的关系构成了不同的产权制度。交易费用是比较不同产权制度效率高低的标准，选择何种制度取决于何种制度更能节约交易成本。因此，制度的变迁本质上也就表现为产权结构的变化。由此出发，新制度经济学对制度变迁的一般原理、内在机制做了基于新古典范式的解释。

由上可看出，无论是所有制理论还是产权理论，除了在概念体系、叙述方式上有所不同外，其实都是对财产权利的界定。对财产权利的界定就其本质而言不外乎两方面内容：作为手段的对财产的使用和作为目的的对收益的分配，一切论述都是围绕这两点展开的。所有制理论和产权理论的相通性就在于它们的核心都在于此。笔者更愿意把新制度经济学看作是马克思制度经济学的发展和延伸。这种发展和延伸是经济运行的客观现实发生变化的结果。尽管二者在形式上似乎没有明显的传承关系，但并不影响把二者联系起来。正如供给学派在概念体系、基本特征上与原自由主义经济学或其他新自由主义经济学也没有明显的传承关系，但并不影响人们把它也归入自由主义经济学的范畴。

三、人与人的关系：合作与冲突

研究制度就是研究人与人之间的关系，无论马克思制度经济学还是新制度经济学的理论框架各有多么不同的发散路径，都是建立在这一共同的基点上的，这就为二者的比较和融合提供了最深层的理论支持。上述所有制理论与产权理论其实也包含在这一范畴里。但上一节重在指出二者借以揭示人与人之间关系的概念体系及其相通性，这里则进一步指出由上述概念体系所得出的理论体系——人与人的关系本身在表述上的不同和实质上的相通性。

人与人的关系不外乎包含了合作的一面和冲突的一面。马克思制度经济学从所有制理论出发，扩展到整个经济基础和上层建筑（构成了关于制度的比较完整的内涵），其结论重在指出人与人之间的利益冲突及其不可调和性，因而需要通过剧烈的或革命性的方式来改变原有的制度结构；而新制度经济学则把产权的界定和重新界定放在一个竞争和交易的市场背景下，以交易费用为判断标准，衡量不同的产权安排或不同的制度结构的效率区别，并且指出，在竞争性市场环境里，人们总能通过自愿交易来找到不断降低交易费用的更有效的制度安排。因此，其理论重在揭示人与人之间利益矛盾的可调和性。新制度经济学也承认人与人之间的利益冲突，但认为这种冲突可以通过合作的方式解决。这与魁奈强调自然秩序，斯密所说的"自然形成的制度是最好的制度"以及哈耶克所归纳的"自发的演进"是一脉相承的，体现了经济学的自由主义传统。

其实，如果用产权经济学来解释马克思制度经济学用阶级分析方法得出的人与人之间冲突的不可调和性及革命性或非市场解决的结论，就是该制度存在着日益增加的产权界定不清以至于产权侵害的现象，特别是劳动者对自己劳动成果的产权界定不清以至被剥夺，这种冲突必须通过重新界定产权来解决。但在重新界定产权时，人们面临两种选择：一种是通过市场的自愿交易的方式，另一种则是通过非自愿的强制性解决办法。到底采用哪一种方式，关键是看哪一种方式的成本更低。显然，在马克思看来，用前一种方式的交易成本是无穷大的，因而是不可行的，只有通过第二种方式才可能解决。

上述解释实际上包含了新制度经济学未能解释的或它认为无需解释的两个矛盾：（1）有没有交易和合作的方式不能解决的产权冲突？如果有，则说明新制度经济学不完整，不能解释所有的制度变迁现象。而且它所忽略的制度变迁现象绝不是无关紧要的。中国历史上历次的农民革命以及资本主义制度自身的建立，都是通过强制性的方式进行的。这样的话，如果把这两种理论结合起来，也许意味着对制度变迁的更完整解释。（2）新制度经济学在解释制度变迁时，实际上犯了一个新古典经济学共同的错误。虽然其理论的出发点是对完全市场的批判，由于市场是不完全的，导致经济运行由零交易费用变为正交易费用，因而需要寻求交易成本尽可能低的制度安排。但它并没有回答在制度变迁过程中可供人们选择的不同制度安排是如何产生的，以及不同制度安排下的交易成本是如何确定的，而是把具有不同交易成本的制度看作是一个已知的结果，加以比较和选择。这实际上是把研究的结果当作前提来处理。之所以如此，实际上意味着新制度经济学暗含了如果把制度变迁方式的选择看作是一种市场交易行为的话,那么这种交易行为是在完全市场假设下进行的,即所有的制度变迁过程的参与者或当事人都是无差别的;这种交易也仅仅是个人行为因而没有外部性;所有人对不同的制度安排的评价从而交易成本的确定都是一致的,以至不同制度安排的产生及交易成本的确定是无关紧要的。这显然构成了新制度经济学的理论悖论:其对完全市场的批判恰恰又是建立在完全市场这一批判对象基础上的。

马克思的理论显然更为科学。用现代经济学语言来解释就是:不同的人(阶级)对制度及其变迁方式的评价是不同的,甚至完全相反的,而在决定是否需要重新界定产权、进行制度调整时,不同的人在其中的地位和作用是不同的,甚至有根本区别的。"交易者"之间是不平等的、交易活动也不仅仅是个体行为从而具有明显的外部性,信息也是不对称的。这些特征的一个很重要的表现就是某些交易者(少数人)具有很强的垄断势力,在交易中处于非常有利的地位。其结果是,产权制度的安排或制度的变迁必然以有利于少数人而损害多数人利益的方式进行,这显然不符合帕累托效率标准。这又引申出两个问题:(1)市场自身能否消除这种垄断势力;(2)如果不能,由此造成的效率损失在多大程度上需要强制性的方式来弥补? 在马克思看来,资本主义基本矛盾所导致的周期性经济危机及由此带来资源的极大浪费已做出了清楚的回答,因而只能用最剧烈的强制性方式即革命性方式来进行。而新制度经济学则由于其理论基础的理想化色彩认为人们各自会通过成本收益分析来寻找合适的方式,并且不管具体形式如何,共同点都是以自愿合作的方式进行。虽然从整个人类历史看,既有过革命性的变迁,也有过自愿的方式,而且现代社会似乎越来越多地表现为后者,但我们并不能据此就认为革命性的变迁已成为历史。

四、对现实制度演进的积极作用

笔者看来,新制度经济学强调的是市场在界定产权的有效性,因而主张产权和制度的自我调节,而马克思制度经济学则重在说明市场在制度调整中(至少在某些场合)的局限性,因而主张非市场解决(在马克思那里非市场往往可以等同于革命)。当我们把二者结合起来后,一种更完整的也是更进步的观念就是:一方面,我们要在一切可能的领域充分发挥市场的作用;但另一方面,当市场解决的外部条件不具备时,而原有的产权制度又确定具有明显缺陷时,则又必须借助于非市场方式。也许在一个过于强调市场理性的社会,有必要多关注政府理性，而对于一个崇尚政府理性（如处于一直是政府推动型制度变迁中的我国），有必要多关注市场理性，多用市场方式解决，以降低运转中的交易费用。

这样，我们可以发现，马克思制度经济学与新制度经济学的目标是一致的，都是为了找到更有效率的制度安排。它们在各自适应的场合和领域都可以产生积极作用。新制度经济学对我们的启发和对我国下一步改革的指导意义，人们已谈论较多。但关于马克思制度经济学对当代资本主义或现代市场经济的制度演变的作用，可能并不都是十分清楚的。在笔者看来，当代资本主义与马克思眼中的资本主义社会相比已经发生了重大的变化，而这种变化与马克思对当时资本主义制度的揭露和批判其实有非常紧密的联系。资本主义制度的重大变迁主要表现在：(1)阶级结构的多元化即现实社会已从无产阶级与资产阶级二大阵营的明显对立演变成以中产阶级为核心的多种阶级成分共存以及同一主体可以同时具备多重身份的格局；(2)所有制结构或产权结构由各部分权利较为集中于同一经济主体的相对单一模式演变成日益分散化（即越来越多的社会成员成为财产所有者）、细分化（即财产权的完整内容分解到越来越多的不同的经济主体身上）、多元化（即产权的全部内容在时间和空间上的分布状态在同一总体制度环境下的多样化）的新格局。而马克思对当时社会矛盾的最重要的揭露恰恰集中在阶级结构和产权结构上。这表明了马克思制度经济学对身处的现实经济制度的强大的解释力及对此后制度演进的巨大影响力。至于制度变迁的方式并不完全如马克思所预料的那样表现出革命性的特点，而是以一种自发演变的方式展开，则是需要做出进一步解释的问题。而新制度经济学则走向了另一个极端，只注重于自愿交换原则下的制度变迁，虽然对马克思以后的这一特定阶段的制度变迁具有较强的解释力，但不能因此就否定了马克思关于革命性变迁的论述。因此，如果我们把新制度经济学看作是对马克思制度经济学的一种新发展的话，也许将有助于对制度经济学发展轨迹做出新的梳理，也将有助于对这一轨迹演变趋势做出更为合理的判断。

参考文献

[1]诺斯.制度、制度变迁与经济绩效[M].上海：上海三联书店，1994.

[2]考特·尤伦.法与经济学[M].上海：上海三联书店，1997.

[3]樊纲.现代三大经济理论体系的比较与综合[M].上海：上海三联书店，1994.

[4]林岗,刘元春.诺斯与马克思:关于制度的起源和本质的两种解释的比较[J].经济研究,2000(6):58-65+78.

[5]卢新波.马克思主义经济学再认识:从方法论角度的说明[J].财经论丛,1999(6):1-4.

[6]卢新波.中国实证经济学的方法论误区[J].财经论丛,1997(3):8-13.

技术创新的演化趋势①

人类进入 21 世纪之际,一种基于知识(Knowledge based)的新型经济正向我们全方位地渗透过来,这就是新经济(New economy)。新经济也正以非线性、正反馈为主要特征的运行机制冲击着许多社会领域和人们的意识。

具体说来就是两个方面:第一,新经济是基于高新技术为基础的经济类型,新经济运行机制主要内容就是这些高新技术运作机制;第二,这些运行机制按照复杂科学中诸如自组织理论、混沌理论等原理在运行,呈现出非线性、正反馈、突变等现象。所以研究高新技术的成长演变机制就自然成为研究新经济的一个关键领域。

复杂科学的有关原理解释和论证了整个社会的技术创新具有内在的自我组织、自我催化能力,这使人类技术创新呈现出愈来愈强的波动式趋势,即从数量上讲技术创新是一种非线性的扩张②。本文章试图通过生物进化学的有关原理来模拟构建技术演化的方向和趋势,从而与《技术创新的非线性过程》一文一起解释了技术创新两大核心问题:技术创新的数量扩张机制和演化趋势原理。

技术创新体系中存在一个具有自我组织、自我催化的特殊类型技术。这种特殊的技术能够自主地和其他技术单元有机组合,或者自主地催化其他不同的技术单元进行有机结合。这是从两个不同技术单元的结合来考察另一个新技术单元创新的过程。但现实的技术演化是若干个含有许许多多技术单元的新产品的产生过程。为了能够将技术演化解释和论证更符合现实情况,文章引用了动物进化机理和趋势的有关分析方法和模型来分析技术演化方向的问题。

---

① 本文作者陶海清、金雪军,最初发表在《管理世界》2002 年第 2 期。

② 郑亚莉、陶海清:《技术创新的非线性成长》,《数量经济与技术经济研究》2001 年第 9 期。

一、动物进化原理

动物的进化经历了从低组到高级的过程:从无脊椎动物的脊椎动物,在脊椎动物里又经历从鱼类→两栖类→爬行类→哺乳类→灵长类→人的过程。这个过程是动物进化的主流方向。在这个主流方向外,动物进化还产生了像鸟类这样的许多重要分支。但是这些分支都不能代表动物进化的主流方向。

动物为什么向这个方向进化,而不是以往诸如鸟类的其他方向进化呢? 生物学提出了以适者生存学说和遗传学相结合的代表性解释:生物在生存和进化过程中总有一些动物由于少量的基因突变而产生个体的性状差异,但是如果变异的个体能够更加适应当时的环境,这部分变异个体就会生存下来,而控制其性状表达的基因片段就会被遗传下去。在漫长的时期里,这个过程被不断地进行着,这样就产生了许多变异的生物种类。一些代表生物进化主流方向的就进一步地生存、进化下去,而另一些动物支流则一部分被逐渐淘汰甚至灭绝,另一部分则低层次水平生存或也进行着适应性的微量变异。

二、技术演化的动物进化模型分析

根据前面对动物进化概要性描述,我们不难发现动物进化中的几个重要概念:基因、性状、变异、个体、生物种类、环境。

现在假定技术过程中与动物进化过程中这些相对应的概念:核心技术组合→基因,功能→性能,创新→变异,产品→个体,相似产品群→生物种类,社会环境→自然环境。

相应地技术创新演化过程可以进行这样描述:一个产品由许多技术和部件所构成;不同的技术组合①控制了产品的不同功能;当这个产品引入一个新的技术组合、或用新的技术组合取代该产品中部分旧的技术组合,一个新产品就产生了;如果这种技术组合控制的产品功能符合社会发展的方向或适应了社会环境,这个产品的关键技术就被引用到其他产品的创新,从而被遗传下去;如果许多新产品都引用了这种技术组合,那么含有这种关键技术组合相似产品群也就产生了,这种技术组合就代表技术演化的主流方向。

----

① 只有相当的技术单元组合才能够相对完整地产生出一项新的功能,所以用技术组合为考虑对象将更符合现实情况。

蒸汽机技术是蒸汽时代的主流技术,表现在自 1712 年蒸汽机在英格兰被发明后,与蒸汽机技术紧密相关的如蒸汽汽车(1796 年,法国)、动力织机(1785 年,英格兰)、工业车床(1799 年,英格兰)、蒸汽火车(1804 年,英格兰)等等对社会生产、生活影响重大的产品被发明出来。

同样电气技术作为时代的主流技术催化自电动机(1821 年,英格兰)和发电机(1832 年,法国)产生以来,像联合收割机(1836 年,美国)、升降机(1855 年,美国)、电力机车(1879 年,美国)也被发明出来。

信息技术作为现代社会的主导技术又可以分为以下三个阶段。

1. 数据处理时代

由 ENIAC 电子计算机(1945 年,美国)和晶体管(1948 年,美国)所催成的 IBM360(1964 年,美国)大型机代替了大量的文案人员来处理保险理赔、银行支票、会计账目和其他一些办公业务。从 70 年代开始,数据库管理（DBMS）、管理信息系统(MIS)和决策支持系统（DSS）被开发出来并得到广泛应用。

2. 微处理时代

此时代从 80 年代开始,1976 年个人电脑(PC 机)在美国诞生后,专供个人使用的电子表格软件被开发出来,其他产品还包括自动取款机(ATM)等,而且微处理器也被广泛地应用于空调、汽车、飞机、家用电器等许多电器设备。

3. 网络时代

网络把用户连接在一起,彼此间可互通 E-mail,可以使远程终端的打印机和其他昂贵的外围设备,使用公用数据库和外部数据库及信息服务。网络时代的新产品向体积更小、速度更快、价格更便宜、使用更简单的趋势发展。基于 internet 和计算机的网络技术可以认为是一种最先进、影响最广、最深刻的技术组合,能够深入到各个领域、能够嫁接到许多技术和工艺。

从技术创新的演化过程我们得到了另外一个重要的结论:能够成为社会遗传主流的技术组合就是自组织技术的组合。这种技术组合因为能够自我催化、自我组织其他技术而产生了相当庞大的新产品群。所以技术创新的演化方向就是自组织技术的演化方向。

三、自组织技术的社会适应性分析

以上的内容已经从理论和事例两方面论证技术创新过程的演化趋势是,只要能够适应社会环境就能够使其控制一些先进功能的关键技术被遗传下去。

而且如果这种技术组合具有自组织、自催化能力,则这种技术组合就会成为那个时代的主导技术,它再创新过程能够代表该时代的技术演化的主流方向①。

那么就必须说明自组织技术组合是否能够适应社会环境,或说自组织技术与其很强的环境适应性有何联系。

考察前面所讲的蒸汽机技术、电气技术、信息技术以及其他具有自组织能力的技术,可以总结出这样一个共同的特点:这些技术都有很强的生产力促进能力。如蒸汽机技术与电气技术在他们各自的时代里主要解决社会发展所需的能源动力系统,而信息技术则解决现在这个信息爆炸时代最关键的课题信息的处理和传输。从这个角度看,我们可以把这些技术称为主生产工具技术,因为这些技术组合或由这些技术所催化的新产品代表了相应时代的生产力水平,而且作为该时代最先进、最普及的生产工具在起作用。从经济学的角度讲,这些技术能够降低生产费用、降低交易费用、创造新的客户价值或提高生产效率。

所以,某些技术之所以能够成为某个时代的主导技术,是因为这些技术凭其特有的生产力促进性去适应社会发展的需要,是因为其自身具有自组织、自催化的能力而在全社会广泛被运用。

总之,通过文章前面的系统分析后,我们可以得出这样一个结论:时代主导技术、自组织技术、主生产工具技术有着本质性的联系,他们自我强化的能力决定了技术创新的演化趋势。而且由此,我们可以进一步预测新经济社会里确实存在着一种内源性边际报酬递增倾向。

参考文献

[1] Shapiro C,Varian H.信息规则[M].张帆,译.北京:中国人民大学出版社,2000.

[2] Waldrop M.复杂[M].陈玲,译.上海:三联书店,1997.

[3] 达尔·尼夫.知识经济[M].樊春良,冷民,等译.珠海:珠海出版社,1998.

[4] 陈禹.信息经济学教程[M].北京:清华大学出版社,1998.

[5] 小詹姆斯·I.卡什,罗伯特·G.埃克尔斯.创建信息时代的组织[M].刘晋,秦静,译.大连:东北财经大学出版社,2000.

[6] Posthwaitb J,Hopson J L. The nature of life[M]. New York：Mc Graw-Hill Publishing Company,1988.

---

① 反过来说也对,如某种技术组合是某个时代的技术演化主流方向的关键技术组合,那么这种技术组合就具有很强的自组织、自催化能力。

金融创新在基础设施融资中的应用[①]

摘　要　基础设施融资成为大多数发展中国家市政建设面临的挑战。根据基础设施未来不同的现金流模式,提出了通过资本市场筹集资金的途径,并设计了相应的衍生工具。

关键词　基础设施;融资;资本市场;金融创新

一、引　言

基础设施在改善经济生产能力方面所起到的中心作用是所有经济发展理论的共识。埃利诺·奥斯特洛姆(Ostrom,1993)指出,发展可持续的基础设施是繁荣经济、继往开来的基础所在,或者说是经济增长的必要前提。良好的基础设施的供给能够提高生产力,创造就业,并且增加居民的收入水平。诸如道路、公共交通、通信等基础设施的充足提供对于城市发展的蛛网效应有深远的影响,而排水、排污、卫生设备等改善城市环境水平方面提供的服务,能够提高城市的生活质量,使其在吸引国外投资上更具竞争力(Mehta,1998)。目前,处于经济上升阶段的中国,对城市基础设施建设的发展需求强烈,需要大量的资金,而单纯依靠政府的财政支出,以政府为中心对基础设施的规划、建设和营运,不仅不能满足日益增长的建设对资金的需求,而且可能由于其中的政府官员的"寻租"行为而导致金融效率低下。与此同时,国内大量的储蓄和国外发达国家寻求利润的资金,是目前基础设施建设潜在的巨大资金来源。所以,为基础设施融资的一条可行的途径就是发展资本市场,充分吸收资本市场的资金。

---

①　本文作者金雪军、方好、陈骥,最初发表在《统计研究》2003 年第 4 期。

开辟这条融资途径的关键就是金融创新,为基础设施融资提供可行的金融工具。

二、基础设施融资的特点和金融创新

(一)基础设施项目投资面临的主要融资难题

1.资金需求量大

如果按乐观的估计,"十五"期间我国城市化率年均增长水平达到1个百分点,那么我国每年新增城市人口约1400万人。按照人均市政公用建设费2.1万元计算,每年市政公用设施建设投资需要2900亿元。也就是说,不考虑现有设施的更新改造,仅为满足"十五"新增人口需要的投资就可能达到2900亿元。

2.投资风险高

基础设施项目投资的风险至少面临以下九种风险:(1)技术风险,这可能由于设计或者工程上的失败所致;(2)建设风险,由于建设技术错误、成本的上涨和建设上的耽搁所致;(3)营运风险,由运行和维护成本的上升所致;(4)收入风险,可能由于诸如交通客流量的未达到预期、收取费用价格的变动等造成的收入的减少;(5)金融风险,由于对收入现金流和资本成本缺乏有效的套期保值所致;(6)不可抗力风险,由于战争等不可抗事件的发生所引致的;(7)政治风险,由于政府法律、法规或者政策的改变造成;(8)环境风险,由于环境所造成的不利影响;(9)项目流产风险,由以上各种风险所导致的项目失败。

3.时间周期长

基础设施无论是酝酿设计、建造还是运行,期限都相当长。图1体现了基础设施投资和传统的生产型投资在时间上的差别。对于基础设施项目而言,在一个相当长的建设时期内,都呈现负的现金流。只有当营运期开始时,现金收入流才开始出现,而且常常在一段时间内仅能补偿资本成本。经过一个相当的运营期后,正现金流才会持续较长的时间。

4.流动性差

这是固定投资(fixed investment)所固有的特性,因为基础设施通常是不可拆分的,难以拆分变现,从而导致流动性差,需要长期垫付资金。

解决以上基础设施融资的难题,需要资本市场中的金融创新。一般而言,金融创新的动力在于TRCKME,这里的T代表对税收(tax)和交易成本

(transaction cost)的降低；R 代表对不良管制（regulation）的规避；C 代表市场完全性（completion）；K 代表知识（knowledge）的进步；M 表示对实现新产品和新方法的市场努力（marketing efforts）；E 代表金融工程（engineering）。

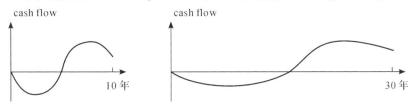

图 1 传统生产性投资与基础设施投资现金流的差别①

减少基础设施项目中的信息不对称（即市场的不完全性），针对不同投资者的风险偏好设计不同的金融产品，正是在基础设施项目中金融创新的动力所在。

对中国而言，首要的金融工具创新是市政债券②、公司债券和股票融资③。利用资本市场发行项目股票与债券。

（二）为基础设施项目融资的主要益处

1. 通过在国内和国外资本市场发行项目债券和股票可以吸引国内外投资者的资金，由此可以确保项目在全球范围内都有充足的资金供给和对项目的兴趣和关注。而国内大型基础设施的成功，与其在国内收到的公众关注程度有很大的关系。

2. 足够数量的债券和股票的发放可以确定项目融资工具的合理价格。

3. 私人投资者通过持有债权和股权提高了市场效率和项目未来现金流收益权的流动性。

4. 公众交易的股票可以为股票期权的推出提供基础，为在建设阶段和营运阶段的员工提供激励，从而提高生产力。

通过资本市场融资，吸引大量私人投资者的参与，不仅可以获得大量资金，

---

① 根据 Gerardin，Economic Research Centre（1989，p. 5）整理得出。Miller（1986）曾经指出过去金融创新的最原始的动力来自不曾预料到的税法和金融法规的经常性变化。

② 安义宽、王志玉：《利用市政债券促进城市基础设施建设》，《中国投资》2000 年第 9 期。

③ 上海市综合经济研究所课题组：《上海市政公用基础设施商业化经营研究》，《上海综合经济》2001 年第 3 期。

使得风险在各个投资者身上分担，还增强了市场的流动性。同时，通过免除基础设施证券的所得税，并根据投资者的偏好设计具有不同到期日、付款特征或者期权的债券和股票，能够广泛吸引不同类型的债券投资者，从而有效地解决基础设施融资的难题。

三、适合基础设施融资的金融衍生工具的设计

根据基础设施所能带来的未来现金流的差异，可以将基础设施分为：①经营性基础设施，即可以向使用者收费，通过价格形式予以补偿，未来能有稳定现金流的基础设施，如收费公路、电厂等；②准经营性基础设施，向使用者收取的费用只能弥补一部分成本，未来的现金流不足以补偿所有的投入，如污水处理等；③非经营性基础设施，无法向使用者收费，或者将拒绝付费者排除在外的做法在经济上不可行，或者无需向使用者收费的设施，如绿化、公园等。

对于经营性和准经营性基础设施项目，可以允许私人资本的完全或部分介入，可采取的衍生工具类型有：

1. 有保护的可提前退还债券（protective put-type bonds）

某些事件，如政府政策的制定或改变、税法更改、汇率波动等，可能导致基础设施项目未来现金流的不利变化，使基础设施项目的经济价值下降，从而给债券持有者带来损失①。而设计一个保护性可提前退还债券，可以允许债券持有者在上述不利事件发生时，以预先确定的价格提前退还债券，收回现金。事实上，这种债券的持有者不但购买了债券本身，还购买了债券的看跌期权。当然，与普通看跌期权不同的是，这种保护性可提前退还的期权的执行是由外部事件（即上述的政策的改变、税法的更改和汇率波动等）所触发的，而普通的看跌期权则是在未来某一时间由债券持有者自行决定的。对持有者而言，由于这种提前退还的期权增加了债券的价值，因此附有保护性可提前退还条款的债券的收益率比没有提前退还条款的债券收益率低。

对于基础设施项目而言，这种保护性的条款可以由政府来实现（因为政策改变、税法更改都是由政府决定的），这样就能够使国内外的投资者有安全保障，使得债券更具吸引力。

---

① 如连接法国和英国的跨欧隧道（Eurotunnel）在建成后，车流量未能达到预期的水平，以致不得不降低过隧费。其中很大的一部分原因就是政府的不利决策：没有按允诺的在隧道的英国入口处和伦敦之间建立高速铁路，穿越海峡的免税渡轮被继续允许通行。

2.可转换含看涨期权的债券(convelrsion call-type bonds)

可转换债券的持有者有权在将来某些事件发生时,将债券转换成公司的股票。这些事件是预先约定的,诸如有利政策的制定、税法的有利更改、汇率朝有利的方向变动,或者能源价格下跌等等,能够增加基础设施项目的经济价值的特殊事件。一般来说,这类债券同时是可赎回的(callable),即发行者有权赎回债券。一旦被要求赎回时,持有者有权转换他们的债券成为股票,所以有时候这种可赎回性也常常迫使不愿转换的债券持有者强制转换。当基础设施投入营运后的收益由于特殊事件的发生达到或者甚至高于人们的期望时,对于发行者而言可以提前付清欠款而要求赎回,债券持有人为了分享更多的利益,可以把债券转换为股票。原本的负债就可以转变为公司的权益资本。

3.可退还股票(puttable stock)

可退还股票的购买者有权在发行后的若干年内以预先规定的价格退还股票。此类可将普通股退还给发行者的金融创新可以用来减少首次公开发行时,股价的低估问题和信息不对称问题。由于信息的不对称,投资者,特别是国外的投资者不能肯定东道国政府是否会对该基础项目的建设持支持的态度,因此由于信息不足造成的对政府的不信任也许会导致股价低估甚至无人购买股票。由于政府当局的不合作导致基础设施项目在营运过程中现金回收受阻的例子俯首可得。如安然公司在印度的马哈拉施特拉(Maharashtra)州的遭遇:安然在当地入股 65% 建立了价值 29 亿美元的达布合(Dabhol)发电站,然而发电站唯一的顾客马哈拉施特拉电力局因为与达布合发达站在收费上有分歧而拒绝付费(考虑资本成本、上涨的油价和印度卢比的贬值因素,达布合发电站的费用比以往的发电厂要价贵三倍),欠款达 4.5 亿美元。所以,印度银行和国外的银行只好强令关闭达布合发电站以使双方达成共识①。但已经给股东造成了巨大的损失。

所以,一旦这种可将股票退还获得现金的承诺由主办政府来承担,股价下跌所带来的风险就可以被这种可退还的允诺所规避。因此,通过这种方式就可以吸引原本害怕无法收回投资成本而不愿投资的私人投资者。从另一个方面来说,这种附在股票上的可退还性也可以增加股票的价值。假如项目股票价值以 X 元/股的发行价发行,同时主办政府愿意在将来若干年内以 X 元/股的价格赎回股票,那么,这种股票的价格就会高于 X 元,使得发行者得到一个溢价收

---

① 参见 Andew H. Chen 2002. A new perspective on infrastructure financing in Asia Pacific-Basin Finance Journal,10227-10242.

益。它的损益状态如图 2 所示。

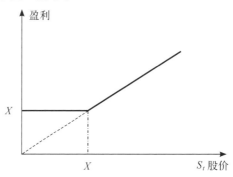

图 2   看跌期权构造的熊市差价期权损益状态

4. 附有或有价值权的股票

投资者的心态往往是惧怕股价下跌的风险，又渴望股价上涨的利润。为此，可以在基础设施项目的股票上嵌入一个或有价值权（CVRs，contingent value rights），使得该工具的上升空间不受限制，但是下跌的风险却被限制在一定范围之内。从本质上来分析，它是附有差价期权（spreads）的股票，即持有者事实上持有一个股票头寸和两个相同类型期权头寸。由于发行者自身对项目的回报持乐观的态度，因此出售给投资者的应该是附有熊市差价期权的股票，具体来说，是持有一个看跌期权的多头，有较高的执行价格 X_2（称之为目标价格），一个相同标的股票的看跌期权的空头，有较低的执行价格 X_1（称之为底价）。损益状态如图 3 所示。其中，或有价值权的损益等于：

$$\max[X_2 - S_t, 0] - \max[S_t - X_1, 0]$$

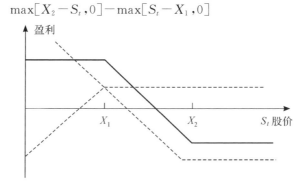

图 3   可退还股票的损益状态

表 1　到期日嵌入式股票的价值

股票价格的变动 S_t	看跌期权空头 X_1	看跌期权的多头 X_2	嵌入或有价值权的股票的价值
$S_t \geqslant X_2$	0	0	S_t
$X_1 < S_t < X_2$	0	$X_2 - S_t$	X_2
$X_t \leqslant X_1$	$S_t - X_1$	$X_2 - S_t$	$S_t + (X_2 - X_1)$

对于非经营性基础设施,资金的供给绝大部分来自政府的税收,可采用的金融工具有:

5. 嵌入以 GDP 为基准的或有债权的市政债券

市政债券是西方发达国家普遍采用的一种成熟的、信用等级颇高的融资工具,已有一百多年的发展历史。对于非经营性基础设施的建设,市政债券中的一般债务债券(general obligation bond)的发行是一种较为可靠的方式。在美国,一般债务债券是以州和地方政府的税收为担保的债券,资信级别很高,仅低于联邦政府债券,当然收益率较低,为 5%～7%。由于其收益免所得税,以最终实际收益率和低风险吸引稳健型投资者。

对于发行者而言,其债务的偿还依赖于未来的税收能力。因此,可以在债券上嵌入一个以当地(省、市)GDP 增长率为基准的或有债权。比如,一旦当年的 GDP 超过 7.5% 的增长率,该年的投资利率就定为较高的收益率 7%,而假如当年的 GDP 增长低于 6%,则该年的利率就不发放。这里需要注意精确计算 GDP 增长与税收能力之间的线性关系,以便得出影响利率变量的基准 GDP 增长率。

四、基本结论

总的来说,以上嵌入有各类期权的债券和股票,对基础设施项目有重要的经济意义:第一,有效解决股票持有人与债券持有人之间的代理问题。在技术设施建设过程的各个小项目的选择中,股东有可能做出不利于债权人的决定,如投票决定通过一个高风险项目的实施,把风险转移给债权人共同承担,而股东享有剩余的高额盈利。而一旦在债券合约上嵌入可退还的条件,即为债券所有人提供了规避特殊风险的保障,就不能够再做出有损于债权人的决定,否则股东自己的利益也将受到损害。第二,解决了投资者与主办政府之间的信息不对称的问题。投资者往往会因为害怕主办政府做出不利于项目开展的政策或法规而放弃投资,而一旦政府允诺在不利事件发生时,以预先的价格回购债券或者股票,或者赋予期权,消除投资者这种顾虑。第三,由于发行者向投资者提供了一揽子债券、股票、看跌期权的组合,因此,对发行者而言,其初始的融资成本就降低了。只要中国的资本市场、法律体系和审计体系等能够得到充分的发展,那么,上述的金融创新对中国基础设施建设融资将会产生较大作用。

参考文献

[1]Hull J C. 期权、期货和其他衍生产品(第三版)[M].北京:华夏出版社,2000.

[2]卢家仪,等.项目融资[M].北京:清华大学出版社,2000.

[3]Rosto W W. 罗斯托. 从起飞进入持续增长的经济学[M]. 成都:四川人民出版社,1988.

[4]南亮进. 中国的经济发展——与日本的比较[M].北京:经济管理出版社,1991.

[5]Dstrom E,等.制度激励与可持续发展:基础设施政策展望[M].上海:上海三联书店,2000.

[6]张文春,王辉民. 城市基础设施融资的国际经验与借鉴[J].国家行政学院学报,2001(3):79-83.

[7]吴庆,等.基础设施融资指南[J].中国投资,2001:3,4,5,51-53.

[8]约瑟夫·斯蒂格利茨.张昕竹,汪向东,沈利生,孙巍,译.促进规制与竞争政策:以网络产业为例[J].数量经济技术经济研究,1999(10):51-57.

[9]刘解龙.非国有企业能否提供公共产品[J].当代财经,2000(2):12-14.

[10]安义宽,王志玉.利用市政债券促进城市基础设施建设[J].中国投资,2000(9):31-34.

[11]上海市综合经济研究所课题组.上海市政公用基础设施商业化经营研究[J].上海综合经济,2001(3):4-10.

[12]王长晖.新时期我国城市基础设施建设与管理模式选择[J].江西行政学院学报,2000(3):17-19.

[13]董黎明.中国城市土地有偿使用的回顾与展望[J].云南地理环境研究,1992(2):16-29.

[14]高彬,林新生,康耀坤.以 BOT 投资方式促进西部基础设施建设[J].甘肃行政学院学报,2002(1):25-26.

[15]毛亚敏,涂也峰.关于西部地区高速公路建设融资的探讨[J].武警工程学院学报,2002(3):64-67.

[16]肖子拾,梁文潮.中西部基础设施建设融资问题探析[J].科技进步与对策,2002(1):40-41.

[17]Brigham E F,Houston J F. Fundamentals of financial management[M]. 9th ed. Harcourt Brace,2000.

代理权竞争价值:案例研究^①

代理权竞争(proxy contest)又称委托书收购,是指收购者通过大量征集股东委托书的方式,代理股东出席股东大会并行使优势的表决权,以通过改组董事会等方式达到收购目标公司的目的,其本质在于收购者借助第三方的力量实施对目标公司的低成本控制。代理权竞争与要约收购(Tender offers)、兼并(Mergers)、直接购入股票(Direct Share Purchase)构成公司主要的外部治理机制(Manne,1965),是小股东惩罚管理层,迫使管理层采取股东利益最大化政策的基本做法(Hart,1995)。

现代公司理论认为,代理权竞争以公司绩效较差为前提,具有正的经济效应。但实证研究的结论却不尽相同。Dodd 和 Warner(1983)、DeAngelo(1989)以及 Borstadt 和 Zwirlein(1992)分别采用不同的样本对代理权竞争全过程股东财富变化的研究表明,样本公司股东获得了 6% 以上的累积异常收益 CAR(cumulative abnormal returns)。但 Ikenberry 和 Lakonishok(1993)对美国1968—1987 年间 97 项代理权竞争案例的研究发现,在事件发生后的 5~24 月样本公司的股东财富出现了 -17.24% 的缩水,说明异议者的胜利并不会使公司绩效有明显改善。Mulherin 和 Poulsen(1998)在总结前述研究的基础上,考察了 1979—1994 年的 270 个样本,研究表明代理权竞争总体上具有正的财富效应,这种效应大部分来自完成了收购的目标公司。在分类研究中,完成收购且没有更换管理层的样本公司获得最高的 CAR,更换管理层的样本公司获得较高的 CAR,只有未完成收购且没有更换管理层的样本公司获得负的 CAR。

国内对上市公司代理权竞争的研究尚属起步阶段,实证研究更是寥寥无

---

① 本文作者金雪军、潘丽春,最初发表在《管理世界》2003 年第 9 期。

几。10 余年来,我国 1300 多家上市公司中发生的标准的代理权竞争主要有深万科、胜利股份和广西康达 3 家(郑百文、国际大厦和金帝建设因运作过程不完整或不规范,本文不予讨论),本文拟就我国上市公司的三次代理权竞争作较为深入的案例分析,旨在揭示代理权竞争的价值。

一、研究方法与设计

本文从股东财富变化和公司绩效两个方面考察代理权竞争的经济价值。鉴于我国股本性质的差异,我们用流通股的市场价格变化来衡量流通股股东的现实财富的变化,用公司的每股净资产变化来考察非流通股股东的财富变化,因为我国上市公司非流通股的转让大多数是以净资产为基础的。

1. 流通股股东的财富变化

CAR 的计算。本文采用金融分析中通用的"事件分析法",将上市公司代理权竞争的首次公告日定义为第 0 天,计算窗口期($-20,10$)的累计平均异常收益 CAR。计算步骤为:(1)窗口期内每家公司每天的预期正常收益率 R_m 以当天大盘的收益率[(当天收盘指数－昨天收盘指数)/昨天收盘指数]来替代。(2)每家公司每天的异常收益 R_t,等于每家公司当天的实际收益率 R_i[(当天收盘价－昨天收盘价)/昨天收盘价]减去预期正常收益率,即 $R_t = R_i - R_m$。(3)对窗口期内每天各公司的异常收益求平均数,即得该样本当天的平均异常收益 $AR_t = 1/N \sum R_t$,N 为样本中的公司数量。(4)将窗口期内每天的 AR_t 进行求和,得到累计平均异常收益 $CAR = \sum AR_t$。$CAR(T_1, T_2)$ 表示在 $T_1 \sim T_2$ 窗口期内上市公司代理权竞争给流通股股东带来的超过市场平均收益的利润率,即流通股股东的财富效应。

本研究中分别计算 3 个窗口期($-20,0$)、($-2,2$)和($0,10$)的 CAR,CAR($-20,0$)表明代理权竞争发生前 20 天流通股股东的累计异常收益,该数值一方面显示了事件的影响力,另一方面也可作为消息走漏或内幕交易程度的度量;CAR($-2,2$)表明代理权之争代理权竞争发生前后 5 天内对股东财富的即期影响;CAR($0,10$)表明代理权竞争对股东财富的延续影响,可作为影响力稳定性的度量。

2. 非流通股东的财富变化

我们拟采用代理权竞争前后公司每股净资产、净资产收益率和历年的分配情况来衡量非流通股东的财富变化情况。

3. 公司绩效变化

本文用每股收益、净资产收益率和总资产收益率 3 个指标来综合衡量发生代理权竞争前后公司的业绩和效率变化状况。

二、分析结果

1. 对流通股东的财富效应

表 1 汇总了样本公司不同窗口期的 CAR 值，由这些数据分析可知，代理权竞争对相关公司流通股股东的财富效应影响各不相同，但有一个共同点，即 3 家公司的 A 股在窗口期的即期累计异常收益率 CAR(−2,2)均为正，仅万科 B 股的累计异常收益率出现了负值。这说明代理权竞争对 A 股股东具有一定的财富效应。样本累计的数据同样验证了以上观点。

个案研究发现，作为中国第一家发生代理权竞争的公司，万科 A、B 股股东的累计异常收益率可谓冰火两重天，万科 A 股 CAR(−20,0)=11.75%，表明在消息公布前买入股票者有较多的超额利润；CAR(−2,2)=5.79%，说明事件的即期影响并不大；CAR(0,10)=0.28%，表明事件的延续性影响很小。而其 B 股的 CAR 值均为负，特别是 CAR(0,10)=−44.14%，说明境外股东对这次代理权竞争并不了解或认同。在此案例中，君安以经营问题征集大股东的代理权，但 1993 年万科的业绩堪称优异，净资产收益率达 16.35%，而委托代理权的大股东在极短的时间内出尔反尔，整个操作过程极不严肃规范，最后也不了了之。可见，君万之争的概念炒作程度要高于表达小股东话语权的意愿。

胜利股份的代理权竞争比较完整，异议者通百惠是作为收购股权的一个补充方式征集流通股股东的委托，其目的是弥补自有股权投票权的不足。其 CAR(−20,0)=44.8%，表明消息公布前介入的流通股股东财富效应十分显著，CAR(0,10)=−29.74% 则表明信息披露后股东即遭遇损失。由于第一大股东胜邦的关联持股比例过多，通百惠的代理权竞争还是遭受了失败，凭借着第二大股东的地位才在董事会中获得了一席之地。但通百惠通过代理权竞争大大吸引了投资者的眼球，也算是注意力经济中的赢家。

表 1　样本公司的累积平均异常收益 CAR(%)

	深万科 A	深万科 B	胜利股份	广西康达	样本累计
CAR(−20,0)	11.75	−18.99	44.8	−31.25	1.58
CAR(−2,2)	5.79	−9.17	2.32	2.82	2.02
CAR(0,10)	0.28	−44.14	−29.74	−7.76	−16.75

注:深万科第 0 天为 1994 年 3 月 30 日,胜利股份第 0 天为 2000 年 3 月 17 日,广西康达第 0 天为 2000 年 12 月 1 日。

表 2　代理权竞争前后样本公司经营状况

	年份	每股净资产(元)	净资产收益率(%)	历年分红情况
万科 A 股	1993	5.06	16.35	不分配
	1994	4.48	15.91	10 送 3.5 股,派 1.5 元
	1995	4.09	12.50	10 送 1.5 股,派 1.5 元
	1996	4.21	11.23	10 送 1 股,派 1.4 元
胜利股份	1999	1.69	14.98	不分配
	2000	2.41	7.21	不分配
	2001	2.24	6.44	不分配
广西康达	1999	1.0531	−25.64	不分配
	2000	0.3828	−175.08	不分配
	2001	1.3932	16.44	不分配

　　广西康达的异议者是索芙特和天街小雨,它们欲通过征集代理权进入董事会以阻止大股东掏空上市公司的行为,结果也失败。但它的累计异常收益率比较奇怪,公告期间股东的财富效应基本为负,CAR(−20,0)＝−31.25%,CAR(0,10)＝−7.76%说明流通股股东在代理权竞争期间损失较大。后来索芙特还是依靠资本的力量取得了第一大股东的控股地位对公司进行了改组,因此广西康达的代理权竞争是与收购重组相辅相成的。

　　2. 非流通股股东的财富效应

　　根据表 2 的统计发现,在代理权竞争的前后几年,万科的净资产变化不大,均处于较高水平,说明君安发起代理权竞争的理由并不充分,也证明了对其注重二级市场概念炒作的判断。胜利股份的净资产变化也不大,这与控制权并未发生转移有关。广西康达在事件发生前公司经营恶化,而事后的 2001 年净资产增长了2.6倍，说明其代理权竞争师出有名，但由于之后发生了股权收购，代理权争夺未果的索芙特成为控股股东后作了一系列的资产重组才使净资产大幅上升，所以代理权竞争仅仅是提升非流通股股东的一条导火索。

　　3. 公司绩效的变化

　　从每股收益来看，样本公司在发生代理权竞争的当年与上年相比均有下降，而事件发生后的第一年除了万科略有下降（考虑到分红因素）外均有回升。从个股看，广西康达的效应最大，扭亏为盈，但应注意存在干扰因素，即新股东实施了大规模的资产重组行为；胜利股份则上升了34.95%。在净资产收益率方面，万科和胜利股份在代理权竞争后波动不大，而广西康达也因为资产重组的存在出现了探底回升情况。总资产收益率的变化也有类似的状况。所以，代理权竞争对公司绩效的影响方面，总的来讲效应不明显，最多为资产重组埋下了伏笔，如索芙特通过股权协议受让对广西康达重组后将之更名为广西红日。

三、几点评论

　　1. 我国上市公司代理权竞争案例少、成功率低。代理权竞争与股权收购同属争夺公司控制权的行为，但前者花的资金成本要大大低于后者，所以通常由中小股东采用或作为收购行为的辅助手段。我国十几年来仅有屈指可数的几次代理权竞争，一方面说明该工具不为广大投资者所熟悉，另一方面也说明中小股东的主人翁意识还未被激发。当然也有其他原因，如成功率太低，迄今我国发起争夺者无一成功，表明目前我国的公司治理主要依赖股权的地位，持异议者的主张即使是正确的，但如果没有资本的力量也难以获胜，这在广西康达案例中尤为典型。与此对应，由于上市公司代理权竞争本身控制或影响公司经营的目的没有达到，在此过程中的价值效应均不明显，财富效应参差不齐，公司经营绩效并没有多少改变。

　　2. 有关代理权竞争的法规不完善。我国目前涉及代理权竞争的法规均是笼统的，并散见于各种条例文件之中，如《公司法》第108条规定："股东可以委托代理人出席股东大会，代理人应当向公司提交股东授权委托书，并在授权范围内行使表决权"。《股票发行与交易管理暂行条例》第65条的规定："股票持有人可以授权他人代理行使其同意权或者投票权。但是，任何人在征集二十五人以上的同意权或者投票权时，应当遵守证监会有关信息披露和作出报告的规定"。在实践中，代理权竞争是一项法律要求很高的技术性工作，需要专门的法规对诸如征集人背景、征集对象、征集时间、征集方式、征集程序、授权委托书的效力以及侵权违约责任等进行规范,从而保障参与各方的合法权利。而有效的法规建设对代理权竞争也会是一个推动,如美国 1992 年有关代理权竞争的管理改革大大推动了此项活动(Choi,2000)。

3. 代理权竞争操作不规范代理权竞争是外部公司治理的形式之一,对于上市公司而言是仅次于收购兼并的重大事件,但我国发生的几个仅有的案例中参与方的行为都不是很规范,至少没有充分考虑广大中小投资者的利益。如早期发生的君万之争,整个过程漏洞百出,争端的解决也是暗箱操作,广大散户投资者还以为发生了收购事件,让内幕交易者有机可乘。胜利股份的 CAR(−20,0)高达 44.8%,而在事件发生之前,胜邦企业的部分高级管理人员持有和买卖了胜利股份流通股,通百惠的法定代表人在其"本人不知情"的情况下买入胜利股份等情况,很难不让人怀疑所谓代理权竞争的真实目的,而监管者也没有对此深究。

四、结　语

代理权竞争是获取公司控制权的一种重要方式,也是主要的外部治理机制,特别适用于中小股东。有效的代理权竞争能够增加股东财富,提升公司的经营绩效。我国 2002 年末出台了一系列鼓励收购兼并的政策法规,并强化推广了独立董事制度,这些都是提高上市公司治理效率的措施。而同样作为公司治理的重要手段,代理权竞争却没有得到应有的重视,甚至还没有专门的法律来规范,所发生的几件案例在财富效应和提升绩效方面效果都不明显。所以,今后应该加强对我国上市公司代理权竞争的引导和规范,完善公司控制权市场,保护投资者权益,提高公司治理的效率。

参考文献

[1][美]J.弗雷德·威斯通,[韩]S.郑光,[美]苏姗·E.侯格.兼并、重组与公司控制[M].唐旭,等译.北京:经济科学出版社,1998.

[2]《上海证券报》《中国证券报》《证券时报》等财经报刊上有关上市公司收购的公告,相关上市公司各年度中报、年报。

[3]上海、深圳证券交易所股票交易数据。

[4]Borstadt L F, Zwirlein, T J. The efficient monitoring role of proxy

contests：An empirical analysis of post-contest control changes and firm performance[J]. Financial Management,1992：22-34.

[5]Choi S. Proxy issue proposals：Impact of the 1992 SEC proxy reforms [J]. Journal of Law Ecnomics and Organizations, 2000, 16(1):233-268.

[6] DeAngelo L E. Managerial competition，information costs，and corporate governance，the use of accounting performance measuresin proxy contest[J]. Journal of Accounting and Economics,1998：10,3-36.

[7]Dodd P，Warner J B. On corporate governance：A study of proxy contest[J]. Journal of Financial Economics,1983:11(1-4):401-438.

[8]Ikenberry D L. Lakonishok J. Corporate governance through the proxy contest：evidence and implications[J]. Journal of Business, 1993：405-435.

[9]Manne H G. Mergers and the market for corporate control[J]. Journal of Political Economy,1965,73(2):110-120.

[10]Mulherin J H，Poulsen A B. Proxy contests and corporate change：Implications for shareholder wealth[J]. Journal of Financial Economics,1998，47(3):279-313.

信息不对称、声誉效应与合作均衡[①]
——以 eBay 在线竞标多人重复博弈为例

摘　要　本文研究了信息不对称条件下的声誉效应与合作均衡。首先阐释了声誉的概念以及声誉效应的本质和作用,然后用两阶段"囚徒困境"博弈模型证明了在不完全信息有限重复博弈中声誉效应能够引导出合作均衡,最后用 eBay 在线竞标多人重复博弈为例,研究了不对称信息条件下声誉效应引导出合作均衡的过程与机理并得出结论。

关键词　声誉效应;重复博弈;信息不对称;合作均衡

一、信息不对称、声誉效应与不确定性最小化

声誉(reputation),就是名誉、声望的意思。在目前的经济学文献中,关于声誉的最常见的概念是由 Kreps 和 Wilson(1982)以及 Kreps、Wilson、Milgrom 和 Roberts(1982)在有关"序贯均衡"(sequential equilibri-um)的著作中描述的:声誉一种"认知"(perception),即在信息不对称条件下,一方参与人对于另一方参与人是某种类型(包含其偏好或者可行性行为)的一种认知,且这种认知不断地被更新以包含两者间的重复博弈所传递的信息。声誉在人类社会的形成过程中产生。在长期的博弈过程中,行为主体基于信息的"交互"(communication)而形成了关于彼此是何种类型的"认知",这种"认知"作为一种制度性知识(汪丁丁,1996)协调了分工,促成了广泛的社会合作。同时,它通过直接或者间接的方式激发了交易主体之间的"信任"关系,降低了交易成本。

---

① 本文作者金雪军、余津津,最初发表在《社会科学战线》2004 年第 1 期。

在重复交易中，声誉的毁损是以交易关系终止、丧失未来收益为代价的，声誉的价值等于丧失未来交易的损失减去背信合约所得到的短期收益。这种观点已被正式化，成为重复博弈的触动战略（trigger strategy）均衡。我们知道，影响重复博弈均衡结果的主要因素是信息的完备性和博弈重复的次数。在现实中，信息不对称几乎是常态，其直接后果就是信息优势参与人的"机会主义"行为倾向，他总是试图采取有损于信息劣势方利益的战略来最大化自身利益。只有信息足够完备，信息优势参与人的机会主义行为才可能被遏制。重复次数的重要性来自于参与人在短期利益与长期利益之间的均衡。当博弈只进行一次时，每个参与人只关心一次性的支付；但如果博弈重复多次，参与人可能会为了长远利益而牺牲眼前利益从而选择不同的均衡战略。这就是"声誉"发挥作用的环节，"声誉"为合同的"自动实施"提供了隐性激励。即使每一方都意识到另一方是狭隘自利的（narrowly self-interested），出于"声誉"以及对未来收益的考虑，参与人之间的"合作行为"也将出现，这就是"声誉效应"。另一方面，一方或者双方都能够获得关于别人能力和偏好的有价值的信息，这种关于声誉的信息具有公共产品的特征，能提供正的外部性，使很多相关者同时受益（Casson，1991）。正是由于"声誉"的信息显示功能对于机会主义行为的抑止，包含潜在机会主义行为的交易才会持续下去。

"声誉效应"的实质是一种隐性契约。在理论文献中，它被广泛地看成是减少"不确定性"的机制，如 Shapiro（1983）、Fombrun 和 Shanley（1990）以及 Brom-1ey（1993）等。"不确定性"是自然世界的本性之一，它是指人们对所关注事件的结果仅有有限的信息，或是获取信息所需的成本超过经济上的可行性，或是无法控制预期结果与实际产生的差距。在追求自身效用最大化的过程中，理性的经济人总是希望自己对事件未来的结果有最大可能的准确预测，因而内生具有追求"不确定性最小化"的动力，因此才会出现各种制度法规（显性契约）来保障行为主体的利益。Cole 和 Kehoe（1996）①指出，"在一定范围中声誉的价值不能简单地在这个范围中进行计算"，声誉的效果常常会超越交易范围而对范围之外的个体产生影响，这就是声誉的溢出效应。"声誉效应"以及"溢出"（到社会）的"声誉效应"共同作用，使交易人避免承担不必要的"不确定性"。例如在产品市场中，当关于企业能力和产出的其他信息在事前不可获得的情况

---

① Cole 和 Kehoe 举了一个例子来说明声誉的溢出效应：美国政府为了保证与日本政府之间有关军事防御政策的合作关系而与加拿大政府签订了渔业合约，而该合约事实上是一个使加拿大受益而使美国受损的合约。

下,企业的利益相关者包括顾客、雇员、所有者、管理者等等将会运用"声誉"来得出一种预期,因为企业声誉作为"对于组织的外在可观察特质的某种凸出的评价"(Fombrun,1993),反映了企业过去的行动(Kreps 和 Wilson,1982),并且会影响企业未来的行为。由于显性契约的不完备性以及隐性契约的不可替代性,"声誉效应"总会发生作用。下面,我们将用博弈模型证明,在不完全信息条件下的有限重复博弈中,声誉效应能够抑制信息优势方的机会主义行为,使博弈从"不合作均衡"走向"合作均衡"。

二、不完全信息有限重复博弈中的声誉效应与合作均衡

在信息完备的情况下,有限次重复博弈会产生"连锁店悖论"(Selten,1978),有限次囚徒困境博弈也有类似的结果。这表明了,完全信息条件下的有限次重复博弈不可能导致参与人的合作行为。在这种情况下,没有声誉效应产生,也不存在对声誉的解释,因为参与人都没有积极性建立良好的声誉。Kreps等人(1982)的声誉模型通过将不完全信息引入有限次重复博弈,解决了"连锁店悖论"。他们证明,参与人对其他参与人支付函数或者战略空间的不完全信息对均衡结果有重要影响,只要博弈重复的次数足够多,合作行为将会在有限次博弈中出现。

我们用一个简单的两阶段"囚徒困境"博弈模型来研究一下不完全信息条件下有限次重复博弈中参与者的声誉问题。假设经济主体 A 和 B 参加一个 2×2 的矩阵博弈,其中主体 B 是两种潜在的类型:Ⅰ和Ⅱ,支付矩阵如表1、表2所示。对于类型Ⅰ的主体 B 而言,"抵赖"是一种占优战略,这是一种"合作"类型,我们称之为"非理性"参与人。对于类型Ⅱ的 B 而言,"坦白"是其占优战略,这是一种"非合作"的战略,因此我们称之为"理性"参与人。

假定博弈进行两期,B 实际的类型为Ⅱ,B 知道自己的类型,而 A 不知道 B 的类型,A 认为 B 是类型Ⅱ的概率为 P,也即 A 认为 B 采取"坦白"战略的概率为 P 那么,我们将第一阶段 A 认为 B 为类型Ⅱ的概率标注为 $R(1)$,将第二阶段 A 认为 B 为类型Ⅱ的概率标注为 $P(2)$。显然,$P(2)$ 依赖于 $P(1)$,因为 A 根据 B 在第一期的行为所传达的信息对其关于 B 的类型的认知(P)进行更新。在第一阶段,B 可以选择"抵赖",也可以选择"坦白"。如果 B 选择"坦白",则暴露了自己是"非合作"类型,那么 $P(2)=1$;如果 B 选择"抵赖",则隐藏了自己是"非合作"类型的信息,由于得不到关于 B 是否"非合作"类型的新信息,A 不会调整

自己所形成的关于 B 是何种类型的认知,因此,$P(2)=P(1)$。

表 1　主体 B 是类型 Ⅰ(合作)的支付矩阵

		A	
		坦白	抵赖
B	坦白	(2,2)	(4,5)
	抵赖	(0,4)	(5,5)

表 2　主体 B 是类型 Ⅱ(非合作)的支付矩阵

		A	
		坦白	抵赖
B	坦白	(2,2)	(4,0)
	抵赖	(0,4)	(3,5)

　　我们首先考虑 A 在第二期的行动。如果 A 采取的战略是"抵赖",那么 A 预期的支付将是 $5(1-P(2))$;如果 A 采取"坦白"战略,那么其预期的支付将是 2。显然,当 $5(1-P(2))>2$,即 $P(2)<3/5$ 时,A 将选择"抵赖"的战略。也就是说,在经过第一期博弈之后,如果 A 认为 B 是"非合作"类型参与人的概率小于 0.6,那么 A 将选择"抵赖"。否则,A 将选择"坦白"。同样,我们可以推断,$P(1)<3/5$,即 A 认为 B 是"非合作"类型的概率小于 0.6 时,A 将在第一阶段选择"抵赖"战略。

　　B 在第一期的战略取决于 $P(1)$ 以及贴现因子 q 的大小。设 $P(1)<3/5$,因此 A 在第一期采取的战略是"抵赖"。现在考虑两个时期内的 B 的预期支付。由于 B 知道自己的类型,若 B 的战略组合是{坦白(1),坦白(2)},那么他将得到支付$(4+2q)$。若 B 的战略组合是{抵赖(1),坦白(2)},那么他将得到支付$(3+4q)$。当$(3+4q)>(4+2q)$,即 $q>1/2$ 时,B 将选择战略组合{抵赖(1),坦白(2)}。这意味着,当贴现因子足够大时,B 将在第一阶段选择"抵赖",这实际上就是隐藏了自己是"非合作"类型的信息,建立一个"乐于合作"的声誉。同时,在第一阶段博弈结束时,A 不能从 B 的"抵赖"行动中得到关于 B 是何种类型的新信息,因此 $P(2)=P(1)$,即 B 保持了自己的声誉。那么,在第二阶段中,A 将继续"抵赖"战略。我们需要证明,在 $g>1/2$ 时,{抵赖(1),坦白(2)}对于 B 是一个均衡战略组合。为此,我们必须证明,{抵赖(1),抵赖(2)}对于 A 是一个最优战略组合,这是显而易见的。因为,若 $P(2)<3/5$,那么"抵赖(2)"是最优的,

而在第一期内，若类型Ⅰ和类型Ⅱ的 B 都采取"抵赖(1)"，那么对于 A 来说，最优的战略是选择"抵赖"

接下来，我们可以通过推导得出"声誉"的价值。假定 $P(1)<3/5$，即 A 认为 B 是"非合作"类型(Ⅱ)的概率小于 0.6，那么 A 将选择"抵赖"战略，其预期支付为 $5(1-P(1))>2$。如果 B 在第一阶段选择了"坦白"，那么在阶段博弈结束时，A 得到的实际支付为 0，小于预期的支付 $5(1-P(1))$。此时，B 实际得到的支付为 4，并且暴露了自己是"非合作"类型，因此 A 调整对于 B 是何种类型的认知，$P(2)=1$。博弈进行到第二阶段 $P(2)=1>3/5$，A 将采取"坦白"战略，A 和 B 都将得到支付 2。在这种情况下，B 得到的总支付为 $(4+2q)$，A 得到的总支付为 $2q$。若 B 在第一阶段选择了"抵赖"，那么博弈结束时，A 得到支付 5，B 得到支付 3。博弈进行到第二阶段，由于 B 保持了自己的声誉，即 $P(2)=P(1)<3/5$，A 继续"抵赖"战略，B 此时的最优战略是"坦白"，博弈结束，A 得到支付 0，B 得到支付 4。两阶段博弈中，A 得到的总支付为 5，B 得到的总支付为 $(3+4g)$。假定 $q>1/2$，那么 $(3+4q)>(4+2q)$，即对于 B 战略组合{抵赖(1)，坦白(2)}优于{坦白(1)，坦白(2)}，$(2q-1)>0$ 就是 B 采取战略组合{抵赖(1)，坦白(2)}所得的额外收益，也即是"非合作"类型的 B 建立起"合作"的"声誉"所带来的收益，这就是参与者 B 的"声誉"的价值。这里，我们可以清楚地看到，在信息不完全的情况下，即使是有限次的重复博弈行为，当贴现因子足够大（这里是 $q>0.5$）时，"声誉"也可以通过利益"诱导"出"合作"行为的产生。"合作"的产生带来了"双赢"的效果，显然，合作博弈中 A 两期的总支付大于非合作博弈中的总支付。

三、eBay 在线竞标：一个关于多人重复博弈中"声誉效应"与合作均衡的案例

成立于 1995 年的 eBay，目前已是全球最大最著名的在线交易网站。eBay 在线交易是一个典型的多人参与的重复博弈。卖主掌握着不为人所知的私人信息（如他的产品质量、忠诚度等）而处于信息优势，买主仅能根据卖主提供的图片、介绍等来了解物品，处于信息劣势。信息不对称影响着卖主（知情参与人）的行动以及买主（不知情参与人）的支付。如卖主在竞标结束并收到买主汇来的款项时决定是实施"欺骗"还是进行"合作"，买主在竞标时愿意支付的最高价格也是根据其掌握的信息来决定的。那么，在这种如此"松散"而"朦胧"的网

络交易中是什么机制抑制了卖主的道德风险使欺诈行为不会发生，又是什么机制强化了买卖双方的信任关系使交易得以顺利完成。这就是"声誉效应"，也即"声誉"的建立、积累、披露以及与之相联系的利益得失对参与人行为的"隐性"激励与约束，使"声誉"成为诚信交易的重要保障机制。

ebay 拥有独特的"声誉"显示机制，在每一次交易结束之后，买主根据自己的交易经历对卖主作出评价（正面和负面），这些评价以及卖主所积累的"声誉评级"成为公共信息被公布出来，从而成为一种"共同知识"，在新一轮交易中在线交易者们据此作出重要决策。"声誉"犹如经验值一般被一点一点的积累起来，只有不断获得好评的卖主会建立起很高的"声誉"，随之带来更多的交易机会、更多的交易数量和更大的交易规模。得到"差评"的卖主会逐渐丧失"声誉"，失去未来交易的机会，逐渐为 eBy 在线交易所淘汰。在下面（图 1）这个简单的 eBay 交易模型中，我们可以看到"声誉效应"是怎样发挥作用的：（1）买主 A 与卖主建立交易关系并进行交易；（2）买主 A 根据交易的结果，如产品品质、卖主承诺的实施情况以及买主的满意程度等等，形成对于卖主是何种类型的认知并对其声誉作出评价。该评价以信息的形式进入 eBay 的声誉显示系统；（3）经过 eBay 在线对于信息的收集、聚合和整理，有关卖主声誉的信息被公布出来，该信息一方面到达卖主，使卖主获悉市场对其声誉的评价，另一方面到达潜在的交易群体，成为"公共信息"以供他们决策之用。

我们假定存在一个长期的卖主，有无数的短期买主在关注他的商品。卖主可能是有机会主义倾向的"战略型"（strateg），也可能是诚实守信的"承诺型"（honest）。"战略型"的卖主可能会适时采取"欺骗"战略来最大化其收益，而"承诺型"的卖主永远都不会欺骗顾客。买主不清楚卖主的类型，但是他们对于卖主是否"承诺类型"有一个初始信念（概率分布），这就是在博弈开始以前买主对卖主声誉的一种认知。如果不存在"信息反馈"机制，即买主过去的交易结果（包括买主的满意程度、卖主的诚信程度等等）不被"报告"与"交流"，那么"战略型"卖主将总是选择"欺骗"。一旦认识到这一点，短期的买主将永远不会选择"购买"，这样，市场就崩遗了，eBay 也不复存在。假定信息反馈机制提供正、负两类信息反馈，如若卖主实施欺诈，他总是得到一个负反馈（买主给予卖主一个"差评"）；若其诚信合作，他依然会以概率得到负反馈。下面我们具体展开分析。

1. 买主的策略

基于市场对卖主信息的反馈，买主形成了关于"卖主是承诺类型的概率为 h"的这样一种认知（这就是卖主的声誉）以及关于"战略型卖主合作的概率为

$s(h)$"的认知。根据拍卖理论,买主将以其预期估价来参与竞价,那么,买主竞标的价格将不高于$[h+(1-h)s(h)]W$,其中,W是买卖主对于物品的价值评估。如果卖主在上一轮交易中得到一个负(正)的评价,买主就会根据贝叶斯法则(Bayes Rule)向下(向上)更新他们对于卖主声誉的认知:

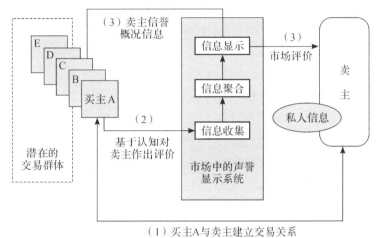

图1　eBay在线竞标中"声誉效应"作用的简单示意

向下修正,卖主声誉水平下降:

$$h^-(h)=\frac{Pr[-|承诺型]\times Pr[承诺型]}{Pr[-|承诺型]\times Pr[承诺型]+Pr[-|战略型]\times Pr[战略型]}$$

$$=\frac{\pi h}{\pi h+[1-s(h)+s(h)\times\pi](1-h)}$$

向上修正,卖主声誉水平上升:

$$h^+(h)=\frac{Pr[+|承诺型]\times Pr[承诺型]}{Pr[+|承诺型]\times Pr[承诺型]+Pr[+|战略型]\times Pr[战略型]}$$

$$=\frac{(1-\pi)h}{(1-\pi)h+s(h)(1-\pi)\times(1-h)}$$

2.卖主的策略

在每次竞标交易结束之后,一旦卖主收到买方的汇款,他将必须在"欺骗"与"合作"这两种战略中作出选择。"欺骗"的短期利得等于该商品的价值,但是"声誉"评级的降低将带来长期的损失,因为买主愿意支付的价格会降低。卖主选择一定的战略(我们用"欺骗的概率"表示)来最大化其长期支付的现值。买主知道,在均衡中卖主的战略必定是与卖主的最优战略相一致的。那么,卖主的目标是实现其预期支付的最大化,即:

$V = \sum_{t=0}^{\infty} \delta^t \times E\{G(h)(t)\}$ ，其中 $G(h) = (h + (1-h)s(h)) \times W$ 是声誉为 h 的卖主的预期竞标收入，$s(h)$ 是声誉为 $(s^*(h))$ 的卖主将会合作的概率，δ^t 是贴现因子。

3. 博弈均衡及其条件

卖主选择的战略 $(s^*(h))$ 是这样一种战略，即在博弈均衡中任何偏离这个战略的其他战略都不可能使卖主得到更多的收益，对于声誉为 h 的卖主而言，$s^*(h)$ 实现了与所有其他可能的战略相联系的声誉博弈预期支付的最大化。一个表达这个声誉博弈支付预期价值的等价方程式就是 Bellman 方程，即：

V（现在的状态｜现在的行动）=〈现阶段支付｜现在的行动〉+ $\delta \times E\{V$（下一阶段的状态｜现在的状态，现在的行动）〉

因此，eBay 在线竞标博弈均衡的 Bellman 方程表达式如下所示：

（Ⅰ）声誉为 h 的卖主选择"合作"战略的最大预期支付为

$V_{合作}(h) = G(h) - c + \delta \times [\pi \times V(h^-(h)) + (1-\pi) \times V(h^+(h))]$

（Ⅱ）声誉为的卖主选择"欺骗"战略的最大预期支付为

$V_{欺骗}(h) = G(h) + \delta \times V(h^-(h))$

（Ⅲ）声誉为 h 的卖主以概率 $s(h)$ 参与"合作"的最大预期支付为

$V(h \mid s) = s(h) \times V_{合作}(h) + (1 - s(h)) \times V_{欺骗}(h)$

因此，卖主的均衡行为将是选择战略 $s^*(h) \in [0,1]$，使得 $V(h|s^*) \geqslant V(h|s)$ 对于所有的 $s(h)$ 以及 $0 \leqslant hh \leqslant 1$ 都成立。

4. 对博弈均衡的分析

如果不存在噪声（$\pi=0$）且每笔交易的利润率都足够高，那么一个卖主得到的哪怕只是一次的负面评价，也不再会有买主从他那里购买商品；只要剩余的时间足够长，没有负面评价记录的卖主总会选择"合作"，而买主也通过支付完全信息条件（不存在噪声）下的价格以激励他们这样做。随着博弈结束点的到来（如卖主将注销在线交易账号结束在 eBay 的拍卖生涯），卖主开始不在乎他们的声誉并且会增加欺骗的可能性，通常卖主在博弈的最后一个阶段总是会采取"欺骗"策略，这就是通常所谓的声誉的"终止博弈效应"（end-game effect）。

如果存在噪声（$\pi>0$），噪声评价将对博弈结果产生重要影响。即使噪声是少量的（诚信交易却被给予负面评价的概率非常小），也没有一个"战略型"卖主会认为最优的战略是 100% 的合作，因此博弈均衡的结果是混合的，有"欺骗"，也有"合作"。买主预期到卖主会这样做，因此他们愿意支付的价格低于信息完全时的价格。因此，合作的概率 $s(h)$ 是卖主的声誉以及噪声量 π 的函数。图 2

显示的是在噪声 $\pi=0.05$、利润率为 50% 以及贴现率为 99% 的情况下卖主的声誉与合作概率以及买主支付的"相对价格"的关系曲线图。这里,"相对价格＝买主实际支付的价格/完全信息条件下买主对商品的估价"。从图中我们可以看出,卖主的声誉水平越高,合作的概率越大,买主实际支付的价格与买主的估计越接近。

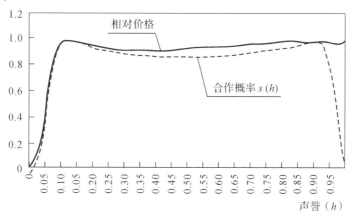

图 2 卖主声誉与合作概率以及相对价格的关系曲线图

注:图中噪声 $\pi=0.05$,利润率为 50%,贴现率为 99%。

图 3 的含义是"噪声"的存在会导致交易效率的损失。从图中我们看到,信息完全(不存在噪声 $\pi=0$)条件下竞标价格与买主对于物品的价值评估的比值为 1,表现为一条平行于横坐标的直线,即在任何给定的"初始信念"①条件下,卖主得到的价值等于买主愿意支付的最高价值,交易效率没有损失;而当信息不完全(噪声 $\pi=0.05$)时,竞标价格与买主对商品的估价之比小于 1,也即在任何给定的"初始信念"条件下,买主支付的竞标价格(卖主的所得)低于买主愿意支付的最高价格,交易效率存在损失。另外,从图中我们还可以看出交易效率损失的大小。当初始信念较高时,交易效率的损失较小(曲线于直线之间的垂直距离较小);而当初始信念较低时,交易效率的损失比较大(曲线与直线之间的垂直距离较大)。当初始信念接近于 1 时,也即买主事先几乎 100% 的认定卖主是合作类型,交易效率的损失也趋近于 0。这也说明,噪声对于声誉较高的卖主的影响较小,而对声誉较低的卖主的影响较大。

---

① 初始信念是指在每一轮博弈开始之前买主对于卖主是"承诺型"概率的信念,也即买主事先所认知的卖主的声誉。

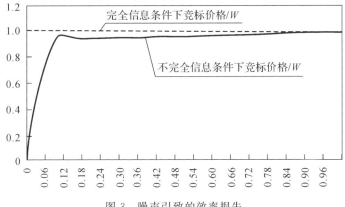

图 3 噪声引致的效率损失

注:图中噪声 $\pi=0.05$,利润率为 50%,贴现率为 99%,W 为买主对竞标商品的价值评估。"完全信息条件下竞标价格"是指在不存在噪声($\pi=0$)时买主最终支付的竞标价格,"不完全信息条件下竞标价格"是指在噪声存在时买主与实际声誉为 h 的卖主博弈时最终支付的竞标价格。

5. eBay 博弈的简要结论

信息不对称是一种普遍的经济状态。"声誉效应"有效地抑止了信息优势参与人的机会主义倾向,从而成功地引导出了较高水平的合作行为。在噪声环境中,即使"声誉"发挥作用,也总是存在与最优结果相关的效率损失。"声誉效应"作用的前提是利润率足够大(Klein 和 Leffler,1981;Shapiro,1983)。在长期博弈过程中,当长期合作的损失超过短期机会主义行为的收益时,欺骗就会发生;在有限博弈的最后阶段(end-game),声誉机制有可能会失效,声誉人可能不惜毁损长期以来建立起来的声誉,实施欺骗战略获得大量收益。

四、结 论

声誉的本质是行为主体在长期的博弈过程中基于信息的交互而形成的关于彼此是何种类型的"认知"。声誉的作用在于它是一种制度性知识协调了分工,促成了广泛的社会合作。同时,它通过直接或者间接的方式激发了交易主体之间的信任关系,降低了交易成本。声誉效应的实质是一种隐性契约,它的产生源于经济活动中的"信息不对称",并在经济主体的重复博弈过程中发挥作用,它能够减少"不确定性"、弱化信息不对称、抑止机会主义行为从而保障合同的自动实施。我们通过博弈模型证明了,在不完全信息条件下的有限重复博弈中,声誉效应能够抑制信息优势方的机会主义行为,使博弈从"不合作均衡"走向"合作均衡"。我们用 eBay 在线竞标的博弈模型进行研究,这个多人重复博弈的案例使我们清楚地看到了声誉效应的作用过程,"声誉"是怎样建立、积累、披露以及怎样抑制信息优势方的机会主义行为的,又是怎样引导出合作行为并保护信息劣势参与人的利益的。这个案例同时揭示了在长期博弈过程中,当长期合作的损失超过短期机会主义行为的收益时,欺骗就会发生;而在有限博弈的最后阶段,声誉效应有可能会失效,这就是声誉的"终止博弈效应"。

参考文献

[1]Cole H L,Kehoe P J. Reputation spillover across relationships:Reviving reputation models of debt[M]. New York:National Burean of Economic Research,1996.

[2]Dellarocas C,Conte R. Reputation mechanisms in multi-agent systems[J]. AAMAS tutorial-Bologna,Italy,2002.

[3]Kreps D M,Milgrom P,Roberts J, et al. Rational cooperation in the finitely repeated prisoners dilemma[J]. Journal of Economic Theory,1982,27(2):245-252.

[4]Kreps D M,Wilson R. Reputation and imperfect information[J]. Journal of Economic Theory,1982,27(2):253-279.

[5]Dellarocas C. The design of reliable trust management systems for electronic trading communities[R]. Working Paper,2000.

[6]Fombrun C J,Rindova V. Reputational rankings:Institutionalizing social audits of corporate performance[C]. Proceedings of the International Association for Business and Society,1994,5:421-432.

[7]Fombrun C,Shanley M. What's in a Name? Reputation building and corporate strategy[J]. Academy of Management Journal,1990,33(2):233-258.

[8]Shapiro C. Premiums for high quality products as returns to reputations[J]. The Quarterly Journal of Economics,1983,98(4):659-679.

[9][美]彼得·纽曼. 新帕尔格雷夫货币金融大辞典[M]. 北京:经济科学出版社,2000.

[10]张维迎. 博弈论与信息经济学[M].上海:上海三联书店,上海人民出版社,2002.

地区专产性小品种农产品价格风险规避机制的演变①

——基于浙贝交易模式的案例分析

摘　要　本文通过对浙江省宁波市章水镇浙贝交易模式的演变和选择的案例分析,揭示了地区专产性小品种农产品在高价格波动下的风险规避行为。浙贝准期货交易模式的选择和发展的过程实际上也是浙贝消除期货交易方式的进入门槛的过程。最后地区专产性小品种农产品交易模式的演变和选择也进一步支持了有关"农民理性"的观点。

关键词　地区专产性小品种农产品;交易模式;风险规避;农民理性

一、引　言

　　章水镇位于浙江省宁波市鄞州区(原鄞县)西部,是一个著名的革命老区。浙贝种植条件高,国内成功引种的很少,只有磐安、台州、丽水等地,国外的日本和韩国也有部分种植。但在国内,主产地章水镇的贝母最为有名,占全国浙贝产量的80％左右。浙贝母采用鳞茎繁殖,用种量大,繁殖系数低,因此其产量的供给具有相对的稳定性,产量的价格弹性在短期内较低,并且产量对价格的反应因低繁殖系数而具有明显的时滞性,一般来说价格效应在2～3年内才会对产量产生明显的影响。浙贝的这种特性决定了其价格的高波动性特征,价格的剧烈变动对贝农产生巨大的收入冲击。由于沙质土地的专用性(地点专用性)、农民种植技术的专用性(人力资源的专用性)以及种植加工设备的专用性(实用

---

① 　本文作者金雪军、王利刚,最初发表在《农业经济问题》2004 年第 12 期。

资产专项性),从资产的专用性维度决定了当地农民对种植贝母具有一种难以割舍的惯性。因此贝母价格的波动成为当地农民收入和生活水平的阴晴表①。在这种背景下,人们急需一种能够弥补传统浙贝交易模式不足、规避浙贝交易价格风险的新型交易模式。

二、农产品交易模式演变及模式选择的契约经济学分析

任何一种交易模式其本质上都是一种契约。

农产品交易模式作为契约的具体载体形式,在不同的维度对于克服契约的不完全性作出了改进。以最初的集贸市场现货交易模式为基础,以弱化契约的不完全性为导向,对农产品交易模式进行了发展。(1)为确定农产品的合理定价,促进规模交易和降低交易成本,发展出了拍卖式农产品交易模式,它在一定程度上解决了信息不对称问题,抑制了机会主义。(2)为解决农产品价格波动性和交易主体的不确定性,创造出"公司＋农户"的定单式的地区专产性小品种农产品价格风险规避机制的演变。农产品市场组织形式,该种交易模式使农产品交易价格和交易主体的不完全性问题在名义上得以解决。(3)期货交易模式,该模式实际上是远期交易契约的标准化,并且从实质意义上来说它在较大程度上解决了未来交易价格的不确定性和合理定价问题。

上述 3 种交易契约各具优劣势:首先,相对于现货现款的对手交易模式而言,拍卖式交易模式的交易半径大、辐射面宽、交易量大,交易比较公开和规范,在一定程度上降低了交易成本。但现实中拍卖式交易模式也存在许多缺陷,其中最主要的是非完全竞争问题。拍卖交易以存在大量独立买方为前提条件,而对于某些农产品(如地方专产性小品种)而言,拍卖交易中批发商数量的有限性给农产品的公允定价制造了悬疑,串拍的可能性较大;而且拍卖对交易成本的节约也是建立在大宗农产品交易的基础上,对于小品种农产品交易来说存在增加额外交易成本的可能。

其次,"公司＋农户"模式及其许多变种对于解决未来交易价格和交易主体的不确定性提供了一个途径,也是对契约不完全性的弱化。然而,"公司＋农户"的订单交易模式同样存在因信息不对称以及交易成本过大而导致的履约障碍问题。第三种创新模式——期货交易,其优点比较明显:首先,它克服了农产

① 2002 年贝母收入占当地农户收入的 80％左右。

品拍卖交易模式对于参拍对象的限制，无论是批发商、企业还是个人投资者都可以参与买卖交易，一定程度上保证了竞争性，有利于价格的合理确定；其次，它也提供了远期交易的套期保值功能，缓解了未来交易价格的不确定性；再次，期货交易模式由于对交易数量、交易客体品质的标准化，从而较大程度上减少了第三方收集违约行为证据的成本，并且以国家法律和期货交易所作为合约执行的保障。然而，这种交易模式的适用性具有很大的局限。期货交易模式的运用具有较高的进入门槛设置。其一，交易的对象必须为大交易量的农产品，如咖啡、大豆、小麦以及绿豆等。其二，期货交易模式对于交易客体的交割价格波动程度、供需量、分级和标准化的难易，以及储存、运输都具有苛刻的条件，因此相对来说较低不完全性的期货交易契约对于许多农产品来说可望不可即。

三、浙贝交易模式的演变及其模式的选择

浙贝交易模式的演变及模式选择正是贝农和收购大户追求最小不完全性交易契约的过程。传统的浙贝交易模式就是贝农将鲜贝加工成干贝，然后收购大户挨家挨户进行收购。此种交易模式下，收购大户和农户之间的关系是松散的。收购大户为赚取差价利润必会进行收购，价格由收购大户制定，而农户具有选择卖和不卖的自由，这种最古老的模式延续了 200 多年，至今仍旧作为一种重要的交易模式存在着。在该传统模式下成交价格和成交对象具有较强不确定性，契约不完全性程度很高。因此农民在该种交易模式下面临着高价格波动风险（见表 1）。

表 1　章水镇浙贝（干贝）历年种植面积、产量及价格汇总

年份	贝母年度平均价格（元/公斤）	种植面积（亩）	商品面积（亩）	总产量（吨）	产值（万元）
1985	16	3460	1573	382	611
1986	24	3837	1744	433	1039
1987	6	4041	1837	441	247
1988	9	4125	1875	439	395
1989	11	4017	1826	446	491
1990	11	4055	1886	547	602
1991	12	4227	1966	464	557
1992	11	43556	2178	510	560
1993	11	4452	2246	691	760
1994	9	4764	2382	531	478

年份	贝母年度平均价格（元/公斤）	种植面积（亩）	商品面积（亩）	总产量（吨）	产值（万元）
1995	12	4910	2455	648	778
1996	6	4337	2491	670	402
1997	10	4243	2311	624	624
1998	14	3950	2041	510	714
1999	24	3903	1919	388	931
2000	50	3944	1941	320	1600
2001	76	3912	1919	473	3595
2002	140	4200	2100	550	7700
2003	208	4600	3000	600	12480
2004	60				
平均值	36	4175	2089	509	1819
标准差	52	345	333	103	3108

数据来源：宁波市章水镇镇政府农办

　　浙贝的历年价格波动不仅在农产品中非常罕见，即使在药材市场中也是绝无仅有的。从表1的数据来看，浙贝价格的年度波动相当惊人，历年平均价为36元/公斤，极差202元左右，为最低价的35倍。因此，以贝母作为主要收入来源的农民长期以来承受了巨大的价格波动风险。1985年、1986年，贝母的高价格引致了"毁桑种贝"的现象，一夜间几乎所有的桑树被砍伐殆尽，并且涌现出一批"万元户"（按每户产干贝400公斤计，年收入近万元），穷山沟霎时成为远近闻名的富镇，而好景不长，20世纪80年代中后期以及90年代浙贝价格一直处于低谷，但即使在价格低谷时期，波动率也经常在20％～100％左右。1998年后，浙贝成交价格又连续发力，从14元/公斤上涨到2003年的最高价240元/公斤，小镇制造出大批年收入超"十万元级"的富农。然而不到半年时间，2004年年初浙贝价格又跌到60元/公斤。

　　简单的价格调整，由于时滞作用，通过动态蛛网模型的机制进一步放大了价格波动幅度，造成"毁桑种贝"和贝农"贫富时序交替"的格局。而对于收购者来说，伴随价格波动而来的是面临收购难的问题。价格高时，农户持货观望，"卖跌不卖涨"，而价格低谷时，"谷贱伤民"伤透贝农心，与其卖不了几个钱，不如囤积起来。加上宁波市属于经济发达地区，贝农不出售当年干贝并不会对贝农当年的基本生活造成重大影响，以及干贝具有的3年保质期也为贝农的"惜售"和"存货"行为提供了条件。由于人们多为风险厌恶型，因此贝农和收购方都具有对平抑干贝价格波动的风险规避性的交易方式的需求。

准"拍卖"交易模式和"收购大户(公司)＋农户"的准订单交易模式作为浙贝交易的新型模式而自发演变。原来章水镇贝母收购大户之间是独立竞争的，因此在有限的浙贝总产量约束下，他们的竞争十分激烈，而贝母又是一种地区专产性很强的农副产品，80％的产量出在一个镇上。小镇农户由于亲友、婚姻等关系，对于浙贝收购行情的信息散播非常迅速，加上农户的"羊群行为"，因此一定程度上可以将小镇所有贝农粗略地看作一个浙贝"拍卖人"，因为他们的信息是同质的，行为具有一致性。这样实质上以小镇农户为唯一拍卖方，所有收购大户作为参拍方竞相举牌报价的"拍卖"交易模式形成。该种交易形式之所以称为准"拍卖"模式，是因为它没有正式成文的拍卖制度规定及专门机构的设立，而只是一种自发演变的具有拍卖基本性质的交易模式。这种交易模式将收购大户的差价利润最大程度地转移到了贝农手中。由于地区专产性小品种农产品的交易量不大，收购大户的数量有限，因此长期的交易过程中，在利益最大化的驱动下收购大户们逐渐串谋，最终形成串拍。他们以统一报价的形式隐藏他们的利润空间。章水镇浙贝收购大户在过去10年中组成了贝母协会，以最大的收购大户为会长，协会的主要功能是统一所有收购大户每天的收购报价。从而收购大户也等同于变为一个参拍方。拍卖方与参拍方都各只有一个主体，这样"拍卖"实质上也就不复存在了①。

"收购大户(公司)＋农户"的准订单式交易模式作为另一种风险规避机制也曾出现过，与一般"公司＋农户"订单交易模式不同，准订单式交易没有建立正式的合同关系，而是以收购大户与种贝大户较好的私人关系作为权利义务约束的监督机制，是一种口头协议式的"君子契约"。准订单交易模式在订单价格与市场价格差价不大的情况下具有契约的自我实施能力，私人关系抑或友情作为违约的代价具有很好的履约保障能力。然而，正如表1所示，贝母价格的年度波动程度之大足以摧毁该种"私人关系"提供的履约保障。成本收益的权衡使订单双方都具有违约(包括隐性违约和显性违约)的激励，道德风险产生。农户可能以虚报产量(少报实际产量)的方式，尽量减少维持"友情"履行订单义务的成本，有的甚至公开违约；而收购大户则可能以个人资金周转问题为借口减少收购量或者提高收购质量变相进行违约，以勉强维护表面的"私人友情"。价格高波动下机会主义动机引致的履约障碍是无法使用友情和私人关系来克

---

① 鄞县贝母协会会员主要是收购大户，他们内部达成协议每天以相同的价格向贝农收购。该组织这种行为使得鄞县贝母协会的合法性值得商榷。

服的。

准期货交易模式出现得比较早,但起初该种交易模式并不是出于风险规避的动机,而是由贝农偶然间的"扩种"行为而产生①。在准期货交易方式的实施中,交易者无意间发现了其附带的价格风险规避效用,从而逐渐发展起来。如图 1 所示。

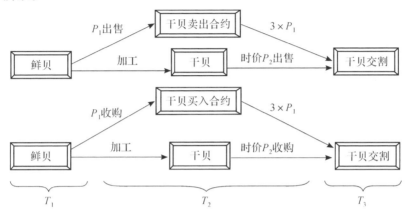

图 1　浙贝准期货交易模式的作用机制

图 1 描述了浙贝准期货交易模式的作用机制。贝农 T_1 时期以特定的价格 P_1 出售鲜贝,即等同于购入一份干贝卖出合约,在 T_3 以约为 $3P_1$ 的价格进行交割或以时价 P_2 进行对冲,而收购方进行相反操作。为保证干贝交割的可执行性,防止合约履行障碍,以鲜贝的预先交割作为保证。通过鲜贝交割,贝农相当于获得在未来时期 T_3 以固定价格卖出一定干贝的合约,而交易的另一方则同样获得在未来时期 T_3 以固定价格购入一定干贝的买入合约。鲜贝交易者们发现鲜贝交易实际上等同于购入一份干贝期货合约,并且该合约是可执行的。于是不同的风险偏好者都选择加入该种交易模式中追求效用最大化,并随着干贝价格整体波动的加剧而快速发展。

一般的农产品期货交易必须满足一定的门槛条件才能发挥农产品期货交易的套期保值作用。因此,浙贝准期货交易模式其风险规避功效的实现过程也是地区专产性小品种农产品进入期货交易的门槛条件的消融过程。当这些门

①　准期货交易模式是指在浙贝收获后未加工成干贝前以新鲜贝母作为交易标的并予以交割的交易方式,鲜贝的这种交易对于浙贝的产成品——干贝交易来说,实际上可以看成一种准期货交易模式。但早期鲜贝的交易主要是满足部分贝农为了扩大浙贝种植面积的需求而产生的。

槛被浙贝所具有的独特特征所克服时,准期货交易模式最终得以在多种浙贝交易模式中生存下来,并被选择为最佳的价格风险规避型交易模式而茁壮成长起来①。准期货交易模式具体的进入门槛消融过程如下:

(1)期货交割执行的保障门槛的消除 一般农产品期货交易在合约到期时如果没有对冲,则需要进行实物交割。期货交易背后具有国家强制力支持,并且该种违约惩罚行为实施的交易成本转移给国家承担,加上农产品期货交易的规模经济作用导致的低交易成本总体上大大降低了契约的不完全性。浙贝准期货交易模式所要克服的正是国家强制力的缺失和对违约惩罚行为的交易成本的不可转移性问题。为此,贝农在交易过程中利用干贝的半成品即鲜贝进行销售,鲜贝出售以后,贝农相当于购买1份干贝卖出契约,未来干贝的交割价格为鲜贝成交价格的3倍左右②,并且未来干贝价格的高幅波动与贝农不再有任何关联。由于鲜贝已经完成交易并过户,即使未来干贝价格下跌,收购方亦无法违约。鲜贝的交割实际上充当了干贝期货交割执行的保障手段,以解决国家强制力的缺失、惩罚执行成本的不可转移性和非规模交易导致的高交易成本造成的履约障碍问题。这是浙贝准期货交易模式得以被选择而具有较强生命力的关键因素之一。

(2)期货交易流动性门槛的消除 期货交易的有效性需要流动性作保证,即买卖双方的参与者足够多。部分农产品期货运作不理想归因于参与交易投机的人过少,交易量不足,从而影响了期货合约的正常流动性要求。干贝收购大户的收购行为无非为了再销售而获得差价利润,收购目的单一,因此基于规模经济的角度看,浙贝产量的有限性决定只能存在有限数目的收购大户。根据不完全数据,章水镇目前的干贝收购大户在10家左右,并且有些还是兄弟、亲戚关系③,因此独立性买方数量相当有限(这也是准拍卖式交易模式未被最终选择而发展起来的关键因素所在)。而鲜贝交易的动机则具有多元性,有的是为了加工后再出售从而获得加工费收入,有的是为了赚取未来干贝价格上升而带来的额外收益,还有的则是用来作为"种贝"以进一步扩大贝母的种植量等;出

---

① 虽然没有具体的数据,但作为本地人可以明显感觉到这两年鲜贝交易模式的参与者和交易量增长很快。

② 因为大约3斤鲜贝可以制成1斤干贝。所以贝农购入的干贝卖出合约其未来交割价格约等于鲜贝成交价的3倍。

③ 最大的几家收购大户为兄弟关系,其中大哥为协会会长,是章水镇最大的收购大户。

售新鲜贝母的动机也多样,包括因加工鲜贝的机会成本过高而出售,为规避未来干贝价格下跌而出售,也有的基于对未来几年贝母价格走势的悲观预测而进行的规模收缩等。这种买卖交易动机的多元化保证了足够的交易人员,提高了交易的活跃性和流动性水平,进而使得风险规避更加有效。

(3)期货交易价格波动性门槛的消除。干贝价格的波动性足以满足期货交易对交易客体价格波动幅度的要求,干贝不仅在年度之间交易价格具有高波动性(见表1),并且在年度内价格波动幅度也相当大,几乎一天一个价,最高可达到数倍。此外,浙贝的质量标准比较单一,基本没有明显的等级区分,这也满足了期货交易品易于分级的要求。鲜贝交易作为干贝期货合约的执行保证,从另一个角度看,其实质是浙贝交易过程中风险纵向分散的一种策略。根据笔者的调研,从事鲜贝交易的农户大多产量在 300～500 公斤左右,基本上都属于种植大户,他们风险规避和套期保值需求更大,在被调研对象中(共 50 户),76% 的农户将 20%～50% 的产量以鲜贝的形式出售。这部分交易使贝农在未来干贝价格下跌时获得超额收入,而另外 50%～80% 的产量被加工成干贝,这部分交易又能够保证农户享受未来干贝价格上升时的收益,两种相反操作行为构成套期保值。

四、浙贝交易与"农民理性"

浙贝交易模式由传统模式逐渐演变出"收购大户(公司)＋农户"准订单式交易模式、准拍卖交易模式以及干贝的准期货交易模式。这些交易模式的出现尽管都是自发演变、生成及变异的,但对交易模式的选择则是不同交易者出于不同的风险偏好,遵从效用最大化原则进行的选择。对各种交易模式的选择是农户以最小成本获得最小不完全性契约的过程。这种行为是对认为农民是一类自私、偏颇、保守、落后、缺乏理性的观点的批判,也是对韦伯的关于农民不求利益最大化只求代价最小化的观点及波尔丁、斯科特、恰亚诺夫等农民非理性观点代表者的批驳。

参考文献

[1]寇平君,卢凤君.农产品拍卖交易方式在我国推行的适应性分析[J].中国农村经济,2003(8):18-23.

[2]李太勇.进入壁垒理论评述[J].经济学动态,1998(12):62-66.

［3］林毅夫.小农与经济理性［J］.农村经济与社会,1988(3).

［4］刘凤芹.不完全合约与履约障碍——以订单农业为例［J］.经济研究,2003(4):22-30＋92.

［5］薛昭胜.期权理论对订单农业的指导与应用［J］.中国农村经济,2001(2):73-76.

［6］文启湘,陶伟军.农产品交易困境与对策:资产专用性纬度的分析［J］.中国农村经济,2001(9):59-64＋80.

［7］温思美,罗必良.论中国农产品市场的组织制度创新［J］.学术研究,2001(1):42-46.

［8］周立群,曹立群.农村经济组织形态的演变与创新［J］.经济研究,2001(1):69-75＋83-94.

［9］Schultz T W. Economics of agriculture research. Agricultural development in the third world［M］.Baltimore:The Johns Hopkins University Press,1990.

基于演化范式的技术创新政策理论①

摘　要　新古典经济学在理性人的假设下,将不对称信息下的最优激励机制作为技术创新政策理论的核心问题。基于演化范式的技术创新政策理论则从有限理性出发,强调政策制定者的学习过程,并在更宽泛的含义上提出了技术创新政策、技术以及产业结构的协同演化。本文将从技术创新政策的含义入手,分析该理论的主要内容,并探讨了对我国技术创新实践的指导意义。

关键词　技术创新政策;演化;学习

一、引　言

在通常意义上,技术创新政策的含义与科学政策、技术政策、创新政策有相互重合的部分。Bryant 指出这些政策名称是随着时代而变化的:20 世纪 50 至 60 年代对应于科学与经济增长之间相互联系的观点,各国提出了"科学政策"这一概念;60 至 70 年代人们开始认识到科学并不等于技术,因此提出了"科学与技术政策";从 80 年代末期到 90 年代,随着对 R&D 的强调,"创新政策"应运而生;目前,各国政府则倾向于以知识经济为基础的更为整体性与系统性的政策[1]。本文所指的技术创新政策是 Oltra(1999)定义的"政府为了激励技术变化的过程以及支持技术和科学知识的创造、利用和扩散而采取的一系列公共政策的总称"[2]。我们认为技术创新政策的实质在于政府采用何种措施促进技术创新以及技术和科学知识的产生及其扩散,是一个比科学政策、技术政策、创新

①　本文作者金雪军、杨晓兰,最初发表在《科研管理》2005 年第 2 期。

政策综合性更强的概念，更加符合知识经济的要求。①

演化思想主要起源于凡勃伦（Veblen）、马歇尔（Marshall）和熊彼特（Schumpeter）等，并经纳尔逊（Nelson）、温特（Winter）等人的工作得到不断发展。演化经济学虽然流派繁多，但从本质上看，演化范式是由以下几方面构成的：第一，以有限认知为假设前提；第二，以过程研究为主要研究方法；第三，以主题的互动过程为主要研究内容；第四，分析框架是以生物学类比或 Popper 哲学为基础的变异、选择和遗传机制②。将演化思想纳入技术创新及其政策的研究，为解释主体的技术创新行为以及政策决策行为提供了更富洞察力的视野。

本文将基于演化范式的技术创新政策理论概括为三个方面的内容，第一，在演化经济学的视角下，技术创新政策包括更宽泛的含义，可以分为激励研究的政策、创新政策和选择机制水平上的政策；第二，以政策制定者的有限认知为前提，强调政策制定者的学习；第三，强调技术、产业结构和技术创新政策的协同演化。本文将对以上理论进行分析，并讨论其对中国技术创新政策的指导意义。

二、技术创新政策的含义及分类

演化经济学的思想渊源之一是熊彼特主义，基于演化范式的技术创新政策理论秉承了熊彼特有关技术创新在经济发展中核心作用的观点，强调技术创新政策是一个有着更为广泛含义的范畴。Oltra（1999）认为技术创新政策的目的是激励技术变化的过程以及支持技术和科学知识的创造、利用和扩散，按其具体目标，技术创新政策可以分为三种类型：激励研究的政策、创新政策和作用于选择机制水平上的政策[2]。

（一）激励研究的政策

这类政策的目的是克服创新过程中固有的不确定性导致私人激励缺乏的问题。提高私人激励可以通过降低研究活动的成本或者提高创新的私人回报率两个途径。应该强调的是，这类政策并不是对企业的竞争和能力起作用，而是关注于创新过程的经济和融资方面；政策的目标是提高研究投资的水平，而

---

① 技术创新政策、科学政策、技术政策与创新政策的区别可以参见王春法（1998）的论述。

② 参见章华（2003）关于演化经济学与新制度经济学比较的论述。

不是提高研究投资的效率。新古典经济学的分析正是集中于这类政策。

具体来说,激励研究的政策工具可以包括三种类型:第一,提高创新回报率的机制,例如专利等知识产权和许可权制度;第二,降低研究活动的成本的技术政策,例如研发基金、补贴或者税收优惠政策等;第三,通过增加商业机会和提高创新利用率来推动技术需求的政策,如政府采购政策。以美国为例,政府采购政策对军事和航天技术的 R&D 投入起到了关键的作用,带动了一大批高新技术产业快速发展,例如大规模集成电路产业、计算机辅助设计(CAD)、网络与卫星通信产业等。

(二)创新政策

创新政策是指那些对企业的创新能力、技术知识和竞争能力起作用的政策。根据技术演化的阶段,这类政策可以进一步细分,也就是分为"系统处于转变阶段的政策"和"系统沿着既定轨道演化阶段的政策"。

转变阶段是新的技术范式出现的阶段。在这里,新的技术范式可以定义为一套能够提供新的发展潜力的技术工具或者理念(Dosi,1988)[3]。这个阶段的特征是出现了新技术或者科学工具的根本性创新。在这个层次上,技术政策的目标是完善技术环境和提高企业的创新能力,促使新技术范式的出现。这是一个提高效率以及特定产业或者技术竞争力的问题。在技术演化的这个阶段,主要的技术创新政策是提供包括不同组织例如企业、研究机构或者大学的合作研究计划。在合作的过程中,各类组织是主体,政策制定者起到的是催化剂的作用。

沿着既定的技术轨迹就是对技术范式的利用(Dosi,1988)[3]。这个阶段中技术政策的目的是支持对新范式的学习和适应过程,也就是支持新技术的利用和扩散,同时还要促进微小创新的出现。在新技术的扩散过程中,政府的作用在于促进经济主体之间链接的建立。

(三)选择机制水平上的技术创新政策

在选择机制水平上起作用的政策与创新过程的政策相反,它倾向于减少系统内的多样性。这个背景下的政策是为了增加技术应用的未来期望回报率而尽可能将技术锁定到一个较高的等级上。该政策面临的风险是有可能将技术锁定到一个较低等级上。因此,政策制定者所掌握的知识与信息对政策的有效性十分重要。在锁定之前,政策制定者的任务是收集有关相互竞争的各种技术的知识和信息。如果已经获得了某个技术具有优势的信息,技术政策就是用来影响技术采纳过程,从而促进这个技术的扩散。在这方面,管制、技术标准、补贴和采购政策都组成了影响扩散的主要政策。如果出现了锁定到一个低等级的技术上的现象,技术政策的目标就是通过支持寻找新的技术或者补贴一些可供选择的技术来改变投资和扩散的方向。

激励研究的政策、创新政策以及在选择机制水平上的政策是宽泛含义上技术创新政策的具体内容,它们之间在目标和政策工具上的区别可以如表1所示。

三、政策制定者的有限理性与学习过程

Nelson、Winter(2002)指出,主流经济理论认为理性是无差别的,一律以高水平存在于行为者中,并独立于行为者所处的环境,而真实的行为者并不具备基于最优化理论中那样广阔的计算能力和认知能力,组织决策过程常常显示出违背基本理性原则和出现变异的特征[4]。在技术创新的过程中,政策制定者应该被视为一个致力于促进技术进步的行为者,他们和其试图影响的企业实际上是处于同样的情况下,也就是同处于认知局限性以及不完全和不确定信息之下①。Witt(2003)在《演化视角的经济政策制定》(*Economic Policy Making in Evolutionary Perspective*)一文中指出,政策制定者对他所要采取的措施、措施与结果之间的关系以及可能面对的效应都存在知识的局限性问题[5]。因此,主流经济学把政策制定者作为能够决定帕雷托均衡和社会福利最大化的社会计划者是值得质疑的。

表 1　技术创新政策分类

技术创新政策	政策目标	主要政策工具
激励研究的政策	解决私人创新动力不足的问题,降低研究活动的成本或者提高私人创新的回报率	专利制度 R&D拨款、税收优惠 政府采购
创新政策	提高企业的创新能力、竞争能力和知识水平	合作研究计划
选择机制水平上的政策	增加技术采纳的未来期望回报率,尽可能地锁定到一个优等的技术上	管制 技术标准 补贴、政府采购

---

① Witt(2003)和Rycroft(2003)分别对政策制定者的有限理性问题进行了讨论。

在现实的技术创新过程中,政策制定者在有限理性的制约下,对市场行为或者技术机会并不具备信息优势和知识优势,因此技术创新政策和企业的技术创新战略一样有失败的可能。这些局限性在技术转型阶段(也就是新的技术范式出现时)尤其强烈,而解决这种局限性的途径就是学习。Witt(2003)认为经济政策制定过程包括三个层次:经济政策做了什么(对政策现状的描述)、经济政策能够做什么(对政策工具的分析)以及经济政策应该做什么(对政策目标和范围的讨论),Witt(2003)继而强调这三个层次的核心问题都是学习,即政策制定者对事实以及价值或者目标的学习[5]。

技术创新是一个以企业为核心的动态演化过程,具有系统性的特征。一般情况下,政府所推行的技术创新政策对整个系统都会产生一定的影响。从这个意义上而言,政策制定者的学习具有重大的意义。我们按照不同的学习渠道,将政策制定者的学习分为四种类型:干中学(learning by doing),用中学(learning by using),互动学习(learning from interaction)以及前沿学习(learning from advances in science and technology)①。这些学习类型的不同来源如图 1 所示。对技术创新政策的模仿可以被认为是一种互动学习,也就是通过学习其他政府的某种政策,在本地区或者国家实现该政策的有效性。模仿是一种强调适应性的学习过程,必须适应特定的背景并且用来实现新的目标。技术创新政策的模仿常见于新兴发展中国家,他们学习发达国家的先进经验,并应该根据自身的实际情况进行相关调整。

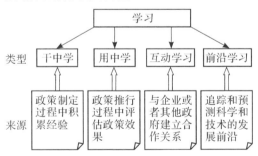

图 1　技术创新政策制定者的学习

① Rycroft(2003)提出了企业在技术创新系统中的几种学习类型。本文提出的政府的学习类型借鉴了 Rycroft 的相关思想。

四、技术创新政策的演化以及与技术、产业结构的协同演化

变异(variation)、选择(selection)和遗传(retention)是达尔文生物进化论中的三个核心概念,被称为 VSR 范式。在演化理论中关于演化的动力机制和知识的增长机制是以 VSR 范式为基础的。根据 VSR 范式,我们可以用图 2 描述出技术演化的一个简单的动态过程。

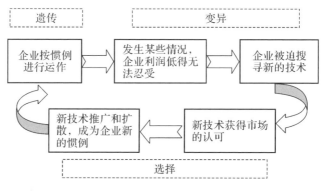

图 2　技术创新的 VSR 机制

与技术演化一样,技术创新政策也存在动态的演化过程,正如我们可以注意到某些传统的技术创新政策还保留着,而另外一些却不再被使用,取而代之的是新政策。根据演化理论,新奇或者变异产生后,不管创新主体主观偏好如何,市场过程将对其加以检验并进行选择。经过市场检验以后,创新将在经济社会系统中扩散,从而导致社会群体思维和行为发生变化。选择机制同样也在推动着技术创新政策的演化。技术创新政策的选择依赖于需求的变化,需求的变化是以客观环境以及技术的变化、经济的波动为背景的。通常情况下,技术创新政策选择包括内部选择和外部选择这两种不同的机制:

内部选择:在技术创新政策的选择中,公共机构内部的某些要素和过程发生了作用。例如,政府的预算限制导致 R&D 补贴的减少或者取消了某些公共研究项目。

外部选择:企业组成了技术政策演化选择中主要的决定要素。政策的效率是通过企业的研究活动和技术绩效来衡量的。如果政策效果没有在企业技术创新的过程中体现出来,政策往往会被淘汰。

选择机制和学习过程决定了技术创新政策的演化并且创造出一条"政策轨迹"。这个轨迹包括技术创新政策转变阶段(出现新的技术政策)、发展阶段和

衰落阶段。这也可以称为是存在于技术创新政策上的生命周期（Niosi & Bellon,1995）[6]。具体来说,技术政策演化的特征包括舍去某些传统的政策、某些政策的重新构造以及新政策的出现和发展。

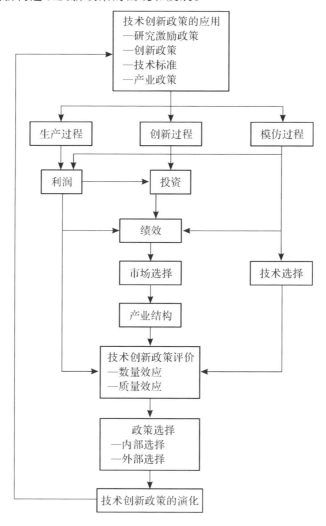

图3 技术创新政策、技术和产业结构的协同演化

资料来源:根据 Vabessa Oltra, 1999, "An Evolutionary Analysis of Technology Policy", *Institutions and the Evolution of Capitalism*, p. 199 调整而得。

我们可以看到,由于通过外部选择机制,企业在技术创新政策选择中具有一定的作用,技术创新政策演化的轨迹是与企业以及技术的演化密切相连的,因此技术创新政策、技术以及产业结构存在协同演化的关系。图3显示了这种协同演化的具体模式。技术创新活动的结果对产业结构的演化有着深刻的影响,反过来,产业内部的竞争程度也影响着技术变化的过程。创新过程和产业结构之间存在较强的相互作用的关系。在协同演化的构造中,技术创新政策起到了至关重要的作用。例如,专利系统决定了创新的模仿程度、技术转移政策建立了基础研究和应用研究之间的关系、信息和扩散政策以及公共研究计划则提供了一系列的技术机会。因此,技术创新政策对技术和产业结构都有直接的影响。从另一方面看,技术创新政策也必须适应于特定的技术和产业结构环境,例如知识和技术的类型、技术的成熟程度等。总的来看,技术创新政策、技术和产业结构是协同演化的。在这一过程中,技术创新政策的演化与技术和产业结构的演化之间存在一定的时滞,政策的演化往往落后于技术和产业的演化。Niosi 和 Bellon(1995)解释了时滞存在的原因是缺乏一个有足够流动性的"政策市场",因此,技术和产业层面的市场选择过程会快于政策选择过程,某些官僚主义的思想和内部困难都会影响对政策的效率和结果进行评价[6]。

五、对我国技术创新政策的启示

技术创新是经济可持续发展的基本要求,而技术创新政策对此有着至关重要的作用。自改革开放以来,中央和各级地方政府先后出台了一系列政策法规,构成了我国技术创新政策的主体框架。这些技术创新政策在一定程度上推动了企业技术创新的进程。但相对于构建国家创新体系的要求而言,我国当前技术创新政策在制定和推行中仍然存在一些问题,例如政策工具比较单一、政策缺乏前瞻性和系统性以及缺乏有效的政策评估体系等等。

针对我国技术创新政策面临的问题,我们从演化的观点出发提出了以下几点政策建议:

(一)构建技术创新的系统性政策工具体系

我国现有的技术创新政策基本上集中于技术创新所需资金的供给上,政府所采取的最主要的措施是制定和实施一些重要的计划,确定一批重要研究项目并投入资金,推动一系列科技成果的形成。这类政策的推行往往能够提高技术创新投资的水平,却并不一定能提高投资的效率。因此,技术创新政策工具应该是一套复合的政策体系,应该在技术创新全过程发挥作用。技术创新政策不应拘泥于税收、补贴等数量激励,还更应该从完善专利制度、促进合作研究、制定技术标准等多方面构建,并根据政策目标选择有效的政策工具。

(二)强化政策制定者的学习

为了克服我国当前技术创新政策前瞻性不足的问题,必须进一步强调政策制定者的学习问题。尤其在技术选择的过程中,如果政策制定者没有进行有效的学习,就会面临把技术锁定到较低等级的风险,阻碍技术进步。正如前文所述,学习的途径可以通过边干边学、边用边学、从企业和其他政府中学以及追踪科学和技术发展前沿等方式。学习内容则可以包括两个方面:第一,工具学习。根据经验来促进和改变政策工具,更好地理解政策工具以及政策成功或者失败的原因。第二,社会学习。包括对政策问题本身、政策的范围或者政策目标进行重新思考以及给出新的定义。这种学习是建立在经验以及对政策问题、政策目标更好的理解的基础上。

(三)关注产业层次的技术创新政策

基于演化范式的技术创新政策理论认为存在技术创新政策、技术和产业结构的协同演化,因此技术创新政策的制定必须关注于产业层次。目前我国的技术创新政策主要集中于企业技术创新的微观层次和国家整体发展需求的宏观层次,而产业层次的技术创新政策较为缺乏(赵香兰,1999)[7]。产业层次的技术创新政策作用在于促进政府、企业、研究机构之间的创新协调和整合,掌握未来科学和技术前沿,提升综合竞争力。在这方面日本和韩国的经验值得借鉴。例如,日本的国家产业技术战略(2000—2010年)确定了未来技术发展的总体战略,将生物、通信、机械、化学、能源、医疗、材料、环境和纤维等列为重点发展的领域。其具体政策包括推进大学的改革,提高国际竞争力;加强创造性的研究开发人才的培养;适应全球技术创新趋势,进一步改革政府管理体制等方面。韩国旨在推动未来核心技术开发、为新兴产业的形成奠定基础的《特定研究开发计划2000年实施计划》也属于此类。

(四)建立和完善政策评价程序

技术创新政策同样存在一个动态的演化过程:舍去某些传统的政策、某些政策的重新构造以及新政策的出现和发展。但是政策的演化往往落后于技术和产业的演化。在我国这样的情况更为严重。这是因为缺乏有效的政策评价程序,淘汰那些没有达到预期效果的政策往往需要较长的时间。针对这一问题,应该在充分考虑技术、产业结构和技术创新政策之间的动态关系的前提下,完善政策的评价程序,对政策的实施效应进行科学的评价,并在评价的基础上不断调整政策并促进政策演化。

参考文献

[1] Bryant K. Promoting innovation:An overview of the application of evolutionary economics and systems approaches to policy issues[M]. Frontiers of Evolutionary Economics:Competition, Self-orgmnizaton and Innovation Policy. Cheltenham:Edward Elgur,2001:361-383.

[2] Oltra V. An evolutionary analysis of technology policy [C]. Institutions and the Evolution of Capitalism:implicatons of evolutionary economics. Cheltenham,1999:186-201.

[3] Dosi G, et al. Technical change and economic theory[M]. London and New York:Pinter Publishers,1988.

[4] Park T. Technology diffusion policy:A review and classification of policy practices[J]. Technology in Society,1999,21(3):275-286.

[5] Nelson R R,Winter S G. Evolutionary theorizing in economics [J]. Journal of Economic Perspectives,2002,16(2):23-49.

[6] Witt U. Economic policy making in evolutionary perspective[J]. Evolutionary Economics,2003,13(2):77-93.

[7] Niosi J,Bellon B. Une Interpréutation évolutionniste des politiques industrielles [J]. Revue D'économie Industrielle,1995,71(1):213-226.

[8] 赵兰香.技术学习过程与技术创新政策[J].科研管理,1999,20(6):8-14.

[9]王春法.技术创新政策:理论基础与工具选择[M].北京:经济科学出版社,1998.

[10] Robert R W. Public policy implications of the known,the unknown, and the unknowable in the innovation of complex technologies [R]. Presentation at the Conference on "Innovation,Institutions and Public Policy in a Global Context" Organized by the Structure and Organization of Government Research Committee,International Political Science Association,2003.

制度演化分析的两种范式比较
——新制度经济学与演化经济学评析[①]

摘　要　新制度经济学和演化经济学是制度演化分析的两种范式,本文在分别对新制度经济学和演化经济学在制度演化方面的现有研究做出概要性的述评的基础上,对两者做了详细的比较。在制度研究方面,尽管两种范式从前提假设、研究方法、分析框架等方面存在着差异,但是两者之间还是存在一定的互补关系。为了全面而深入地理解制度演化,本文提出必须发展一个包括两者在内的"新范式"。

关键词　制度演化;新制度经济学;演化经济学;比较研究

一、新制度经济学对制度演化的研究

制度变迁和演化一直是新制度经济学的核心问题之一。关于这一问题的研究,已经涌现出大量有价值的文献成果。现有的研究主要包括以下方面:一是制度变迁的动力机制(Davis 和 North,1975,参见 North,1981)。如以 North 和 Davis 为代表的新制度经济学家们将人们所具有的追求外部性内部化从而获得收益的动机作为制度变迁的根本动力。二是制度变迁的方式和路径(Arthur,1995;Dosi,1994;Li Yifu,1994,参见 Coase,1996)。Arthur 将自然科学中的自组织和自我增加的机制引入到制度分析中,提出了制度变迁中的"递增收益"以及"非线性"的自我强化和"锁定"现象。Dosi 则通过"技术轨道"的概念,研究了技术创新的路径依赖问题。而林毅夫则区分了制度变迁的两种方

---

①　本文作者章华、金雪军,最初发表在《经济学家》2005 年第 5 期。

式：诱致性制度变迁和强制性制度变迁，并分别探讨了这两种制度变化在变迁主体、变迁方式和相关成本方面的区别。三是大群体博弈背景下的制度演化(Aoki,Masahiko 和 Okuno-Fujiwara,1996；Aoki,2001)。Aoki 等人将演化博弈论引入到制度分析中，在一个生物学物种演化的类比基础上，研究了大群体(population)下，博弈主体的战略如何经过演化成为一个社会的支配性战略，即稳定的均衡制度。四是制度变迁的历史的和实证的研究(Grief,1994,1998；Alston,Eggertsson 和 North,1996)。在理论上探讨的同时，制度经济学家继承了 Coase 的案例分析的传统，将理论用于分析特定的制度变迁事件。如 Greif 以当时活跃在地中海地区的马格里布(Maghribi)商人和热那亚(Geona)商人为历史案例，以交易本身和组织为考察对象，来解释市场交易的制度基础及其自我实施的含义。另外，Milgrom、North 和 Weingast(1990)对中世纪交易中商法仲裁者的作用的研究强调了具体制度变迁中第三方仲裁的作用。Alston、Eggertsson 和 North(1996)将制度变迁分析框架拓展到对美国西部矿业法、苏维埃系统的经济改革的评述等方面。

然而，上述关于制度变迁的研究大都是在国家层次上研究长期制度变化的。它们有以下缺陷：一是它们忽略了宏观制度变迁的微观基础，并没有将认知模式与制度变化有效地联系起来；而正是由于将认知模式排斥在外，现有理论不能很好地描述制度变化的过程。二是尽管它们注意到了制度变迁过程中的冲突与摩擦，并定义了相应的摩擦成本，但是它们没有细致地分析冲突产生的原因和解决之道。三是它们的分析框架中没有为知识利用和知识创新留下空间。四是最重要的，它们没有对制度创新过程中的企业家的作用给予足够的关注。特别是，没有对企业家在制度创新的最初阶段整合和协调企业家主体和非企业家主体之间的认知和知识的作用给予足够的重视。

新制度经济学在制度演化研究中所忽略的方面，正是演化经济学中的制度演化理论所关注的重点。在本文的第二部分，将着重介绍现有的制度演化理论的基本内容。

二、演化经济学对制度演化的研究

演化经济学对制度的研究主要集中于以下几个方面：企业家在制度演化中的作用、知识演化与制度演化的关系以及认知模式与制度之间的关系。

首先，我们来看企业家在制度演化中的作用。企业家是熊彼特经济学的核心概念,这是理解熊彼特式的"创造性毁灭"的关键。后来的经济学家们发展了这一思想,把企业家同市场过程联系起来,提出了许多有价值的洞见。比如,由Kirzner(1973,1997)提出的"警觉"(alertness)概念,可以被看作是制度创新的源泉。企业家式的警觉是指与众不同的人类能力,一种善于接受可获得(但至今被忽略的)机会的态度。这是人类能力,与众不同和对有价值的资源的一种反映(Loasby,2001)。以上着重论述了企业家精神作为经济系统创新之源,也就是系统变异的来源。这是演化经济学所强调的企业家作用的一个重要方面。另一方面,演化经济学强调了企业家在推动制度创新过程中对其他主体进行引导和协调,提高共同意识的作用。企业家通过减少经济主体的信息成本(Casson,1997)和认知的能量成本(Loasby,1999)来引导主体的认知,与他们分享共同的信念(Loasby,1999;Aoki,2001),从而达成关于制度创新的一致意见。这里存在一种双向的关系:一方面,在引导的过程中,企业家的知识被经济主体加以利用;另一方面,企业家的"推测"(conjecture)也必须通过主体的经历来被测试,以证明推测的正确性。后者的过程可以被视作是前者的反馈,这意味着企业家也利用了经济主体的知识(Loasby,1999)。

其次,我们来看知识演化和制度演化之间的关系。演化经济学把知识不完全作为前提假设,把制度看作是减轻知识不完全的手段,并把知识演化作为制度演化的本质。如 Loasby(1999)列举了人类知识不完全原因的六个方面是:(1)不完全的归纳(insufficiency of induction)。不完全的归纳是指这样一种情况:我们所观察到的情况,即使加上别人观察的补充,也只是所有可能情况的微小片断,所以是不可靠的,而且排斥了对未来的观察。为了将观察视为有代表性的可靠的例证,我们必须假定:此观察来自一个能够展示其准确特征的群体,且此特征我们可以从例证中推断出来。Hume 提醒我们这样的群体的存在性是不可能得到证明的:所有的预期,就算是经过仔细地阐明的,也只是个推断而已,而不是证据。因此,用普遍规则的知识(knowledge of universal law)来解释关于某一特殊事件的知识,是无法得到明确证明的。(2)复杂性(complexity)。这被称为"杜海姆—奎因"(Duhem-Quine)问题:即我们不但不能给出任何一般性命题的证明,而且我们也无法证明命题是错误的,因为我们测试的对象只能是复杂的推断,这些推断体现了许多补充性的命题,而这些命题也是无法证明是正确的。因此,我们永远不能鉴别出在一个复杂环境中哪个因素是导致错误的。(3)人类认知的限制(limits of human cognition)。由于受到生理结构的限制,人类的认知是有限的;而认知是获取知识的唯一途径,因此知识必然是不完全的。(4)外生的变化(exogenous change)。这与 Knight 意义上的不确定性相联系。不确定性造成知识的不完全性。(5)互相联系的个人主动性(the interdependence of individual initiatives)。(6)相互冲突的想法和目标(conflicting idea and purposes)。第五个原因和第六个原因都是与人们有目标地改变未来的愿望相联系的,也造成了知识的不完全。而建立在知识不完全基础上的演化经济学据此重点研究了知识的演化问题,并将制度看作是人类社会减轻知识不完全性的一种应对之策。在演化经济学看来,人们之所以需要制度,是因为他们遵从规则的行为是建立在他们认知能力不足前提下的一种理性反映,制度及其演化是缓和知识不完全问题的方式。

继而,演化经济学将知识演化作为制度演化的核心和本质。演化经济学认为,主体是知识的携带者,并且在和其他主体互动中利用和创造知识。制度演化被看作是主体间的"新连接"的建立过程,并将知识利用和知识创造同"连接"的创造、维持和毁灭相联系。从这一点出发,制度演化被看作是知识的动态发展和演化过程。

第三,我们来看认知模式与制度之间的关系。当然,认知模式与知识演化有着密切的关系。演化经济学的一个重要的假设就是"有限认知"。Loasby(2000)认为,人的认知资源是稀缺的,而且,这种稀缺的资源"与我们所处的环境的复杂性不能相匹配,我们必须依赖他人解决问题的方法"。演化经济学首先借鉴了现代生物学和心理学的成果,指出理性选择过程所需要的能量成本不可小视,因为人脑的运动大约消耗了 1/5 的能量(Loasby,1999)。在此基础上,决策过程的发展和利用不是依赖于选择逻辑的结果,而是依赖于适合的回顾性的逻辑:模式通过将过去一系列的很长时间的互动,绘制成"地图"而形成。演化经济学所建立的认知模式的要旨在于,人们在遇到新问题需要解决时,总是首先考虑自己的以往经历中是否有成功解决类似问题的经验;如果没有,则搜索网络中其他成员中是否有类似经历和经验;若两者都没有,人们才会进行逻辑思考。我们发现,主体这样的认知模式本身就是适应性和创造性的统一。认知模式中的适应性导致了制度的惯性,就像 Nelson 和 Winter(1982)所强调的惯例的作用一样。而在主体无法通过搜寻找到新问题的解决方法时,主体的逻辑思考能力就成为制度创新的来源之一。

从以上的讨论可以看出,演化经济学对制度的研究是新制度经济学的制度研究的有力补充:从主体认知角度阐释知识与制度的关系补充说明了制度演化的主体特征和微观机制,而关注于制度演化中企业家的作用则揭示了制度演化的过程本身。

三、新制度经济学与演化经济学比较

新制度经济学与演化经济学是当代的两个重要的理论学派,它们用相似的方法论处理经济问题。比如两者都是以制度为研究对象,都强调了制度的演化特征等。因此,两者有互相交叉的地方。然而,这两个理论学派建立在不同角度的基础上:制度主义分析关注经济制度的创造和作用,在这些经济制度中,行为者行为被嵌入;演化经济学则强调了创新、技术变异、选择和种群动力学,而制度在解释机构如何作出决策和市场如何调控经济机器时起了关键的作用。

概括来说,新制度经济学以"交易费用"为核心概念,以"契约"为分析的基本单位,以"有限理性"和"信息不对称"为假设前提,重点研究不同"治理机制"之间的替代和补充。而演化经济学对制度的研究实际上还未形成像新制度经济学那样的统一的研究方法和研究规范。冠以"制度演化理论"名称的各种理论的自身的假设前提、研究方法,甚至理论背后所反映的哲学基础都有不一致的地方。实际上,这与不同的理论承袭和强调了不同的演化的内涵有相当大的关系。在笔者看来,制度演化理论主要有两类不同的理论。一类是继承了熊彼特传统,吸收了 Hayek"发现过程"思想,强调市场过程中企业家创造性(creativity)的市场过程经济学(market process economics,如 Schumpeter,1942;Mises,1949;Hayek,1948;Kirzner,1997;Foss,1998;Loasby,1999,2000)。另一类则沿袭了演化过程的生物学类比,强调了物种适应度(fitness),并在物种的类型博弈背景下研究制度演化均衡的演化博弈论(evolutionary game theory,如 Weibull,1995;青木和奥野正宽,1996;青木,2001)。总的来说,新制度经济学与演化经济学在以下几个主要方面存在着一定的差异:

第一,两者的分析框架和主要分析思路不同。新制度经济学沿袭了新古典经济学的分析框架。新古典经济学是将制度变量视为给定的前提下,研究生产函数 $Y = f(L, K)$ 以及在此基础上形成的一般均衡。而当 Coase(1937,1960)指出市场运行也需要成本即交易费用之后,新制度经济学将交易费用(尽管交易费用的定义仍有模糊之处)整合到原有的新古典框架中去,重新以边际的、均衡的眼光来看待制度问题。正是由于新制度经济学沿袭了新古典经济学的分析框架,因此新制度经济学保留了最大化的分析思路,交易费用概念的引入并没有破坏经济主体追求利润最大化或者成本最小化的分析思路。新制度经济学所沿袭的新古典分析框架尤为突出地反映在新制度经济学家们对"制度供给"和"制度需求"的定义中（拉坦，1985）。在他们看来，制度具有公共物品的经济属性。由于存在着外部性，或者说由于契约界定的不完全性，人们将外部性内在化的努力可以使他们获得收益，这样就构成了人们对制度的需求，而制度的供给则通常是由政府和国家提供的。而演化经济学中的制度演化理论则认为，人们之所以需要制度，是因为他们遵从规则的行为是建立在他们认知能力不足前提下的一种理性反映，制度及其演化是缓和知识不完全问题的方式。进一步地，演化经济学中没有类似利润最大化或成本最小化的最优分析，它的整个分析框架和主要分析思路是与新古典经济学不同的。演化经济学的主要分析框架建立在演化的三个机制上：选择、记忆和变异。这三个机制原来是从生物学中的"优胜劣汰，自然选择"的类比中抽象出来的，以基因型的遗传和变异和环境的互动为主要内容的。而最新的"新演化经济学"则从 Popper 哲学角度重新定义了这三个演化机制。Popper 哲学的核心概念是"证伪"（refutation），Popper 的科学概念是作为一系列的推断出现的，它被证伪行为持续地辨别（continually winnowed by refutation），这也被清晰地描述为一个演化过程（Loasby，1999）。在这样的新类比中，变异被描述为新推断的产生，适应性被描述为受到认知能力限制的人类行为及其表现（例如主体追随别人的认知模式的行为），而选择则被描述为一系列推断不断被证伪的过程。无论是以生物学类比为基础，还是以 Popper 的科学哲学为基础，演化经济学都强调了经济系统的选择、记忆和变异的三个方面。而演化经济学对制度的分析也在这一框架中展开。

第二，两者的前提假设不同。这突出反映在两个有着联系又有区别的概念的使用上——知识和信息。新制度经济学多采用"信息"的概念，如信息不完全、信息不对称、信息成本等，而很少使用"知识"的概念。演化经济学则更多地使用"知识"一词，将"知识不完全"视为演化经济学的基础，而将知识演化看成是演化经济学的核心内容。在我们看来，知识是主观的，其表现在：(1)知识只有对特定的个体而言才有意义，如关于偏好和效用的知识以及 Hayek 所说的关于特定情势的知识；(2)要获取知识只能通过行为主体的认知。而信息则是客观的，可以在不同主体之间传播（只是这种传播是有成本的）。在这个意义上，信息更类似于知识分类中的一种"know what"的知识，而知识则通常还要包括另一大类"know how"的知识。新制度经济学采用"信息"这一概念，实际上就隐含了一个前提，即个体如果耗费资源获得了信息，他就能掌握这些信息并对信息加以利用。新制度经济学吸收了信息经济学的部分成果,强调了获取信息的成本以及由于信息成本的存在导致的信息不对称。在新制度经济学中,信息是与成本相联系的,而这里的成本主要是从资源耗费的意义上定义的,没有考虑理性思考的生理成本。而如前所述,知识不完全是演化经济学的基本假设。

第三,与上述方面有紧密联系的是,两者在理性假设方面存在不同。新制度经济学采用的是"有限理性"假定,而演化经济学则采用了"有限认知"的假定。有限理性是由 Simon 提出的。Simon 认为,有限理性实际上源于人脑的生理结构不能做到完全的计算和预见。Williamson(1975)引用了 Simon 的说法,将有限理性作为新制度经济学的前提假设。Simon 实际上是从人的心理思维特征角度出发,考虑到理性不像主流经济学所假定的那样完全。但是,其后的新制度经济学家们在引用 Simon 的"有限理性"假定时存在一定程度的误解,他们多强调由于获得完全理性的成本过高使得人们不得不受到理性的限制。而演化经济学所持的有限认知假定更贴合于 Simon 的本意。Loasby 指出,由于认知能力的限制,人们停留在"理性的无知"水平上。在我们看来,有限理性和有限认知的内容是互相有交叉和一致的地方的,总的来说有限理性强调了从结果上来理解的理性是不完全的,更强调了对主流经济学的完全理性假设的修正;而有限认知强调了知识论的源头,指出认知能力的限制造成了理性是不完全的。当我们从认知角度研究人们行为的时候,有限认知显然是一种更好的前提假定。因此,本文采用了有限认知的假定。

第四,两者在研究方法上存在着不同。研究方法的不同是由于两种理论所关注内容的不同所导致的。在研究制度演化方面,新制度经济学重点关注于一项新的制度安排对人们的激励导向以及相应绩效的研究。产权界定因此成为研究的重点。特别是在新制度经济学中一个非常活跃的领域:委托—代理理论,非常强调委托人和代理人的激励兼容。因此,在新制度经济学家眼中,机制设计(或者说契约设计)是重要的,因此一项制度安排的导向能够使得经济主体产生正确的激励,从而使得经济绩效提高。也正是在这个意义上,North 对工业革命进行了重新的解释。由于专利制度的建立,使得人们从事发明创造的收益受到保护,这就激发了人们从事发明创造的积极性,工业革命因此产生。这样的思路有一个隐含的假定:人们在动机的有效激励下,有能力达到制度安排所设定的目标。这样,新制度经济学就忽略了对努力过程的研究。因此,在这个意义上说,新制度经济学是一种比较静态研究,它重视制度变化的条件以及不同制度状态的比较研究。

　　演化经济学则对此研究内容和方法提出了质疑。如 Loasby(1999)指出,"标准模型的公式假定,达到成功绩效的唯一障碍就是激励不足——而'knowing how'从来就不成问题"。也就是说,演化经济学认为,与激励相关的利益机制固然重要,但是主体是否有能力实现制度导向的目标应该比激励更为重要。继而,演化经济学重视以知识不完全为假定前提的过程研究,即主体是如何完善以知识为基础的能力来实现制度目标的。可以说,在演化经济学眼中,能力是比激励更为重要的内容。能力的发展和完善是一个动态的过程,因此演化经济学更多地采用了动态的、过程化的方法来研究这一问题。

　　最后,两者研究的主要内容不同。新制度经济学对制度的研究以"交易"为基本单位,研究不同的契约治理机制的优劣以及之间的相互替代。制度经济学家们之所以重视交易概念,一方面"交易关系"是经济学中的基本关系,从探究制度起源的角度出发,制度经济学家们总是倾向于先把基本的关系研究透彻;另一方面,交易包含了"契约"的含义,而"契约"(contract)是制度经济学的核心概念。新制度经济学主要研究不同的契约种类以及之间的相互替代。比如Coase(1937)强调了企业对市场的替代,而 Williamson(1975,1985)对纵向一体化的研究也沿袭了这一思路。Aoki(2001)对社区产权治理机制、市场秩序治理机制、组织治理机制、国家治理机制进行了分析,研究了这几种治理机制之间的替代。新制度经济学对经济绩效的分析也是建立在这种比较制度分析的意义上的(Williamson,1964;Loasby,1999)。而演化经济学并没有如此清晰地对不同契约治理机制的界定,无论是演化经济学的市场理论、企业理论还是网络理论,都是强调了将知识演化作为不同组织形式形成和演进背后的主线。演化经济学并不重视组织绩效的比较,也就是说,演化经济学并不重视不同治理机制的优劣,而是强调了组织形态的多样性(参见表 1)。

表 1　演化经济学与新制度经济学的比较

	演化经济学 (制度演化理论)	新制度经济学
前提假设	知识不完全	信息不对称
理性假设	有限认知	有限理性
核心概念	知识演化	交易费用
研究方法	过程研究	静态和比较静态研究

续表

	演化经济学 （制度演化理论）	新制度经济学
分析框架	生物学类比或 Popper 哲学为基础的选择、适应和变异机制	加入交易费用之后的、拓展了的新古典经济学框架，仍然强调最优和最大化
主要内容	主体互动过程	治理机制替代
中心问题	基于知识的能力成长	利益机制和激励

四、结论与展望：寻求制度研究的新范式

本文在分别对新制度经济学和演化经济学在制度演化方面研究的回顾基础上，从前提假设、研究方法、分析框架等几方面对新制度经济学和演化经济学做了一番深入的比较。通过回顾和比较我们发现，新制度经济学和演化经济学在制度研究方面各有所长。虽然两种理论之间存在着差异，但是也存在着很强的互补性。例如，新制度经济学在研究具体的组织结构治理、制度演化的条件以及制度所对应的利益机制和激励机制的作用等方面有其独到的见解。而演化经济学则显然在长期的制度演化的过程研究方面，更有用武之地。另外，演化经济学更好地说明了经济系统的创新的来源。因此，如果能将两种理论结合起来，形成制度研究的"新范式"，将是一件很有"野心"也很有意义的事情。

制度是一个相当宽泛的概念，既可以从宏观的政治、文化的角度出发进行研究，又可以从相对微观的企业治理机制的角度切入。相应的，对制度演化的研究也可以按照研究的层面不同、关注的时间跨度不同而有所差异。另外，一个值得注意的方面是，制度演化研究的目的本身也决定了制度分析两种范式之间的差异。一般来说，演化经济学希望追究制度演化的本质，因此演化经济学强调认知和知识的演化。而新制度经济学则更多关注制度演化的实际效果，因此更侧重于成本—收益分析和对利益机制的研究。如果用一句形象的话来概括，演化经济学对制度的研究是"追本溯源"，而新制度经济学对制度的研究则是"直面现象"。

由此可见，在制度研究方面，新制度经济学和演化经济学都应该吸收和借鉴对方的研究思想和成果，用多样化的研究方法来研究"多样化"的制度。同时，制度研究也应该在深度和广度两方面进行拓展。在深度拓展方面，制度研究应该借鉴心理学尤其是认知心理学的方法和成果，着重研究人们如何获取知

识从而形成自己的偏好和行为模式；在广度拓展方面，制度研究可以借鉴社会学理论的方法和成果，着重研究制度是如何影响了人们对知识的理解和评价的。

从本质上说，制度是人们行为互动的博弈均衡，因此制度研究最终的着眼点也应该落在人们的行为研究上。只有如此，我们才能更好地理解制度并进一步更好地理解人类本身。

参考文献

［1］ Alston L J，Eggertsson T，North D C. Empirical studies in institutional change［M］. Cambridge：Cambridge University Press，1996.

［2］ Nooteboom B. Path dependence of knowledge：Implications for the theory of the firm［J］. Evolutionary Economics and Path Dependence. Edward Elgar Publishing，1997：57-78.

［3］ Coase R H. The firm the market and the law［M］. Chicago：The University of Chicago Press，1988.

［4］ Dosi G，Nelson R R. An introduction to evolutionary theories in economics［J］. Journal of Evolutionary Economics，1994(4)：153-172.

［5］ Greif A，Migrom P，Weingast B R. Coordination，commitment，and enforcement：The case of the merchant guild［J］. Journal of Political Economy，1994，102(4)：745-776.

［6］ Greif A. Cultural beliefs and the organization of society：A historical and theoretical reflection on collectivist and individualist societies［J］. Journal of Political Economy，1994，102(5)：912-950.

［7］ Kirzner I M. Entrepreneurial discovery and the competitive market process：A austrian approach［J］. Journal of Economic Literature，1997，35(1)：60-85.

［8］ Loasby，B J. Knowledge，institutions and evolution in economics［M］. Routledge：NY，1999.

［9］ Loasby B J. Market institutions and economic evolution［J］. Journal of Evolutionary Economics，2000，10(3)：297-309.

［10］ Loasby B J. Time，knowledge and evolutionary dynamics：Why connections matter［J］. Journal of Evolutionary Economics，2001，11：

393-412.

[11] Weibull J W. Evolutionary game theory[M]. Cambridge：MIT Press，1995.

[12] Williamson O E. The new institutional economics：taking stock，looking ahead[J]. Journal of Economic Literature，2000，38(3)：595-613.

[13] 阿瑟.经济学中的自增强机制[J].经济社会体制比较，1995(5)：13-18.

[14] 纳尔森，温特.经济变迁的演化理论[M].北京：商务印书馆，1997(1982).

[15] 诺思.经济史中的结构与变迁[M].上海：上海三联，上海人民出版社，1994(1981).

[16] 青木昌彦，奥野正宽.经济体制的比较制度分析[M].北京：中国发展出版社，1999(1996).

[17] 青木昌彦.比较制度分析[M].上海：上海远东出版社，2001(2000).

农村非正规金融体系中的掮客融资链

——掮客形态、运作模式与演进趋势①

摘　要　本文详细分析了我国农村非正规金融体系中的掮客融资链（自然人掮客融资链与法人掮客融资链）。由于掮客融资链具有内在的均衡性、稳定性优势，因此确立了掮客融资链在农村非正规金融体系中的主导地位，进而分析了掮客融资链在我国农村非正规金融体系中的演进趋势，并得出结论：放松银行业进入管制，允许部分成熟的掮客融资链向民营银行转变是充分利用民间资本同时遏止掮客融资链向高风险低稳定态的地下钱庄发展的根本途径。

关键词　非正规金融；掮客融资链；掮客形态；运作模式；演进趋势

一、引　言

根据《中国经济大词典》的定义，"掮客"是指处于独立地位，作为买卖双方的媒介，促成交易以赚取佣金的中间商人；他不以自己的资本从事交易，只是为双方充当中介人，从而取得一定的收益。可见，大词典的解释将"掮客"主要看作是居间行为，而不是代理行为。资金掮客是在资金的需求方和供给方之间起到穿针引线的作用，促进双方资金借贷交易的完成，从中以一定方式获取报酬的居间人。资金掮客在我国的农村非正规金融体系中具有重要的地位，其原因除了掮客在掮客融资链中起到了核心的作用，是整条融资链中最聪明的"猎食者"外，最根本的还是归因于以资金掮客为核心的融资链是目前整个农村非正规金融体系中最稳定和最重要的一种形态。比该融资链更为原始的非正规融

---

①　本文作者宋晓、金雪军、王利刚，最初发表在《农业经济问题》（月刊）2007 年第 3 期。

资链是农村的私人点对点的直接借贷,而比该融资链形式更为高级的则表现为抬会和地下钱庄。点对点的直接私人借贷无疑不利于非正规金融网络的拓展和规模的扩大,资金掮客的出现使得农村非正规金融的规模得到了质的飞跃;而相比于抬会和地下钱庄,掮客融资链一定程度上是区分"灰色金融"和"黑色金融"的界线①,资金掮客融资链大大降低了农村非正规金融主体的法律风险暴露程度。

二、掮客融资链的内在均衡性和稳定性

我们使用一个借贷博弈模型证明资金掮客为核心的农村非正规融资链的内在稳定性。该博弈的参与人主要分为以下几类:资金需求者也就是借款人、资金供给者也就是贷款人以及资金掮客。贷款人和资金掮客是无限重复博弈中的长期参与者,且经济体中存在$(1/\theta)$个资金供给者,这里$0<\theta<1$;借款人则只是一期的博弈参与者。所有的参与人都是风险中性的,折现因子为$\delta\in(0,1)$,满足$\theta(\delta)=1-\delta$。每一期资金掮客具有$m\geq1$个潜在的客户,出于简化,每一笔借款交易中至多有一个资金掮客介入。借款人的借款目的是投资某一个项目,该投资项目的资金需求为I,借款人自有资金为c,如果投资可行,至少需要融资$(I-c)$,由于体制原因,借款人无法从正规金融途径获得贷款。借款人中$p\in(0,1)$为好的借款人,其投资项目后在下一期项目增值为$\left(\dfrac{v+1}{\delta}\right)$的收益,而$(1-p)$的坏的借款人以投资项目为借口,通过转移资金等手段获得I私人收益,而投资项目的价值缩减为0。每一个贷款人具有足够的资金满足任一个掮客的所有客户的投资项目的资金需求。由于借款人投资机会的有效久期较短,因此,每一个借款人至多只能与一位贷款者接触。

借款人的行动空间为(以同等概率θ确定贷款人b_1,接受资金掮客所推荐的贷款人b_2),贷款人的行动空间为(实施标准的审核程序L_1,实施加急的审核程序L_2),长期的资金掮客的选择包括(将所有的客户推荐给某一特定的贷款人T_1,将所有客户以同等概率θ推荐个每一个贷款人T_2)。如果贷款人对借款人采取标准的审核程序,则由于有效投资机会久期的约束,所有好的借款人中的

① 这里黑色金融又称狭义非正规金融,主要是指直接与现有的法律法规相对抗的、对经济金融生活产生直接破坏性影响的金融活动,包括犯罪金融与违法金融;而灰色金融是指除上述黑色金融以外的官方或法定金融体系以外的未被法律法规认可的金融。

$\left(\frac{q}{p}\right)\in(0,1)$ 比例的借款人获得借款，而其他 $\left(1-\frac{p}{q}\right)$ 的好的借款人因投资时机丧失而失去借款的意义。贷款人对借款人的审核需要成本，假设标准审核程序的成本为 $e_0<\frac{qv}{2}$，而加急的程序需要耗费更大的成本 $e_1\in\left(e_0,\frac{qv}{2}\right)$。对于任何一个投资机会来讲，事前没有一个人知道对该投资机会来说加急审核是否有必要。如果一个借款人被确认为好的类型，则相同的议价能力决定借贷双方平分增值部分。对于资金捐客来说如果借款居间行为成功，则从借贷双方各获固定收益 $\left(\frac{f}{2}\right)$，并且有利于加深资金捐客与借款人（客户）的业务联系，对资金捐客和借款人的其他中介业务的合作各带来额外收益 d，令 $d>\frac{f}{2}$，因此，如果交易成功，资金捐客的收益为 $(f+d)$。

此外，令 $p(v+I)+(1-p)(0)>I-c,2(e_1-e_0)>(p-q)v>(e_1-e_0)$，并且满足 $\delta(\theta)=1-\theta$。通过分析，一个完整阶段的博弈扩展式的支付矩阵如表1所示。

表 1　支付矩阵表

	好的借款人（p）					好的借款人（1-p）
	借款人 B_2		借款人 B_1	借款人 B_2		借款人 B_1
	资金捐客 T_1	资金捐客 T_2		资金捐客 T_1	资金捐客 T_2	
贷款人（L_1）	$\left(\frac{qv}{2p}-e_0-\frac{f}{2}\right)$, $\left(\frac{qv}{2p}-\frac{f}{2}+d\right)$, $\frac{q}{p}(f+d)$	$\theta\left(\frac{qv}{2p}-e_0-\frac{f}{2}\right)$, $\left(\frac{qv}{2p}-\frac{f}{2}+d\right)$, $\frac{q}{p}(f+d)$	$\theta\left(\frac{qv}{2p}-e_0\right)$, $\left(\frac{qv}{2p},0\right)$	$-e_0$, $0,0$	$-\theta e_0$, $(0,0)$	$-\theta e_0$, $0,0$
贷款人（L_2）	$\left(\frac{v}{2}-e_1-\frac{f}{2}\right)$, $\left(\frac{v}{2}-\frac{f}{2}+d\right)$, $(f+d)$	$\theta\left(\frac{v}{2}-e_1-\frac{f}{2}\right)$, $\left(\frac{v}{2}-\frac{f}{2}+d\right)$, $(f+d)$	$\theta\left(\frac{v}{2}-e_1\right)$, $\frac{v}{2},0$	$-e_1$, $0,0$	$-\theta e_1$, $0,0$	$-\theta e_1$, $0,0$

从表1的收益函数看，我们可以获得命题1和2的结论：

命题1：如果三方借贷博弈是短期行为的，即一期博弈，则均衡结果为：

(1)贷款人始终选择行动 L_1，实施标准的审核程序；

（2）在贷款者的行动 L_1 给定情况下，借款人的最优选择为 B_2。

（3）在贷款者的行动 L_1 给定情况下，资金捐客的行动选择 T_1 和 T_2 是无差异的。

命题2：在每一期借款人最优选择为 B_2（即当 $d > \dfrac{f}{2}$ 时）的重复借贷博弈中，只要 $\delta < 1$ 足够大，就存在一个子博弈完美均衡，均衡的结果将是借款人总是通过资金捐客并遵循其推荐的贷款人寻求融资，而资金捐客每一期总是将所有客户（至少一个客户以上）推荐给特定的贷款人，特定的贷款人对具有合作关系的资金捐客所推荐的借款人实施加急的审核程序。

命题2的结论是基于这样一个策略，如果资金捐客每一期总是至少有一个客户推荐给具有合作关系的贷款人，则贷款人对该资金捐客所推荐的所有客户的借款申请都实施加急的审核程序。如果有一期资金捐客没有推荐任何借款人给贷款人，则贷款人在以后的任何一期中都对资金捐客所推荐的客户的借款申请实施标准的审核程序。类似地，如果资金捐客每一期都推荐至少一个以上的借款客户给合作的贷款人，而贷款人只要对其中的一名客户实施了标准的贷款审核程序，则资金捐客以后将采取以相同策略向所有贷款人推荐客户的行动。均衡的结果产生以资金捐客为核心的农村非正规融资链，逐渐确立了捐客融资链在农村非正规金融体系中的主导地位。

命题2的结论在现实生活具有许多佐证。在浙江温州农村地区中存在许多专业的资金中介者，这些专业的资金中介者的产生正是重复借贷博弈均衡的结果。通过其介绍的资金需求者能够快速便捷地找到资金供给者并达成高效的资金融通。而资金供给者发现与资金中介者建立长期良好的合作关系有利可图：一方面具有稳定的资金需求源，减少信息收集成本，另外历史的交易记录也证实中介者在推荐资金需求方的同时对被推荐者进行了较为严格的筛选，从而使得资金供给者能够较为放心并快速地将资金转移给需求者。重复的交易使得资金中介者的声誉价值逐渐提高，进而使这种捐客融资链模式产生正反馈效应，并逐渐增强。

三、捐客融资链演进趋势："高风险性融资链"VS"民营银行"

农村非正规金融体系是一个自发演化的复杂体，是由不同演化阶段的融资链及其变体组成的，我们只有根据一定的逻辑并抓住典型融资链进行分析，才能对我国尤其是农村的非正规金融体系的演进历史及发展趋势具有一个较好的把握。

农村非正规金融体系是在民间自发演化而成的，因此它的产生和发展必定兼具经济性和社会性双层功能，非正规融资链的演变一定程度上是融资链的社会性和经济性功能的消长的演变过程。Clifford Geertz(1962)讨论了亚洲三国的民间金融形式的社会性和经济性的相对地位的差别，认为印尼的"arisan"、中国的"标会"（包括日本的"ko"）以及越南的"ho"三种民间金融形式体现的是社会性功能的递减和经济性功能递增的趋势。这一定程度上可以看作不同演变阶段的非正规金融链在不同国家农村环境中的表现。联系到中国广大农村地区的非正规金融体系中的各类典型融资链，我们也可以根据演化的历史逻辑将其进行排序。

图1展示了我国农村地区非正规金融体系中融资链的演进过程。其中①到⑤五个阶段的融资链正是我国农村非正规金融体系的融资链结构图和他们在演进序列中的地位。

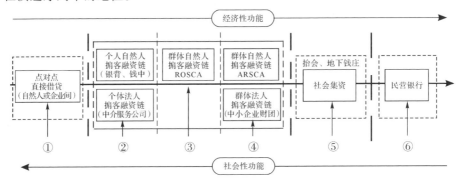

图1　非正规金融体系中融资链演进图

第①种非正规融资链也就是最原始的私人借贷，它较强地依赖于人与人之间的社会关系（血缘、人缘、地缘），更多体现的是一种社会性功能。原始的私人借贷（包括企业间的直接借贷及企业间的交易信用）是农村非正规金融网中分布最广、发生频率最高的融资链，并且具有长期存在性。然而，这种点对点的直接借贷由于受到人与人社会关系的制约，以及特定的关系人财力现状的限制，因此其融资的范围和规模受到很大的约束，一般只能用来满足村落间自然人偶发性的生活或者农业生产的临时性资金的周转需要。

第②到④阶段的融资链则是本文重点分析的掮客融资链。我们从图中可以看到不同类型的掮客融资链在整个农村非正规金融体系中占有重要的地位。其中个体掮客融资链是初级阶段，其行为主体为农村经济中自然人个体或者法人个体；群体自然人捐客融资链中的 ROSCA 融资链则是中间阶段，其行为主体由个体主体逐渐发展到了非正规组织阶段（会组织）；ARSCA 和中小企业财团组织以及中小企业互助基金会组织进一步表现出接近于近代金融中介组织的雏形，他将会员的资金集中起来，在一定程度上设置了一个虚拟的贷款人的角色，而会组织则起到了促进借贷双方交易完成的中介者的作用。这种不同发展阶段的捐客融资链由于其多成长于农村环境中，并具有较低的风险性和社会危害性从而获得了宽松的生存环境，并且融资链的形成本身又是一个博弈均衡的结果，满足内部自洽性，所以最终发展成为目前农村非正规金融体系中最为重要的融资链形式。捐客融资链的主要作用是能够使得资金余缺双方快速高效达成交易，但是它的不足也非常明显：一方面单笔交易无法满足高额资金的借款需求；另一方面对于资金放贷者来说风险较为集中，因此该种融资链无法将风险中性或者风险规避型的资金丰裕者吸纳进来。随着农村经济发展中民营企业的进一步壮大，其对单笔投资的资金规模也不断增加，无论是个体捐客还是群体捐客在满足单笔大额资金借款需求上日益表现出力不从心的现象。加上捐客在居间行为的过程中也逐步认识到从居间主体发展成为准银行组织具有更大的利润空间。外在的需求诱致和内在的经济利益激励，部分资金捐客开始向所谓的"银行组织"转型，从而捐客融资链的运作模式也部分转向银行借贷运作模式。

第⑤个阶段的非正规融资链是农村非正规金融体系中最为高级的融资链形式。它的特征除弥补了捐客融资链的不足外，最主要体现在该类高级融资链的高风险性和不稳定性。地下钱庄或者抬会，完全发挥了银行中介的基本功能，伴随着规模的扩大最终必将超越非正规组织的治理能力，导致发生不可收拾的地下金融风险，引发社会动荡。钱庄和抬会的高风险性在于银行产业的管制，由于管制的存在，他们的运行必须是秘密的，这一方面增加了运行的成本，另一方面也无法大张旗鼓地建立完善的组织治理结构和人才引进，从而随着规模的扩展产生的风险也日益膨胀最后崩溃。对于银行产业管制的存在，无论是善意的还是恶意的钱庄或者抬会都是秘密的，好的钱庄或抬会无法通过建立正式组织来发出是善的信息，从而社会也就无法甄别好的与坏的钱庄或抬会。最后我们看到的将是不断的有关地下钱庄和抬会引致的风波——好的钱庄因为身份的不被认同，随着规模的扩张及相应配套设施的滞后必然导致风险的发生；而恶意的钱庄或抬会本身就具有欺诈性——最终的结局就是第⑤个阶段的非正规融资链尽管形态上高级但是不稳定。

大额贷款的社会需求的存在、国有银行对农村经济中的民营企业和中小企业的歧视以及政府对银行产业的严格管制,最终形成了目前我国农村非正规金融体系的现状:掮客融资链具有相对稳定性,并占据农村非正规金融体系的主导地位;而不断有掮客融资链向地下钱庄和抬会组织发展但最终都归于失败。这个局面的改变唯一的出路在于政府对银行产业管制的放松,允许民营银行的发展。从而使得善意的准银行组织——钱庄或抬会能够进一步演进为正式组织即民营银行。通过正式组织的建立有利于资金余缺双方甄别善意和恶意的非正规金融机构,最终能够有效合理地发挥农村民间资本的作用。

民营经济大省的浙江,其农村地区的民间金融发展过程非常完美地呈现了农村非正规金融体系的演化链及可能的两种发展趋势。在改革开放到20世纪90年代初,温州地区的非正规金融的发展基本上沿着非正规金融体系中融资链演进和发展着。这一时期,主导农村非正规金融体系的主要融资链由点对点的借贷模式,逐渐向自然人掮客融资链(银背等)和法人掮客融资链的方向发展,并在1993、1994年达到了高潮。掮客融资链主导时期温州地区的农村非正规金融体系整体是健康和稳定的,呈现出稳定性和低风险特征,尤其体现在民间借贷的利息具有自动过滤风险的功能(即利息并不是随需求的增加而无限提高),总体维持在月息3分左右,具体见表2。

表2 温州市民间贷款利率水平(年利)(%)

年份	民间贷款利率(年利)	一年期特别款种利率	浮动利率
1978	42.00	—	—
1980	34.80	12.00	12.00
1983	26.40	12.00	12.00
1985	36.00	12.00	18.00
1988	45.00	17.28	18.00
1990	34.80	17.28	16.80
1995	30.00	14.93	与全国统一
1998	26.40	7.56	与全国统一

数据来源:史晋川等.制度变迁与经济发展:温州模式研究,2002

这种较为合理的民间利率水平,以掮客融资链作为主要载体,在温州经济的发展以及温州模式的形成过程中起到了重要的作用。然而,伴随民营经济的壮大,促进了非正规金融体系中个别掮客融资链向准银行组织的地下钱庄和大型会组织方向发展,尽管所谓的会组织等具有较为严密的组织体系,如大会主、中会主、小会主等,但是庞大的网络组织建立在非正式契约上注定是薄弱的,加上随着准银行中介组织的规模日益庞大,如何组织和管理运作资金已远远超出了组织者的知识水平,最终无论是善意还是恶意的组织者都归于消亡,并造成了地区的金融危机,表3列出了温州地区主要的几次金融风波。

表3　20世纪80年代温州地区的主要金融风波案

时间	地点	组织形式	涉案金额
1984	乐清柳市镇	抬会	110万元
1986	苍南、平阳	排会	9135万元
1988	乐清县	平会	10000万元以上

温州地区农村非正规金融体系由掮客融资链向地下钱庄和大型会组织的演进过程以及其最后的结果证实,如果不将掮客融资链向正规民营金融组织引导,很有可能自发演进为高级而不稳定的准银行组织。与此相对应,在以浙江路桥城市信用社等为代表的具有正规民营金融组织性质的机构,由于组织和人才的跟进,最终发展为对地方经济发展起到至关重要的地区性金融机构。

四、结　论

本文通过分析我国农村地区非正规金融体系的掮客融资链形态、运作模式与演进趋势,并通过现实中相关案例和数据资料证实我国农村非正规金融体系中掮客融资链的主导性地位;并在详细剖析农村非正规金融体系中掮客融资链的具体运作模式和表现形式基础上,提炼出各种模式的内在演化趋势。笔者认为,在我国农村非正规金融的演进坐标中,民营银行开放和发展成为实现由掮客融资链直接向正规金融机构飞跃的关键。只有通过把高级形态的融资链的组织形式合法化正规化,才可能使善意的非正规金融机构通过组织形式的完善和建设达到信号发送的目的,从而有利于资金余缺双方甄别善意和恶意的非正规金融机构,最终实现有效合理地发挥农村民间资本的作用。

参考文献

[1]胡金焱,张乐.非正规金融与小额信贷:一个理论述评[J].金融研究,

2004,(07):123-131.

[2]楼远.非制度信任与非制度金融:对民间金融的一个分析[J].财经论丛(浙江财经学院学报),2003,(6):49-54.

[3]林毅夫,孙希芳.信息、非正规金融与中小企业融资[J].经济研究,2005(7):35-44.

[4]侯龙龙.金融行为与社会结构——嵌入性视角[J].广西金融研究,2004(2):8-10.

[5]张翔.民间金融条约的信息机制:来自改革后温台地区民间金融市场的证据[M].北京:社会科学文献出版社,2016.

[6]张宁.试论中国的非正式金融状况及其对主流观点的重大纠正[J].管理世界,2003(3):53-60.

[7]史晋川.制度变迁与经济发展:温州模式研究[M].杭州:浙江大学出版社,2002.

[8]Tsai K S. Beyond banks:The local logic of informal finance and private sector development in China[J]. Informal Finance in China American and Chinese Perspecitives,2009:80-103.

[9]Garmars M J,Moskowitz T J. Informal financial networks:Theory and evidence[J]. The Review of Financial Studies,2003,16(4):1007-1040.

农户金融排除的影响因素分析

——以浙江省为例①

摘　要　本文在对浙江省农户进行问卷调查的基础上,建立 Probit 模型和 Logit 模型对农户金融排除的影响因素进行了分析。研究表明:相当比例的农户处于金融排除状态;农户收入、受教育程度对储蓄排除、贷款排除、基本保险排除这三类主要的金融排除均有显著的副作用,而家庭规模则体现出显著为正的影响;但是,户主年龄、就业状态、农户经营的耕地面积等因素并没有对这三类金融排除发挥一致的作用,因而需要根据具体的情况提出针对性的建议,来有效降低农户的金融排除程度,促进城乡和谐发展。

关键词　金融排除;农户;影响因素

一、引　言

2008 年 1 月 17 日,世界银行中国代表处在北京发表了《全民金融:拓宽渠道的政策与陷阱》的报告,建议中国拓展金融服务渠道,提高对穷人和农民的金融服务支持。由于政策、环境、历史等原因,中国农村地区向来是金融服务薄弱的区域。尤其是中国 1998 年开始实施了银行分支机构改革,撤并了大部分农村地区的银行分支机构,在一定程度进一步加深了农户的金融排除(financial exclusion),加剧了城乡金融发展的差距。

所谓金融排除,目前并没有明确的定义,纵观文献,概括而言可分为两类。其一是从广义视角进行定义,认为金融排除就是阻碍贫困群体、贫困地区接触

---

①　本文作者徐少君、金雪军,最初发表在《中国农村经济》2009 年第 6 期。

金融系统这一过程；其二是从狭义视角进行定义，认为金融排除就是缺乏拥有某一特定的金融产品或服务，例如储蓄、贷款、保险服务。但是，无论哪一视角，公平、平等地接触金融产品是其潜在的假设(ANZ,2004)。

作为社会排除的一个重要子集，金融排除不仅会加剧不同人群的两极分化，也会对社会经济的协调发展造成一定的阻碍。鉴于金融排除在社会经济生活中的重要性，国外一些学者对英美等发达国家的金融排除进行了深入研究。然而直至目前，国内还较少有学者对中国的金融排除尤其是程度相对严重的农户的金融排除问题进行深入研究。因此，本文将利用浙江省 317 个农户的调研数据，对农户金融排除的影响因素进行分析，并在此基础上提出相关的政策含义，以期为降低农户的金融排除程度、提高对农户的金融服务支持提供一定的政策参考。

本文以下内容分为四个部分：第二部分是文献回顾，第三部分是变量、模型和数据的介绍，第四部分是模型估计结果与讨论，第五部分是结论。

二、相关文献回顾

关于金融排除的研究始于 20 世纪 90 年代初(Leyshon 和 Thrift,1993；1994；1995)。随着 90 年代以来金融管制放松、信息技术发展、经济全球化，英美等发达国家的金融业发展步入了新的时代，但同时，90 年代的经济萧条和金融危机也使银行业开始注重"价值最大化"目标，进入了"为质量而战"(fight to quality)的竞争中(Leyshon 和 Thrift,1995)；各金融机构不断细分市场，搜索那些更"安全"的市场，即更偏向于服务那些富裕的、有影响力的群体，而将那些贫困的、处于劣势的群体分离出去，并关闭了它们在一些农村及边远地区的分支机构，导致了这些地区的金融机构缺乏，产生了金融排除(FSA,2000)①。

金融排除现象首先在美国被观察到，但在英国得到了高度的重视。到目前

---

① FSA(2000)等认为，储蓄、贷款、基本保险是最基本的三类金融服务，因此，在研究金融排除时主要关注对这三类金融服务的排除情况，即储蓄排除、贷款排除、基本保险排除。当然，也有学者指出，在一些金融发达的国家、地区可进一步将信用卡排除、金融服务咨询排除等纳入金融排除的研究范围(ANZ,2004)。但是，鉴于中国农村地区金融服务的相对不发达状态，本文仍然以三类基本金融排除为主要研究对象；同时，调研结果也显示，农户对信用卡和金融服务咨询享受的比例较少(分别仅占 21.45% 和 13.88%)，即信用卡排除和金融服务咨询排除的程度较高，并不十分适合后文的计量分析。因此，本文对金融排除的研究主要集中于储蓄排除、贷款排除、基本保险排除。

为止,已有较多研究对一些国家的金融排除状况进行了描述。例如,在1998年,英国有200万人没有银行账户,美国有将近1000万家庭没有支票或储蓄账户(FSA,2000);欧盟持有活期账户、支票账户的人数比重达到89%(Peachery和Roe,2004);在非洲地区,南非仅有46%的成人持有银行产品,非洲的其他地区则更少,例如,坦桑尼亚大约每百人只拥有5个银行账户(Koker,2006)。因此,发展中国家的金融排除程度明显要高于发达国家。

由于金融排除体现出显著的地理分布性,因此,其研究从一开始便成为金融地理学的一个重要研究议题。纵观国外关于金融排除的研究,可将其分为两个阶段:早期研究关注于接近金融服务和银行分支机构的地理性问题(Leyshon和Thrift,1993;1994;1995),例如从银行分支的关闭等角度分析了金融排除对社会经济空间所产生的影响(例如Leyshon,1997)。该时期的研究主要运用地理学分析方法对美国(例如Pollard,1996)、英国(例如Fuller,1998)等发达国家的金融排除进行空间分析,发现金融排除具有明显的地理倾向,低收入地区银行分支机构的关闭率是相当高的。同时,学者们也十分关注农村的金融排除情况,得出了"农村银行分支正处于困境中"(Brockett,1998)的结论。例如,Larner和Heron(2002)对新西兰金融排除状况的研究发现,银行关闭的分支主要集中在一些农村地区;Argent和Rolley(2000)对澳大利亚的研究也同样发现,农村地区受到了金融服务机构撤离的不平衡影响,但这种地区差异往往不能用人口变迁因素进行解释。因此,金融排除具有较明显的地理性倾向,总体而言,农村银行分支的关闭率要高于城市,因为在农村服务的单位成本远远高于城市;人口密集度、产业集聚程度、经济发展程度等因素对金融排除的地理性也有很大的影响;但影响最大的可能是收入水平的高低,正如英国金融服务机构所说,金融排除程度其实是收入的一个负函数(FSA,2000)。

后期研究开始向文化与制度转向——关注于更复杂的金融排除过程以及谁会被排除、为什么会被排除等问题的研究,更注重对微观个体的调研分析(Kempson和Whyley,1999)。尽管各文献运用不同的国家(地区)样本、不同的时间段、不同的统计方法对金融排除影响因素进行了研究,得出了并不完全一致的结果;但是,概括而言,收入等众多因素对金融排除有一定的影响(Devlin,2005)。笔者根据已有的研究文献建立了金融排除的影响因素模型:

金融排除＝F(收入,社会阶层,性别,年龄,受教育程度,雇佣状态,
家庭状态,种族,家庭成员数,住房拥有状态,所处地区)

因此,金融排除程度可以看成是一个多自变量的一个函数。对于因变

量——金融排除，既有用综合指标来衡量，也有根据各金融产品或服务的类型进行分门别类的衡量（Devlin,2005；FSA,2000）。各自变量的解释如下：

收入和所处社会阶层通常被视为影响金融排除的两个最重要的因素。一般而言，处于社会底层的人群和低收入家庭往往处于金融排除状态或是边缘状态，例如无收入人群（包括失业者或残疾病人）、低工资人群等（FSA,2000；Hogarth 和 O'Donnell,1997；Devlin,2005）。性别和年龄是两个很有争议的指标。例如 Hogarth 和 O'Donnell（1997）认为，妇女更有可能处于金融排除状态；然而，英国金融服务机构却认为，从本质上而言，性别并不是金融排除的一个预测指标（FSA,2000）。一般认为，儿童和老年人可能有更强的金融排除倾向，例如，Hogarth 和 O'Donnell（1997）运用美国数据，发现儿童更有可能被金融排除；然而，FSA（2000）运用英国数据却提出，年龄是否对金融排除有显著影响，还值得商榷。受教育程度也具有一定的解释度，受教育程度较低的人更容易处于金融排除状态。这不仅源于受教育程度与收入间的正相关性，也源于受教育程度对于金融知识的理解力从而导致对"自我排除"的影响（Gardener 等，2004）。雇佣状态反映出一个人收入的稳定性。研究发现，具有较低稳定状态的人群往往更有金融排除倾向。当然，这与雇佣状态的划分有很密切的关系，一般而言，失业者、退休者、学生及家庭主妇往往有更高程度的金融排除（Devlin,2005）。家庭状态、特别是婚姻状况对金融排除有一定影响，例如，离婚者、单亲人群等，更有可能处于金融排除状态（Hogarth 和 O'Donnell,1997）。种族对于英国的金融排除有一定的解释力，例如，亚洲族人或非洲—加勒比族人的金融排除程度相对较高（FSA,2000）。此外，拥有越多家庭成员数的家庭往往伴随着更高程度的金融排除；同时，住房拥有状态也是预测是否有金融排除倾向的一个指标，无私人房产的家庭暴露在金融排除空间中的概率较大（FSA,2000）。

当然，正如 Cebulla（1999）所说，控制了一定的社会、经济、文化等因素后，模型的残差正好可用地区效应进行拟合，因此，地区因素对金融排除发挥着一定的作用。

纵观上述国外研究文献，可以发现，早期关于金融排除地理性的研究主要在于揭示出农村地区金融排除程度更高；而后期关于金融排除影响因素的研究主要还仅局限于对发达国家一般居民的微观经验分析上，并没有进一步对造成农户这一特殊群体金融排除程度更高的原因进行解释。因此，从这个角度而言，有必要对农户、特别是发展中国家农户金融排除的影响因素进行研究，以推动金融排除研究对象的深入。

中国从 1998 年开始实施部分金融分支机构的撤并改革。诚然,该项改革是商业银行追求自身利益最大化的理性行为,也是提高商业银行效率、参与激烈市场竞争的重要途径,其本身并无可厚非;然而,这次改革却在结果上直接造成了边远地区、农村地区金融服务的缺乏,引起了这些地区金融排除程度的提高。在此背景下,国内还较少有学者对中国的金融排除尤其是农村地区的金融排除问题进行研究。尽管金雪军等(2004)、武巍等(2005)在介绍金融地理学时都曾经提到了金融排除,但并没对其进行深入分析;田霖(2007)从地区角度对中国金融排除空间差异的影响因素进行了分析,但该研究是通过因子分析、排序选择模型等间接反映地区金融排除程度,并未直接显示各地区具体的金融排除程度,而且各构成指标与金融排除之间的关系还有待于进一步证明。因此,中国农户金融排除的程度怎样?它又受到哪些因素的影响?对于这些问题,目前还未有文献中研究,所以,本文将以浙江省为例对此进行有益探索,从而为制定降低金融排除程度的相关政策提供一定的参考。

三、变量、方法和数据

(一)变量选取

金融排除,从服务产品的角度看,主要包括储蓄排除、贷款排除、基本保险排除(FSA,2000)。因此,本文从上述三个方面对金融排除变量进行刻画,当农户未享受该服务时,设为 1,即发生了该类服务的金融排除①。

关于金融排除的影响因素,借鉴已有文献研究结果以及实际情况,各解释变量如表 1 所示。

(1)户主个人特征,例如受教育状况、就业状态、年龄等。户主作为一家之主,其个人特征将影响到整个家庭的金融排除程度。根据已有研究结果,预期受教育程度越高,金融排除程度越低;处于就业状态或是非农收入越稳定,则金融排除程度也越低;但年龄对金融排除的作用并非单调。

---

① 对于贷款服务,尽管农户有资金需求,但银行(或信用社)往往并不是其借款的主要来源,从调研数据看,他们更多的是向亲戚朋友借款,占总借款次数的 76.77%,而且更多的是用于建房、非农业生产。

(2)农户家庭特征。农户年收入是影响金融排除的最重要变量之一①,收入越高,被金融排除的可能性就越小,因此,预期农户年收入对金融排除的作用方向为负向;农户家庭规模也会影响金融排除程度,一般而言,在中国农村地区,往往家庭规模越大,意味着老人、小孩相对越多,因而生活负担越重,所以,它对金融排除有正向作用;农户经营的耕地面积往往与就业状态和家庭规模有一定的关系,以务农为主业、家庭人口较多的农户,耕地面积往往相对也较多,因而金融排除程度也会相对较高。此外,农户的信息化程度,例如是否安装了电话、是否使用网络等,将直接影响到接触金融服务的便利性问题,所以,农户信息化程度越高,金融排除的程度相对会较小。当然,距离车站、银行(或信用社)的远近等交通便利性也会对金融排除产生一定影响,但由于调研的几个地区基本上都具有较便利的交通条件,因此,在后文的研究中交通条件便不予具体分析了。

(3)农户主观感受到的接触金融服务的障碍性,主要是针对储蓄服务、贷款服务和保险服务。BDP(2007)等研究均发现,金融服务接触的障碍性与金融服务的可得性之间存在紧密的关系,所以,本文对此变量也进行了分析。

表1　变量说明及预期关系

变量名称	变量含义	预期方向
储蓄排除(YDEPO)	农户是否有储蓄存折:无＝1(即排除),有＝0	－
贷款排除(YLOAN)	农户是否享受贷款服务:无＝1(即排除),有＝0	－
保险排除(YINSU)	农户是否享受基本保险服务:无＝1(即排除),有＝0	－
收入(INCO)	农户年收入(万元):0.5以下＝0,0.5～1＝1,1～2＝2,2～3＝3,3以上＝4	
家庭规模(POPU)	农户家庭规模(人)	＋
教育(EDUC)	户主受教育状况:不识字或很少识字＝0,小学＝1,初中＝2,高中(或中专)＝3,高中以上＝4	－
年龄(AGE)	户主年龄(岁)	＋,－
工作(WORK)	户主工作状态:务农＝0,非农工作(例如打工、个体经营等)＝1	－

① 一般认为,收入是影响金融排除的最主要因素,为此,采用了年纯收入(INCO)作为收入变量的替代。之所以采用这个指标而非经营收入,是因为在一定程度上,经营收入对于农户而言可能所占的比重较小,并且也不是十分利于调研,故未采用该指标。

续表

变量名称	变量含义	预期方向
耕地面积(LAND)	农户经营的耕地面积(亩)	+
电话(TELE)	农户是否安装电话:是＝1,否＝0	—
网络(NETW)	农户是否安装网络:是＝1,否＝0	—
储蓄障碍(BDEP)	农户接触储蓄服务的难易程度:很方便＝0,还好＝1,一般＝2,不太方便＝3,很不方便＝4	+
贷款障碍(BLOA)	农户接触贷款服务的难易程度:很方便＝0,还好＝1,一般＝2,不太方便＝3,很不方便＝4	+
保险障碍(BINS)	农户接触保险服务的难易程度:很方便＝0,还好＝1,一般＝2,不太方便＝3,很不方便＝4	+

(二)研究方法

本文将金融排除的发生概率作为被解释变量,将其定义为一个二元定性变量,即当金融排除发生时,定义为1,当不发生时,定义为0,分别对其建立 Probit 和 Logit 模型①,通过一系列解释变量的观测值来分析金融排除发生的概率。

其中,Probit 模型假设:

$$y_i = c + \beta X_i, p_i = F(y_i) = \frac{1}{\sqrt{2\pi}} \int_{-\infty}^{y_i} e^{-\frac{t^2}{2}} dt \tag{1}$$

即 y_i 服从正态分布,相应概率值大于 0 且小于 1。

Logit 模型的分布函数服从 Logistic 概率分布函数,其形式为:

$$p_i = F(y_i) = \frac{1}{1 + e^{-y_i}} = \frac{1}{1 + e^{-(c + \beta X_i)}} \tag{2}$$

对于给定的 X_i,p_i 表示相应的概率。

Probit 曲线和 Logit 曲线很相似,两曲线都在 $p_i = 5.0$ 时有拐点,但 Logit 曲线在两个尾部要比 Probit 曲线厚。

由于调研结果显示,储蓄、贷款、保险主观障碍变量 BDEP、BLOA、BINS 均与对应的金融排除变量 YDEPO、YLOAN、YINSU 之间存在高度的相关性(见

---

① 尽管这两个模型在计量经济分析中经常可以相互替代使用,并在多数情况下得到的结果比较一致;但为了更全面地观察金融排除的影响因素,本文报告了这两个模型的估计结果。

后文表 4 相关系数分析表)，因此，未在回归中加入这三个障碍变量 BDEP、BLOA、BINS。

所以，基本的计量模型设为：

$$yexclu_i = c + \beta_1 INCO_i + \beta_2 POPU_i + \beta_3 EDUC_i + \beta_4 \ln(AGE_i)$$
$$+ \beta_5 WORK_i + \beta_6 LAND_i + \beta_7 TELE_i + \beta_8 NETW_i + \varepsilon_i \quad (3)$$

(3)式中，$yexclu$ 可分别表示储蓄排除(YDEPO)、贷款排除(YLOAN)、保险排除(YINSU)；ε_i 服从正态分布或 Logistic 分布。模型估计采用极大似然估计法。

(三)数据来源

本研究所利用数据来源于笔者 2008 年 5 月、6 月对浙江省农户的调查。调查主要涉及农户金融排除状态、农户及其家庭特征以及接触金融服务的障碍程度等方面的信息。调查抽样主要以浙江省各地级市为基本单位，并兼顾收入分布，从乡镇中抽取样本，直接入户进行问卷调查。最终选取的样本乡镇为浙江省宁波市慈溪市横河镇、上虞市东关街道、富阳市万事镇、金华市浦江县郑宅镇、湖州市和孚镇、衢州市龙游县龙州街道、嘉兴市海宁市斜桥镇、台州地区仙居县白塔镇、丽水地区庆元县屏都镇。调查共收回 347 份问卷，剔除重要指标缺失样本，最后得到有效样本 317 个。

主要变量的统计量见表 2。由此可见，相当比例的农户处于金融排除状态，特别是贷款排除，有 72% 的农户存在被排除倾向。

表 2　变量的统计量摘要

变量名	均值	标准差	最小值	最大值
储蓄排除(YDEPO)	0.23	0.42	0.00	1.00
贷款排除(YLOAN)	0.72	0.45	0.00	1.00
保险排除(YINSU)	0.41	0.49	0.00	1.00
收入(INCO)	2.67	1.38	0.00	4.00
家庭规模(POPU)	4.00	1.30	1.00	5.00
教育(EDUC)	2.44	1.06	0.00	4.00
年龄(AGE)	46.91	11.00	25.00	69.00
工作(WORK)	0.49	0.50	0.00	1.00
耕地面积(LAND)	2.17	1.07	0.00	7.00

变量名	均值	标准差	最小值	最大值
电话（TELE）	0.77	0.42	0.00	1.00
网络（NETW）	0.31	0.46	0.00	1.00
储蓄障碍（BDEP）	1.15	1.61	0.00	4.00
贷款障碍（BLOA）	2.76	1.63	0.00	4.00
保险障碍（BINS）	1.70	1.75	0.00	4.00

注：数据来源于对浙江省农户的调查，有效样本为 317 个，下同。

四、实证结果与分析

（一）基本统计结果

表 3 对金融排除各变量与其他变量之间的关系进行了基本统计分析。从表 3 可以看出，无论是储蓄、贷款，还是基本保险，使用了三类服务的农户与被这三类金融服务排除的农户之间存在显著的分组统计差异。例如，被这三类金融服务排除的农户的收入、受教育程度以及家庭安装电话和网络的概率显著低于享受了这三类金融服务的农户，同时，被金融排除的农户往往具有更大的家庭规模、更高的户主年龄、经营着更多的耕地面积，并且也更倾向于从事农业。

此外，无论是储蓄排除、贷款排除还是保险排除，独立样本 t 检验表明，有排除倾向的农户体现出了更为高的障碍指数，这表明，接触金融服务的方便性与金融排除之间的紧密关系，下文的相关分析（见表 4）就显示储蓄排除、贷款排除、保险排除与对应的障碍指数之间的相关系数分别达到 0.93、0.76 和 0.89，因此，为避免出现多重共线性，这三个障碍变量将不进入后文的回归分析。

本文进一步对金融排除与各影响因素之间进行相关性考察，表 4 显示了相关系数及协方差值。从表中可以看出，收入与储蓄、贷款、保险三类金融排除指标之间均存在较高的相关性，其相关系数分别为 -0.54、-0.52 和 -0.51；同时，三大金融排除指标与受教育状况、就业状况、电话和网络使用情况之间也均存在负相关性，这表明：户主受教育程度越高、从事非农的工作（例如打工、个体经营等）、安装有电话和网络往往伴随着较低程度的金融排除；而随着家庭人口规模的增加、年龄的增加、耕地面积的增加，农户金融排除的程度相对而言较高，这与独立样本 t 检验的结果高度一致。

表 3　金融排除与各影响因素之间的独立样本 t 检验

	收入 INCO	家庭规模 POPU	教育 EDUC	年龄 AGE	工作 WORK	耕地面积 LAND	电话 TELE	网络 NETW	储蓄障碍 BDEP	贷款障碍 BLOA	保险障碍 BINS
储蓄排除											
YDEPO=1	1.32	4.74	1.78	54.32	0.12	2.84	0.30	0.05	4.24	4.46	3.19
YDEPO=0	3.07	3.77	2.63	44.65	0.60	1.97	0.91	0.39	0.33	2.66	1.44
t 值	−11.29*	5.95*	−6.38*	7.12*	−7.87*	6.50*	−14.00*	−5.74*	43.71*	7.67*	7.26*
贷款排除											
YLOAN=1	2.23	4.30	2.10	48.29	0.40	2.40	0.71	0.21	1.59	3.99	2.43
YLOAN=0	3.79	3.22	3.29	43.37	0.71	1.58	0.92	0.57	0.35	0.75	0.35
t 值	−10.47*	7.11*	−10.35*	3.64*	−5.05*	6.59*	−4.10*	−6.66*	5.84*	20.72*	9.64*
保险排除											
YINSU=1	1.80	4.49	1.85	49.23	0.34	2.43	0.61	0.11	2.02	4.17	3.94
YINSU=0	3.27	3.65	2.84	45.16	0.59	1.99	0.88	0.45	0.70	2.33	0.39
t 值	−10.91*	5.97*	−9.10*	3.46*	−4.60*	3.67*	−6.01*	−7.03*	6.94*	9.53*	34.74*

注：表中每一栏前两行数值为其在对应的独立样本下的均值，t 值表示方差相等条件下均值是否相等的检验结果，其中，* 表示在 1% 水平下显著。

表 4　各变量间的相关系数及协方差

	储蓄排除 YDEPO	贷款排除 YLOAN	保险排除 YINSO	收入 INCO	家庭规模 POPU	教育 EDUC	年龄 AGE
YDEPO	**0.18**	0.26	0.33	−0.54	0.32	−0.34	0.37
YLOAN	0.05	**0.20**	0.39	−0.51	0.37	−0.50	0.20
YINSU	0.07	0.09	**0.24**	−0.52	0.32	−0.45	0.19
INCO	−0.31	−0.31	−0.35	**1.90**	−0.49	0.66	−0.34
POPU	0.17	0.22	0.20	−0.87	**1.68**	−0.41	0.16
EDUC	−0.15	−0.24	−0.24	0.96	−0.56	**1.13**	−0.46
AGE	1.73	0.99	1.03	−5.13	2.30	−5.37	**121**
WORK	−0.09	−0.06	−0.06	0.35	−0.13	0.29	−1.94
LAND	0.15	0.17	0.11	−0.89	0.60	−0.47	4.50
TELE	−0.11	−0.04	−0.07	0.26	−0.11	0.10	−0.62
NETW	−0.06	−0.07	−0.08	0.43	−0.21	0.27	−1.69
BDEP	0.70	0.25	0.32	−1.44	0.99	−0.70	7.15
BLOA	0.32	0.65	0.45	−1.64	1.05	−1.14	8.18
BINS	0.31	0.42	0.86	−1.43	0.99	−0.95	6.20

续表

	工作 WORK	耕地面积 LAND	电话 TELE	网络 NETW	储蓄障碍 BDEP	贷款障碍 BLOA	保险障碍 BINS
YDEPO	−0.41	0.34	−0.62	−0.31	0.93	0.40	0.38
YLOAN	−0.27	0.35	−0.23	−0.35	0.31	0.76	0.48
YINSU	−0.25	0.20	−0.32	−0.37	0.36	0.47	0.89
INCO	0.51	−0.61	0.44	0.67	−0.58	−0.62	−0.53
POPU	−0.20	0.44	−0.20	−0.36	0.43	0.42	0.39
EDUC	0.54	−0.41	−0.22	0.55	−0.41	−0.66	−0.51
AGE	−0.35	0.38	−0.13	−0.33	0.36	0.39	0.29
WORK	**0.25**	−0.49	0.27	0.50	−0.43	0.36	−0.29
LAND	−0.26	**1.13**	−0.28	−0.53	0.43	0.38	0.26
TELE	0.06	−0.13	**0.18**	0.24	−0.58	−0.32	−0.30
NETW	0.12	−0.26	0.05	**0.21**	−0.34	−0.41	−0.42
BDEP	−0.38	0.82	−0.44	−0.28	**3.19**	0.40	0.43
BLOA	−0.34	0.78	−0.26	−0.36	1.36	**3.67**	0.55
BINS	−0.29	0.53	−0.25	−0.38	1.52	2.05	**3.84**

注:表中横排第一行与纵排第一列分别表示按照同一顺序排列的各变量(鉴于纵排各变量的含义与横排各变量的含义一致,这里未标注纵排各变量的中文含义)。对角线右上角数字表示各变量之间的相关系数,对角线上的数字表示各变量的方差(用黑体表示),对角线左下角的数字表示各变量两两之间的协方差。

(二)回归结果

表 5 显示了 Probit 模型估计结果,从中可以发现,无论是对于储蓄排除、还是贷款排除、抑或是保险排除,收入均有显著的负向作用,尤其是对于储蓄排除,其影响系数达到−1.61,对于信贷排除和保险排除而言,其影响系数分别为−0.32 和−0.43,均在 1%的水平上高度显著,有力地支持了上文中的预期方向。

家庭规模对储蓄排除、贷款排除、保险排除三类金融排除均有显著的正向作用,也就是说,家庭规模越大,农户受到金融排除的概率就越大,因为家庭规模越大,往往意味着家庭主要劳动力所要负担的老人、小孩比重较大,因而在一定程度上提高了金融排除概率,这支持表 1 中的预期方向。

户主受教育程度也对金融排除有显著的负向作用,较高的受教育水平,一方面有助于提高农户的收入,两者间存在 0.66 的相关性(见表 4);另一方面也有助于提高对金融服务的认识与掌握,降低农户的"自我排除"程度,表 4 显示,储蓄排除、贷款排除、保险排除与教育变量间的相关系数分别为 -0.34、-0.5 和 -0.45,较好地支持了表中的预期方向。

然而,对于年龄变量而言,它对不同的金融排除表现出了不一致的作用方向。对于储蓄排除而言,户主年龄越高,伴随的储蓄排除概率越大,这表明,老年人有更强的金融排除倾向,从而支持 Hogarth 和 O'Donnell(1997)的结论;然而,对于贷款排除而言,年龄却有负向作用,即户主年龄越大,贷款排除的概率越小;但是,这些结论对于保险排除却不适用,年龄并没有发挥出对保险排除的显著作用。因而,对于不同的金融排除,年龄所起的作用是不一样的,因而较好地论证了 FSA(2000)关于年龄的不确定作用这一论断。

表 5　金融排除影响因素的 Probit 模型估计结果

	储蓄排除 (YDEPO)		贷款排除 (YLOAN)		保险排除 (YINSU)	
	系数	Z 值	系数	Z 值	系数	Z 值
常数项	-20.05^*	-5.43	5.22^*	2.67	1.73	1.07
收入(INCO)	-1.61^*	-5.54	-0.32^*	-2.81	-0.43^*	-4.27
家庭规模(POPU)	0.44^*	3.93	0.27^*	2.70	0.12^{***}	1.76
教育(EDUC)	-0.70^*	3.43	-0.54	-4.23	-0.31^{**}	-2.66
年龄(ln(AGE))	5.55^*	5.77	-1.02^{**}	-2.12	0.11	0.28
工作(WORK)	-1.04^*	-3.10	0.20	0.81	0.18	0.82
耕地面积(LAND)	-0.32^{**}	-2.07	0.23	1.64	-0.31^*	-2.84
电话(TELE)	-2.42^*	-6.30	-0.04	-0.14	-0.52^{**}	-2.51^*
网络(NETW)	0.97	1.51	0.33	1.28	-0.34	-1.33
回归标准差	0.23		0.36		0.40	
残差平方和	16.31		39.30		49.16	
对数似然比	-53		-188		-152	
因变量=1 的样本数	74		228		130	

注:*、**、*** 分别表示在 1%、5% 和 10% 水平下显著。

表 6　金融排除影响因素的 Logit 模型估计结果

	储蓄排除（YDEPO）		贷款排除（YLOAN）		保险排除（YINSU）	
	系数	Z 值	系数	Z 值	系数	Z 值
常数项	−36.35*	−5.12	9.91*	2.82	3.81	1.36
收入（INCO）	−2.83*	−5.23	−0.66*	−3.13	−0.77*	−4.19
家庭规模（POPU）	0.82*	3.92	0.50*	2.69	0.24***	1.65
教育（EDUC）	−1.28*	3.20	−1.03*	4.42	−0.56**	−2.79
年龄（ln(AGE)）	9.98*	5.44	−1.91**	−2.23	−0.01	−0.03
工作（WORK）	−2.12*	−3.20	0.34	0.78	0.21	0.58
耕地面积（LAND）	−0.53**	−2.03	0.34	1.38	−0.56*	−2.87
电话（TELE）	−4.35*	−5.94	0.10	0.19	−0.75**	−2.11
网络（NETW）	1.95***	1.75	0.74	1.59	−0.54	−1.21
回归标准差	0.23		0.35		0.40	
残差平方和	15.90		38.43		48.24	
对数似然比	−53		−126		−151	
因变量＝1 的样本数	74		228		130	

注：*、**、***分别表示在 1％、5％和 10％水平下显著。

在笔者所调研的样本中，农户的工作状态仅仅对储蓄排除有显著作用，也就是说，相比较于从事非务农工作（例如打工、个体经营等）的农户，务农的农户有更大的概率处于储蓄排除状态。这一方面体现为与农户收入的相关性，另一方面也与农户所从事的工作对银行服务存在需求有一定的关系，即从事非农工作的农户有更大的可能性会与银行服务相联系，例如工资的发放、资金的流转等。但是，对于贷款排除和保险排除，工作状态并没有发挥显著作用，例如，务农的农户可能由于农业生产需求等原因而享受了小额贷款等金融服务，因而工作状态对贷款排除的作用并不显著。同时，在中国农村地区，保险服务有时会涉及政策的普及性和参与的强制性，所以，工作状态对保险排除的作用也便不显著了。因此，实证结果并不支持表 1 中的预期方向。

农户经营的耕地面积在一定程度上反映了农户的工作状态和收入水平，它与工作和收入的相关系数分别为−0.49 和−0.61，因而农户经营的耕地面积越多，被储蓄排除和保险排除的概率就越大；然而对于贷款排除而言，农户经营的耕地面积并没有发挥出显著作用。因此，实证结果并无完全支持表 1 中的预期方向。

家庭安装了电话则对储蓄排除和保险排除有显著的负向作用，也就是说，电话通信的方便性显著降低了储蓄排除和保险排除的可能性；对于贷款排除而言，并不能得出上述结论。然而，农户是否接触网络没有对金融排除起到重要作用，也就是说，在目前农村地区，网络的使用并没有成为农户更多接触金融服务的一种有效手段。所以，实证结果并不完全支持表1中的预期方向。

因此，本文实证研究结果并不完全支持已有文献的相关结论，反映出不同的金融排除类型往往受到不同因素的影响，所以，需要对各类型金融排除进行具体分析。同时，各影响变量对这三类金融排除的不同作用，也反映出了和国外研究相比，影响中国农户金融排除的因素具有一定的独特性，这将有利于加深对金融排除的理解，进一步丰富金融排除的微观研究内容。

对上述关系采用 Logit 模型，其估计结果基本上也显示了类似的结论，如表6 所示。

五、结　论

和城市居民相比，中国农户的金融排除程度相对较高，尤其是中国推行的金融分支机构改革在一定程度上给原本金融服务就先天不足的农村地区雪上加霜，进一步提高了农户的金融排除程度。尽管浙江省农村地区的经济发展水平、金融发展程度要高于其他中西部地区，但是，农户仍然面临着普遍的金融排除问题。调研结果显示，仍有 23%、72%、41% 的农户处于储蓄排除、贷款排除、保险排除的状态，远高于发达国家的平均水平。因此，积极开展对中国农户金融排除的研究，尤其是金融排除影响因素的分析，具有重要的政策含义。

通过基于浙江省农户的调研数据，本文实证结果表明，收入是影响金融排除的最重要因素之一，收入的提高能有效地降低农户金融排除的程度，无论是对于储蓄排除、贷款排除还是保险排除。因此，为了降低农户的金融排除程度，要多渠道地提高农户的收入，从而从根本上缓解农户的金融排除程度。同时，户主的受教育水平作为其所拥有的金融知识的一个替代指标，对金融排除有显著负向影响，受教育程度越高，往往伴随着相对较低的金融排除程度。所以，要通过再培训、加强金融知识宣传等途径，积极增加农户的金融知识，减少其"自我排除"程度，从而促进金融排除程度的降低。此外，家庭规模的增加在一定程度上会对金融排除产生正向作用，也就是说，农户家庭规模越大，相应地，金融排除程度就越高。

同时,实证研究也显示,户主年龄、工作状态、农户经营的耕地面积、家庭是否拥有便利的通信设备等变量会对不同类别的金融排除产生不一致的影响,因而该结果并不完全支持已有文献的结论。然而,总体上而言,积极增加农户与各类金融服务的可接触性,降低主观障碍程度,将有利于"自我排除"程度乃至于金融排除程度的降低。所以,在积极创造良好的通信、交通等基础"硬"环境的基础上,也要积极营造良好的金融服务"软"环境,提高农户的金融知识水平;同时,应该针对三类金融排除的不同影响因素进行分别研究,以期有效降低金融排除程度,促进城乡和谐发展。

参考文献

[1]Link C, Vawser S, Downes S, et al. A report on financial exclusion in australia[J]. Melbourne, ANZ, 2004.

[2]Argent N, Rolley F. Lopping the branches:Bank branch closure and rural australian communities[J]. Land of Discontent:the Dynamics of Change in Rural and Regional Australia,2000:140-168.

[3]Beck T, Demirguc-Kunt A, Martinez Peria M S. Banking services for everyone? Barriers to bank access and use around the world[J]. The World Bank Economic Review,2008,22(3):397-430.

[4]Brockett M. Bleak picture painted on jobs for bank staff[R]. The Dominion-Business Report,1998,17.

[5]Cebulla A. A geography of insurance exclusion:Perceptions of unemployment risk and actuarial risk assessment[J]. Area,1999,31(2):111-121.

[6]Devlin J F. A detailed study of financial exclusion in the UK[J]. Journal of Consumer Policy,2005,28:75-108.

[7]Kemposin H E, Whyley C M, Caskey J, et al. In or out? Financial exclusion:A literature and research review[R]. London:Financial Services Authority,2000.

[8]Fuller D. Credit union development:Financial inclusion and exclusion[J]. Geoforum,1998,29(2):145-157.

[9]Gardener T, Molyneux P, Carbo S. Financial exclusion:comparative experiences and developing research[C]. Savings Banks Working Paper,2004:

98-111.

[10]Hogarth J M，O'Donnell K H. Being accountable：A descriptive study of unbanked households in the US[J]. Proceedings of the Association for Financial Counseling and Planning Education,1997:58-67.

[11]Kempson H E，Whyley C M. Understanding and combating financial exclusion[J]. Insurance Tends,1999,21:18-22.

[12]De Koker L. Money laundering control and suppression of financing of terrorism[J]. Journal of Financial Crime,2006,13(1):26-38.

[13]Larner W，Le Heron R. The spaces and subjects of a globalising economy：A situated exploration of method[J]. Environment and Planning D：Socerty and Space，2002,20(6):753-774.

[14]Leyshon A，Thrift N. The restructuring of the UK financial services industry in the 1990s：A reversal of fortune? [J]. Journal of Rural Studies，1993,9:223-241.

[15]Leyshon A，Thrift N. Access to financial services and financial infrastructure withdrawal：Problems and policies[J]. Area,1994,26:268-275.

[16]Leyshon A，Thrift N. Geographies of financial exclusion：Financial abandonment in britain and the united states[J]. Transactions of the Institute of British Geographers,New Series,1995,20:312-341.

[17]Peachery S，Roe A. Access to finance：A study for the world savings bank institute[J]. Oxford Policy Management,Oxford,2004.

[18]Pollard J S. Banking at the margins：A geography of financial exclusion in los angeles[J]. Environment and Planning A，1996，28（7）：1209-1232.

[20]金雪军,田霖.金融地理学：国外地理学科研究新动向[J].经济地理，2004(6):721-725.

[21]武巍,刘卫东,刘毅.西方金融地理学研究进展及其启示[J].地理科学进展,2005(4):19-27.

[22]田霖.我国金融排除空间差异的影响要素分析[J].财经研究,2007(4):107-119.

中国经济波动的外部因素：1992—2008①

摘　要　文章讨论了包括国际石油价格、世界利率、美元汇率和国外需求的外部因素冲击对中国宏观经济波动的影响，运用含外生变量的结构向量自回归模型进行计量分析，结果表明：外部冲击是中国宏观经济波动的重要来源；供给冲击与需求冲击作用相当，但后者对中国经济波动起着持久性作用；金融危机期间，需求冲击比供给冲击更重要。因此，宏观经济调控应依据国内外经济动态变化进行相机调整，扩大国内需求，缓解国外需求对宏观经济的持久性冲击。说明在国际金融危机冲击下，需实施扩张性财政政策替代萎缩的私人投资来刺激内需。

关键词　经济周期；含外生变量的结构向量自回归模型；国外需求

一、引　言

自 1978 年改革开放，尤其是 1996 年实现经常项目可自由兑换以来，中国经济对外开放水平不断提高。外贸依存度已达到 70％左右，外汇储备规模已位居世界第一。经济开放对我国经济增长具有不可忽视的作用，但同时也产生了许多不稳定因素。开放经济条件下，外部冲击会通过国际贸易和金融市场传导机制对一国宏观经济稳定产生影响（贾俊雪和郭庆旺，2006）。1997 年亚洲金融危机、2001 年"9·11"事件和近期发达国家的次贷危机，都冲击了我国宏观经济稳定。国际货币基金组织和世界银行一致强调：外生冲击对发展中国家经济增

---

①　本文作者王义中、金雪军，最初发表在《统计研究》2009 年第 8 期。

长、宏观经济稳定、债务可持续性和贫困具有负面影响。因而，在国内经济发展态势良好和经济波动趋于平稳的情况下，防止外部冲击的负面影响是一个值得高度重视的问题（刘树成等，2005）。

诸多经验研究结果已发现，外部冲击是一国宏观经济波动的重要来源（Izquierdo 等，2007；Mackowiak，2007；Sosa，2008）。而关于中国经济波动的研究集中于分析国内因素的影响（卜永祥和靳炎，2002；刘金全和刘志刚，2005；赵留彦，2008；王义中和金雪军，2009），缺乏关于外部因素冲击的研究。本文结合中国经济运行的实际情况，考察影响经济波动的外部因素，运用含外生变量的结构向量自回归模型分析中国经济周期波动的外部冲击，并对结果进行解释。

二、理论分析和计量模型

（一）理论分析

本文从既有文献出发，并结合中国开放经济现实和特征，主要考察以下 4 种外部冲击因素对中国经济周期波动的影响：

1. 国际石油价格与经济波动。石油是一种基础性商品，是制成品最重要的生产投入要素。油价上涨会抬高制成品价格，引发通货膨胀。国际石油价格从多种渠道影响经济周期。

首先是"实际余额效应"。因为油价是一种重要的进口商品价格，所以油价上涨会使得本国货币需求提高，若货币供给量保持不变，则利率上升，投资下降，产出降低；同时，进口油价上涨引起国内其他商品价格上升，加大工资上涨压力，在货币供给量不变的情况下会降低经济中的实际货币余额（或实际货币供给），使得个人实际可支配收入和家庭净财富较少，最终导致实际消费支出减少（Pierce 等，1974）。

第二，"收入转移效应"。因为石油价格上涨影响国民收入、经常项目和储蓄，进而影响资本存量以及在石油进口国与出口国间的分配。一定时期内，石油价格上升使得 OPEC 国家经常账户出现剩余，而使得石油进口国出现赤字。这样，财富从石油进口国（美国、欧洲）转移到 OPEC（Golub，1983），购买力也相应转移，使得石油进口国消费需求降低而石油出口国增加，从而导致世界储蓄供给增加（因为出口国消费需求的增加量小于进口国的减少量），这会对实际利率产生下行压力而且能部分抵消石油进口国利率上升的压力。世界利率降低会刺激投资,抵消石油进口国减少的消费需求和保持总需求不变。然后,若价格不断下滑,消费支出的减少会进一步降低进口国的 GDP 增长率。如果价格水平居高不下,减少的消费支出会大于增加的投资,因此总需求会减少,整个经济会衰退(Brown 和 Yücel,1999)。

第三,"供给冲击效应"。非完全竞争市场下,若厂商是共谋的寡头,则垄断势力使得厂商有提价能力。国际石油价格上升会刺激厂商提价,减少能源、劳动和资本投入,导致总产出下滑(Rotemberg 和 Woodford,1996)。即使是完全竞争市场,能源价格(或油价)上涨也会使厂商降低能源和资本投入,进而产出和劳动边际产出下降,这会使得工资水平和劳动供给降低,同时资本边际产出降低,投资减少和资本存量下降(Finn,2000)。

第四,"调整成本效应"。许多研究都表明:油价上升对 GDP 增长有显著的负向效应,而油价下降并不会使得产出相应增加(Olsen 和 Mysen,1994)。这种非对称的关系主要是受经济部门之间不平衡、协调问题、能源产出比率和未来油价不确定性等因素的影响。油价上涨会导致能源密集型行业收缩、能源高效部门扩张,但油价下降则效果相反,在这个过程中伴随着劳动、资本和能源要素的重新配置,而这些调整在短期内难以完成,因而短期内失业增加,资源利用率下降(Pindyck 和 Rotemberg,1983)。

2. 世界实际利率与经济波动。世界实际利率通过影响居民的跨期消费、财富和组合投资配置,来影响公司的投资决策,进而影响经济周期(Blankenau 等,2001)。对加拿大进行经验分析发现:世界利率冲击对净出口、净国外资产和产出都会产生较大影响,因而世界实际利率是影响开放经济体的一个重要传导机制。从更具体的微观机制出发,假设公司的生产投入资金来自贷款,则利率提高将导致有效劳动成本增加,减少在既定实际工资下的劳动需求。在劳动供给独立于利率冲击的前提下,劳动需求下降会使得均衡就业减少。又因为资本存量是相对稳定的,均衡就业较少会导致产出下降(Neumeyer 和 Perri,2005)。世界利率还会改变资本流入结构和规模,进而影响经济周期(Calvo 等,2001)。

3. 国外需求与经济波动。国外需求借助以下机制或途径影响本国经济(Hunt,1995):第一,贸易渠道。世界其他国家对本国商品和服务的需求提高会导致本国出口增加,而出口生产部门的反应会刺激总需求、本国收入、消费和进口。第二,财富和收入效应渠道。伴随世界需求的提高,商品价格上升会改善本国贸易条件,这意味着本国消费既定的进口商品而出口会减少。这种效应会刺激国内消费和投资。第三,金融渠道。国外高需求会使得国外商品价格较

高、高于本国的利率和汇率水平,而这会刺激本国商品出口和本国需求。第四,
国外价格对本国商品价格影响渠道。较高的国外价格直接提高了进口成本,因
为很多进口商品是生产的投入品,因而生产成本的提高会对国内价格产生上行
压力。同时,国内的垄断性公司和行业有机会在国外竞争对手提价时提高国内
价格。

4.汇率与经济波动。汇率变动首先会影响进出口贸易,后反映到国民收入
变化上。具体来说,汇率变动会使得进口商品的价格降低,而短期内名义工资
和名义货币供给呈刚性,如果没有及时进行调整,实际工资和实际货币供给会
增加,总需求也增加(高海红和陈晓莉,2005)。在当前的美元本位制下,美元主
导着不同于布雷顿森林体系的国际货币制度和大宗商品市场,所以美国能够把
美元负债输送给主要贸易伙伴,而后者把产品销售到美国。随后,美国的贸易
伙伴将其贸易盈余(如东亚地区的巨额贸易顺差、中东国家的石油美元等)重新
投资于以美元计价的资产,从而使美元回流美国。这在一定时期内有助于改善
美国的国际收支(管清友,2007)。但是,美国贸易伙伴的贸易盈余大量增加,美
元储备资产也随之增加,从而导致这些国家内部银行信用膨胀,股票、房地产等
资产价格暴涨,并经历从繁荣到衰退的泡沫破灭过程,对该国银行体系和政府
财政造成打击,出现金融动荡和宏观经济不稳定。

(二)计量模型

运用含外生变量的结构向量自回归模型:

$$\sum_{s=0}^{p} \begin{bmatrix} A_{11}(s) & A_{12}(s) \\ A_{21}(s) & A_{22}(s) \end{bmatrix} \begin{bmatrix} x_1(t-s) \\ x_2(t-s) \end{bmatrix} = \begin{bmatrix} \varepsilon_1(t) \\ \varepsilon_2(t) \end{bmatrix} \tag{1}$$

其中,变量 $x_1(t)$ 是中国国内宏观经济变量的向量,$x_2(t)$ 为相对于中国的
外部经济变量的向量。$\varepsilon_1(t)$ 和 $\varepsilon_2(t)$ 分别为国内和国外来源的结构冲击向量。
$\varepsilon(t) = [\varepsilon_1(t); \varepsilon_2(t)]$ 为高斯随机向量,且满足 $E[\varepsilon(t) \mid x(t-s), s>0] = 0$ 和
$E[\varepsilon(t)\varepsilon(t)' \mid x(t-s), s>0] = I$。假设国内冲击 $\varepsilon_1(t)$ 不影响外部变量 $x_2(t)$,
则意味着 $A_{21}(s) = 0, s = 0, 1, \cdots, p$。

同 Mackowiak(2007),向量 $x_1(t)$ 包括短期利率、汇率、实际总产出和总价
格水平。向量 $x_2(t)$ 包括国际石油价格、国际实际利率、美元汇率指数和世界需
求。由含外生变量的结构向量自回归模型的方差分解公式,可知:

$$\sigma_y^2 = \alpha_1 \sigma_1^2 + \cdots + \alpha_4 \sigma_4^2 + \beta_1 \sigma_5^2 + \cdots + \beta_4 \sigma_8^2 \tag{2}$$

其中,σ_y^2 表示实际GDP的方差,可代表经济周期波动。$\sigma_i^2, i = 1, 2, \cdots, 8$ 为

结构性冲击，α 和 β 分别为实际 GDP 方差对每种结构性冲击的敏感度系数。和 α 系数相关的为"国内冲击"，和 β 系数相关的为"外部冲击"。又因为国际石油价格变化直接影响到工业企业生产成本，利率变化影响到企业融资成本，进而影响产量供给，汇率变化会影响到产品的相对价格，进而影响到企业生产行为。因此，将国际石油价格、利率和汇率的变化看作是"供给冲击"，而世界需求看作"需求冲击"。

三、经验分析和结果解释

（一）经验分析

1. 数据说明

（1）数据来源。样本分析期间为 1992 年第 1 季度到 2008 年第 2 季度。1992 年 1 月到 1997 年 11 月我国的消费者物价指数环比数据来自谢安（1998），1997 年 12 月到 2000 年 12 月的数据来自中国经济信息网，2001 年 1 月之后的数据来自《中国经济景气月报》。首先将月度环比价格指数转换为定基指数，然后用几何平均方法将月度数据转为季度定基消费者物价指数；1992—1993 年中国季度 GDP 数据来自国研网，之后的数据来自《中国人民银行统计季报》，除以季度定基消费者物价指数得到中国季度实际 GDP，并采用 X－12 的方法对其进行了季节调整；1992—2001 年的中国短期利率数据来自谢平和罗雄（2002），其中 1992—1995 年为上海融资中心同业拆借利率，1996 年以后为 7 天的同业拆借利率，其余数据来自《中国人民银行统计季报》；由于 1994—2005 年间的固定汇率政策，人民币兑美元汇率基本稳定，所以中国汇率以名义有效汇率指数表示，数据来自国际货币基金组织的《国际金融统计》（IFS）；世界利率以伦敦同业拆借美元利率（LIBOR）表示，并减去工业国家的通货膨胀率，从而得到世界实际利率，数据取自 IFS。

国际石油价格以美国西得克萨斯州即期原油价格（WTI）表示，并遵从既有文献中的处理方法，将其除以美国消费者物价指数，得到实际国际石油价格，数据来自美国能源署网站。由于同其他国际石油价格相关性较高，使用 Brent 价格不会影响经验分析结果；美元汇率指数以美元实际有效汇率表示（数值变大表示升值，变小表示贬值），世界需求用世界进口中国产品和服务额表示或者世界 GDP 表示，数据来自 IFS。

（2）平稳性检验。首先对每个变量的数据序列的平稳性特征采用单位根的ADF检验方法和PP检验，分别就每个变量的时间序列数据的水平和一阶差分形式进行检验，其中，检验过程中滞后期的确定采用AIC最小准则，以保证残差值非自相关性，避免"伪回归"（结果略）。可知所有变量均为一阶单整序列。因此，进入含外生变量的结构向量自回归模型的变量为一阶差分形式。

2. 经验分析

（1）计量模型滞后期选择和模型稳定性。SVAR模型稳定性是判断模型好坏的关键条件，而且随着滞后期增长，模型稳定性越差，所以当SVAR模型不符合稳定性条件时的前推1期为最长滞后期，即首先确保SVAR模型稳定。然后根据残差检验逐期剔除不显著模型，通过残差自相关、正态性和异方差检验的模型为最终模型（金雪军和王义中，2008）。在检验正态性时，如果用协方差矩阵正交化方法，检验结果取决于SVAR模型中变量的顺序，而利用残差协方差矩阵的平方根方法可以克服这个局限性。依据上述思路，模型最终确定的最优滞后期都为4期（残差检验结果见表1）。

表1　VAR(4)残差检验

滞后期	自相关检验											
	1	2	3	4	5	6	7	8	9	10	11	12
LM统计量	68.2	51.9	79.3	60.1	75.0	57.2	72.0	50.3	78.8	62.6	64.4	61.2
P值	0.34	0.86	0.09	0.61	0.16	0.71	0.23	0.89	0.10	0.53	0.46	0.58
J-B正态性检验	$\chi^2(450) = 402.5$　（P值$=0.95$）											

注：J-B正态性检验采用的是残差协方差矩阵的平方根方法。

（2）方差分解。表2为外部冲击导致的内部经济变量方差分解。可以看出，样本期间内，外部冲击是中国宏观经济变量波动的重要来源。外部冲击能解释中国实际GDP、利率和汇率50%左右的波动和物价水平的1/3波动。其中，世界需求冲击在实际GDP、汇率和价格水平波动中起主要作用；美元在实际GDP、汇率波动中的作用仅次于世界需求，而在利率波动中起较大作用。国际石油价格在实际GDP波动中的作用排在第三位，在利率和物价水平波动中排在第二位。此外，受到冲击后的1～4个季度，外部冲击差不多能解释2/3的利率波动，从某种程度上说明中国货币政策的非独立性。相对于其他三个内部经济变量，物价水平波动受自身冲击影响较大而受外部冲击影响较小，说明中国物价水平变动更多的是受国内经济增长和预期机制影响,该结论同中国经济增长与宏观稳定课题组(2008)的结论相类似。

(3)脉冲响应。根据相关数据可绘制外部因素冲击中国经济周期的累积脉冲响应图,图形显示:中国实际GDP增长率对于美元汇率(即美元升值)的一个正向冲击,在第1和第2季度内几乎无反应,在第3季度开始下滑;世界利率的正向冲击会导致中国实际GDP增长率下降,但冲击力度很小;对于国际石油价格的正向冲击,产出呈增加趋势并持续如此,说明样本期间内高油价并未改变中国经济增长态势;对于世界需求的正向冲击,产出在第1季度迅速增加,之后下滑(源于需求增加导致物价水平上涨压力),经过调整后,从第4季度开始不断上升,并保持稳定上升和持续态势,表明了世界需求冲击对中国经济周期影响的持久性。

表 2　方差分解结果

| 变量 | 时间段(季度) | 内部冲击 | | 美元 | 世界利率 | 石油价格 | 世界需求 | 供给冲击 | 外部冲击 |
		自身冲击	其他内部冲击						
实际GDP	1~4	19.75	31.98	3.81	16.65	15.15	12.66	35.61	48.27
	5~8	8.38	41.80	14.00	10.91	13.10	11.82	38 01	49.82
	9~12	6.90	38.29	14.63	9.65	12.90	17.62	37.18	54.81
	13~16	6.19	36.49	14.73	9.14	12.05	21.40	35.92	57.32
	17~20	5.85	36.42	15.15	8.78	12.06	21.74	35.99	57.73
利率	1~4	34.67	4.65	26.61	0.28	16.95	16.83	43.84	60.68
	5~8	26.52	22.03	21.05	2.67	12.38	15.35	36.10	51.45
	9~12	22.48	26.84	20.72	3.56	12.95	13.45	36.23	50.68
	13~16	21.65	25.82	19.95	3.87	14.70	14.01	38.52	52.53
	17~20	20.76	25.40	21.10	4.04	14.46	14.24	39.60	53.84
汇率	1~4	28.69	27.48	18.10	8.53	8.21	8.99	34.84	43.83
	5~8	23.16	23.24	14.12	10.28	16.16	13.04	40.56	53.60
	9~12	20.67	22.22	13.62	9.17	16.31	18.01	39.10	57.11
	13~16	18.72	21.57	14.67	8.49	15.13	21.41	38.29	59.71
	17~20	18.45	22.33	15.58	8.22	14.68	20.74	38.48	59.22

续表

变量	时间段（季度）	内部冲击		美元	世界利率	石油价格	世界需求	供给冲击	外部冲击
		自身冲击	其他内部冲击						
价格水平	1～4	77.71	12.55	1.04	7.09	1.12	0.49	9.25	9.74
	5～8	46.26	25.89	0.99	7.67	6.24	12.94	14.90	27.85
	9～12	36.79	31.73	1.15	6.23	9.03	15.07	16.41	31.48
	13～16	34.42	32.12	2.71	5.33	9.29	16.13	17.33	33.46
	17～20	33.50	31.01	4.09	5.19	10.17	16.04	19.45	35.49

注：外部冲击为美元冲击、世界实际利率冲击、国际实际石油价格冲击与世界需求冲击之和。内部冲击为自身冲击与其他内部冲击之和。供给冲击为美元冲击、世界实际利率冲击与国际实际石油价格冲击之和。

结合表2的方差分解结果，包含美元、世界利率和国际油价在内的"供给冲击"虽然能解释外部冲击的大部分波动，但利率和汇率降低（美元贬值）引起正面冲击，油价上升却表现为正向冲击。如果不考虑油价的正面影响，"供给冲击"与"需求冲击"的方差分解结果相当。尤其在国际性金融危机的形势下，国际油价、利率和汇率的降低能减少企业成本，从而形成正面供给冲击，但此时需求的萎缩会引起负面冲击，表明在金融危机期间，需求冲击比供给冲击更重要。

（二）结果解释

1. 国外需求冲击的重要性

与本文结论相反的是，有个别研究指出：中国国内供给冲击是产出波动的主要来源，而国外冲击对国内宏观经济波动溢出效应并不明显。对此，我们作几点补充说明：首先，从国外需求同中国实际GDP的相关系数看，两者是高度相关。样本期间内，中国实际GDP同世界需求之间的相关系数为0.98，同美国需求之间的相关系数为0.97。其次，从两者的格兰杰因果检验结果看，世界需求和美国需求不是中国实际GDP的格兰杰原因假设难以成立（表3）。仅从以上两点来说，国外需求肯定会对中国实际GDP波动产生重要影响。已经有研究表明：中国经济波动滞后于世界经济波动，即中国经济对世界经济具有较强的依赖性（宋玉华和方建春，2007）。

表3 格兰杰因果检验

零假设	F 统计量	概率值
世界需求不是中国实际 GDP 的格兰杰原因	6.29250	0.00029
中国实际 GDP 不是世界需求的格兰杰原因	1.95431	0.11530
美国需求不是中国实际 GDP 的格兰杰原因	4.10061	0.00580
中国实际 GDP 不是美国需求的格兰杰原因	3.15284	0.02146

2.国际油价冲击未导致中国经济周期负面影响

高油价并未改变中国高经济增长的态势，这在某种程度上与中国政府对石油价格直接管制和中国石油工业寡头垄断格局有关。这会导致很高的成本和要素价格扭曲。国际石油价格的上涨虽然对国内石油价格变化具有引导作用，但国内油价并不能与国外油价同比例变动。可以预见，随着国内油价改革和放松管制，国际油价价格对中国经济的负面效应将日益加大。

四、总结性评论

本文讨论了包括国际石油价格、世界利率、美元汇率和国外需求等外部因素冲击对中国经济的影响。运用含外生变量的结构向量自回归模型进行计量分析，结果表明：外部冲击是中国国内宏观经济变量波动的重要来源，尤其是国外需求冲击对中国经济波动起着较为持久的影响。美元汇率指数、国际油价和世界利率冲击在中国经济波动中也发挥着重要作用。美元汇率贬值能促使中国经济增长，升值效果则相反；国际油价冲击出现负效应与我国对石油价格直接管制相关；世界利率正向冲击（即提高利率）会对中国经济波动产生不利影响；供给冲击与需求冲击作用相当，但后者在金融危机期间更重要。

随着中国经济对外开放程度的提高，外部冲击对中国经济波动的影响会愈加突出。为缓解外部冲击对国内宏观经济稳定的影响，必须进一步扩大国内需求，同时宏观经济调控政策要审时、审势地依据国内外经济，尤其是国外经济变化作出相机调整。显然，中国经济增长潜力并不能独立于美国经济，反而在很大程度上依赖于美国经济，短期内难以改变这种现状，因此需进一步推进国内金融体制改革和人民币国际化，转变中国在金融全球化过程中的非对等地位和非对称角色，实现实体经济和虚拟经济协调发展，这样才能真正改善中国经济对美国经济和对国外需求的依赖。

参考文献

[1]卜永祥,靳炎.中国实际经济周期:一个基本解释和理论扩展[J].世界经济,2002(7):3-11＋80.

[2]高海红,陈晓莉.汇率与经济增长:对亚洲经济体的检验[J].世界经济,2005(10):3-17＋80.

[3]管清友.流动性过剩与石油市场风险[J].国际石油经济,2007(10):1-11＋89.

[4]金雪军,王义中.理解人民币汇率的均衡、失调、波动与调整[J].经济研究,2008(1):46-59.

[5]贾俊雪,郭庆旺.经济开放、外部冲击与宏观经济稳定[J].中国人民大学学报,2006(6):65-73.

[6]刘金全,刘志刚.我国经济周期波动中实际产出波动性的动态模式与成因分析[J].经济研究,2005(3):26-35.

[7]刘树成,张晓晶,张平.实现经济周期波动在适度高位的平滑化[J].经济研究,2005(11):10-21＋45.

[8]宋玉华,方建春.中国与世界经济波动的相关性研究[J].财贸经济,2007(1):104-110＋129.

[9]谢安.对我国消费价格指数编制方法的一点看法[J].统计研究,1998(3):72-74.

[10]谢平,罗雄.泰勒规则及其在中国货币政策中的检验[J].经济研究,2002(3):3-12＋92.

[11]王义中,金雪军.汇率升值、紧缩性政策与经济波动[J].金融研究,2009(2):45-52.

[12]张平,刘霞辉,张晓晶,等.外部冲击与中国的通货膨胀[J].经济研究,2008(5):4-18＋115.

[13]赵留彦.供给、需求与中国宏观经济波动[J].财贸经济,2008(3):59-65.

[14]Blankenau W,Kose M A,Yi K-M. Can world real interest rates explain business cyclesin a small open economy[J]. Journal of Economic Dynamics and Control,2001(25):867-889.

[15]Bleaney M,Greenaway D. The impact of terms of trade and real

exchange rate volatility on investment and growth in Sub-Saharan Africa[J]. Journal of Development Economics,2001(65):491-500.

[16]Brown,S P A,Yücel M K. Energy prices and aggregate economic activity:An interpretative survey[J]. Quarterly Review of Economics and Finance,2002(42):193-208.

[17]Calvo G,Arias E F, Reinhart C, et al. The growth-interest-rate cycle in the united states and its consequences for emerging markets[Z]. Inter-American Development Bank Working Paper,2001(458):1-29.

[18] Finn M C. Perfect competition and the effects of energy price increases on economy acitivity[J]. Journal of Money,Credit and Banking,2000 (32):400-416.

[19]Golub S S. Oil prices and exchange rates[J]. The Economic Journal, 1983(93):576-593.

[20] Hunt B. The effect of foreign demand shocks on the Canadian economy an analysis using QPM[J]. Bank of Canada Review,1995(1): 23-32.

[21]Izquierdo A,Romero R, Talvi E. Business cycles in Latin America: The role of external shocks[Z]. Inter-American Development Bank Working Paper,2007:1-35.

[22] Mackowiak B. External shocks, U. S. monetary policy and macroeconomic fluctuations in emerging markets[J]. Journal of Monetary Economics,2007(54):2512-2520.

[23]Neumeyer P A, Perri F. Business cycles in emerging economies the role of interest rates[J]. Journal of Monetary Economics,2005(52):345-380.

[24]Olsen O,Mysen H. Macroeconomic responses to oil price increases and decreases in seven OECD countries[J]. The Energy Journal,1994(15): 19-35.

[25] Pierce J L,Enzler J J,Fand D I, et al. The effects of external inflationary shocks[J]. Brooking Papers on Economic Activitity,1974(1): 13-61.

[26]Pindyck R S, Rotemberg J J. Dynamic factor demands and the effects of energy price shocks[J]. American Economic Review,1983(73):1066-1079.

[27]Rotemberg J J, Woodford M. Imperfect competition and the effects

of energy price increases on economic activity[J]. Journal of Money,Credit and Banking,1996(28):549-577.

[28]Sosa S. External shocks and business cycle fluctuations in mexico: How important are U. S. factors[Z]. IMF Working Paper,2008:100.

抵押品缺失与农村中小企业信贷融资的逆向选择①

摘　要　非对称信息下的逆向选择和抵押品缺失是引致我国农村中小企业信贷融资难的重要原因。本文运用数理方法，就抵押在信贷市场上对逆向选择抑制作用进行了分析，同时结合我国农村中小企业的现实，提出要缓解其银行信贷配给，并减少信贷融资逆向选择，应切实解决我国农村中小企业信贷抵押品不足问题。就此，本文提出了健全农村土地承包经营的转让流转机制，允许基于土地用益物权抵押；明晰农村土地产权，建立农村土地流转市场；完善信贷抵押制度，推广农村中小企业信贷联保贷款等若干政策建议。

关键词　农村中小企业；抵押品缺失；信贷融资；逆向选择

一、问题的提出

我国作为发展中的农业大国，农村经济的发展对国民经济乃至整个社会的发展中都起着制约性的作用，只有农村全面实现小康，我国才能最终建设成小康社会。而在农村经济中，中小企业已成为农村经济增长的主体，并占据着农村经济增量的"半壁江山"。同时，农村中小企业健康、快速的发展，不但可以吸收农村富余劳动力就业，使农民增收；而且可以推动农业生产现代化，农产品商品化，农村建设城镇化，由此将推动我国由农业大国向现代工业化国家迈进。

但是，我们必须看到，我国农村中小企业在信贷融资中普遍缺乏有效的信贷抵押资产，难以满足金融机构规避风险的要求。这不但导致了非对称信息下

---

①　本文作者肖兰华、金雪军，最初发表在《财贸经济》2010 年第 8 期。

农村中小企业信贷融资的"逆向选择"，而且还表现为农村中小企业在信贷融资中的失信违约、拖欠还贷，甚至发生逃账、赖账等道德风险行为。由此，加大了金融机构对农村中小企业的信贷风险，也使金融机构在对农村中小企业信贷融资中沉淀了大量的不良贷款。这不利于农村中小企业信贷市场的健康发展，也引致了金融机构对农村中小企业"惜贷""慎贷"，甚至实行信贷配给。因此，要解除我国农村中小企业信贷融资难的困境，应着力解决我国农村中小企业信贷抵押品缺失与信贷融资中的逆向选择问题。

二、抵押对信贷市场上逆向选择的抑制作用

在信贷市场上，企业(借款者)与银行是信贷市场上的交易双方，作为不同的利益主体，二者的经营目标是不一致的，企业的目标是追求自身利润最大化，因而需要权衡所投资项目的收益与风险；而银行则关心的是所放贷款本息的按期收回，关注所贷款企业投资项目的风险。一般情况下，企业作为借贷资金的使用者，对投资项目风险程度、投资回报率以及能否按期还本付息有着较为清楚的了解，而银行作为资金提供者，对于借贷企业信贷资金使用情况并不能直接了解，只能通过借贷企业提供的信息来间接了解其资金运用情况。同时，对借贷企业是否按照最大诚信原则如实告知，银行是较难做出正确全面判断的，因此银行与借贷企业之间存在信息不对称。由于信息不对称，在信贷市场上利率不仅可作为资金借贷的价格，而且还可以起信息甄别的作用。通常情况下，风险性的借贷者(企业)在提出借款申请时，都希望有一个正的净投资回报，那么投资风险越大，则投资回报率越高，且愿意支付给银行的贷款利率也越高。而对于低风险的借款者(企业)，其投资收益率低，则愿意支付给银行的贷款利率也相应较低。显然，当银行提高贷款利率时，低风险的借款者(企业)由于银行贷款利率超过了他们的预期水平，出于贷款成本的考虑，将不会向银行借贷，而会退出信贷市场。但高风险的投资借贷企业却愿意支付较高利率并获得贷款，这样的话，信贷市场上只剩下那些带有很强投机性的高风险企业。较高利率意味着较大的贷款风险，高风险投资项目驱逐低风险投资项目，这就是信贷市场上的"逆向选择"。

在存在信息不对称，进而有可能产生逆向选择的情况下，企业如何选择信贷融资，且能否获取信贷资金，则取决于能否解决信息不对称问题，以及降低逆向选择发生的概率。Besanko(1987)研究了抵押可在完全竞争的信贷市场中发

挥重要作用,并指出:如果将抵押和利率结合起来使用,银行可以诱使企业根据项目风险来进行自我选择,低风险企业比高风险企业更愿意提供较多数量的抵押品来换取较低的贷款利率,抵押将具有消除和减少'逆向选择'的作用。Hiller 和 Ibrahimo(1993)也认为,即使借贷双方之间存在信息不对称,如果企业能够提供充足的抵押,则可能增加企业的信贷契约执行激励,从而降低违约的风险,并使贷款人(银行)在违约发生后得到一定的补偿。Bopaiah(1998)的看法是,一个企业提供抵押的能力,特别是企业的总资产水平,对改善银行的贷款条件有着显著正面影响,因此抵押信贷是通过设置一个抵押品价值量的下限来淘汰那些高风险类型和有资产保证的,但贷款规模达不到银行保本付息收入的借款人。银行则希望通过设置抵押以降低借款人项目投资的风险程度,减少由信息不对称带来的逆向选择风险,提高银行预期利润。

我国学者王霄(2003)的观点是,通过设置一个抵押品价值量的下限来淘汰那些资产规模达不到银行保本利息收入的借款人,但主要出局者是无力提供抵押品临界值的中小企业。巴曙松(2008)则认为,借款人和贷款人均有动力去消除借贷期间的信息不对称,具体策略之一就是借款者向贷款者提供抵押品。抵押的存在提高了企业选择不偿还策略的机会成本,当抵押品对于借款人经营而言具有关键意义,或其价值大于贷款本息之和,且拍卖时的折扣系数较大时,银行面临贷款被拖欠的风险就会相对较小。

以下,我们就抵押对信贷市场上逆向选择的抑制作用进行数理分析。

现假设,企业为进行项目投资向银行申请贷款额为 m,贷款利率为 r,银行要求企业提供的抵押品为 W。同时,为了研究银行的贷款风险和企业信贷的可获得性,我们借鉴黎荣舟等(2003)在研究抵押品信号作用时的数理分析方法,用 $\beta(0 \leqslant \beta \leqslant 1)$ 来表示企业获得此项贷款的可能性,$\mu(0 \leqslant \mu \leqslant 1)$ 为借贷融资企业拖欠还贷的概率,p 为企业投资项目成功概率。如果企业获得了银行贷款,到期企业应支付 $m(1+r)$ 给贷款银行,显然此时有 $W < (1+r)m$,这是因为若抵押品高于 $(1+r)m$ 即 $W > (1+r)m$ 时,如果借贷企业违约拖欠贷款的偿还,其违约的机会成本会很高,因此企业会选择按期归还银行贷款。由此可看出,抵押品是一种避免债务人选择违约的约束机制,当债务人违约时债权人(贷款人)就有对抵押物进行处置的受偿权。显而易见,抵押品的存在可以减轻或弥补贷款人的损失,使债务人自己承担一部分违约成本。这样债务人会比较违约失去抵押物的损失成本与不偿还贷款的利益,按期履约还贷,从而减少违约还贷的概率。这样的话,放贷银行所承担的信贷风险就大为降低。显然,$W > (1+r)m$

是银行放贷不亏损的必要条件。所以,在借贷企业提供了抵押品的条件下,银行放贷的期望收益($\overline{L}$)为:

$$\overline{L} = \beta\{p(1-\mu)(1+r)m + [(1-p)\mu]W\} \tag{1}$$

由上式可看出,银行贷款利率r,企业提供抵押品W,借贷企业拖欠还贷的概率μ都对银行放贷的期望收益产生影响。

实际上,银行提高贷款利率r是可增大其利润额的,但银行提高贷款利率r,有可能引发信贷市场上的"逆向选择"。由于逆向选择的存在,可能导致银行贷款预期收益率与贷款利率之间成为非单调递增关系,即利率的提高可能降低而不是增加银行的预期收益。因此,银行为了维护自身的利益,不但要考察借贷企业的生产经营实力,而且还要了解企业的财务情况,审查企业的信用状况,即考虑企业拖欠偿还贷款的可能性。就此假定,企业拖欠偿还银行贷款的概率μ独立于贷款利率r,那么对(1)式求导后则有:

$$\frac{\partial \overline{L}}{\partial r} = \beta[p(1-\mu)m] \geqslant 0 \tag{2}$$

从公式(2)可看出,银行的边际期望利润$\partial \overline{L}$是利率变化量(∂r)的增函数,利率越高,银行的期望利润$\overline{L}$也越大。

但事实上,向银行申请贷款的企业拖欠还贷的概率μ,并不是独立于贷款利率r的,μ的大小取决于利率r的大小,即μ是r的函数$\mu = \mu(r)$,二者之间成正相关的关系。银行的贷款利率r越高,则企业拖欠还贷付息的概率μ也越高。这样,银行的期望利润可表示为下式:

$$\overline{L} = \beta\{p[1-\mu(r)](1+r)m + (1-p)\mu(r)w\} \tag{3}$$

对(3)式求偏导后则有下式:

$$\frac{\partial \overline{L}}{\partial r} = \beta\{p[1-\mu(r)]m\} - \beta[p(1+r)m - (1-p)w]\frac{\partial \mu(r)}{\partial r} \tag{4}$$

从(4)式可观察出,贷款利率r的变化对银行期望利润的影响分为两个方面:

一是利率变动的收入效应$\beta\{p[1-\mu(r)]m\}$,也就是利率每提高一个单位,银行的期望利润可增加$\beta\{p[1-\mu(r)]m\}$。

二是利率变动的风险效应$\beta[p(1+r)m - (1-p)w]\frac{\partial \mu(r)}{\partial r}$,这里又有如下两种情况:

(1)当$\beta[p(1+r)m - (1-p)w] > 0$,即$W < \dfrac{p(1+r)m}{(1+p)}$时,表明在借贷企业提供的抵押品较少时,银行每提高一个单位变化的利率,则借贷企业拖欠

还贷付息的概率就上升 $\frac{\partial \mu(r)}{\partial r}$ 个单位,从而使银行的期望利润下降,其幅度为:

$$\beta[p(1+r)m-(1-p)w]\frac{\partial \mu(r)}{\partial r}。$$

上式也说明了,银行把不能提供充足抵押品的企业视为低品质企业,银行为了弥补筛选费用和风险溢价,就会向这些企业索要高于那些能提供抵押品企业的贷款利率。结果是,利率的提高引致了借贷企业拖欠还贷付息概率的上升,从而使信贷风险增加,当然也使银行的预期收益下降。

(2) 当 $\beta[p(1+r)m-(1-p)w]<0$,即 $W>\frac{p(1+r)m}{(1+p)}$,表明借贷企业能提供足够充分的抵押品,此时,银行每提高一个单位变化的利率,如借贷企业违约拖欠贷款的偿还,则其违约的机会成本就会相应提高。这样,借贷企业会比较违约失去抵押物的损失成本与偿还贷款的利益,按期履约还贷,偿还银行贷款本息,则借贷企业拖欠还贷付息的概率就会下降 $\frac{\partial \mu(r)}{\partial r}$ 个单位,从而使银行的期望利润上升,其幅度为 $\beta[p(1+r)m-(1-p)w]\frac{\partial \mu(r)}{\partial r}$。

上述分析表明,企业提供的抵押品价值大于临界点时,能够减少利率的"逆向选择"风险,抵押品价值越大,其对逆向选择的抑制作用越强,银行信贷资金所面临的风险也会愈小。显然,在抵押成本更低的前提下,企业会自然选择抵押贷款方式而不是无抵押贷款,以此达到成本最小化,同时,放贷银行也愿意对借款企业降低贷款利率,以此作为借贷企业能提供抵押并保证贷款安全的补偿。至于利率降低的程度,则取决于抵押品能减少贷款风险的能力。所以,抵押品的存在能使借款人(企业)和贷款人(银行)均有动力去消除借贷期间的信息不对称,而且提高了借贷企业不偿还借款的机会成本,使借贷人(企业)拖欠偿还银行贷款本息的可能性下降,这将使银行的期望利润 L 随之上升。否则相反。

总而言之,在利率变动的情况下,银行可以将借贷企业提供抵押品价值的大小,作为辨别其信贷投资项目风险大小的信号工具。特别是,当银行不了解借款者,或对其信用状况掌握不充分的情形下,提出抵押品要求也是银行对自身利益的一种自然保证,使其在违约发生时,相对于无抵押贷款的风险暴露,必将降低一定程度的损失。更重要的是,借贷企业提供的抵押品有助于抑制其逆向选择行为的发生,也有助于缓解银行对企业的信贷配给,由此也增加了企业的信贷可获得性。

三、抵押品缺失与我国农村中小企业信贷融资逆向选择问题

我国农村中小企业在地理上分散,在生产上又具有很强的季节性特点,易遭受自然因素的影响,并且是以农产品生产和加工为主的劳动密集型企业,其生产规模小,生产技术落后,产品的市场竞争力不强,获利能力不高,持续经营能力不足。这些生产经营上的缺陷,往往导致农村中小企业经营行为短期性,经营活动投机性,项目投资高风险性。

同时,农村中小企业的治理结构不规范,内部管理呈单一化特征,缺乏必要的监督和约束。多数农村中小企业仍停留在传统的经营管理层面上,缺乏战略经营理念,集聚要素资源能力弱,经营管理偶然性、随意性大,企业的整体业绩不佳,在经营管理上存在着较大的风险。而且,农村中小企业不同程度地存在着财务制度不健全,经营管理信息内部化严重,且通过一般渠道是很难获取的,因此其信息的透明度很低。尤其是,农村中小企业信用观念淡薄,资信状况欠佳,还款动力不强,在市场惩罚机制不完善的情形下,农村中小企业的失信成本普遍较低,在比较失信成本和收益之后,农村中小企业极易选择改变银行的贷款用途,甚至恶意拖欠、逃废、悬空银行债务的偿还。特别是,我国还没有建立一套完整的农村中小企业资信调查和信用评估体系,加之处理农村中小企业生产经营和相关信息在技术上还存在许多困难,引致了农村中小企业在信贷融资中与金融机构之间的信息不对称。

这种信息不对称,不但加大了银行对农村中小企业信息的收集成本,而且还严重妨碍了银行对农村中小企业信贷资金运用以及生产经营活动进行的有效监督。处于这样一种信贷融资环境,在农村信贷市场上那些愿意支付较高贷款利率的中小企业,常常借助于信息上的优势,采取机会冒险主义行动,去实现自身利益最大化,将其所借银行贷款投资于高风险、高收益的项目上。如果高风险的投资活动成功,高的投资收益则由借款人单独享有,如果投资活动失败,则银行将无法收回全部贷款,这无疑会加大银行的信贷风险,损害放贷银行的利益,显然,这便是农村中小企业在信贷融资中的"逆向选择"。

现假设:企业有多个投资项目,i 是代表有 i 个申请贷款的项目,且每个投资项目有两种可能的结果:成功或失败。如投资项目成功则收益 $R_i > 0$,失败则收益 $R_i = 0$。且投资所需资金 m 全部来自银行贷款,设每个投资项目需贷款数量 Q

$= 1$，银行贷款利率为 r，不考虑贷款抵押品即 $w = 0$，并且所有投资项目的预期收益均值 y 都相同。如果企业投资项目成功的概率为 P_i，则对于企业所有投资项目均具有相同的预期回报，即有下列公式：

$$Y = P_i R_i \tag{5}$$

因此，企业投资项目之间的差异仅在于成功概率和成功收益的不同，从上述函数式可看出，当 y 一定时，收益 R_i 越高，则成功概率 P_i 越低，因而投资的风险也越大。反之则相反。

又假设企业得到银行贷款进行项目投资，设每个项目贷款量为 $Q = 1$，成功时企业得到的利润为 $R_i - (1 + r)m$，失败时利润为 0。故企业的期望利润（$\overline{L_1}$）为：

$$\overline{L_1} = P_i[R_i - (1 + r)m] \tag{6}$$

而银行在对该项目贷款中获取的预期收益（$\overline{L_2}$）为：

$$\overline{L_2} = P_i(1 + r)m \tag{7}$$

但是，如果企业不进行投资，则 $\overline{L_1} = 0$，那么，出于利润最大化考虑，只有当 $\overline{L_1} = P_i[R_i - (1 + r)m] \geqslant 0$ 时，即 $R \geqslant (1 + r)m = R^*$ 企业才可能向银行申请贷款并进行投资，于是：$R^* = (1 + r)m$ 是企业申请并用来投资的临界值。

又由于 $P_i R_i = y$，且在 Y 为一定时，P_i 与 R_i 负相关，由此则存在一个成功概率的临界值，当且仅当 $P_i \leqslant p^*$ 时，企业才会向银行申请贷款并进行投资，因而项目成功的临界概率是：

$$P^* = \frac{y}{R^*} = \frac{y}{(1 + r)m} \tag{8}$$

由（8）式对 r 求导后有 $\dfrac{\mathrm{d}p^*}{\mathrm{d}r} = -\dfrac{p^*}{(1 + r)} < 0$，即由 $\dfrac{\mathrm{d}p^*}{\mathrm{d}r} = -\dfrac{p^*}{(1 + r)}$ 有 $p^* = -(1 + r)\dfrac{\mathrm{d}p^*}{\mathrm{d}r} < 0$

可知，随着贷款利率 r 的上升，项目成功的概率 p^* 下降，申请贷款项目的总体质量 $\overline{p}$ 就会下降。所以，给定投资项目收益，高利率就意味着低利润，而给定相同期望收益，较高的成功收益意味着较低的成功概率，也就意味着较高的风险，这样就会导致信贷市场上的逆向选择，农村中小企业信贷融资中的逆向选择便是如此。

抵押作为信用手段，不仅是债权的保障，更是融资的媒介，是放贷银行对信息不透明的农村中小企业提供贷款时保护自己的重要工具。它能够在一定程度上减轻信贷市场上借贷双方之间的信息不对称，迫使借款企业传递真实信息,放贷银行也以此来识别借款企业信用的高低,因而可减少信息不对称条件下"逆向选择"所造成的信贷违约损失,增强信贷资金的安全,降低贷款违约的概率。但是,我国农村中小企业现信贷抵押资产缺失,其房产及土地的产权主体在现行法律制度上界定模糊,造成在实际工作中集体土地所有权主体很难确定。加之不少地方常常以行政权代替土地资产经营权,导致集体土地流转过程中各主体对土地产权产生边界纠纷,致使集体建设用地使用权难抵押,因此,也难以作为银行信贷抵押资产。同时,其生产设备、原材料、半成品、产品,也因农村的产权交易市场不发达,难以变现出售、转让而不被银行认定为可抵押资产。特别是,农村中小企业基础薄弱,生产技术水平不高,产品的市场狭隘,市场竞争激烈,获利能力低。因此,在这样一种制度环境、自然环境,特别是市场条件的约束下,农村中小企业为了生存和发展,往往会采取机会投机主义行动,将所借银行贷款用于高风险、高收益且失败可能性较大的投资项目。甚至在取得银行贷款后,随意改变贷款的用途,故意隐瞒投资收益,恶意拖欠贷款本息的偿还,逃避偿债义务。所有这些信贷融资中的"逆向选择"以及道德风险,不但危及银行信贷资金的安全,而且也给金融机构造成大量的不良贷款和经济损失。截至 2009 年末,中国工商银行、中国银行、中国建设银行和交通银行的不良贷款率分别为 1.68%、1.60%、1.57% 和 1.44%(数据来自 2010 年第一季度中国人民银行《中国货币政策执行报告》),而从表 1 可看出,2009 年年末,按贷款 4 级分类口径统计,全国农村信用社不良贷款余额和比例分别为 3490 亿元和 7.4%,这大大超过上述各家银行的不良贷款比例水平。如按照贷款五级分类的办法,我国农村信用社不良贷款额和比例会更高。农村信用社较高的不良贷款额,除历史的原因外,农业贷款中有 60% 是贷给农村中小企业的,而农村中小企业在信贷融资中普遍缺乏有效的信贷抵押资产,信贷融资中存在逆向选择问题。这些是引致我国农村信用社不良贷款的重要原因。

表 1   2004—2009 年全国农村信用社年不良贷款情况

单位:亿元

	2004 年	2005 年	2006 年	2007 年	2008 年	2009 年
贷款总额	19238	22354	26236	31321	37229	47162
不良贷款金额	4525	3308	3033	2913	2941	3490
占贷款总额的比重(%)	23.5	14.8	11.56	9.3	7.9	7.4

资料来源:2005—2010 年第一季度中国人民银行《中国货币政策执行报告》和 2005—2009 年《中国金融年鉴》中的有关数据整理而成。

显而易见,在我国农村中小企业缺乏有效的信贷抵押资产,并与金融机构存在信息不对称,进而在信贷融资中存在"逆向选择"的情形下,银行为控制信贷风险,减少其损失,必然对农村中小企业"慎贷""惜贷",并实行信贷配给,同时也导致了农村中小企业信贷融资难。表2是福建农林大学经济管理学院金融系的师生在 2009 年 2 月对福建省的福州、武夷山、三明、南平、建瓯、建阳等地区的农村中小企业融资状况进行的问卷调查,从中可以看出,抵押品缺乏是农村中小企业信贷融资难的主要原因。

表 2　农村中小企业贷款申请未获批准情况(有效样本数 225)

项目	抵押品缺乏	资信欠缺	经营管理不佳	其他原因
样本数(个)	140	27	29	29
比重(%)	62	12	13	13

资料来源:孙月琴《福建农村中小企业信贷融资约束问题研究》,《中国农学通报》2009 年第 8 期。

四、对策与建议

农村中小企业在信贷融资中的逆向选择与其信贷抵押品缺失有关,从博弈论的角度来看,逆向选择是在既定的博弈规划安排下,借贷人所作出的最佳选择,其结果带有必然性。要改进博弈规则,缓解或消除农村中小企业在信贷融资中的"逆向选择",降低信贷融资交易成本,进而增加金融机构对农村中小企业的信贷供给,应着重解决农村中小企业在信贷融资中的抵押品缺失问题。具体而言,其对策措施是:

其一,健全农村土地承包经营的转让流转机制,允许基于土地用益物权抵押。从经济学角度讲,一切可以在未来产生现金流的权益都具有价值,那么,既然土地的使用权(承包经营权)能带来未来现金流,则这未来收益权就具有价值,就可以用来作为贷款的有效抵押物。从我国农村的现实情况来看,土地仍然是农民不可或缺的生活保障品,以之作为抵押获取银行贷款,往往是出于对信贷资金的迫切需要,按期归还银行贷款则是最符合其利益选择。因为一旦借款者不能按期偿还贷款,则金融机构可以将土地承包经营权、林地承包经营权、水域承包经营权等转让来清偿债权或者控制承包经营人的农作物、畜牧水产品和林木加工产品及销售合同,要求购买者将款项交付给放贷银行清偿债权,或直接控制农作物、畜牧水产品、林木及加工产品进行折价拍卖、变卖来清偿还贷,这样就可大大降低银行的信贷风险。因此,允许农村土地承包经营权、林地承包经营权、水域承包经营权的抵押,就能使小型、个体或合伙制等形式经营,且从事农作物、林产品、畜牧水产品等生产经营和加工销售的农村中小企业,以土地、林地、水域等承包经营权作为抵押,向银行获取抵押贷款,纾解其信贷融资难。据 2009 年 11 月 26 日《金融时报》报道:经武汉市农交所"穿针引线",武汉银河生态农业公司等三家农业企业用 4046 亩农村土地承包经营权及地面附属物作抵押,从武汉农村商业银行获得了 1400 万元贷款。因此,允许基于土地用益物权抵押,不但可有效缓解农村中小企业因缺少抵押品而受到的银行信贷约束,而且信贷抵押品的增加,还可抑制农村中小企业投机冒险行为所产生的"逆向选择"风险。

其二,明晰农村土地产权,建立农村土地流转市场。我国农村中小企业的厂房用地多是集体用地和宅基地,由于集体土地所有权主体在法律上模糊,造成集体土地所有权主体很难确定,致使集体建设用地的使用权难以抵押。因此,农村中小企业的房屋所有权与宅基地使用权在抵押上的错位,造成了农村中小企业在信贷抵押手段上的缺失,也引致了农村中小企业的抵押融资难。所以,要解决这一难题,应明晰农村土地产权,建立农村土地流转服务机构和流转市场,县乡两级要建立农村土地流转服务中心,搭建服务平台,开展土地流转服务信息的采集与发布、流转双方对接洽谈、指导合同的签订、纠纷的调解与仲裁、政策的咨询、流转的登记建档等,并约定交易双方的权利与义务,特别是,对土地所有权及经营权的抵押、让渡等情况作出约定,规范流转行为,规避流转纠纷。要加快土地流转市场建设,引入中介机构,合理确定土地价格,促进公平交易。这样就可在农村中小企业违约拖欠还贷时,使银行能及时通过土地流转市场及中介服务机构,将其抵押的土地、林地、水域承包经营权及所有权进行流转变现,从而发挥其作为抵押品的作用,由此增加农村中小企业信贷融资抵押的手段。

其三,完善信贷抵押制度,切实解决农村中小企业缺少信贷抵押物难题。对农村中小企业而言,实施浮动抵押,可将其在建工程、生产设备、原材料、半成品、成品、商誉、知识产权、债券等抵押来获得生产所需的信贷资金。同时应尽快建立农村抵押物拍卖、处置变现市场,一方面,在农村中小企业未能按期归还贷款时,银行就可以变卖处分抵押品,并用出售所获的款项补偿贷款损失,由此使放贷银行减少信贷损失,从而弱化了逆向选择的不利后果;另一方面,抵押是投资者发起的承诺行动,并建立起了可置信威胁,它使农村中小企业在经营投资失败时面临着更多的财产损失,这自然会减少其冒险投机活动,当然也降低了其违约的可能性,以确保银行的信贷资金安全。这样一来可充分调动金融机构对农村中小企业信贷融资的积极性,以增加对农村中小企业的信贷供给。此外,可充分利用农村中小企业的现有物品,立足于农村中小企业的生产实际,切实解决其缺少信贷抵押物的难题,扩展其信贷抵押物范围,这也有利于减少农村中小企业在信贷融资中的逆向选择。

其四,推广农村中小企业联保贷款,弥补农村中小企业抵押品的不足。农村中小企业联保贷款是银行基于农村中小企业的信誉,在核定的额度和限期内发放的,不需要抵押担保的贷款。其运行机制是相互了解信任,且具有不同产业,不同经营品种的农村中小企业之间组成的联保小组,小组成员是自愿组合并以其全部财产承担连带担保责任,且相互监督约束。同时,小组内企业户数不少于5户,并要签订联保协议。除明确约定保证期限外,还要明确贷款人(银行)、借贷人(企业)和联保小组的权利和义务,银行凭企业的"贷款证"向其发放贷款。联保贷款能有效地降低银行与农村中小企业的信息不对称程度,贷款银行可以此来甄别不同贷款群体的信贷风险,进而有效排除高风险的借款人,选择信用良好的借款者,消除金融机构与中小企业间的非对称信息,进而缓解"逆向选择"风险,提高银行放贷的预期收益。因此,联保贷款起到了一种变相抵押效果,弥补了农村中小企业抵押品不足的问题,也有利于金融机构增加对农村中小企业的信贷供给,缓解农村中小企业信贷融资难。

参考文献

[1] Bopaiah,C. Availability of credit to family businesses[J]. Small Business Economics,1998(11):75-86.

[2] Hillier B,Ibrabimo M V. Asymmetric information and models of credit rationing[J]. Bulletin of Economic Researchs,1993,45(4):271-304.

[3] [美]科罗赫,等. 风险管理[M]. 曾刚,等译. 北京:中国财政经济出版社,2005.

[4] 严太华,张龙,李传昭. 抵押条款在信贷合约中的经济意义研究[J]. 中国软科学,2004(3):36-39.

[5]朱喜,李子奈.改革以来我国农村信贷的效率分析[J].管理世界,2006(7):68-76.

[6]高圣平,刘萍.农村金融制度中的信贷担保物:困境与出路[J].金融研究,2009(2):64-72.

信用担保机构运行的模式创新与转化效应研究[①]

摘　要　信用担保机构在解决中小企业融资难问题的同时,自身发展面临微利或亏损的困境,亟待运行模式的创新。文章分析了桥隧模式、行业担保、抱团增信、路衢模式等新型担保模式中的担保合同性质、担保贷款期限和规模、担保产品特性、财政资金使用方式和风险特性等因素发生转化后,对担保机构运行实绩产生的影响。并验证了所产生的运行转化效应,认为通过运行模式创新使政府公信力与担保机构创造力有机结合,不断提高担保机构的自生能力,是改善担保机构运行实绩的关键。

关键词　信用担保;运行模式创新;运行转化效应;运行实绩

一、引　言

中小企业信用担保机构是近年来快速发展的一种组织形式,许多研究者都对它产生了浓厚的兴趣。一些学者用不同方法对信用担保机构解决中小企业融资难问题从而促进经济社会发展有无作用以及作用的大小,进行了研究。Riding 和 Jr. Haines（2001）、Hong 等（2003）用投入产出分析法为贷款担保产生的引致就业效应提供了实证上的证词。何祖玉、韩玉启、王华伟（2003）采用系统动力学方法,结合遗传算法,建立了中小企业信用担保机构动态仿真模型,得出了建立中小企业信用担保机构对国民经济有较大促进作用的结论,发现担保投入每增加 1 元,可以提高国民收入 20～30 元。Ben R. Craig、William E. Jackson 和 James B. Thomson（2007）通过用一组美国 SBA 贷款担保的数据,

---

①　本文作者殷志军、金雪军、陈姝,最初发表在《浙江学刊》2011 年第 1 期。

评估 SBA 担保贷款对当地经济发展是否有一个可观察的影响，发现 SBA 在当地市场上担保贷款的相对水平和将来的单位投入产出增长之间有积极的显著的关系（虽然经济上是小的）。当然，也有一些学者的研究结论认为担保机构的作用并不显著甚至有负效应（Lee，2006）。即使这样，Morné Nigrini 和 Andrie Schoombee（2002）仍然坚信，信用担保机构（计划）是当前政府降低银行贷款给中小企业通常涉及的高风险的一个可行的途径。因此，世界上很多国家包括中国都设立了专门的信用担保机构（计划）。

然而，中小企业信用担保机构没有可持续的商业化的盈利模式导致了中小企业融资性担保领域一个很大的难题：具备正外部性的信用担保机构经营上却始终不尽如人意。换言之，中小企业融资很需要信用担保机构，但担保机构经营的风险却很大，使得担保机构亏损或微利比例较高，产生运行困境。探究这种运行困境的实质，在于担保机构附加收益与内在风险的冲突，即担保机构在中小企业融资中承担了大于自身收益的风险，而企业和国家得到了额外的附加收益。改变这种困境的方法和途径涉及担保机构的运行转化效应。所谓运行转化效应，是指影响担保机构运行的主要因素发生转化后，对担保机构运行实绩产生的效应。那么，担保机构通过运行模式创新，发生运行转化效应后，是否有利于担保机构运行实绩的改善呢？本文试图就此展开研究。而现有文献主要围绕政府出台扶持政策、给予资金投入或风险补助来均衡担保机构运行风险与收益等方面（付俊文和赵红，2006）进行讨论，围绕担保机构运行的模式创新与转化效应方面的研究很少。

二、担保机构运行转化效应机理分析

传统担保模式中，影响担保机构收益风险不匹配的表象是：存在着较为严重的银行业金融机构、担保机构、企业之间的信息不对称，担保机构增信能力不强，银保合作不畅和风险简单挪窝等。而在这些表象背后，有另外一些影响因素作支撑。其中，担保机构的合同性质考量着银保合作关系；担保贷款期限和规模考量着信息不对称程度，并直接影响担保机构的收益；担保产品设计特性先影响其成本继而影响其收益；财政资金使用方式影响担保机构的增信能力；风险特性用来刻画风险是得到有效分散还是仅仅从银行挪至担保机构。如果这些因素发生转化，则其影响担保机构运行的程度和方向将会发生变化，进而有可能改善担保机构收益风险不匹配状况。而且，这些因素的转化与不同的运行模式有显著相关关系。

第一,担保贷款合同性质的转化:由被动到主动。

在贷款担保过程中,银行贷款合同是主合同,担保合同是附属合同,因此,担保机构总是处于从属地位,商务谈判地位低。对担保机构推荐的项目,如果银行不同意,担保就无法实施。反之,对银行推荐的项目,如果担保机构不同意,银行还可采取其他替代措施。而且,在银保合作中,银行会充分利用其主导地位,少承担或根本不承担风险,给担保机构较少的授信额度和放大倍数。如果担保机构能通过创新,改变或摆脱这种被动地位,将有利于担保机构主动设计担保产品,形成新的运作模式,拓展新的盈利空间。

第二,担保贷款期限的转化:由短期到中长期。

从信息对称程度对担保贷款期限的影响上分析,显然是期限越短,信息越对称;期限越长,信息越不对称。因中小企业通常规模较小、没有足够抵质押品(Hanley 和 Girma,2006)、没有适当反映其金融状况的会计准则、信用历史较短或干脆没有,所以银企之间存在着严重的非对称信息。为规避已觉察的这些风险,银行一般偏好于对中小企业发放短期贷款,于是,处于从属地位的担保机构实施了大量的短期贷款担保。对一定的中长期资金需求的担保总额,如果担保前审查的费用相同,则担保贷款期限越短,审查次数越多,成本越高;担保贷款期限越长,审查次数越少,成本越低。在减少和合理分散信息不对称带来的风险前提下,当担保贷款的期限由短期变到中长期时,担保机构的运行成本将呈降低趋势。而且,中小企业得到中长期担保贷款,将有利于改变项目建设与贷款期限不匹配和短借长用的现象,使担保机构金融附加性得以提高。因此,如果创新担保运行模式,能使担保贷款期限由短期向中长期转化,将有利于担保机构运行实绩的改善。

第三,担保贷款规模的转化:由小额到大额。

毋庸质疑,因担保贷款存在人力成本、资信调查成本、审批成本等固定成本,担保规模越大,成本越低。信用担保机构主要的服务对象是中小企业,与大中型企业相比,中小企业的贷款规模相对较小,担保总成本一般比较高。如果能通过各种形式将单次担保规模变大一些,或有效扩大担保机构放大倍数,提高贷款担保的总体规模,则单位担保成本就会呈下降趋势,担保机构运行实绩将提高。

第四,担保产品设计特性的转化:由个性化到标准化。

传统担保模式中,担保机构与企业之间实行的是一对一操作,即担保机构逐一考察每家企业的经营、资产、风险、融资需求等情况,提供个性化的融资担保方案,再分别向银行进行推荐,由银行审核企业是否符合贷款标准。这样做费时费力,成本自然就高。如果能创新担保运行模式,将担保品种设计成标准化或准标准化产品,只要符合一定条件并能提供所需材料,就能按规定的流程实施担保,不但节省成本,而且提高效率,担保机构运行实绩将得到很大程度的改进。

第五,财政资金使用方式的转化:由沉没到流动。

中小企业融资性担保业务具有明显的外部效应,总体上说是一项准公共产品,因此,政府财政资金需要介入信用担保。如果采取一次性资助或风险补偿方式,资金就会沉没或一次性消耗;如果财政资金能以其公信力诱导或撬动社会资金投入,就能发挥其放大效应,增加担保贷款总体规模;如果财政资金不仅能保本,还能循环使用,就能保证担保机构持续地获得财政资金的支持,使担保机构增信能力一次又一次地实现低成本的提升,为其改善运行实绩夯实基础。

第六,风险特性的转化:由不可分散到可分散。

从担保机构产生的渊源看,中小企业信用不足以达到银行贷款条件,需要担保机构进行增信,因此,担保机构经营的风险应普遍高于银行的风险(晏露蓉等,2007),而且很多风险是保险上的不可保风险(王传东和王家传,2006)。如果能创新担保运行模式,探索出新的风险分散途径和方式,将被动的事后风险化解变成事前控制,或把同一担保品种的规模做大或结构化,增加事中风险组合、事后风险多元分散的可能性,将有利于降低担保机构的营运风险,提高其运行实绩。

三、基于浙江省几个担保机构创新模式的案例比较分析

近年来,许多地区的担保机构和政府都意识到了担保运行模式创新的紧迫性,并积极进行了多角度的探索和尝试。其中一些担保机构通过深入挖掘中小企业的融资需求,着重从整合各类资源、平衡收益风险结构、完善担保业的金融生态链入手,对担保运行模式进行了创新,有些已经取得了明显的成效。从全国视角看,浙江省中小企业信用担保机构的发展历史尤其是运行模式创新具有相当的代表性,本文选择了其中四个较有特色的案例进行运行转化效应的比较分析。

（一）案例简介

1. 桥隧模式

桥隧模式在传统的担保机构、银行和中小企业三方交易模式基础上，导入了新的参与主体（包括风险投资公司、上下游企业等），该主体以某种形式承诺，当借款企业由于某种非预期的变化而导致无法按时偿还银行贷款时，将以股权收购等形式进入用款企业，为企业带来可以偿还银行债务的现金流，帮助企业渡过暂时困难，规避企业违约不还贷或破产清算进而迫使担保机构代偿的风险（其交易结构图如图1所示）。在这种模式下，对于中小企业尤其是无足够抵押物的初创型、高科技、新型商业模式企业，由于增加了第四方的股权投资承诺，能够获得原来难以实现的信用担保融资；对于担保机构而言，有利于其介入高成长型或朝阳产业的企业担保业务，在有效降低代偿风险的同时分享高成长带来的收益；对于银行而言，可以增强信贷资金的安全性，扩大中小企业贷款的覆盖面。金雪军、陈杭生（2007）剖析了传统担保模式下有关各方因成本收益比较而面临不合作博弈的困境，论证桥隧模式扩延了参与主体的价值链，达到了合作各方共赢的局面。

图1　桥隧模式交易结构

2. 行业担保模式

行业担保模式主要是由行业协会牵头组建担保机构，并充分发挥行业协会了解行业内企业资信情况和发展趋势的优势，通过担保机构向银行推荐高质量的企业和项目的方式运作，这在很大程度上降低了担保机构的运行成本和担保风险。目前运作比较成功的一个典型的是浙江信林担保有限公司，该公司是一家政策性担保机构，依托省内各级林业主管部门和行业协会的有利平台，扎根于农林业担保市场，探索适合农林企业资金需求季节性强、缺乏抵押品等特点的担保业务品种。同时信林担保采取了围绕主营衍生多项配套业务的发展战略，组建了杭州信林评估咨询有限公司和杭州信林资产评估事务所，逐步形成"以融资性担保为主体、信用评价和资产评估为两翼"的运作模式，实现了资产评估业务与行业企业信用评价和担保业务的有机结合，一方面能够更为准确地掌握企业生产经营情况和资产质量状况，有利于提高担保风险定价能力、健全反担保措施，为担保业务的开展起到风险甄别和防范作用；另一方面为公司形成担保业务链一体化服务提供商的盈利模式打下了基础（其交易结构如图 2 所示）。

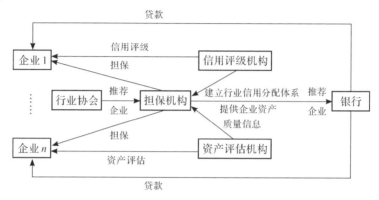

图 2　行业担保模式交易结构

3. 抱团增信模式

抱团增信模式充分利用了开发性银行的独特性，整合了政府、银行和担保机构的资源，共同搭建起中小企业贷款平台，为中小企业提供融资服务。以浙江省中小企业成长贷款融资平台为例，该平台由省信用与担保行业协会出资设立的浙江中小企业发展促进中心（以下简称促进中心）、国开行浙江省分行及其委贷银行、平台成员担保机构、中小企业等共同组成，建立了完善的组织架构和严密的风险控制体系。其中，担保机构向贷款平台推荐中小企业贷款项目，并作为担保责任承担者，平台其他担保机构承担连带保证责任；促进中心是该模式运转的核心载体，组成风险评估决策委员会对担保机构推荐的项目进行评估，并承担贷款资金统借统还的责任，但促进中心只是一个协调和服务中介，不以营利为目的，真正受益的主体是担保机构；国开行浙江省分行对经贷款平台风险评估后的贷款项目进行审批，对审批通过的项目以打包贷款的形式向促进中心进而委托商业银行向中小企业发放贷款（其交易结构如图 3 所示）。该模式的一大特色是建立了双层风险准备金制度，由省级中小企业专项扶持资金专门安排 200 万元拨入平台风险准备金账户，并承诺以第一顺序承担坏账风险；平台各担保机构分别缴纳 100 万元风险准备金，存入国开行的专门账户，当用款企业不能偿还到期贷款，担保机构也不能按时足额代偿时，贷款银行有权从风险准备金中直接扣收资金,而且风险准备金一旦动用,有关机构必须在规定的时间内补足。正是这种风险化解机制的设计,实现了担保机构抱团和政府公信力介入的双倍增信机制,大幅提升了担保机构在中小企业贷款中的信用增级能力,增强了银行对担保机构的信心与信任,使担保打包贷款变成现实。

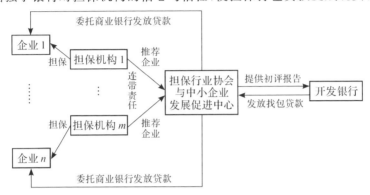

图 3　抱团增信模式交易结构

4. 路衢模式

路衢模式是对桥隧模式的深化,依托信托平台,引入政府财政资金、银行理财资金以及风险投资资金等多种资金来源,发挥各类金融要素的协同效应,进一步优化产品结构和风险分担机制。将传统担保贷款的单一风险细分为优先、次级和劣后受益人的交易结构,由不同风险偏好者逐级分担风险,从制度层面满足不同投资者对风险和收益的差异化要求,大幅降低了担保机构的风险。并根据区域经济和产业经济的特点将有资金需求的企业组成"企业池",实行批量化操作,实现担保的规模化经营(其交易结构如图 4 所示)。金雪军、陈杭生(2009)认为,路衢模式凭借其制度创新,集合多种企业降低非系统性风险和各类变量对风险率的冲击力度,实现了融资关系中各方福利的优化。而且,信托贷款与银行贷款具有本质的不同,前者的风险完全由投资者承担,信托公司只是一个中介,而后者的风险由银行承担,正是这个区别决定了路衢模式与其他模式的很多不同,下面将详诉。这种模式既可应用于一个行业的多个企业,也可应用于多个行业的多个企业,还可进一步按照产业属性、发展阶段、风险程度对"企业池"中的企业进行分级,设计成包括高级风险、中级风险、低级风险三类产品在内的一揽子融资方案。每类产品仍设计成三级受益权结构,做到"不分行业、持续发行、标准化设计、贷款利率浮动",以更好地契合不同类型的企业融资需求和投资者风险偏好需求。同时,有条件地引入其他担保机构进行合作,分摊成本,共担风险。

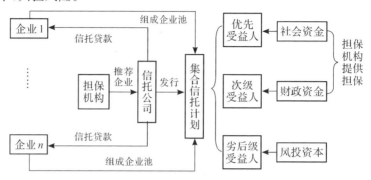

图 4　路衢模式交易结构

(二) 新型担保模式的运行转化效应分析

如果说桥隧模式和行业担保模式只是在传统担保模式某些环节上作了革新,比如前者增加了风险投资公司的投资承诺,后者因弱化了信息不对称而提升了银行对担保机构的信任度,利用行业资源减少了担保机构的保前审查成本和保后监督成本等,那么,抱团增信模式和路衢模式就是一次全面的变革。其中,抱团增信模式中银企不直接接触,由担保行业协会出资的促进中心起着"中枢神经"作用,协调增信能力提高后的担保机构开展担保业务;路衢模式中的合作平台由银行变成了信托,并以集合信托债权基金方式运作。这些变化对担保机构运行又会产生什么影响呢,下面逐一展开分析。

1. 担保贷款合同性质主动化

为改变担保机构在传统融资担保业务中的被动地位,四种新型担保模式分别从不同角度进行破题:桥隧模式中担保机构通过与风险投资机构进行合作,降低甚至消除了担保机构面临损失的最大风险——代偿风险,进一步增强了银行信贷的安全性,从而争取到银行更多的信任和支持,这有可能改善银保合作中的谈判力量,增加担保机构的主动性。行业担保模式中担保机构通过充分利用行业协会的信息资源优势,配套提供信用评级和资产评估服务,建立被银行认可的行业信用体系,从而增加银行对担保机构主动推荐项目的信赖程度。抱团增信模式依托担保行业协会的平台作用,通过集合多家担保机构,有效突破了单家机构规模小、担保能力有限的制约,更容易获得银行对担保机构增信能力的认可,形成银保紧密合作的态势,而且在实践中,直接由担保机构推荐项目,经过层层审核评估后,再由促进中心向中小企业"零售"贷款,彰显了担保机构的主动性。路衢模式中,担保机构主动融合信托、银行、政府、风险投资等各方关系,按一定标准筛选企业并承担部分担保责任,担保机构的主动性得到了充分体现。

2. 担保贷款期限中长期化

如何提高企业的中长期融资比例,四种新型担保模式分别做了一些有益探索:桥隧模式中,风险投资公司的加盟,稳固了银行收回贷款的预期,使银行有可能发放期限长一些的贷款。行业担保模式中,银行信任担保机构对企业的判断力,只要担保机构愿意为行业内的企业提供担保,说明企业有足够的还款信用,银行就愿意发放更长期限的贷款。抱团增信模式中,银行对担保机构的风险防范和化解能力有足够的信心,即使贷款期限长一些,即使贷款项目产生风险,银行也很容易从风险准备金中扣回所贷资金。路衢模式中,因进行了风险收益的结构化匹配设计,从理论上讲,只要内部增信(受益分级)和外部增信(担保)措施能落实到位,信托产品能卖出去,中长期限的借款需求都能满足。事实上,中小企业本身投资能力的限制和发展的不确定性也决定了其固定资产投资期限不会太长,一般在两至三年。

3. 担保贷款规模扩大化

担保贷款的主要服务对象是中小企业,决定了担保规模一般较小,如何扩大担保规模始终是一个难题,四种新型担保模式进行了积极探索。桥隧模式和行业担保模式中,因担保机构的增信能力得到银行的认同,银行可能准许担保机构有更大的放大倍数,从而增大担保规模。抱团增信模式由担保机构向贷款平台推荐项目,再由贷款平台向银行推荐,银行对担保机构的信任度达到了最大值,而且批量贷款的操作方式也为担保规模扩大化创造了有利条件。路衢模式的产品本质是集合信托基金,只要投资者对担保机构和信托公司充分信任,信托贷款资金的供给是充足的,而且其使用不会受到类似银行信贷资金的存贷比限制和严格审查,加上企业无需支付隐性成本,融资成本完全透明化,使担保规模能够与资金的有效需求规模基本匹配,担保规模可以实现有效最大化。

4. 担保合同设计标准化

传统担保一对一的操作方式个性化强、制约因素多,四种新型担保模式对此进行了改善。桥隧模式中,虽然担保机构与企业还是一对一的操作方式,但是通过引入第四方的投资承诺,使一些之前由于缺乏符合条件的抵(质)押物而无法获得融资的高科技、高成长型企业也能实现担保融资,而且这些高成长企业有一些基本一致的判别标准,故有可能形成担保合同一定程度的标准化。

行业担保模式充分利用行业内企业类同的特点，通过构建担保机构筛选企业的行业标准，较大程度地实现担保合同和流程的标准化。抱团增信模式中，虽然担保机构仍然逐一推荐项目，但由于实行推荐项目的批量审查、批量贷款，担保合同可以实现半标准化设计。路衢模式则是通过细分市场，设计了不同类型的融资性担保方案，实现了产品的标准化设计，担保机构可以分别对高风险、中风险和低风险的企业进行批量化操作。

5. 财政资金使用方式优化

财政资金需要介入信用担保已取得共识，但资金引导、扶持方式不同，使用效率也会不同。在本文所讨论的四种新型担保模式中，财政资金以不同的形式对中小企业信用担保业务进行扶持：一是风险补偿，即财政专门安排部分资金用于担保机构的中小企业贷款担保风险补偿，这是一次性、消耗性的使用方式，桥隧模式以这种方式为主。二是以资本金方式进入担保机构，以政府信用为支撑，带动银行信贷资金投入到需要支持的中小企业，只要市场化经营有方，就会产生放大效应，行业担保模式是这种方式的代表。三是成立风险准备金，在抱团增信模式中，财政每年安排一定额度的风险准备金，事实上为中小企业贷款平台引入了一定的政府信用，提高了担保机构的增信能力，带动了银行更多的贷款，真正起到了"四两拨千斤"的作用，也彻底改变了传统的财政资金对开发性金融承担兜底责任的做法。四是成立引导基金，在路衢模式中，通过财政出资成立中小企业引导基金认购中小企业集合信托产品，起到了信用增级作用，能够带动更多的社会资金投入中小企业，而且，作为次级收益人的财政资金还有担保机构的担保，损失风险极小，可以持续、循环使用。

6. 风险特性可分散化

在传统担保模式中，风险只能由担保机构或银行承担，而由于担保机构在银保合作中处于相对弱势地位，实际操作中担保机构承担了绝大部分甚至全部的风险，因此，担保机构要实现可持续发展，必须要对风险分散方式进行创新。桥隧模式引入了第四方来共担风险，能较大程度化解企业违约不还贷和破产清算的风险。行业担保模式的风险防控特点在于将企业信用评价、资产评估工作与担保业务有机结合起来，以建立行业信用体系为基础，最大程度地减少信息不对称，做到事前对贷款企业的风险进行甄别、筛选和控制。抱团增信模式采取担保机构、政府、银行共同参与的风险控制机制，设置了中小企业担保贷款三重严格的评审制度、平台成员担保机构的连带担保责任和保证金制度、风险准备金制度等三道闸门，确保风险在事后化解，确保贷款资金的安全。路衢模式从两个层面将风险化解在事中：一是将多个中小企业集合后，化单个企业的风险为一个"企业池"群体的风险概率，使担保贷款整体风险程度得到有效降低；二是通过对产品进行分层结构化安排，将无担保条件下风险最大的劣后级收益权出售给风险承受能力较强的风险投资公司，充分分散担保机构风险。

为更清晰地比较各种担保模式的运行转化效应，我们将上述分析的要点汇集在如下的表格中（见表1）。

表1　各种担保模式的运行转化效应比较

	传统担保模式	桥隧模式	行业担保模式	抱团增信模式	路衢模式
担保贷款合同性质	担保合同是银行贷款合同的附属合同，担保机构地位比较被动	担保机构与风险投资公司合作筛选具有高成长性的中小企业，主动性有所增强	担保机构凭借其行业信息优势筛选企业，并向银行推荐，主动性较强	由担保机构筛选企业并进行推荐，促进中心转发银行的打包贷款，主动性强	由担保机构主动筛选企业，依托信托平台进行融资，主动性很强
担保贷款期限	一年内短期贷款为主	一年内短期贷款为主，有后续融资跟进机会	一年期贷款为主	一年期贷款为主	中长期贷款为主，有后续融资跟进机会
担保贷款规模	单笔规模较小，放大倍数较小	单笔规模可以变大，放大倍数可以变大	单笔规模较大，放大倍数较大	打包贷款规模大	一次性担保规模大幅度增加
担保产品特性	担保机构与企业参与，个性化设计	担保机构、企业、风险投资公司三方参与，个性化设计	建立行业信用评价体系，半标准化设计	担保机构、企业、促进中心、银行多方参与，批量化评审	产品标准化，担保机构对企业实行批量化操作
财政资金使用方式	以对担保机构一次性的风险补偿为主	以对担保机构一次性的风险补偿为主	参股担保机构，具有放大效应和可持续性	注入一定额度的风险准备金，实现"四两拨千斤"效应，改变兜底责任	具有放大效应，可循环使用
风险特性	由担保机构承担绝大部分甚至全部的风险，不可分散	企业发生财务危机时有第四方参与，能较大程度化解担保机构的代偿风险	提供信用评级和资产评估作为事前风险甄别、筛选和控制的主要手段，事前风险控制特征明显	采取担保机构、促进中心、银行共同参与的风险控制机制，事后风险控制特征明显	化单个企业的风险为企业群体的风险概率，将风险最大的劣后级收益权出售给风险投资公司，事中风险控制特征明显

四、担保机构运行转化效应调查分析

以上从理论角度分析了担保机构的运行转化效应,实际运行情况如何还有待于进一步检验。由于我国担保机构发展的起步时间较晚,历史不长,一些创新模式的实践还只是少数担保机构最近两三年的事,因此,还不具备计量分析所需要的最低条件。下面,先分析有关专家对担保机构运行转化效应所涉及的六个因素影响运行实绩的看法,然后对四种新型担保模式代表性机构的调查结果进行比较分析。

(一) 专家问卷调查分析

我们在浙江省内共发放专家问卷 45 份,收回问卷 43 份,包括省级政府部门 10 份,高校 4 份,中介机构 12 份(其中商业银行一级分行 10 份,信托公司 2 份),担保机构 14 份,创投机构 3 份。信度和效度检验后剩余 26 份。其中,信度检验折半可信度为 0.733,满足 0.6 到 0.8 之间的要求;效度采用因子分析,因子累积贡献率达到 71.217%,公因子方差都大于 0.4,基本满足。

我们将担保机构对贷款担保合同签约主动性的提高、担保风险分散技术和手段的改进、担保期限的延长、担保规模的扩大、担保产品设计的标准化和财政支持方式的改变等因素对担保机构运行实绩(实现利润)的影响分为"很重要、比较重要、一般、较不重要、不重要"等五个等级,对通过信度和效度检验的 26 份调查问卷进行统计(见表 2),发现专家对上述 6 个因素的转化对担保机构运行实绩的改善作用持明显肯定的态度,但不同因素之间有显著差异。认为转化作用"很重要和比较重要"在总数中的比例按从高到低次序排列的因素分别为财政支持方式的改变(100%)、担保风险分散技术的改进(96.15%)、担保产品设计的标准化(88.46%)、担保规模的扩大(84.61%)、担保合同主动性的提高(80.77%)和担保期限的延长(34.61%)。其中,选择转化作用"很重要"比例最高的是担保风险分散技术的改进(69.23%),其次是财政支持方式的改变(61.54%)。没有人认为担保期限的延长对担保机构运行实绩的影响"很重要",这也体现了中小企业资金需求偏于短期的特点。

表 2　担保机构运行转化效应专家调查结果

程度	担保合同主动性提高		风险分散技术改进		担保期限延长		担保规模扩大		担保产品设计标准化		财政支持方式改变	
	份数	占总数比(%)	份数	占总数比(%)	份数	占总数比(%)	份数	占总数比(%)	份数	占总数比(%)	份数	占总数比(%)
9	5	19.23	18	69.23	0	0	10	38.46	7	26.92	16	61.54
7	16	61.54	7	26.92	9	34.61	12	46.15	16	61.54	10	38.46
5	5	19.23	1	3.85	16	61.54	3	11.54	3	11.54	0	0
3	0	0	0	0	1	3.85	1	3.85	0	0	0	0
总计	26	100	26	100	26	100	26	100	26	100	26	100

注:9 表示很重要,7 表示比较重要,5 表示一般,3 表示较不重要。

(二)典型调查分析

笔者对浙江中小企业发展促进中心(抱团增信模式的代表)、中新力合担保公司(桥隧模式和路衢模式的代表)、信林担保公司(行业担保模式的代表)等机构进行了典型调查,对浙江省信用与担保协会公布的传统担保模式的相关数据进行了分析,并将四种新型担保模式与传统模式的主要运行指标进行了汇总和对比(见表3)。发现四种新型担保模式代表性机构的运行实绩得到不同程度的提高,其中提高幅度最大的有:路衢模式中的平均担保期限是传统模式的 2倍,路衢和抱团增信模式中的平均担保规模比传统模式分别扩大 13 倍、26 倍,行业担保模式中的放大倍数是传统模式的 2 倍多。四种新模式的代偿率均为零,而且受保企业的综合融资成本明显降低。因中新力合担保公司内部同时存在传统、桥隧和路衢三种模式,我们对其进一步分析,发现随着桥隧和路衢模式所占业务比例的上升和公司声誉与品牌的形成,公司的利润实现大幅上升,而且,受保企业中没有银行贷款记录的比例从 20% 上升到 30% 以上,信用担保的金融附加性显著提高。

表 3　各种担保模式运行实绩比较

	传统担保模式	桥隧模式	行业担保模式	抱团增信模式	路衢模式
平均担保贷款期限	8.2 个月	10 个月	12 个月;12 个月	12 个月	19 个月
平均担保贷款规模	194.24 万元;175.16 万元	293 万元	370 万元;495 万元	2726 万元◆	5333 万元▲

续表

	传统担保模式	桥隧模式	行业担保模式	抱团增信模式	路衢模式
放大倍数	2.13倍； 2.79倍	△₁	4.13倍； 7.9倍	△₂	△₁
代偿率	0.308%； 0.203%	0	0	0	0
受保企业综合融资成本	基准利率上浮10%～50%＋担保费	基准利率上浮10%～35%＋担保费	基准利率或上浮 10% ～15%＋担保费	基准利率＋贷款平台评审费＋担保费	基准利率或上浮10%＋信托费＋担保费

说明：表中第一个数据取自2008年，第二个数据取自2007年，路衢模式为2009年数据；◆表示以批量审核的次数为计算依据；▲表示以整个"企业池"而不是单个企业为计算依据；△₁表示不能单独计算放大倍数，因为中新力合担保公司的担保业务中，有传统模式、桥隧模式和路衢模式三种，而担保基金不能按三种模式的大小相应分开计算；△₂表示抱团增信模式放大倍数也不能计算，因为贷款平台只是一个协调中介，而组成"抱团"的担保机构除平台担保外还有其他担保业务，统算放大倍数也没有实际意义。

(三) 结　论

综上所述，笔者发现，"担保难"与"难担保"问题的解决并非不可企及的事情，关键是要降低银、保、企之间的信息不对称，建立担保收益与风险相匹配的机制。桥隧模式等四种新型担保模式对传统担保模式中存在的种种问题进行了突破，在担保贷款合同性质、担保贷款期限和规模、担保产品特性、财政资金运用方式和风险特性等方面都取得了一定的转化效应，有效地改善了担保机构的运行状况。我们从中可得出以下几点结论：

第一，新型担保模式的运行实绩证明了运行转化效应的确存在。其中，路衢模式的运行转化效应最为显著，抱团增信模式的运行转化效应为其次，行业担保模式和桥隧模式不同程度地存在运行转化效应。

第二，运行转化效应是通过模式创新来实现的。运行转化效应通过担保贷款合同性质、担保贷款期限和规模等六个方面的转化来实现，而这些转化又是通过运行模式的创新来实现的，没有运行模式的创新就不可能得到转化效应。这一点可从表3中十分清晰地看出。传统担保模式的运行实绩相对来说比较差，而四种新型担保模式因创新而使其运行实绩得到较大程度的改善。

第三，新型担保模式通过解决以下几个问题来改善担保机构运行实绩。(1)将政府公信力与市场创造力有机结合。除桥隧模式外的三种模式都试图借助政府的公信力而不是简单依赖于政府的资金补助,并充分发挥担保机构的创造性,建立一种更符合市场规律的商业模式,以实现服务中小企业和银行业金融机构稳健经营、担保机构自身可持续发展的多元目标。这是一种政府扶持＋市场化运作或者说是政府公信力与担保机构创造力有机结合的商业模式,是中小企业信用担保市场上的一股新生力量。(2)努力改善担保机构的市场地位。四种模式都试图摆脱传统担保模式中的弱势谈判地位和风险全部承担这两个束缚担保机构生命力的桎梏,不断强化担保机构市场主体地位的独立性和担保合同的主动性,使银保合作关系长期化、稳定化,风险分散的路径多元化,担保机构的自主、自生能力显著提高。(3)不断减少信息不对称。桥隧模式利用了风险投资公司对高成长企业的专业眼光和判断力,为担保贷款提供有关受保企业更加准确的信息,使银企之间信息不对称减弱;行业担保模式利用了行业协会对行业内受保企业所拥有的信息资源优势,使保企之间信息不对称减弱;抱团增信模式利用了担保行业协会关于担保机构的信息优势、网络优势和政策优势,使银保信息不对称减弱;路衢模式根据企业的资信状况构建了收益与风险基本匹配的交易结构,使银、保、企之间信息不对称全面减弱。正是这种信息不对称的弱化,使担保贷款期限、规模、担保产品特性等发生转化,四种担保模式的运行实绩普遍得到改善,中小企业信贷配给不当现象得到有效优化。

当然,这些新型模式也存在一些局限性,如桥隧模式中因风险投资公司只会看中少数有增长潜力的企业,使得该模式的适用面较窄;行业担保模式的优势仅体现在行业内企业之中;抱团增信模式由于考虑成本等因素仅限于开发银行的批量贷款;路衢模式中因涉及多个市场主体,会产生交易成本的增加,需要与担保机构运行实绩的改善之间有一个权衡。因此,还需要对这些模式的转化效应作进一步的统计分析,以找寻改进模式创新的方向。

参考文献

[1]Craig B R,Jackson III W E,Thomson J B. SBA-Loan guarantees and local economic growth[J]. Journal of Small Business Management,2007(45):116-132.

[2]Riding A L,Hainesjr G. Loan guarantees:Costs of default and benefits to small firms[J]. Journal of Business Venturing,2001,16(6):595-612.

[3]Hong B K,Park K B, Jeon T S. Application performance of credit

guarantee and proper estimating of contribution[M]. Korea Institute of Public Finance (in Korean),2003.

[4]Cowling M,Mitchell P. Note and summary statistics for the loan guarantee scheme[J]. Small Business and Enterprise Development,1997,4(1):43-47.

[5]Lee K. An evaluation of loan guarantee system for S&M firms in korea[J]. The Korea Journal of Public Finance,2006(20):203-229.

[6]Nigrini M,Schoombee A. Credit guarantee schemes as an instrument to promote access to finance for small and medium enterprises:An analysis of khula enterprises finance Ltd's individual credit guarantee scheme [J]. Development Southern Africa,2002,19(5):735-750.

[7]Hanley A,Girma S. New ventures and their credit terms[J]. Small Business Economics,2006(26):351-364.

[8]何祖玉,韩玉君,王华伟. 中小企业信用担保机构系统动态仿真模型研究[J]. 运筹与管理,2003(6):106-109.

[9]付俊文,赵红. 商业银行在信用确认基础上对担保机构的风险分担机制[J]. 系统工程理论方法应用,2006(6):565-570.

[10]晏露蓉,赖永文,张斌. 创建合理高效的中小企业融资担保体系研究[J].金融研究,2007(10):152-165.

[11]王传东,王家传. 中小企业信用担保研究综述[J].金融教学与研究,2006(3):14-16.

[12]金雪军,陈杭生.桥隧模式——架通信贷市场与资本市场的创新型贷款担保运作模式[M]. 杭州:浙江大学出版社,2007:83-94.

[13]金雪军,陈杭生.从桥隧模式到路衢模式——解决中小企业融资难问题的新探索[M].杭州:浙江大学出版社,2009:37-52.

温州金融改革的意义与突破路径[①]

摘 要 温州金融综合改革试验具有开创性、全局性和综合性，将会在全国产生示范性意义。能否引导民间融资健康有序发展，成为这次温州金融改革能够取得何种成果的关键。那么，温州金融改革释放出何种信号？改革会在哪些方面取得突破性进展？本文将会进行详细解读和分析。

一、温州金融改革释放四大信号

2012 年 3 月，国务院常务会议批准设立温州金融综合改革试验区，《浙江省温州市金融综合改革试验区总体方案》同时获批实施。与以往的单一经济政策为目的金融改革不同，温州金融综合改革试验区是一种综合性试验，是从国家长远发展的角度所做的战略性安排，其意义更为不同寻常。

首先，金融业是国民经济的"血液"，但由于其敏感性，我国金融体制改革一直滞后于经济体制改革。目前的形势"倒逼"金融体制改革必须加快进程：一方面，占据国民经济总量"半壁江山"的中小企业融资难问题迟迟得不到根本解决，转型升级难度大。实体经济进一步发展的动力，相当程度上需要由金融体制改革来提供。另一方面，温州民间借贷大规模连环崩盘，引发老板"跑路潮"，并有向全国蔓延的趋势。设立温州市金融综合改革试验区，率先把温州充裕的民间资本从"地下"引到"地上"，这对于将民间金融正式引入正规金融体系具有相当大的破冰意义，可以说，温州金融综合改革试验具有开创性。

其次，同温州地区一样，我国许多地方都具有"民营经济发达，中小企业众

---

① 本文作者金雪军，最初发表在《农村金融研究》2012 年第 8 期。

多，民间资金充裕，民间金融活跃"的特点，也存在中小企业主"跑路"现象，因此，在温州开展金融改革试验对全国的金融改革具有探索意义。放开民间资本准入条件，允许民间资本进入正规金融领域是一个全国性问题。温州金融实验的任务不仅要解决地方问题，更重要的意义在于通过温州金融改革的探索，为全国层面的金融改革提供经验。可以说，温州金融综合改革试验具有全局性。

再次，中国金融体制与中国的经济结构不匹配，迫切需要对现行金融体系加以全面改革。温州金融综合改革试验区的总体方案，涉及金融组织、金融产品创新、地方资本市场、产权交易、风险防范、民间金融发展等多个方面，在改革内容上具有前所未有的综合性，是一揽子改革方案。这些改革内容的综合效应是为温州、为全国开拓出一条破解民间资本与民营企业投融资困局的新路子。可以说，温州金融综合改革试验具有综合性。

温州民营经济占全市国民经济比重达到 81.6%，民营企业数量占 99.5%。此外，温州拥有高达 6000 亿元且以年均 14% 的增速增长的民间资本容量。在温州开展金融改革试验，不仅能促使民间资本与企业家精神的结合，为转型升级创造良好的条件，解决温州经济与金融运行中的实际问题，还可以从中看出未来中国金融体制改革方向的强烈信号。

第一，推动金融市场化走向深入。改革方案明确提出要"加快发展新型金融组织、专业资产管理机构"，说明金融市场化是改革的重要内容，释放出进一步推进金融改革、构建多层次金融体系、依靠市场力量来配置金融资源等政策信号。

第二，进一步加快金融开放。如方案提出"研究开展个人境外直接投资试点，探索建立规范便捷的直接投资渠道。"温州的外汇资源、海外关系、遍布全球的温商等构成了温州试水国际市场的良好背景，同时说明金融业进一步走向开放是未来改革的重要目标。

第三，发展金融产业，为转型升级服务。方案中相当大部分内容是围绕金融产业化展开的，为民间资本的发展方向指明了道路，如"成立民间资金管理公司，发展小额贷款公司与村镇银行，发展私募投资基金"等等。释放的信号是要为民间金融正名，建立民间资本与实体经济之间的无障碍通道，为实体经济的发展提供金融支持，为民营经济的转型升级与发展提供相匹配的金融服务。

第四，完善金融生态环境。经过多年的"野蛮"生长，民间金融已有很大发展，但还存在诸多不规范的地方。借此改革机会，加快民间金融的阳光化、规范化、法制化建设，优化金融生态环境，为民间金融走向规范化的良性发展提供制度保障。

二、温州金融改革的挑战

(一)金融业要素发展不平衡

温州金融业组织体系较为完善,但金融业发展不平衡。从机构分布看,银行一业独大,证券、保险、期货等发展较为薄弱,外资银行、基金、信托、融资租赁等金融机构基本没有。从机构级别看,除温州银行、农村合作金融系统、小额贷款公司、村镇银行外,主要是分支机构,总部经济薄弱,金融业要素发展不平衡,辐射功能有待提高。

(二)金融要素结构不协调

目前,温州中小企业融资依然主要是依靠银行贷款的间接融资模式,而资本市场的直接融资功能在温州发展缓慢,股权融资、债权融资等直接融资模式发展滞后,远远跟不上中小企业融资需求,资本市场的直接融资功能有待进一步提高。

(三)金融人才短缺

温州金融人才总量、相关的法律会计人才、结构比例近年来虽有所提高和优化,但总体状况不容乐观。金融方面的高端人才十分紧缺,自今年3月底"温州金改"获批以来,温州市进行了一系列"招才行动",但效果并不明显。人才短缺是当前金融改革的主要挑战之一。

(四)金融创新动力弱化

利率市场化改革试点处于停滞状态,银行业务经营同质化,创新动力不足,自身优势和特色不明显,部分券商用低价策略进行不正当竞争,服务质量和投资者教育滞后,部分市场存在市场饱和等问题。近年来浙商资本的外流及大量"地下金融"的存在也给金融监管带来了新的难题。大量民间资本的无序流动,以及资本"利滚利"带来的巨额利润直接削弱了温州金融创新的动力。

三、温州金融改革的突破路径

充足的民间资金是温州最鲜明的特色之一,但是长期以来,大量民间资金游离于实体经济之外，以游资形式在全国无序流动，不但没有为本地区产业发展升级作出应有的贡献，还经常成为冲击正常经济秩序的不稳定因素之一。不能有效地引导和利用民间资金，一直是温州金融业的"遗憾"。因此，能否引导民间融资健康有序发展成为这次"温州金改"能够取得何种成果的关键。

（一）完善金融机构间接融资体系，发展资本市场直接融资体系

金融理论以及西方国家的发展实践表明，不同的经济发展阶段需要不同的融资方式来适应。一般来说，各国的企业融资都走了一条"自有资本或直接借贷—银行间接融资—资本市场直接融资"的道路。

在经济比较发达的时期，银行贷款以及资本市场将是企业最主要的融资渠道。比如十年前的美国，非金融企业外部资金来源中就有 40% 来源于银行贷款，35% 来自债券，9% 来自股票；同年，德国非金融企业外部融资 80% 来自于银行贷款，15% 来源于债券和股票。两个国家来自银行与资本市场的融资额都超过了 80%。由此我们需要认识到，民间借贷在经济发展不同阶段是有不同地位的，它是和经济不发达阶段相适应的，一旦进入产业升级的通道，应重点通过发展完善金融机构间接融资体系与资本市场直接融资体系来寻找新的融资方法。

1. 就现阶段而言，民间融资发展的重要形式是中小金融机构。建立产权明晰的民营中小金融机构，能够使专门从事融资的、有一定经验的、又有大量资金支持的法人或自然人有一个合规合法的渠道，改变金融领域的垄断局面，重构竞争有序的金融生态，构建多元化、多渠道、多层次的金融体系。

从操作层面看，要分层次、有步骤地引导民间融资进入我国金融服务体系。一是鼓励规模较大、管理比较规范的民间融资机构逐渐改制成为正规金融机构，进入正规金融体系，改制方向应该是地方中小金融机构。二是鼓励实力较弱、管理水平较低的民间融资机构入股由商业银行、农村信用社等金融机构发起设立的村镇银行、社区银行等中小金融机构。三是可以对不愿意改制成正规金融机构的民间融资中介根据有关规章制度进行规范化管理，采取报备的办法在监管机构备案，对其注册资本金、准入条件、业务范围和区域限制进行明确规定，防范经营风险。

2. 进一步放宽民间资金进入银行体系的条件。目前来看，引导民间资金进入银行体系还存在不少困难。根据现行的《村镇银行管理暂行规定》，村镇银行的发起人或出资人中应至少有 1 家银行业金融机构。这一条款对村镇银行设置了相应的门槛，将不少民间投资挡在了门外。因此应争取监管部门给予温州

民间金融更大的发展空间,争取对村镇银行的设立进一步放宽准入条件,取消村镇银行设立必须有一家法人银行成为出资人的这一硬性规定。防范民营银行的风险可以从提高注册资本金、建立存款保险制度着手,使民营银行建立有效的进入和退出机制,建立严格的监管条例或办法,推动民营中小金融机构的健康发展。

(二)降低民间借贷比重,大力提高民间投资的比重

中国人民银行温州中心支行调查数据显示,目前温州民间借贷资金60%以上进入到非生产性经营领域。要改变这一现状,需大力鼓励民间投资,将借贷资金转变为权益资本。民间投资相对于民间借贷的区别在于,民间投资必须与具体的产业、项目直接联系,因此其风险完全由投资者承担,不会形成上下线的扩散。在经济较为发达的地区要降低民间借贷比重,大力提高民间投资的比重,两者的交替是必然的。

1.明确功能定位,做足民间资金和民营企业文章。以民间资金的投融资创新为重点,加强民间资金信息透明度,加快金融资源整合,大力促成健康的股权投资交易;以民营企业金融服务为重点,加大银企合作力度,大力发展与中小企业服务密切相关的新型金融企业,加强金融产品创新,全面提升金融业务水平和服务质量。

2.产业细分定位,以股权投资为创新点,带动金融业整体发展。结合民间资金"追求高收益,承担高风险"的特点,着重发展投资型金融机构。大力发展股权投资基金,完善股权投资相关制度建设,探索多样化股权投资退出渠道。在发展投资型金融机构的过程中,完善整体金融体系,最终形成综合性股权投资信息和资金集散中心,成为引导全国民间股权投资的风向标。

但是民间投资也面临一个问题:投资项目的选择。以目前的经济状况来看,好项目并不多,因此需要针对不同层次的投资主体提供不同层次的投资渠道,进一步开放投资市场,降低民间投资准入门槛,鼓励和引导民间资本进入能源、交通等垄断行业进入市政公用事业、社会事业和基础设施等领域。

鉴于目前相当一部分资金所有者缺少投资知识,可行的办法是将资金交给私募股权基金、信托公司、资产管理公司等进行专业化投资,进入现代服务业、战略性新兴产业、高新技术产业等领域。通过设立政府引导基金和各类股权投资基金,吸引更多民间资本通过股权、债权方式流入实体经济。

(三)民间融资有序发展要做到"三化"

民间融资有序发展要做到三点:阳光化、规范化、法制化。

1.阳光化。阳光化就是信息公开,目的是消除信息不对称。首先要求借贷双方了解彼此情况。出借方知道自己的钱给了谁,用于什么项目;借款方知道借来的钱来源于谁。要让民间借贷从地下转为地上,操作层面就是实行登记备案制度。

具体来说:一是要建立民间借贷业务登记备案制度。对民间借贷交易行为实行登记备案制度,特别是对融资规模较大的企业应实行强制性登记备案,同时,为提高积极性,应该实行免费登记,若借贷主体主动登记,可享受登记机关提供的投资者教育、借款人信用信息查询、法律援助等服务,并可在撮合中优先获得贷款。二是要加强中小企业及城乡居民的风险意识教育,增强民间金融活动的透明度。在办理手续上,要引导当事人契约化运作,按照银行办理贷款的程序,有凭有据,大额贷款实行公证,防止产生不必要的纠纷。

2.规范化。规范化就是建章立制。到目前为止,我国尚未出台任何专门的民间融资法律法规,大量的民间借贷活动仍处于"灰色地带"。制定有关规章制度,引导民间融资在"阳光下"规范运作,实为当务之急。

(1)出台可操作的民间融资管理制度。为民间金融发展构建一个规范化的制度框架,对民间融资经营主体资格、资金来源和投向、利率浮动区间、风险纠纷的应对措施以及利息收入的税收等问题予以明确规定,同时也应对民间融资非法行为进行界定,将民间融资活动纳入国家金融制度的管辖范围之内。

具体而言,任何以资金借贷业务为经营对象的经营主体都应该具备一定资质,凭照经营。最核心的要求是,必须运用自有资金放贷。因此可大力发展小额贷款公司,只要用的是自有资金,那么风险就是可控的,不会因为吸收存款而导致风险向社会蔓延。民间借贷要保持不能演变成募集公共存款的特点,这是一条非常重要的界限。主体资格也应做一定的限制,比如限制公务员和金融机构人员的进入。

另外,对利率浮动范围有必要重新审视。从目前状况来看,"4倍基准利率"的标准已经与现实情况有了差距。1994年制定这一标准时,企业利润率在20%～30%左右,而当时的借款利率却很低,但目前一年期基准利率为6.56%,4倍即超过26%,这远远超过当前企业10%左右的毛利率,再加上中小企业面临的"三荒两高一低",过高的利率无法支撑。可考虑根据企业绩效评价指标重新确定民间借贷合法利率区间,具体参数可以根据具体情况再作深入研究。

（2）制定科学的民间融资风险监控办法。

第一,建立科学的民间借贷监测指标体系。建立包括资本充足性、资产流动性、盈利状况、经营管理水平、信贷规模、限额及资产负债比例等风险预警监测指标体系,监测内容应包括民间借贷规模、融资方式、用途、期限、利率和借款偿还情况等。对融资规模较大的企业或个体经营户,主管部门应定期跟踪调查,及时掌握其动态变化,并实施有效的风险控制和管理。

第二,建立监测通报系统。定期开展调查、统计,及时监测辖内民间融资的总量、利率水平、资金来源及运用情况,并适时进行信息披露和风险提示。

第三,建立信用信息共享系统。银行、工商、税务等单位要建立健全信息共享机制,为民间融资机构建立全方位、多层次的信息服务体系,便于及时查询贷款方的所有信息,实现信息的综合利用,把民间融资机构的风险降到最低。如典当、担保等机构应加入征信系统。

（3）建立统一的民间融资交易平台。由地方政府主导组建公司化的运营主体,搭建虚拟的网络平台和类似于交易所的物理平台,引导民间借贷各机构、个人入驻,为资金融通需求各方提供资金供需信息,安排借贷双方见面洽谈,最后撮合资金供求双方达成借贷交易。待资金供需方意向达成后,该平台协助办理手续并登记备案,整理借贷资料归档,并向主管部门备案,以此达到政府掌握和监测民间资金动向、信息公开以及风险提示的目的。

第一,确立民间借贷准入门槛条件,对民间借贷实行登记注册制度。通过为借贷双方提供借贷登记等服务,掌握民间融资动态,引导民间融资活动走向"阳光化"。

第二,提供民间融资的标准化合同,为借贷双方达成交易后的合同进行编号和登记。控制放贷风险,可仿照银行风险管理要求,对放贷人设置适当放贷最高额和比例限制。

第三,提供信息披露、预警、监督、评估等功能,一旦有合同违约便进行公布,这样可大大消除信息不对称现象,完善风险控制体系。

第四,制定国家金融支持或救助民间金融的条件,制定风险预防措施、危机处理程序、法律责任等。

（4）打造完备的民间融资保障体系。

一是成立行业协会,合理有序引导民间资金。民间闲置资金规范庞大,这些资金始终都在探求投资方向与出路,有着强烈的增值意愿与渴望。这些资金如合理引导,则"利国利民";如无序使用,则无疑"洪水猛兽"。因此应在有关主管单位的领导下建立各地民间借贷行业协会,加强对民间资本使用的引导,推进民间借贷中介组织内省与自律,对民间借贷活动进行组织化、系统化管理。

二是完善信用评价体系。建立和完善借款人信用等级测评制度,完善信用评价体系。构建信息交流平台,允许民间借贷行为人使用征信系统,切实解决在贷款决策中,有关借款人、保证人资信信息不对称问题,有效减少借贷风险。

3.法制化。我国尚未出台专门针对民间融资的法律法规,有关民间借贷的立法严重滞后于社会实践,仅有的一些法律规则散见于《民法通则》《合同法》等法律中,暴露出"零散化"缺陷,导致民间金融长期"异化"发展。因此,我国民间金融立法工作需进一步推进,尽快将民间融资纳入法制轨道。

首先,制定一部适合我国国情的民间金融法律,通过法律手段来规范民间融资运作。明确规定民间融资的法律地位、借贷形式、资金来源与投向、贷款额度与期限、利率水平以及纠纷处理等,清晰界定合法和非法融资活动的界限,对借贷双方的权利与义务都要予以规范,为民间金融活动的规范和管理提供法律依据。

其次,应进一步完善金融业法治环境。改进和完善多层次的金融监管与协调机制,建立健全地方政府"一办一行二局"的监管协调机制,充分发挥地方政府相关部门间的监管协调能力,建立适应民间金融发展的监管规则,严厉打击各种非法违规的金融活动,推动民间借贷从"地下"野蛮生长向"地上"理性发展转变。

(四)健全多元化金融机构体系

1.完善地方性金融机构体系。利用温州民间资金充足的优势,积极发展本地证券、期货、信托、基金、担保、融资租赁等金融机构,改变银行机构单支独大、金融机构发展不平衡的局面,建立多元化的金融机构体系。

2.做强特色金融机构。继续探索村镇银行、小额贷款公司、担保公司、农村资金互助社等特色金融机构的发展途径,充分发挥其经济"毛细血管"的作用。鼓励民间资本进入金融领域,允许民间资本兴办金融机构,参与商业银行、农村信用社、城市信用社改制。鼓励民间资本发起或参与设立村镇银行、贷款公司、农村资金互助社等金融机构,并支持民间资本发起设立信用担保公司和其他金融中介服务机构。

3.大力引进外地金融机构。积极引进外地优秀金融机构落户温州,鼓励全国性和国际性金融机构在温州设立管理中心和功能中心,形成金融机构管理和信息的集聚。注重引入国际先进的区域金融中心管理经验和运作模式,引导金融机构间良性竞争,促进各金融主体间的协同合作。

4.加强金融中介服务业发展。积极培育高效、规范、齐全的金融中介服务机构体系。提升本地现有的金融中介组织的专业水平,健全律师事务所、会计师事务所、资信评级等机构,提供法律、会计、资信、评估等专业化服务,填补温州金融中介服务的空白,构建完整安全的金融中介服务体系。重点培育具有证券从业资格的本地金融中介组织,为发展股权投资市场和推动本地企业上市提供信息和技术支持。

(五)完善金融产业保障体系

1.加强组织领导。强化地方政府对金融的领导,完善金融领导组织机构。明确职责,理顺管理体制,建立符合温州地区金融发展的高效金融管理体制。完善日常工作的合作机制和对突发事件的预警和干预机制,严防出现管理真空。

2.加大财政税收支持力度。完善贷款风险补偿资金、小企业贷款风险补偿机制,鼓励涉农银行机构增加涉农贷款。充分利用国家对支农贷款、小企业贷款、创业贷款和科技贷款等方面的税收优惠政策,继续维持新型农村金融机构的扶持政策,对农村合作金融机构减免营业税政策,鼓励其做大做强。

3.加强政策扶持力度。应在巩固现有金融创新改革试点工作成果的基础上,争取国家更多的金融创新试点政策支持。抓住国家大力发展金融服务业和设立温州金融改革实验区的契机,配合国家改革试点的需要,紧跟国家相关政策步伐,加快出台试点工作配套实施细则,建立试点推进机制,有效推进各项有现实意义和长期社会效应的试点改革。

4.培养引进专业人才。培养与引进相结合,多渠道实现人才战略。编制金融人才紧缺目录,明确引进专业人才的优惠措施。实施人才培养工程,与高校和研究机构等合作,多种形式培养各层次金融人才。健全金融人才的柔性流动制度,拓宽金融人力资本投资渠道,建立温州与其他地区的金融人才共享机制。

参考文献

[1]池锦刚,李有星.浅谈政府信息监测制度在民间融资问题上的运用[J].法治研究,2010(12):76-81.

[2]丁俊峰,刘惟煌,钟亚良.民间融资市场与金融制度[J].金融研究,2005(12):161-168.

[3]金雪军.一项事关全局的综合改革[N].浙江日报,2012-03-30(9).

[4]钮明,张欣,邻淮.民间借贷:现状与抉择[J].金融理论与实践,2004(6):15-18.

[5]王从容,李宁.民间融资:合法性、金融监管与制度创新[J].江西社会科学,2010(3):90-93.

[6]徐洪水.金融多样化、民间融资生态位与发展规管[J].浙江金融,2011(12):23-26.

[7]延红梅.民间融资:期盼走向阳光地带[J].中国金融,2007(24):75-79.

[8]张志军.民间融资:如何认识与疏导[N].人民日报,2012-3-15(7).

中国商品市场名义价格粘性的测度[①]

摘　要　本文利用网络文本提取与挖掘技术,构建超过 15 亿条观测的产品级高频数据集,对中国商品市场 2010 年 12 月至 2013 年 2 月间名义价格粘性程度进行估算。结果表明:(1)相对于发达国家,我国的价格粘性程度处于较低水平,总体价格变化的加权中位数频率是每天 1.23%,总体价格持续时间中值为 2.7 个月,剔除促销的影响后,价格持续时间中值增加到 3.4 个月。(2)划分子样本分析发现,东部地区和中部地区价格粘性程度比较接近且均高于西部地区,进口品和成交量排名前 20 零售商的商品价格更为灵活。(3)价格调整幅度的分布呈双峰形态,与状态相关定价模型的预测一致,意味着中国商品市场企业定价存在一定程度的"选择效应"。(4)通货膨胀方差分解发现,集约边际解释了通货膨胀方差的 64%,表明中国通货膨胀主要来源于商品价格变化幅度的扩张。本文的研究为构建更具微观基础的宏观经济模型提供了新的经验证据。

关键词　价格粘性;时间相关定价;状态相关定价;集约边际;扩展边际

一、引　言

过去的几十年中,关于货币政策有效性的论争一直没有停息。主流的观点是货币政策短期有效,长期中性。短期有效论的关键假设是商品市场名义价格存在粘性,当经济体遭遇经济波动冲击后,市场不能迅速出清,因此货币当局的货币政策能够刺激商品和服务的真实产出。那么,在真实世界,商品市场名义

---

①　本文作者金雪军、黄滕、祝宇,最初发表在《经济研究》2013 年第 9 期。

价格是否存在粘性?如果存在,其粘性程度有多大?早期的研究利用杂志或者百货价格样本对价格粘性程度进行估算,发现名义价格调整缓慢,平均每年调整一次,因此认为价格存在较强的粘性(Cecchetti,1986;Kashyap,1995)。但这些研究样本太小,包含的商品范围过于狭窄,结论不具一般性。直到 2004年,Bils 和 Klenow(2004)首次利用美国 1995—1997 年 CPI 价格数据,发现消费品名义价格平均 4.3 个月调整一次,为运用大样本数据研究价格粘性做出开创性贡献。自此之后,不同国家的研究人员利用微观数据对本国的价格粘性进行测度(Klenow 和 Willis,2007;Boivin 等,2007;Nakamura 和 Steinsson,2008;Klenow 和 Kryvtsov,2008;Klenow 和 Kryvtsov,2008;Gagnon,2009;Ozmen 和 Sevinc,2011;Cavallo,2010,2012),为构建符合本国经济实际的宏观经济模型提供了微观证据。但遗憾的是,到目前为止,还没有基于大样本微观数据的经验研究对中国商品市场名义价格粘性进行测度。

与微观厂商粘性定价行为密切相关的另一个问题是总量价格定价模式。现代宏观经济理论的一个重要结论是,不同微观价格生成机制所决定的总量价格定价模式具有截然不同的宏观经济影响。一般认为,总量价格定价模式主要分为时间相关定价(Time-Dependent Pricing,TDP)和状态相关定价(State—Dependent Pricing,SDP)两类。在时间相关定价模式中,企业的价格确定仅取决于时间因素,给定时期仅部分企业更新价格(Taylor,1980),或以一定概率随机调整价格(Calvo,1983),企业的调价行为对外界因素冲击的响应速度较慢,货币政策对总产出的刺激作用具有较持久的影响。相比而言,状态相关定价模式强调企业能够在任何时候更改价格,但必须支付调价带来的"菜单成本"。企业通过比较调价收益和调价的"菜单成本",选择是否改变产品的价格以应对冲击(Dotsey 等,1999;Golosov 和 Lucas,2007),由于这种"选择效应"(Selection Effect)的存在,价格水平能够相对迅速响应经济波动冲击,货币政策对总产出的刺激作用将较为短暂。因此,考察企业价格生成机制是否存在"选择效应",识别总量价格定价模式,有助于回答货币政策效果的持续性问题。

由于研究商品市场名义价格粘性的问题需要大样本微观数据,而我国的官方 CPI 价格数据难以获取,导致这方面的研究一直无法展开。现有研究中,渠慎宁等(2012)利用国家发改委价格监测中心收集的 116 种商品和服务的微观价格数据,对居民消费价格的波动、价格粘性和定价模式进行了经验研究,为中国商品市场厂商定价行为与市场化程度分析提供了较为深刻的洞见。蔡晓陈(2012)以隐含的季度 GDP 缩减指数作为价格指数度量指标估计了 1992—2012

年的中国价格粘性程度,发现价格平均持续时间为 3.4～8.1 个月。但由于宏观数据的一些固有缺陷,比如在指数生成过程中会损失许多有用信息,通常会导致估计结果有较大偏差,因此,近年来鲜有文献采用宏观数据进行价格粘性的测度。与既有研究不同,本文介绍了一种新的数据来源,利用 Web 数据挖掘技术,收集了来自互联网的 350 万种商品的连续价格数据,构建超过 15 亿条观测的产品层面数据库,首次利用大样本微观数据完成中国商品市场名义价格粘性的测度并识别总量价格调整模式,为今后构建更具微观基础的宏观经济模型提供了较为准确的经验研究证据。

二、数据获取与处理

(一)数据来源及获取方法

本文的数据来源于全球最大的中文购物搜索引擎"一淘商品搜索"。获取并处理数据的具体步骤如下:首先,在每天的固定时间,利用软件自动访问"一淘"购物搜索引擎公共网页,分析目标页面源代码,识别并抽取目标信息,以可扩展标记语言(Extensible Markup Language,XML)格式保存到本地工作站。第二,对 XML 文件进行"清洗",即去除 XML 文件中的标签等无用信息。例如价格信息包含在自定义的两个"Price"标签之间,可以根据这两个标签进行定位,提取标签之间的内容,得到所需的文本信息。本文用 C♯语言编写数据清洗程序,对 XML 文件中的有效文本信息进行抽取并保存为逗号分隔符(Comma Separated Value,CSV)文件格式。第三,对文本进行模式识别,得到需要的最终信息。模式识别的过程较为复杂,需要通过正则表达式定义识别规则并对文本进行模式匹配,找出符合特定模式的文本。本文通过编写 SAS 程序对 CSV 文件中的文本进行模式识别。最后,将经过清洗和模式识别后的信息添加到本地数据库。①

互联网数据的几点优势使其成为研究价格粘性的合意信息来源。首先,互联网数据可以每天定时获取,形成的数据集包含观测样本的每日价格,这种高频观测将极大地减少测量误差。第二,样本信息非常详细,包括品名、价格、销量、评价、商品分类、销售商等。每个产品都有唯一的 ID 号,可以很方便地跟踪

---

① 详细过程参见本文工作论文附录,载于《经济研究》网站工作论文栏目,也可向作者索要本文完整版本。

该产品的价格变化情况。第三,没有强制性替换(Forced Item Substitution)问题。在官方统计数据中,对于季节性产品或者当产品脱销、下架时,会发生强制性产品替换,这将产生人为的价格变化,可能导致较大的误差。相比之下,在线商品的价格数据,每个商品都有唯一的完整价格序列,观测样本相互独立,避免了强制性替换问题。最后,网络商品市场与传统商品市场并无本质区别,两者之间的差异主要是商品交易渠道的不同。随着网络购物的发展,企业通过自建平台或入驻天猫商城、亚马逊等大型网络平台,开拓网络零售"线上"渠道,网络市场不过是实体市场的延伸。另一方面,网上商店也开始"落地"开实体店,传统"线下"渠道与网络"线上"渠道实现深度融合。网络数据的主要缺点是仅涵盖 CPI 篮子的部分商品,但随着电子商务的发展,在线商品的品种越来越丰富,除了 3C、图书等标准化产品类,已扩展到服装鞋帽、化妆品、食品、家用电器、家居百货、文体用品、珠宝配饰、母婴产品、医药、家装材料等众多品种。此外,有证据表明,"在线"商品价格的行为,在价格变化的时机和规模方面都类似于"离线"价格行为(Cavallo,2010)。综上,我们认为来自网络的商品价格数据基本能够反映中国商品市场的价格行为。

(二)数据集描述

本文数据集涵盖每天采集的来自"一淘网"的 355 万商品和服务的信息,时间跨度从 2010 年 12 月至 2013 年 2 月,共有 806 天 15.25 亿条观测。按照网络分类信息进行统计,所有网络商品和服务的种类共有 913 类。为便于进一步分析,我们基于国家统计局《2010 年统计报表制度》的分类标准,把网络分类与国家标准的基本分类进行匹配。匹配后共有 175 个基本分类,相当于覆盖了 CPI 篮子的 66.79%。最后把 175 个基本分类划分为 8 个大类。① 这 8 个大类商品数量占全部商品数量的比例略有差异,其中食品(8.70%)、衣着(24.46%)、家庭(17.93%)、医疗(23.84%)、教育(15.37%)类商品占比较高,交通(3.96%)、烟酒(2.63%)、居住(3.33%)类占比较低。② 但从绝对数量看,每个类别都包含了众多的商品数量,即便是商品数量较少的居住、烟酒和交通类也至少有超过 9 万种商品,能够保证每类商品有足够多的观测样本。总体而言,本文数据

---

① 中国 CPI 分类体系包括 262 个基本分类和 8 个大分类。8 个大类分别是食品、烟酒及用品、衣着、家庭设备用品及服务、医疗保健及个人用品、交通和通信、娱乐教育文化用品及服务、居住,为行文方便,简记为食品、烟酒、衣着、家庭、医疗、交通、教育和居住。

② 括号中的数字是该类商品数量占总体商品数量的比例。

集的主要特点是产品种类丰富、样本量大、高频和高 CPI 覆盖率。表 1 描述了数据集的基本情况。

表 1　原始数据集描述

总观测样本	15.25 亿元
产品数量	355 万
起止日期	2010 年 12 月 6 日—2013 年 2 月 17 日
单个商品平均存续期(天)	436
产品种类(网络分类/国家标准分类)	913/175
产品信息	品名、品牌、产品 ID、卖价、促销价、历史价格记录、运费、销量、销量排名、买家评价、产品分类、产品分类及其 ID、相关商品数量、相同商品卖家数量、与产品相关的资讯数量等
零售商信息	零售商名称、零售商 ID、零售商所在地等

(三)数据预处理

在展开正式研究之前,我们参照文献中的标准方法进行初步的数据处理。

1.缺失值处理。我们的数据集是对产品价格等信息的连续观测,但由于网络不稳定或者抓取软件本身的原因,会导致价格序列某些时点或时间段存在信息缺失。我们用缺失前一天的价格记录补齐,直到新的价格信息出现(Klenow 和 Kryvtsov,2008;Gopinath 和 Rigobon,2008)。鉴于数据的高频性质,这种处理不会影响结果。

2.异常值处理。按照文献的通常处理,剔除价格序列中 1% 分位数和 99% 分位数以外的数据。借鉴 Cavallo(2010)的处理,将价格上涨超过 500% 或者价格下降超过 90% 的值定义为异常值。此外,我们发现一些价格变化呈现异常频繁的"小起小落"特征,即在非常短的时期,频繁进行微小上涨和下降调整。这可能是零售商为提高商品排名采取的某种"手段",属于非正常的价格调整。因此,本文将价格调整比例小于 1% 且持续时间小于 2 天的观测值定义为"小起小落"型异常值。尽管两类异常值的比例很小,但可能对价格变化频率和幅度等统计数据产生影响,因此予以剔除。

3.样本期处理。根据观测样本首次出现的日期和最后一次出现的日期来计算每个样本的样本期长度,为保证样本的观测时期足够长,剔除样本期小于 180 天的观测。

4.剔除 C2C 数据。本文获取的数据分为个人对个人(Customer-to-Customer,C2C)和商家对顾客(Business-to-Customer,B2C)数据,其中"淘宝网"的数据属于 C2C 数据,其他皆为 B2C 数据。B2C 的商业形态包括综合商场、百货商店、垂直商店、复合品牌店等多种类型,与传统市场的商业形态非常类似,定价主体是各种类型的企业,符合我们的研究要求。C2C 是个人与个人之间的电子商务,定价主体是个人,经营还存在一些不规范的地方,数据噪音比较大,因此将来自"淘宝网"的数据予以剔除。

5.识别促销价格。根据 Nakamura 和 Steinsson(2008)的研究,与正常的价格变化相比,促销型价格变化具有显著不同的特征,一是与促销有关的价格变化是高度瞬态的,二是大多数情况下,促销结束后产品的价格会恢复到之前的价格,即价格变化呈现出非常明显的"V 型"模式。因此,可由降价持续时间和 V 型特征来识别促销价格。根据多数文献观点,本文将降价持续时间小于 15 天且具有 V 型特征的价格变化定义为促销。

三、价格粘性的测度

(一)价格变化统计描述

由于价格粘性的测度主要是考察价格变化频率,我们首先从总体上对价格变化情况进行简单统计性描述。表 2 报告了价格变化的统计结果。包含促销时,84%的产品在样本期内调整价格 1 次以上,其中调价 2 次以上的商品比率为 67%。剔除促销对价格调整次数影响较大,调价 2 次以上的商品比例下降 6 个百分点,无价格变化和调价 1 次的商品比例则分别上升 2 个百分点和 4 个百分点。包含促销情形下,单个商品年均调价 5.7 次,剔除促销后下降为 3.5 次。值得注意的是,价格下调占总价格变化的比例为 53.1%,剔除促销后降价的比例仍略大于涨价比例,表明价格调整行为总体是以降价为主。

表 2　价格变化统计描述

	包含促销	剔除促销
无价格变化的商品比率	16%	18%
调价 1 次的商品比率	17%	21%
调价 2 次以上的商品比率	67%	61%

续表

	包含促销	剔除促销
单个商品调价次数(均值)	5.7	3.5
价格上调比率	46.9%	48.1%
价格下调比率	53.1%	51.9%

(二)价格粘性测度:频率与周期

我们通过估计价格变化的频率来衡量价格粘性的程度。这种方法是价格粘性经验研究普遍采用的标准方法(Bils 和 Klenow,2004;Nakamura 和 Steinsson,2008;Gopinath 和 Rigobon,2008;Klenow 和 Kryvtsov,2008;Gagnon,2009;Ozmen 和 Sevinc,2011;Cavallo,2012)。本文主要借鉴 Gopinath 和 Rigobon(2008)的方法(简称为 GR 法),具体计算过程如下:首先,对每个商品 i,计算在样本期内价格发生变化的频率 F_i,公式为:F_i=价格变化次数/样本期长度。其次,根据网络分类标准把全部商品分为 913 类,计算每个分类的调价频率中位数。再次,把网络分类与国家统计局的基本分类进行匹配,得到 175个基本分类,计算每个基本分类的调价频率中位数。最后,把 175 个基本分类分为 8 大类,计算 8 大类的调价频率中位数并进行加权平均,得到总价格频率,其中 8 大类的权重数据来源于何新华(2010)。[①] 此外,Bils 和 Klenow(2004)采用了一种略为不同的方法计算价格粘性(简称为 BK 法)。这种方法先计算商品基本分类的价格调整频率均值,然后根据商品大分类的权重进行加权平均,得到总价格频率。BK 法和 GR 法在文献中都有广泛运用,相比而言,BK 法较容易受少数极端值的影响。本文采用 GR 法估算价格粘性程度,作为比较,本文也报告 BK 法的计算结果。除了价格频率,本文还计算了价格频率暗含的价格变化周期(implied duration)。价格变化周期是商品价格完成一轮调整需要的时间,提供了一种更直观的方式来衡量价格粘性程度。我们记价格周期为D,价格频率为 F,价格周期的计算公式为:$D=-1/\ln(1-F)$(Nakamura 和 Steinsson,2008)。从公式可以看出,价格频率越低,则价格周期时间越长,意味着价格粘性程度更强。价格变化频率与周期的最终估计结果见表 3。

---

① 目前我国的 CPI 基本分类和大分类的支出权重并未公开,何新华(2010)详细讨论了 CPI 权重计算的相关问题,并计算了 2006—2010 年的权重。本文样本期为 2010—2013年,我们引用何新华(2010)估算的 2010 年权重结果作为本文样本期内的分类权重。

表 3　价格粘性估算结果:频率与周期

分组	权重	包含促销				剔除促销			
		GR 法		BK 法		GR 法		BK 法	
		频率(%)	周期(天)	频率(%)	周期(天)	频率(%)	周期(天)	频率(%)	周期(天)
总体	100	1.23	81	2.01	49	0.97	103	1.41	70
食品	35.8	1.16	85	1.88	52	0.88	112	1.33	74
粮食	0.99		99	1.61	61	0.80	123	1.22	81
肉禽	1.36		73	2.19	45	0.91	110	1.35	74
蛋	1.27		78	1.96	50	1.01	99	1.39	71
水产品	1.33		75	1.86	53	0.94	105	1.37	72
鲜菜	1.49		67	2.29	43	1.01	99	1.47	67
鲜瓜果	1.23		81	1.96	51	1.03	96	1.49	66
烟酒	1.8	1.35	73	2.23	44	0.96	103	1.53	64
衣着	9.5	2.06	48	2.87	33	1.37	72	1.87	53
家庭	6.3	1.48	66	2.55	39	1.15	86	1.65	59
医疗	9	1.02	97	1.77	56	0.81	123	1.21	82
交通	13.2	1.38	71	2.40	41	1.08	91	1.73	57
教育	11.4	1.15	86	2.05	48	0.95	104	1.52	65
居住	13	0.68	145	1.24	79	0.62	159	0.92	107

注:价格变化频率是指价格每天发生变化的百分比。价格变化周期的单位是天。

表 3 第一行是加权后的总体估计结果。在包含促销情形下,GR 法估计的加权中位数频率是每天 1.23%,意味着每天发生价格变化的商品比例为 1.23%,在大样本条件下可以作为价格变化的概率,是衡量价格粘性的最主要参数。根据价格周期计算公式,价格频率隐含的价格周期为 81 天,意味着全部商品价格完成一轮调整的时间为 81 天。剔除促销后,总体价格水平的 GR 法频率从 1.23% 降至 0.97%,隐含的价格周期从 81 天上升到 103 天,上升幅度为 27%,表明促销对粘性程度的估计影响较大。BK 法的结果也说明了这一点,剔除促销前后,BK 法频率从 2.01% 降至 1.41%,隐含的价格周期从 49 天上升到 70 天,上升了 42%。最终,综合考虑估计方法和促销等问题的因素,我们认为以剔除促销的 GR 法估计结果作为中国商品市场名义价格粘性的衡量指标较

为合理,即中国商品市场每天调整价格的商品比例为 0.97％,所有商品价格完成一轮调整的时间是 103 天。

表 3 接下来几行是八大类商品的价格变动频率和价格周期。在包含促销情形下,从 GR 法中位数频率结果来看,衣着类价格变化最为灵活,每天约有2.06％的衣着类商品发生价格变化,意味着价格周期为 48 天。价格粘性程度最高的是居住类商品,每天仅 0.68％的商品发生价格调整,价格周期为 145 天。八大类商品价格粘性程度从低到高的排序为:衣着、家庭、交通、烟酒、食品、教育、医疗、居住。剔除促销后的估计结果表现出基本相同的规律。

八大类商品价格行为具有较强的异质性。这体现在两个方面,一是八大类商品价格粘性程度具有异质性,与总体价格水平相比,衣着、家庭、交通、烟酒显示出更频繁的价格变化,食品、教育、医疗、居住的价格变化相对比较缓慢。价格最为灵活的衣着类价格变化频率是最具粘性的居住类的 3 倍。另一方面,促销对不同类别商品的影响具有异质性。通过对比促销前后商品价格变化频率的变化情况,可以看出哪一类商品受到促销的影响更大。对比 BK 法的计算结果表明,①剔除促销后,衣着类商品价格变化频率从 2.87％下降到 1.87％,价格周期则从 34 天上升到 52 天,上升幅度为 60％,在所有类别中具有最高的上升幅度,说明衣着类商品最乐于促销,相对而言,教育和居住类商品受促销的影响较小,这与我们生活中的直觉相符。

考虑到食品在 CPI 分类体系中占有最大的权重,我们借鉴国家统计局的方式,在表 3 报告了六种食品次分类的估计结果。根据 GR 法估计结果,包含促销情况下,价格最灵活的是鲜菜,价格粘性程度从低到高排序为:鲜菜、肉禽、水产品、蛋、鲜瓜果、粮食。剔除促销后价格最灵活的是鲜瓜果,价格粘性程度从低到高排序为:鲜瓜果、鲜菜、蛋、水产品、肉禽、粮食。总体而言,在六类食品中,粮食价格粘性程度最高,不同情形下的频率估算结果都高于其他五类商品的变化频率。对此现象的可能解释是,国家近年建立了粮食储备体系,利用粮食库存来调剂粮食供应,因此粮食价格的波动得到了较好的控制。

(三)价格粘性测度:基于不同特征子样本

为进一步探究名义价格粘性的不同特征,参照渠慎宁等(2012)的分类方

---

① 利用 GR 法的结果也可以得出同样的结论。

法,将八类商品划分为食品、工业消费品和服务三个大分类①,分别计算价格粘性。根据表4的估算结果,价格粘性程度最高是服务类商品,工业消费品价格粘性程度远低于食品和服务类商品,表现出较高的价格灵活性。食品类价格粘性介于二者之间,接近于服务类的价格粘性。根据零售商的注册地,将样本划分为东、中、西部地区三个子样本,②考察不同区域的价格粘性。表4的估算结果表明,东部地区和中部地区价格频率比较接近,且均低于西部地区,意味着西部地区的价格更为灵活。这种现象可能与不同地区的经济结构有关,已有的经验研究表明,增加值较小的最终产品,显示出更频繁的价格变化(Nakamura 和 Steinsson,2008)。相对而言,西部地区的经济结构特征是由传统产业主导,零售商出售的产品增加值可能较小,这导致西部地区的价格水平更为灵活。根据商品成交量是否在同类商品中排名前20进行分类估算,发现 TOP20 商品的价格变化频率均高于非 TOP20 商品。观察 BK 法的估算结果,发现剔除促销前后,TOP20 商品价格持续时间由 39 天上升至 59 天,上升了 51%,非 TOP20 商品由 50 天升至 71 天,上升了 40%,表明 TOP20 商品受促销的影响更大,意味着 TOP20 商品的零售商采用了更多的促销行为。表4最后两行是进口品和非进口品的估算结果,可以发现进口品的价格调整更为灵活。

表 4 子样本价格粘性:频率与周期

分组	包含促销				剔除促销			
	GR 法		BK 法		GR 法		BK 法	
	频率	周期	频率	周期	频率	周期	频率	周期
不同分类								
食品	1.16	85	1.88	52	0.88	112	1.33	74
工业消费品	1.78	55	2.70	36	1.26	78	1.76	56
服务	1.06	93	1.86	53	0.80	123	1.34	74

① 工业消费品包含烟酒、衣着和耐用消费品,服务类包含医疗保健、交通通信、教育及居住类商品。

② 西部地区指陕西、甘肃、青海、宁夏、新疆、四川、重庆、云南、贵州、西藏。中部地区包括山西、内蒙古、吉林、黑龙江、安徽、江西、河南、湖北、湖南。东部地区包括辽宁、北京、天津、河北、山东、江苏、上海、浙江、福建、广东、广西、海南。

分组	包含促销				剔除促销			
	GR 法		BK 法		GR 法		BK 法	
	频率	周期	频率	周期	频率	周期	频率	周期
不同区域								
东部	1.19	83	2.03	48	0.97	101	1.43	69
中部	1.20	82	2.08	47	0.98	100	1.46	68
西部	1.49	67	2.29	43	1.06	93	1.52	65
交易规模								
TOP20	1.68	58	2.47	39	1.16	85	1.65	59
非 TOP20	1.17	84	1.97	50	0.91	108	1.41	70
是否进口								
进口品	1.41	69	2.04	48	1.10	89	1.51	65
非进口品	1.20	82	2.01	49	0.93	106	1.41	70

(四)价格粘性:中国与发达经济体的比较

前文估算出中国商品市场总体价格调整频率,那么中国商品市场的名义价格变化是灵活的吗?目前学界并没有判断价格灵活性的统一标准,较普遍的做法是将本国的价格粘性与其他国家进行比较,以确定相对灵活程度(Klenow 和 Malin,2010;Ozmen 和 Sevinc,2011)。本文总结了既有文献采用类似方法估算的各国价格粘性结果,以评估中国的相对价格粘性程度。图 1 报告了不同国家的价格周期估算结果。[1] 总体而言,欧洲国家表现出相对较强的价格粘性,价格周期在 4.5 到 10 个月之间。与欧洲相比,美国的价格调整相对灵活,价格周期小于 5 个月。新兴市场国家均表现出较高的调价频率,总体价格的持续时间均低于美国。中国的价格粘性程度远低于发达国家的水平,甚至低于部分经济

---

[1]　每个国家估算结果的文献来源参见本文工作论文附录。

水平相似的其他发展中国家。① 我们对此现象的解释是中国劳动力市场的低工资粘性可能导致了低价格粘性。根据徐建炜等(2012)的研究,中国劳动力市场的价格粘性程度处于世界较低水平,由于生产要素的价格粘性尤其是工资粘性会影响到商品市场价格粘性,中国的工资粘性较小可能导致商品市场价格粘性程度较低。

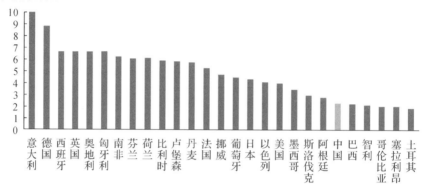

图 1   各国价格粘性程度

四、定价模式:"时间相关"还是"状态相关"?

(一)价格调整幅度

既有文献研究价格粘性一般从两个维度进行:一是计算价格调整的频率,可以估计出价格粘性程度,有助于回答货币政策有效性问题。二是考察价格调整幅度的大小及其分布,识别出企业定价模式,有助于回答货币政策刺激效果的持续性问题。前节对中国商品市场的名义价格粘性程度进行了估算,发现中国的名义价格粘性程度处于相对较低的水平,商品市场的价格调整机制相对发达国家较为灵活。但调价频率只给出了商品价格行为的局部视图,要了解价格变化背后的微观机制以及企业定价模式,还需要考察价格粘性的另一个维度,

---

① 要指出的是,由于各国估算价格粘性的样本期不同,直接对各国的估计结果进行比较隐含了一个较强的假定,即这些国家的价格粘性程度在不同时期变化不大。对于成熟市场经济国家,宏观经济环境和通货膨胀等影响价格粘性程度的因素相对稳定,此假定具有合理性。本文主要与发达国家进行比较,发现中国的价格粘性程度远低于发达国家,即便使用本文的四种不同估算结果进行比较也能得出同样的结论,因此结论是可信的。

即价格调整幅度及其分布。表 5 展示了价格调整幅度的基本统计情况。

表 5　价格调整幅度统计结果

分组	包含促销				剔除促销			
	总体调整幅度	上涨幅度	下降幅度	调整后的差额	总体调整幅度	上涨幅度	下降幅度	调整后的差额
总体	24.90	30.19	−20.07	5.06	25.22	27.26	−18.07	5.20
食品	23.08	27.78	−18.47	5.12	24.34	26.42	−18.16	4.22
烟酒	22.32	27.42	−17.90	5.61	23.43	26.32	−17.30	5.39
衣着	36.92	49.63	−28.04	10.66	36.92	38.40	−22.79	8.88
家庭	25.61	31.56	−20.69	5.46	25.74	26.73	−17.69	5.23
医疗	23.85	27.66	−18.66	4.71	23.85	26.00	−17.14	5.31
交通	16.46	20.59	−13.90	4.43	16.18	20.07	−13.56	4.38
教育	18.12	22.02	−15.37	3.85	17.26	20.62	−14.96	3.03
居住	18.60	22.09	−16.46	2.38	18.61	21.90	−14.29	5.23

注:调价幅度计算公式为,价格调整幅度＝[(本期价格－上期价格)/上期价格]×100%。计算过程为,首先对样本期内每个商品价格变化的幅度取绝对值后求和,将求和结果除以调整次数得到单个商品在样本期内平均调整幅度,然后用同样的方法按照网络分类和国家基本分类计算平均幅度,最后取基本分类计算结果的中位数作为所有商品的价格变化幅度。其他指标及八个大类的指标计算过程与此类似。

表 5 第一行是所有商品的总体结果。在包含促销情形下,调价幅度为24.9%,表明中国商品市场的价格调整幅度是相当大的。[1] 表格第 3 列、第 4 列分别是价格上涨和下降幅度。仅从绝对值来看,价格上涨幅度超过下降幅度约10 个百分点,差异非常明显。但要注意的是,下降和上涨幅度的值域不同[2],不能简单地进行比较,需要换算后再做比较,公式为:调整后的下降幅度＝{1/(1−|下降幅度|)−1}×100%,可以发现换算后的上涨幅度大于下降幅度超过 5

---

[1] 相比而言,Cavallo(2010)利用网络数据估算的拉美四国的价格调整幅度均在 5% 以内。但这种差异也可能是由于调整幅度的计算方法不同造成的。在本文的计算公式中,我们对价格下降的幅度取绝对值,而不是简单地将上涨幅度和下降幅度直接求和,避免了相加过程中的抵消作用,更能客观地反映价格波动幅度。

[2] 从价格下降幅度看,价格最多只能下降 100%,但上涨幅度可以是正无穷。在既有的文献中,比如 Cavallo(2010),似乎并没有注意到这一问题,直接对上涨幅度和下降幅度进行比较,我们认为这种比较不够严谨,需要进行调整。

个百分点。结合表 2 的调价次数比率结果,发现零售商的价格行为有如下特点:从调整次数角度,价格下调次数大于上调次数,但从调整幅度角度,价格上涨幅度大于下降幅度。根据 Guimaraes 和 Sheedy(2011)的研究,当企业面对价格敏感性不同的消费者,会制定分时段定价策略,即在不同时间段,分别采取高价格和低价格。本文的实证结果符合这种策略,一方面,用频繁的小幅降价吸引价格敏感的消费者,另一方面,针对一部分需求价格弹性较小的消费者,提升涨价的幅度。总体而言,在样本期内价格调整行为的典型特征是,价格上涨幅度大于下降幅度,但涨价次数低于降价次数,表现出以降价行为为主,使得涨价行为较为隐蔽,消费者更容易接受。

从表 5 的分类计算结果来看,价格调整幅度在不同分类商品之间差异较大。根据第 3 列和第 4 列的结果,价格上涨和下降幅度最大的是衣着类,上涨和下降幅度最小的是交通类。第 5 列的结果显示,按换算后的调整幅度比较,价格调整幅度差额最大的是衣着类,上涨幅度大于下降幅度 10.66 个百分点,差额最小的是居住类,说明居住类价格变化的上涨幅度和下降幅度较为对称。综上,可以发现分类商品中,衣着类商品具有价格调整频繁、调整幅度较大、更偏好促销等特征。

(二)价格调整幅度的分布

价格调整幅度的分布能够提供区分企业定价模式的证据。在状态相关定价模型中,如 Golosov 和 Lucas(2007)的菜单成本模型,预测价格调整幅度的分布呈双峰分布形态(bimodal distribution)。该模型认为,当价格小幅偏离最优价格时,如果纠偏的收益不足以弥补纠偏的成本,则厂商会放弃调整价格。这意味着小幅度的价格调整行为较少发生,导致价格调整幅度的分布在百分之零附近明显下降,形成双峰分布。相比之下,在时间相关定价模型中(Calvo,1983),不存在调整成本的约束,当调整时间来临,厂商根据商品成本变动情况调整为最优价格,因此模型预测价格调整幅度的分布会在百分之零附近呈现单峰分布形态(unimodal distribution)。本节考察中国商品市场的价格调整幅度的分布,以区分不同价格粘性理论在中国的适用性。直方图法是最简单有效的非参数估计方法之一,在样本量较大而允许组距较小的情况下,能够直观地显示出随机变量的分布特征。但直方图的缺点是估计较为粗糙且非连续,因此我们同时进行核密度估计,通过平滑的方法绘出连续的密度曲线,以更好地描述变量的分布形态。图 2 是包含促销情形下的全体商品价格调整分布。图 3～5

是食品、工业消费品和服务类商品的价格调整分布。图中数据区间的组距为0.01,并进行了归一化处理。由于主要关注零点附近的分布情况,价格调整幅度绝对值超过50%的值没有纳入计算。

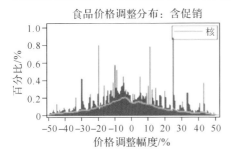

图 2　总体价格调整幅度分布

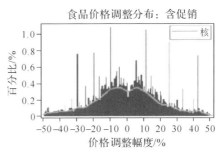

图 3　食品价格调整幅度分布

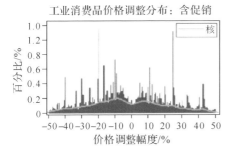

图 4　工业消费品价格调整幅度分布

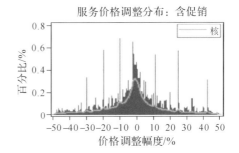

图 5　服务类商品价格调整幅度分布

　　从图 2 可以看出,总体价格调整幅度分布的突出特征是在零点附近有明显的下凹,呈现双峰形态,符合 SDP 模型的预测(Golosov 和 Lucas,2007)。这种双峰性说明价格变化幅度接近零的调整较少发生,提供了存在价格调整成本的证据。在图 3~5 中,我们考察三大分类商品的价格变化幅度分布,发现食品、工业消费品呈现出明显的双峰分布,但食品类的集中度和峰度更高,工业消费品呈现出较低的峰度,价格调整幅度在整个坐标轴上分布较为均匀,表明工业消费品的价格调整幅度较为分散,波动更大。服务类的分布形态则大为不同,明显符合单峰分布形态。① 为严谨起见,我们使用哈迪根 DIP 检验(Hartigan Dip Test)对价格调整幅度的分布是否服从双峰分布进行检验。

　　根据表 6 第 3 列和第 5 列的 P 值结果,在包含促销和剔除促销情形下,除

---

　　①　剔除促销后,食品和工业消费品仍然呈现双峰形态,服务类呈现单峰形态,参见本文工作论文。

服务类商品外,其他类别的价格调整分布均在 1% 显著性水平上拒绝单峰分布的原假定。对于服务类商品,则不能在 10% 显著性水平拒绝原假设。表 6 第 2 列和第 4 列出了 DIP 统计量的值。该统计量衡量样本分布偏离单峰分布的程度,统计量的值越接近 0,样本分布越具有单峰性。根据表 6 的结果,在三大类商品中,服务类商品 DIP 统计量的值非常小,意味着服务类商品价格调整分布具有单峰性,工业消费品和食品类的 DIP 统计量值远大于服务类,表明这两类商品的价格调整幅度分布偏离单峰分布的程度较大,与直方图和核密度估计结果一致。

表 6　哈迪根 DIP 检验结果

	包含促销		剔除促销	
	Dip Stat.	p-value	Dip Stat.	p-value
所有商品	0.0202	<0.00	0.0231	<0.00
食品	0.0311	<0.00	0.0363	<0.00
工业消费品	0.0476	<0.00	0.0495	<0.00
服务	0.0009	0.18	0.0002	0.25

(三)通货膨胀方差分解

1. 通货膨胀的集约边际与扩展边际

上文通过检验价格变化幅度的分布形态,发现总量价格调整模式与状态相关。为验证前述结论的稳健性并探索价格波动的来源,我们采用通货膨胀方差分解方法进一步考察价格调整模式(Klenow 和 Kryvtsov,2008;Gagnon,2009;渠慎宁等,2012)。设定 p_{it} 为商品 i 在时间 t 的对数价格,ω_{it} 代表商品 i 在时间 t 的 CPI 权重,I_{it} 为商品 i 在时间 t 是否发生价格变化的指标:当 $p_{it} \neq p_{it-1}$ 时 I_{it} =1;当 $p_{it} = p_{it-1}$ 时 $I_{it}=0$。则根据 Klenow 和 Krystov(2008),通货膨胀可以表示为集约边际(the intensive margin,IM)和扩展边际(the extensive margin,EM)的乘积:

$$\pi_t \triangleq \sum_i \omega_{it}(p_{it}-p_{it-1}) \triangleq \sum_i \sum_t \omega_{it} I_{it} \cdot \frac{\sum_i \sum_t \omega_{it}(p_{it}-p_{it-1})}{\sum_i \sum_t \omega_{it} I_{it}} \triangleq EM_t \cdot IM_t$$

$$(1)$$

其中第一项 $EM = \sum_i \sum_t \omega_{it} I_{it}$ 是每月价格发生变化的商品或服务数目占

总数目的比重,代表通货膨胀的扩展边际。第二项 $IM = \dfrac{\sum_i \sum_t \omega_{it}(p_{it} - p_{it-1})}{\sum_i \sum_t \omega_{it} I_{it}}$

是价格发生变化商品的月平均变化幅度,代表通货膨胀的集约边际。不同的通货膨胀边际蕴涵着不同的总量定价模式,通过考察集约边际和拓展边际与通货膨胀的相关性可以判断总量定价模式。根据 Taylor(1980) 和 Calvo(1983)模型,价格变化幅度是通货膨胀波动的唯一来源,若通胀(π)仅与价格变化幅度(IM)相关,则表明粘性定价模式与时间相关。若通胀(π)与价格调整比重(EM)也相关,意味着当通胀变化时,调整价格的厂商数量会随之增减,表明厂商调价行为能对市场环境的变化迅速产生反应。因此,若 π 既与 IM 相关也与 EM 相关,则定价模式与状态相关。我们在表 7 列出了通货膨胀的拓展边际和集约边际统计及回归结果。①

表 7　通货膨胀的扩展边际和集约边际统计及回归结果

变量		中位数值(%)	标准差(%)	与 π 的相关性系数	关于 π 的回归	
					π 的系数	P 值
总体	π	0.36	1.03	1	—	—
	EM	35.84	16.10	0.62	0.02	0.0113
	IM	0.96	1.71	0.94	0.64	<0.0001
食品	π	0.28	2.35	1	—	
	EM	42.82	23.41	0.61	0.05	0.0061
	IM	0.77	2.72	0.97	0.70	<0.0001
工业消费品	π	0.54	2.28	1	—	
	EM	35.79	21.60	0.57	0.02	0.0002
	IM	1.61	3.01	0.96	0.72	<0.0001

① 表中是根据 2010 年 12 月至 2013 年 2 月期间未剔除促销观测样本的计算结果。CPI 权重数据分别来自渠慎宁等(2012)和何新华(2010),其中 2010 年的数据来自何新华(2010),2011 年的数据来自渠慎宁等(2012),2012 年至 2013 年 2 月的权重采用 2011 年的近似结果。国家统计局对 CPI 权重数据的调整原则是每隔 5 年做一次大改动,其后的 5 年间仅做微小调整。按此原则,国家统计局在 2011 年对 CPI 权重数据做了较大调整,其后的几年仅做微调,因此,本文 2012 年至 2013 年 2 月的权重采用 2011 年的权重作为近似对计算结果的影响不大。此外,目前只能获得大类的权重数据,在更细的分类层面均采用平均权数。

续表

变量		中位数值（%）	标准差（%）	与 π 的相关性系数	关于 π 的回归	
					π 的系数	P 值
服务	π	0.41	1.38	1	—	—
	EM	35.03	20.32	0.06	0.01	0.1338
	IM	1.42	2.83	0.80	0.44	<0.0001

　　总体样本通货膨胀分解结果显示,π 与 IM 和 EM 的相关程度较高,相关性系数分别达到 0.94 和 0.62,两者关于 π 的回归系数均在 1% 水平上显著。在标准的 TDP 模型中(Taylor,1980;Calvo,1983),认为通货膨胀主要来源于价格变化幅度,价格调整数量比重保持固定比例不变,对通货膨胀的影响非常有限。本文结果表明,样本期内价格变化幅度及价格调整比重都显示出较大的变化,并且与通胀波动具有显著相关性,表明中国商品市场的厂商能够根据通胀的变化情况较为灵活地调整价格,定价模式总体上是状态相关的。考察分类别的结果发现,不同类别的定价模式存在差异。食品和工业消费品的通货膨胀分解结果表明,EM 与 π 的相关性较强,相关系数分别达到 0.61 和 0.57,EM 关于 π 的回归结果均通过显著性检验。而在服务通胀分解结果中,EM 与 π 相关性系数仅为 0.06,且 EM 关于 π 的回归系数不显著。但 π 与 IM 的相关性则较高,相关性系数为 0.80。这表明,食品和工业消费品类的定价模式状态相关,服务类定价模式时间相关,与前文结论基本一致,也与渠慎宁等(2012)的研究结果一致。

　　2.通货膨胀方差分解

　　为进一步厘清拓展边际和集约边际对通货膨胀波动影响的相对重要性,我们利用 Klenow 和 Krystov(2008)的方法对 π 进行方差分解,把通货膨胀的方差分解为价格变化幅度的方差、价格调整比重的方差以及两者的协方差,考察通货膨胀的方差主要由 EM 还是 IM 贡献。如果价格调整比重的方差对通货膨胀方差的贡献大,说明拓展边际在通货膨胀波动中占主导地位,即一国的通货膨胀主要是基于调整价格的厂商数量的增加。反之,如果价格变化幅度的方差对通货膨胀方差的贡献大,说明集约边际在通货膨胀波动中占主导地位,即一国的通货膨胀来源于商品价格变化幅度层面量的扩张。借鉴 Klenow 和 Rystov(2008)的方法,我们将表达式 $\pi_t \triangle EM_t \cdot IM_t$ 围绕样本均值($\overline{EM}, \overline{IM}$)进行一阶泰勒展开,得到通货膨胀方差分解表达式:

$$\text{var}(\pi_t) = \underbrace{\text{var}(\text{IM}_t) \cdot \overline{\text{EM}}^2}_{\text{IM 项}}$$

$$+ \underbrace{\text{var}(\text{EM}_t) \cdot \overline{\text{IM}}^2 + 2 \cdot \overline{\text{EM}} \cdot \overline{\text{IM}} \cdot \text{cov}(\text{EM}_t, \text{IM}_t) + O_t}_{\text{EM 项}} \qquad (2)$$

其中,IM 项代表集约效应对通货膨胀的影响,EM 项代表拓展效应对通货膨胀的影响,O_t 是泰勒展开的高阶项,其数值很小,在具体计算过程中忽略不计。方差分解的结果见表 8。

表 8　通货膨胀方差分解结果

	不含促销		含促销	
	IM 项占比(%)	EM 项占比(%)	IM 项占比(%)	EM 项占比(%)
总体	0.6413	0.3586	0.6827	0.3172
食品	0.7061	0.2938	0.7549	0.2450
工业消费品	0.4519	0.5480	0.4626	0.5373
服务	0.9137	0.0862	0.9389	0.0610

表 8 报告了含促销和不含促销两种情形下的方差分解结果。总体而言,在不含促销情形下,IM 项解释了通货膨胀方差的 64%,表明集约边际是通货膨胀的主要来源。但集约边际并不是通货膨胀的唯一来源,EM 项能够解释通货膨胀方差的 36%,表明 EM 项也是相当重要的通货膨胀波动来源,符合 SDP 模型的预测。含促销的方差分解表现出类似的结果。在不同分类情形下,结论具有异质性。不含促销时,对于食品类商品,EM 项占通货膨胀方差的比例为 29%,表明食品价格的扩展边际对通货膨胀波动的影响较大。工业消费品的 EM 项占比略微超过 IM 项占比,表明工业消费品的扩展边际是通货膨胀的主要来源。服务类的结果有所不同,EM 项仅占通货膨胀方差的 8%,IM 项则几乎解释了全部的通货膨胀方差,包含促销时也可以得出类似结论。方差分解的结果清楚地表明,总体而言,价格调整幅度的方差解释了通货膨胀方差的 64%,但价格调整比重的方差对通货膨胀方差的贡献也较大,扩展边际是非常重要的通货膨胀来源,符合 SDP 模型的预测。对于分类结果,价格调整比重方差能够解释食品和工业消费品至少 1/3 的通货膨胀方差,但对服务类通货膨胀方差的解释力非常有限。

五、结论及讨论

本文运用网络文本提取与数据挖掘技术,收集来自互联网的商品价格数据,构建大样本高频数据集,对中国商品市场价格粘性的一些基本问题进行研究。研究发现:第一,相对于发达国家,我国的价格粘性程度处于较低的水平。第二,不同类别商品之间的价格粘性程度具有很大的异质性。第三,划分子样本分析发现,东部地区和中部地区价格粘性程度比较接近,均低于西部地区。进口品和非进口品的价格调价频率差异不大,相对而言,进口品的价格更为灵活。成交量在同类商品中排名前 20 的零售商调价更为频繁。第四,零售商的价格调整是以价格下调为主,但价格上涨幅度大于下降幅度。第五,价格调整幅度的分布呈双峰形态,与状态相关定价机制的模型预测一致。通货膨胀方差分解发现中国通货膨胀主要来源于商品价格变化幅度的扩张,但价格发生变化的商品比重增加也是重要的通货膨胀来源。

我们的研究结论具有较强的宏观含义。首先,根据新凯恩斯理论,如果微观价格变动具有粘性,则货币当局的货币政策能够影响商品和服务的真实产出。本文研究表明,中国的名义价格粘性程度处于较低水平,说明中国的商品市场价格调整比较灵活,可能意味着扩张性货币政策对商品和服务的产出刺激作用较小。其次,中国商品市场的价格调整幅度分布呈现双峰形态,符合状态相关定价模型的预测(Dotsey 等,1999;Golosov 和 Lucas,2007),表明中国商品市场企业的定价存在一定程度的"选择效应",货币政策刺激效果的持续性较弱。最后,通货膨胀方差分解发现集约边际在通货膨胀波动中占主导地位,中国的通货膨胀主要来源于商品价格变化幅度层面量的扩张。但扩展边际在也是相当重要的通货膨胀波动来源,意味着厂商具备一定的根据外在环境变化自我调整价格的能力。此外,定价模式和价格粘性的设定对于结构宏观模型能否准确刻画一国经济状况至关重要。我们的研究结果表明基于 SDP 分析框架的模型更符合中国的经验事实,为宏观模型的合理设定提供了经验证据的支持,并为宏观经济模型中厂商调整价格的概率参数设定提供了具体的经验结论。

本文研究结果说明网络数据可以为价格行为提供较为深刻的洞见,这种微观数据用于宏观研究的潜力远远超出了本文的初步探讨。但由于来自"鼠标世界"的数据必然具有不同于"水泥世界"的特征,可能会导致一些结论具有特殊性。未来需要更全面的微观数据集进行更仔细研究,可能的情况下,有必要使用国家统计局的官方数据进行对比研究,检验是否会得到不同的结论。

参考文献

[1]蔡晓陈.中国价格粘性的实证研究[J].中国经济问题,2012(6):33-39.

[2]何新华.准确理解CPI之争中的几个关键概念[J].宏观经济研究,2011(3):3-7+13.

[3]渠慎宁,吴利学,夏杰长.中国居民消费价格波动:价格粘性、定价模式及其政策含义[J].经济研究,2012,47(11):88-102.

[4]徐建炜,纪洋,陈斌开.中国劳动力市场名义工资粘性程度的估算[J].经济研究,2012,47(4):64-76.

[5]Bils M, Klenow P J. Some evidence on the importance of sticky prices[J]. Journal of Political Economy,2004(112):947-985.

[6]Calvo G A. Staggered prices in a utility maximizing framework[J]. Journal of Monetary Economics,1983(12):383-398.

[7]Cavallo A F. Scraped data and prices in macroeconomics[D]. Cambridge:Harvard University,2010.

[8]Cavallo A F. Scraped data and sticky prices[R]. MIT Sloan Research Paper,2010,4976-12.

[9]Cecchetti S G. The frequency of price adjustment:A study of newsstand prices of magazines[J]. Journal of Econometrics,1986(31):255-274.

[10]Dotsey, et al. State-Dependent pricing and the general equilibrium dynamics of money and output[J]. Quarterly Journal of Economics,1999,114(2):655-690.

[11]Gagnon E. Price setting during low and high inflation:Evidence from Mexico[J]. Quarterly Journal of Economics,2009,124(3):1221-1263.

[12]Golosov M, Lucas R. Menu costs and phillips curves[J]. Journal of Political Economy,2007, 115(2):171-199.

[13]Gopinath G, Rigobon R. Sticky borders[J]. Quarterly Journal of Economics,2008,123(2): 531-575.

[14]Guimaraes B, Sheedy K D. Sales and monetary policy[J]. American Economic Review,2011,101(2): 844-876.

[15]Kashyap A K. Sticky prices: New evidence from retail catalogues [J]. Quarterly Journal of Economics,1995,110(1): 245-274.

[16]Klenow P J, Malin B A. Microeconomic evidence on price-setting [M]. Benjamin M. Friedman & Michael Woodford (ed.), Handbook of Monetary Economics,2010: 231-284.

[17] Klenow P J, Kryvtsov O. State-Dependent or time-dependent pricing: Does it matter for recent US inflation? [J]. Quarterly Journal of Economics,2008,73(3):863-903.

[18]Nakamura E, Steinsson J. Five facts about prices: A reevaluation of menu cost models [J]. Quarterly Journal of Economics, 2008, 123 (4): 1415-1464.

[19]Ozmen U, Sevinc O. Price rigidity in turkey: Evidence from micro data [R]. Working Papers wp1125, Central Bank of the Republic of Turkey, 2011.

[20]Taylor J B. Aggregate dynamics and staggered contracts[J]. Journal of Political Economy,1980,88(1): 1-23.

政策不确定性的宏观经济后果①

摘　要　本文采取贝克的政策不确定性指数,运用 FAVAR 方法分析政策不确定性冲击对中国宏观经济的影响。经验结果发现,政策不确定性冲击对 GDP、投资、消费、出口和价格变动会带来负向影响,导致实际有效汇率贬值,促使股票价格和房地产价格下跌。同时发现,政策不确定性作用于宏观经济的主要机制为预期渠道。该结论表明,政府应当尽量保持宏观经济政策的稳定性和持续性,并加强引导公众合理预期。

关键词　政策不确定性;FAVAR 模型;政策不确定性指数

一、引　言

经济萧条的一个最突出的特征就是不确定性的普遍蔓延。[1]美国联邦公开市场委员会一再强调不确定性是导致美国 2001 年以及 2007—2009 年经济衰退的一个关键因素。[2]斯托克和沃森(Stock 和 Watson)[3]也认为美国在 2007—2009 年经济衰退期间,产出和就业下降的主要原因来自金融和不确定性冲击。大量证据显示不确定性是反经济周期的,在经济萧条时剧烈增加而在经济繁荣时下降,并且不确定性强烈影响经济衰退和复苏程度。[4]不确定性和 GDP 增长率之间存在显著的反向关系,这种反向关系在不同国家(例如发达国家和发展中国家)和不同时间都是稳健的。[4]

一直以来,不确定性对经济的影响被学术界所关注。[5]尤其是 2007 年爆发的美国次贷危机,使得政府层面和学术界更加关注这一问题。经济主体面对的

---

①　本文作者金雪军、钟意、王义中,最初发表在《经济理论与经济管理》2014 年第 2 期。

不确定性水平突然变化已经被视为驱动美国商业周期的一个重要的冲击。[6]布卢姆（Bloom）[7]使用一个简单的简约式（Reduced-form）VAR 模型，估计不确定性冲击会减少大约 1% 的美国工业产出。并且初始下降以后，工业产出迅速恢复，随后产生超调，超过其总体趋势大约 1%。古里奥（Gourio）等人[8]的研究发现，当全球不确定性突然增加，G7 成员也遭遇相似的动态变化。

大量的 VAR 模型被应用到宏观经济层面分析不确定性冲击的影响。[9]但是，近期发展起来的扩增因子向量自回归模型（Factor-Augmented Vector Autoregression，FAVAR）却已经证明，由于模型设定和参数估计要求的限制，传统 VAR 模型所捕获的信息只是整个经济信息系统的一部分，VAR 模型很难将全部经济信息包含在模型中，而基于部分信息得出的实证结论不能让人信服。[10]为了克服传统 VAR 模型在全面捕获信息方面的缺陷，通过引入广义信息集合增强向量，FAVAR 模型可以更为全面地捕获经济系统所涵盖的信息，进而更加准确地描述经济变量之间的真实影响关系。基于所涵盖的相当广泛的经济信息，通过分析大量的宏观经济指标，就可以提炼出反映宏观经济运行的最重要的基本因素。尽管每个基本因素并不能单独反映某一个经济指标，但是基本因素的集合则能够构造出反映所有经济指标的线性组合。同时，FAVAR 模型还能够利用不可观测因子测度经济变量之间的间接传导关系，识别外部冲击的真实传导路径。此外，当前文献对准确测度政策不确定性存在不一致，[11]政策不确定性代理变量的选取并不能准确描述宏观经济背景下存在的政策不确定性问题。直到最近，贝克（Baker）等人[9]发展出一个与经济政策相关的政策不确定性指数（PUI），有效解决了这个问题。

国内目前还缺乏相关文献研究政策不确定性对宏观经济的影响。本文的研究目的有助于探讨政策不确定性对宏观经济的影响，尤其是利用贝克等人[9]设计的政策不确定性指数，通过建立 FAVAR 模型分析政策不确定性对中国宏观经济的影响，模型涉及的范围不仅包括经济增长、通货膨胀和投资，同时也包含消费、出口、汇率、股价等，更加准确地刻画政策不确定性对宏观经济变量的真实影响关系，得出更为丰富的结论。

二、文献回顾

不确定性可以分为两类：经济不确定性和政策不确定性。[9]关于经济不确定性冲击的研究主要集中在对投资、消费和经济增长的影响。经济不确定性对投资影响的理论分析可以总结为投资不可逆性效应[12]、管理风险厌恶的增加[13]以及调整成本的存在。[2]当受到较大的经济不确定性冲击,企业投资行为变得更为谨慎,从而减少投资和雇佣。[5][12]此外,宏观经济中未预期到的经济不确定性增加,可能导致预防性储蓄增加,因此会抑制消费开支。[14]关于经济不确定性对产出增长的负向关系最早可以追溯到凯恩斯(Keynes),他认为当企业家估计他们的投资回报,就会考虑经济行为的波动情况。[15]因为更大的经济不确定性,产生更高的投资项目感知风险,同时导致更低的投资需求和产出增长率。同样的思路也被伯南克(Bernanke)[5]和平狄克(Pindyck)[16]提出,经济不确定性降低平均产出增长率成为可以验证的结论。

相对而言,当前文献对政策不确定性的关注有限。政策不确定性的主要研究困难在于许多政策变化不易通过标准随机过程进行建模,部分原因在于主要制度变迁的"稀有事件"较少发生。[17]关于政策不确定性,学者研究的焦点集中在政策不确定性对经济增长、通货膨胀、贸易和投资的影响。可以证明,当宏观经济政策有效性涉及政策不确定性的存在,理性经济主体将会抑制他们的投资决定(考虑这些投资或者全部或者部分不可挽回),直到政策不确定性消除。然而,普遍的共识是政策不确定性对于经济增长率和投资具有负面的影响,潘欧斯(Panousi)和帕帕尼科拉乌(Papanikolaou)[13]建立模型发现政策不确定性冲击逆向影响产出和投资。另一方面,巴克曼(Bachmann)等人[18]发现部分实证证据支持这一因果关系,并且推断出经济萧条孕育政策不确定性。根据琼斯(Jones)和奥尔森(Olson)[11]的研究,政策不确定性对于通货膨胀的影响相对不明确,依赖于国际冲击,例如石油价格冲击。

弗里德曼(Friedman)[19]、罗德里克(Rodrik)[20]和希格斯(Higgs)[21]的研究表明,货币政策、财政政策和监管政策不确定性都能够对宏观经济产生不利影响。近些年来,波恩(Born)和普法伊费尔(Pfeifer)[22]使用动态的DSGE模型研究政策不确定性的影响,发现政策不确定性对宏观经济产生一定的负面影响,而帕斯特(Pastor)和韦罗内西(Veronesi)[23]建立一个一般均衡理论模型分析商业周期、政策不确定性和股票市场波动性之间的联系,他们的研究发现政策不确定性导致股票市场波动剧烈。从政策不确定性的实证研究来看,胡里奥(Julio)和约克(Yook)[24]发现临近国家选举,公司投资就会下降。杜尔涅夫(Durnev)[25]发现在选举年,公司投资对于股票价格的敏感度小于40%。布罗加德(Brogaard)和德策尔(Detzel)[26]表明政策不确定性会减少资产收益。汉德利(Handley)和莱蒙(Limão)[17]证明了贸易政策不确定性会延误企业进入决定,并且格伦(Gulen)和艾恩(Ion)[27]发现政策不确定指数会减少公司投资。

此外,政策不确定性冲击的影响在不同国家之间存在差异。加里瑞 (Carrière-Swal-low)和塞佩蒂斯(Céspedes)[6]发现,新兴市场国家面对不确定性冲击,投资和私人消费都会遭遇显著的下降,但是发达国家居民却可以平滑他们的消费,从而可以避免效用的下降。对此差异的可能解释是新兴市场消费者进入金融市场存在抑制,或者社会保障网络在每一个国家都存在差异。私人消费的下降和伯南克[5]的结论一致,他认为在较高的不确定性时期,耐用品消费应该和商业固定资产投资一起下降。它附属于类似程度的不可逆性,会导致消费者推迟他们的购买决定,直到不确定性平息。作为政策不确定性冲击的结果,新兴市场私人消费下降表明消费者可能遭受暂时性福利损失。

三、经验分析

(一)计量模型

宏观经济运行中存在许多因素或大或小、直接或者间接与政策不确定性产生关联,因此笔者需要建立一个包含所有可能因素的提炼机制,形成对政策不确定性长期和短期影响机制的描述。借鉴 FAVAR 模型,可以有效解决在标准 VAR 模型中所遇到的有限信息问题,为基于全视角研究政策不确定性对宏观经济的影响提供了一个较好的计量框架。[10]

本文遵循伯南克(Bernanke)等人[10]的方法。宏观经济变量及其政策不确定性的动态变化可以通过 VAR 模型来表示。该模型可以表示为:

$$\begin{bmatrix} F_t \\ Y_t \end{bmatrix} = \Phi(L) \begin{bmatrix} F_{t-1} \\ Y_{t-1} \end{bmatrix} + v_t \tag{1}$$

Y_t 为 $M \times C$ 维可观测的政策不确定性指数,F_t 为 $K \times 1$ 维不可观测的宏观经济变量向量。$\Phi(L)$ 是 d 阶滞后多项式矩阵,误差项 $v_t \sim N(0, \sum_v)$ 是均值为 0 并且方差矩阵为 $\sum_v$。笔者假定一个 $(N \times 1)$ 维宏观经济时间序列 X_t 能够被一个线性组合的 $K \times 1$ 维不可观测因子 F_t (K 相对较小,$K < N$),同时可观察因子 K_t 可以被政策不确定性指数变量表示,例如:

$$X_t = \Lambda^f F_t + \Lambda^y Y_t + \varepsilon_t \tag{2}$$

Λ^f 和 Λ^y 分别为 $N \times K$ 和 $N \times 1$ 因子载荷矩阵,同时 ε_t 为 $N \times 1$ 维误差项,其均值为 0 并且连续和相互弱相关。式(2)表明向量 X_t 中每一个动态时间序列

都可以有公共因子(F_t,R_t)驱动,并且ε_t也可能部分包含度量误差。

不可观测因子F_t的估计值即F_t是整个FAVAR模型估计的关键。一旦估计出适当的F_t,然后代入式(1)就变成一个标准的 VAR 模型。本文采用斯托克(Stock)和沃森(Watson)[28]提出的两步主成分分析法来估计FAVAR模型。在第一步的分析中,公共静态因子$\hat{C}(F_t,R_t)$通过使用向量X_t中所有时间序列的第一个$(K+1)$主成分。因此,每一个线性组合都成为$C(F_t,R_t)$的基础,也包含了可观测因子Y_t,但是不可能使用VAR模型对$C(F_t,R_t)$和Y_t进行估计。因此,对主成分$C(F_t,R_t)$的估计将不得不被可观测因子Y_t的直接影响所修正。为此目的,X_t中的所有经济因素分为两组,即"慢速变化"和"快速变化"的经济变量。对"慢速变化"的经济变量进行主成分分析,一个新的主成分向量$\hat{F}_t^s$会从之前的分类中提取。自从这些因子根据定义不能与可观测因子Y_t同时相关,Y_t的影响可以基于以下的多元回归进行测度:

$$\hat{C}(F_t,Y_t) = b_s\hat{F}_t^s + b_yY_t + \varepsilon_t \tag{3}$$

而b_s作为估计因子$\hat{F}_t^s$的系数矩阵,b_y是可观测因子Y_t的系数向量,ε_t是随机变量向量,并且均值为 0 并且方差矩阵为$\sum\varepsilon$。通过从$\hat{C}(F_t,Y_t)$中提取b_yY_t,不可观测因子$\hat{F}_t$可以被估计,换句话说,通过消除$\hat{C}(F_t,Y_t)$对Y_t的直接依赖。

在第二步的分析中,式(1)可以被估计,通过在第一步的估计中替换真实的不可观测因子F_t:

$$\Gamma(L)\begin{bmatrix}\hat{F}_t\\Y_t\end{bmatrix} = \upsilon_t$$

$\hat{F}_t$和Y_t的脉冲响应函数由式(4)给出:

$$\begin{bmatrix}\hat{F}_t\\Y_t\end{bmatrix} = \sum_{j=0}^{\infty}\Psi_jL^j\upsilon_t = \sum_{j=0}^{\infty}\Psi_j\upsilon_{t-j} \tag{4}$$

而$\sum_{j=0}^{\infty}\Psi_jL^j = [\Phi(L)]-1$。最后,结合式(2)和式(3),再通过下面的转换,X_t中每个变量i的脉冲响应函数可以被估计:

$$X_{it}^{IRF} = [\hat{\Lambda}_i^f\hat{\Lambda}_i^y]\begin{bmatrix}\hat{F}_t\\Y_t\end{bmatrix} = [\hat{\Lambda}_i^f\hat{\Lambda}_i^y](\sum_{j=0}^{\infty}\Psi_j\upsilon_{t-j}) \tag{5}$$

(二)变量选取和数据处理

本文使用贝克(Baker)等人[9]构建的一个与政策相关的政策不确定性指数

(PUI)作为度量政策不确定的代理变量,中国政策不确定性指数时间序列来自"经济政策不确定性"网站(http:// www. policyuncertainty. com/)。构建该指数基于三个组成部分:第一部分就是集中量化与政策相关的经济政策不确定性的消息报道;第二部分反映了在今后年份税务代码规定设定为到期的数量;第三部分使用经济预测者之间意见分歧作为政策不确定性的代理变量。图1显示了政策不确定指数的演变情况,基于贝克等人[9]构建的指数,其中的凸起区域代表了宏观经济遭遇到政策不确定性冲击。尤其值得注意,在2001年9月至11月、2008年8月至2009年2月以及2011年10月之后,政策不确定性指数大幅攀升,这也和外部不利冲击密切相关,比如2001年的"9·11"事件以及2007年下半年的美国次贷危机及其之后的欧洲主权债务危机,都增加了中国政策不确定性。

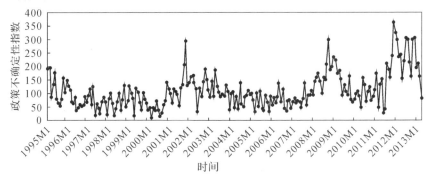

图1 经济政策不确定性指数(PUI)

资料来源:经济政策不确定性网站。

由于政策不确定性对宏观经济的影响是短期的,因此要对其进行较为准确的分析,数据的频率应该较高,同时利用FAVAR模型对宏观经济进行分析时,需要大量的数据集。实证中,FAVAR的宏观经济信息集的构建主要依据斯托克(Stock)和沃森(Watson)[28]的数据集,涵盖了宏观经济的各方面重要信息。基于斯托克和沃森[28]、伯南克(Bernanke)等人[10]和我国宏观经济数据资源的现实情况以及考虑到数据的可获得性,笔者选取了105个宏观经济变量,这些变量涵盖了产出、消费、股价、房价、投资、进出口、货币供应量、利率、汇率、价格指数、同业拆解利率等几乎所有的宏观经济指标,变量的样本区间为1996年第1季度到2011年第4季度,部分季度数据是通过季度累计数或月度数据进行相应推导计算出来的,对于实际产出类、实际消费和零售类和价格类的大部分变量,本文主要使用实际数量序列和基于同比和环比数据计算的定基比序列,对其中需要进行价格调整的序列,统一使用 CPI 的定基比序列进行价格调整。对需要进行季节调整的原始序列,本文采用 X—12 方法消除季节影响因素。所有的原始数据均来源于国际货币基金组织的 IFS 数据库、BvD 系列 CountryData 统计数据库、中国资讯行(China Info Bank)以及和讯网(http://www.hexun.com/)。

由于 FAVAR 要求经济信息集合 X_t 的所有变量都是 $I(0)$ 并且均值为 0,因此本文还需对所有的序列进行如下的处理:第一步,根据各序列的含义和单位根检验的结果,综合运用取对数和差分的变换使之平稳化。对产出类和价格类的定基比和实际数量序列,通过取对数后一阶差分的变换使之成为平稳的季度环比增长率。对不平稳的利率序列,直接差分使之平稳化。对消费者信心和预期指数以及大部分的短期利率序列等,由于本身是平稳数据而不用变换。第二步,对经过上述处理后的数据进行标准化,即减去样本均值并除以样本标准差,将每个序列处理成均值为 0 标准差为 1 的标准化序列。由于维数太大,本文省略了全部 105 维序列、每个序列的数据处理方式和 ADF 检验结果的详细说明。

(三)经验结果与分析

1. 政策不确定性对宏观经济的影响

为了描述政策不确定性对宏观经济变量的影响,本文使用 FAVAR 模型估计宏观经济变量对政策不确定冲击的脉冲响应函数。图 2 显示一系列主要宏观经济变量面对未预期的政策确定性冲击估计出的脉冲响应函数图。本文使用一个标准的 Bootstrap 方法,分别进行 1000 次迭代,估算出相应的 90% 置信区间。在模型中,本文定义政策不确定性冲击作为政策不确定性指数(PUI)100 个基点的新息。此外,PUI→GDP 表示政策不确定性对 GDP 冲击的响应,PUI →股价(SP),PUI→房价指数(HPI)等意义类似。

总体来说,从脉冲响应图 2 可以看出,政策不确定性对实体经济的影响是负向的。具体来说:(1)面对未预期到 1 个标准差的政策不确定性冲击,GDP 的脉冲反应是逐渐下降,其后负面影响一直在持续。因此,未预期的政策不确定性冲击对于 GDP 的影响是负向的,这和布卢姆(Bloom)[7] 的结论保持一致。(2)固定资产投资(IFA)和出口(EX)面对未预期到的政策不确定性冲击,脉冲响应都始终为负。关于政策不确定性对投资的负向影响可以从"实物期权"的不可逆性效应[12] 以及企业调整成本[2] 来进行解释。由于政策不确定性会增加证明投资合理的资本边际产品与证明收回投资的资本边际产品之间的分离。企业更加喜欢"等待和观察"，胜过在政策不确定性情况下承担成本高昂的行为，因此，企业对投资行为变得更加谨慎。[5] 布卢姆（Bloom）等人[2]和布卢姆[7]证明了当企业受到较大的政策不确定性冲击的打击，由于调整成本的存在，企业减少了投资和雇佣。而出口的减少是因为政策不确定性的出现尤其是贸易政策不确定性的产生，会创造一个等待进入外国市场的实物期权价值，直到获得更多出口市场的信息，交易成本增加往往会抑制企业出口。[17]此外，政策不确定性的增加也会减少企业再投资的欲望，对企业出口产生不利影响。(3)政策不确定性冲击对于居民消费的总体影响也是负向的。面对未预期到的政策不确定性冲击，社会消费品零售总额（TRS）的初始影响为正，此后迅速下降，并且在第 3 期转为负面影响，并且负向影响一直在持续。显然不确定冲击对于居民消费十分不利，这是因为宏观经济中未预期到的政策不确定性增加，可能导致预防性储蓄增加，[14]因此会抑制消费开支。也可能是因为中国消费者进入金融市场存在金融抑制，或者中国社会保障网络不健全，导致消费者推迟他们的购买决定，直到政策不确定性消除。

政策不确定性对重要价格变量的影响取决于冲击力度和持续时间。具体来说：(1)股价指数（SP）面对未预期到的政策不确定性冲击，存在明显的反转效应，初始影响为负，但在第 10 期以后，影响开始由负转正，正向影响在第 13 期达到最大，之后正向影响不断下降并趋近于 0。之所以出现先负面后正向的影响，可能是投资者面对未预期到的政策不确定性，首先卖出自己的风险资产（股票），之后产生对风险溢价的需求。(2)房价指数（HPI）面对未预期到的政策不确定性冲击的影响和股价类似，初始影响为正，之后迅速转为负向影响，但是在第 11 期以后，又转为正向影响，正向影响在第 15 期达到最大，之后正向影响不断下降并趋近于 0。总体来说，房价指数面对未预期的政策不确定性冲击的影响为负。这可能是因为房地产属于耐用品，面对高的政策不确定性，耐用品消费会和商业固定资产投资一起下降，[5]而房地产需求的减少不可避免地导致房价下降，以实现新的均衡。(3)面对未预期的政策不确定性冲击，实际有效汇率（REER）的初始影响为正，之后迅速下降，从第 5 期以后转为负向影响，且负面影响一直在持续。这是因为国内政策不确定性的不断增加，无论是本国投资者还是外国投资者都对国内投资前景预期感到悲观，因此国内资本大量流出，导致本币不断贬值，实际有效汇率不断下降。(4)政策不确定性（PUI）冲击对通货膨胀（IR）的影响有正有负，但是整体来看是负向的。显然，宏观政策不确定性对通货膨胀的影响存在混合效应,但整体为负。[11]这和霍兰(Holland)[29]的结论保持一致,他认为由于中央银行拥有保持长期价格稳定的义务,面对较高的政策不确定性,采取紧缩性货币政策减小平均通货膨胀率,使政策不确定性产生的成本降到最小。

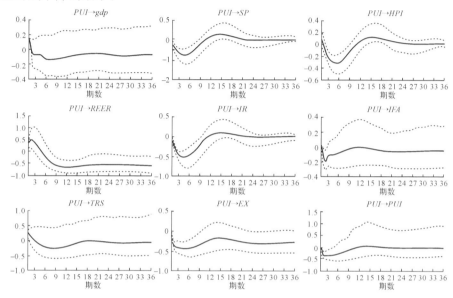

图 2 宏观经济变量对政策不确定性冲击的脉冲响应

2.方差分解

除了脉冲响应函数,笔者还需要定量估计变量间的影响关系,通过采用方差分解的方法获取不同方程的冲击反应对各个变量波动的方差贡献率构成。方差分解可以通过分析每一个结构性冲击对内生变量变化的贡献度,以进一步评价不同结构冲击的相对重要性。政策不确定性冲击(ε_t^{PUI})而产生的部分方差可以表示为:

$$\frac{\text{var}(Y_{t+k} - \hat{Y}_{t+k|t} \mid \varepsilon_t^{PUI})}{\text{var}(Y_{t+k} - \hat{Y}_{t+k|t})}$$

FAVAR框架下的方差分解衡量一个结构性冲击的相对重要性,其结果是部分变量被公共因素解释。对于$X_{i,t}$的方差分解可以表示为:

$$\frac{\Lambda_i \text{var}(C_{t+K} - \hat{C}_{t+K|t} \mid \varepsilon_t^{PUI})\Lambda_i'}{\Lambda_i \text{var}(C_{t+K} - \hat{C}_{t+K|t})\Lambda_i'}$$

从表 1 可以发现,除了各宏观经济变量自身变化的贡献率以外,政策不确定性(PUI)对各宏观经济变量的方差贡献程度有高有低。其中,政策不确定性冲击对实际有效汇率和通货膨胀率的方差贡献率最高,截止到第 12 期,对实际有效汇率(REER)和通货膨胀率(IR)的方差贡献率都超过 19%,分别为 19.3916% 和 19.1822%。这说明了汇率和通货膨胀率受到政策不确定性冲击的影响最大,在中长期均有重要影响。此外,政策不确定性冲击对房价指数、固定资产投资和出口的方差贡献率也较大,截止到第 12 期,对房价指数(HPI)、固定资产投资(IFA)和出口(EX)的方差贡献率都超过 12%,分别达到 13.5587%、12.9705% 和 13.088%。上述结果同样表明政策不确定性冲击对房价、投资以及出口变动产生十分显著的作用,并且在中长期依旧影响显著。最后,政策不确定性冲击对 GDP、股价(SP)以及社会消费品零售总额(TRS)变动的方差贡献率相对较小,均没有超过 10%,分别为 8.4659%,4.5486% 和 6.9089%。方差分解的结果可以表明,政策不确定冲击会对整个宏观经济变量产生影响,但是影响程度存在差异。相对来说,政策不确定性冲击对汇率和通货膨胀的影响最为显著,对房价、投资与出口的影响次之,而对 GDP、股价和消费的影响相对较小,和脉冲响应分析结果相一致。

表 1　宏观经济变量的方差分解结果

变量	方差分解结果					R^2
	1	2	4	8	12	
GDP	7.3907	8.5374	8.3459	8.445	8.4659	0.3502
SP	3.0283	1.9329	0.8181	2.7954	4.5486	0.9334
HPI	7.4667	8.7032	10.5495	12.5913	13.5587	0.5179
REER	16.2011	17.2898	18.2605	19.1701	19.3916	0.6179
IR	1.9562	5.4122	10.4809	17.148	19.1822	0.6192
IFA	2.3086	9.0958	12.8839	12.968	12.9705	0.4566
TRS	5.9393	7.3877	7.1078	6.9212	6.9089	0.4174
EX	0.0467	11.5743	12.7528	13.0277	13.088	0.6594

3. 政策不确定性影响宏观经济变量的预期渠道

泰勒(Taylor)和麦克纳布(McNabb)[30] 的研究表明,公众信心往往具有顺周期性,而政策不确定性是反经济周期的,[4] 因此政策不确定性与经济主体预期行为存在反向联系。也就是说,政策不确定性增加,会导致经济主体对宏观经济的预期感到悲观,因此公众信心会下降。为检验预期渠道,笔者的处理方法是,若引入经济主体的预期对宏观经济变量的影响和政策不确定性冲击对宏观经济变量的脉冲响应相一致,则认为政策不确定性冲击是通过预期渠道起作用。

本文选取企业家信心指数(ECI)和消费信心指数(CCI)作为经济主体预期行为的代理变量,数据来源于《中国经济景气月报》,用以反映企业家和消费者对宏观经济表现情况的心理预期程度。之后,使用 FAVAR 模型估计宏观经济变量面对经济主体预期行为的脉冲响应函数,脉冲响应结果如图 3 所示。其中 CI(信心指数)是通过主成分分析法对企业家信心指数(ECI)和消费信心指数(CCI)提取的公共因子而组建的时间序列,代表经济主体对宏观经济的预期。脉冲响应结果发现,企业家信心指数(ECI)和消费信心指数(CCI)变动对宏观经济的影响和政策不确定性冲击对宏观经济的影响十分类似。当政策不确定性增加,经济主体对宏观经济的预期十分悲观,导致公众信心指数下降,这会对GDP、股价、房价、实际有效汇率、通货膨胀率、固定资产投资、居民消费以及出口产生显著的负面影响。脉冲响应结果证明了政策不确定性可以通过预期渠道影响宏观经济变量,因此政府或者货币当局制定政策以应对外在的政策不确定性冲击时,就必须重视经济主体的预期。

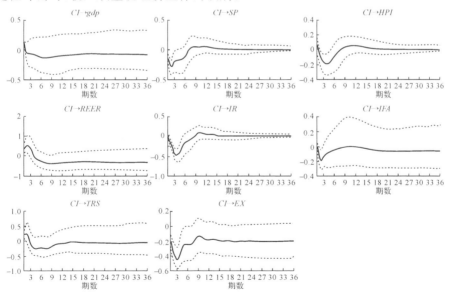

图 3 宏观经济变量面对经济主体预期行为的脉冲响应

四、结　论

本文采取贝克等人[9]的政策不确定性指数,利用 FAVAR 方法分析政策不确定性冲击对中国宏观经济的影响。为了更加准确地描述政策不确定性对宏观经济变量的真实影响关系,这个方法要求笔者使用大量宏观经济变量的数据集构建脉冲响应函数。

脉冲响应结果表明,政策不确定性冲击会对实体经济产生负向影响(即导致 GDP、投资、消费和出口下滑),而对重要价格变量(房地产价格、股票价格、汇率和通货膨胀率)的影响取决于冲击的力度和持续时间,总体来看是负向的。方差分解结果表明,政策不确定性冲击对汇率和通货膨胀的影响最为显著,对房价、投资和出口的影响次之,而对 GDP、股价和消费的影响相对较小。进一步检验政策不确定冲击的作用渠道,发现预期因素起作用。

上述结论对于我国制定和实施宏观经济政策具有重要的启示意义。一方面政策不确定性对实体经济的负向影响,要求尽量保持宏观经济政策的稳定性和持续性。另一方面,政策不确定性通过预期渠道起作用,要求增强宏观经济政策的透明度,并加强与公众信息沟通,引导公众合理预期。另外,需要进一步增强实体经济应对外部冲击的能力,使得政策不确定性对宏观经济的不利影响降到最低。

参考文献

[1] Albagli E. Amplification of uncertainty in illiquid markets[R]. AFA 2012 Chicago Meeting Paper,2011.

[2] Bloom N. Floetotto M,Jaimovich N. Really uncertain business cycles [Z]. NBER Working Paper,2012.

[3] Stock J H,Watson M W. Disentangling the channel soft the 2007-2009 recession [Z]. NBER Working Paper,2012.

[4] Baker S,Bloom N. Does uncertainty reduce growth? Using disasters as a natural experiment [R]. NBER Working Paper,2013：19475.

[5] Bernanke B S. Irreversibility,uncertainty,and cyclic investment [J]. Quarterly Journal of Economics,1983,98(1):85-106.

[6] Carrière-Swallow Y,Cespedes L F. The impact of uncertainty shocks

in emerging economies[J]. Journal of International Economics,2013,90(2):316-325.

[7] Bloom N. The impact of uncertainty shocks[J]. Econometrica,2009,77(3):623-685.

[8] Gourio F,Siemer M,Verdelhan A. International risk cycles [J]. Journal of International Economics,2011,89(2):471-484.

[9] Baker S,Bloom N,Davis S. Measuring economic policy uncertainty [Z]. Chicago Booth Research Paper,2013.

[10] Bernanke B S,Boivin J,Eliasz P. Measuring the effects of monetary policy:A factor-augmented vector autoregressive(FAVAR)approach [J]. Quarterly Journal of Economics,2005,120(1):387-422.

[11] Jones P M, Olson E. The time-varying correlation between uncertainty,output,and inflation:evidence from a DCC-GARCH model [J]. Economics Letters,2013,118(1):33-37.

[12] Dixit A K,Pindyck R S. Investment under uncertainty [M]. Princeton:Princeton University Press,1994.

[13] Panousi V, Papanikolaou D. Investment, idiosyncratic risk, and ownership [J]. Journal of Finance,2012,67(3):1113-1148.

[14] Carroll C D,Samwick A A. How important is precautionary saving? [J]. Reviews of Economics and Statistics,1998,80(3):410-419.

[15] Keynes J M. The general theory of employment,interest,and money [M]. New York:Harcourt,Brace,1936.

[16] Pindyck R S. Irreversibility, uncertainty, and investment [Z]. NBER Working Paper,1991:3307.

[17] Handley K,Limāo N. Trade and investment policy uncertainty:Theory and firm evidence [Z]. NBER Working Paper,2012:17790.

[18] Bachmann R,Elstner S,Sims E R. Uncertainty and economic activity:Evidence from business survey data [Z]. NBER Working Paper,2010:16143.

[19] Friedman M. The role of monetary policy [J]. American Economic Review,1968,58(1):1-17.

[20] Rodrik D. Policy uncertainty and private investment in developing

countries [J]. Journal of Development Economics,1991,36(2):229-242.

[21] Higgs R. Regime uncertainty: Why the great depression lasted so long and why prosperity resumed after the war[J]. Independent Review, 1999:561-590.

[22] Born B, Pfeifer J. Policy risk and the business cycle[J]. Cesifo Working Paper Series,2013.

[23] Pastor L, Veronesi P. Political uncertainty and risk premia[Z]. NBER Working Paper,2011:17464.

[24] Julio B, Yook Y. Political uncertainty and corporate investment cycles [J]. Journal of Finance,2012,67(1):45-83.

[25] Durnev A. The real effects of political uncertainty: Elections and investment sensitivity to stock prices [J]. SSRN Electronic Journal, 2010.

[26] Brogaard J,Detzel A. The asset pricing implications of government economic policy uncertainty [J]. Manngement Science, 2015(61-1):3-18.

[27] Gulen H,Ion M. Policy uncertainty and corporate investment[J]. SSRN Electronic Journal, 2013.

[28] Stock J H,Watson M W. Forecasting using principal components from a large number of predictors[J]. Journal of the American Statistical Association,2002,97(460):1167-1179.

[29] Holland A S. Information and uncertainty: Tests for temporal ordering[J]. Journal of Money,Credit and Banking,1995,27(3):827-837.

[30] Taylor K,McNabb R. Business cycles and the role of confidence: Evidence for europe [J]. Oxford Bulletin of Economics and Statistics,2007,69(2):139-319.

对民营银行发展的若干关键问题的思考[①]

摘　要　民营银行的设立与发展对于我国完善银行体系、推动中小企业发展均具有重要意义。若要在激烈的银行业竞争中占有一席之地,民营银行的经营和发展必须有其自身特色,通过不断创新,改变传统的银行经营理念、模式、方法等,以新的机制、新的产品、新的服务来赢得客户和市场。民间资本进入银行业,无疑会给当前的中国银行业注入新的活力,然而民营银行的风险控制与防范问题仍然不容小觑。

一、民营银行设立是金融改革深化的重要标志

改革开放三十多年来,金融改革在多个方面展开,并取得很多成果,然而金融领域的几个根本性问题仍需突破,其中最为突出的就是利率市场化与民营银行的成立。可以说,民营银行的设立与发展是金融改革深化的重要标志。金融改革的滞后和金融体系效率的低下,决定了发展民营银行应纳入我国金融改革的总体战略,而不应将其作为一种阶段性措施。

从经济与金融改革发展的角度看,民营银行的设立与发展对于完善银行体系与推动中小企业发展均具有重要意义。

首先,设立民营银行有利于完善银行体系。我国银行业存在的问题并不完全是数量的不足,更突出的是同质性过高,即银行服务过于单一,以致客观上产生了这样的矛盾:一方面银行业竞争日益激烈,另一方面许多中小企业无法获

---

①　本文作者金雪军、陈哲、严谷军,最初发表在《农村金融研究》2014年第3期。

得银行有效的金融服务。

通过对经济转型国家的发展经验进行研究,我们发现民营银行发展的重要目的是改变在传统体制下银行业高度集中、服务效率低下的问题。迄今为止,我国银行业集中度居高不下,四大行掌握了 70% 以上的存贷款,在这种国有银行垄断性经营一时还难以彻底改变的状况下,积极而有效地发展多元化的民营银行组织体系,不仅有助于为民营经济的发展提供更加充裕的金融支持,而且还可以通过从外部加大压力和动力,促进国有银行改革的深化。

当前我国银行体系存在着不可忽视的弊端。国外学者曾认为中国银行的问题十分严重(多恩布什和吉瓦齐,1999)。如银行组织体系存在严重的非均衡性。国有银行垄断程度较高,中小金融机构较少,成为中小企业融资困难的重要原因;银行市场结构存在畸形状态。中央银行与非国有银行之间处于管制与被管制的关系,非国有银行与国有银行之间存在有限的竞争关系。国有银行的权力过大,中央银行对国有银行的监督和管制很难产生效力。非国有银行一方面受到来自歧视性管制的制度性压制,另一方面受到来自国有银行寡头垄断地位的市场压制;银行体系的不良贷款数额大。贷款的信用风险一直是我国商业银行面临的主要风险,而国有商业银行按五级分类的不良贷款几乎占据了商业银行不良贷款的绝大部分。

经过这些年的金融改革,这些问题在有些方面得到了缓解,然而,并没有得到根本性改变。中国银行组织体系仍然存在严重的非均衡性和高不良贷款数额等问题,导致了现有银行体系的低效率。所以为提高其运转效率,改革的重点之一就是引入竞争机制,深化银行体系改革。

国有银行的症结在于其有准财政的功能,其运作管理又有点类似国家机关,公司治理结构也是"一股独大",历史形成的人员、资产包袱也不少,在存在"企业刚性"和"银行刚性"的情况下,国有银行的转型缓慢。中国银行体系的改革必须着眼于体制内与体制外并举的思路,建立民营银行正是这一思路的重要路径。关于民营银行的建立,有学者曾从国有银行的体制弊端和路径依赖的角度出发,借鉴其他领域的成功经验,认为必须引入全新的民营主体才能真正引入竞争。民营银行的建立可以产生一种"鲶鱼效应",激活整个银行体系的生存能力,增强国内银行业的整体竞争力(徐滇庆,2002)。

新制度经济学理论指出,所谓"路径依赖",是指当制度变迁在确定某种路径之后,将在未来的发展中难以扭转。而造成这种现象的原因则是由于制度变迁中报酬递增和自我强化机制的存在。回顾我国银行业体系改革的过程,虽然取得了一些成绩,但客观地讲,一些深层次矛盾仍然没有得到实质性的解决。如何才能破解"路径依赖"的困局?诺斯认为,需要借助外部效应,引入外生变量。对于银行体系改革来说,引进民营银行可以算作改革的外生变量。

其次,设立民营银行有利于理顺银行与企业的关系。如果说金融体制改革的深化为民营银行的建立提供了良好的时机,我国民营经济的迅速发展则为民营银行奠定了扎实的基础。

在民营经济产值比重较高的省区市中,浙江、广东、江苏和山东等都属于经济活跃与发达地区。民营经济的发展为民营银行的设立既提出了迫切的需求,也提供了良好的发展空间,不仅使后者有了充足的潜在客户资源,更重要的是民营经济的高速成长为民营银行打下了一个坚实的成长基础,便于民营银行依托民营经济强大的市场影响力尽快树立自己的市场信誉,提高市场占有率。

中小企业融资结构的总体状况是衡量一国资金资源优化配置与经济发展水平的重要尺度。具体说来,它反映了中小企业各项资金来源占比,即自有资金(权益资本)和借入资金(负债)的构成。从目前我国中小企业融资结构看,由于规模较小、实力较弱,基础条件不完善加上我国资本市场不够发达,中小企业融资严重依赖于银行贷款。但是,我国国有大银行垄断程度较高,该银行体系下中小企业的贷款需求很难得到满足。当中小企业在银行无法满足资金需求时,又开始转向民间借贷。要纾解中小企业融资难、融资成本高的困境,以及改善中小企业严重依赖于银行贷款和民间借贷,导致负债经营的不利状况,必须从两方面着手:一是发展直接融资,改变融资结构;二是发展民营银行与中小金融机构。从社会分工与经济原则看,如果说大银行对于大项目、大平台、大企业具有天然的优势与偏好,那么,民营银行与中小金融机构对于小企业、小项目更能发挥自身的优势与特点。

对于中小企业来说,民营银行不仅是资金提供者,还是监督者,督促其走上持续发展的道路。首先,一般而言,民营银行立足于本地,对当地中小企业的发展状况颇为熟悉。不管是在与中小企业制度、人缘和地缘上的亲和力上,还是对企业生产经营活动的了解程度上,民营银行都有自己的优势。同时,民营银行一般实行客户经理制,一个客户经理具体负责一个行业中的客户。因此,这个客户经理久而久之会积累对这个行业的有关经验,并据此对企业的生产经营活动进行有效的监督,在一定程度上能够防止客户对资金的不当使用。最后,出于风险控制的目的,民营银行把资金贷给中小企业后,会要求把资金存在自己的银行里。这样,银行就能了解客户大额资金的使用情况,从而对客户的生产经营活动进行监督。

民营银行对于中小企业的作用,还表现在信息服务等方面。首先,民营银行可以基于对国民经济运行的基本状况的了解,对央行的政策走向有一个大致的判断。这样就能提醒中小企业趋利避害,提前做好准备。其次,由于信息收集与传递的限制,企业往往只能根据不太准确的市场价格进行事后调整,这种调整有可能是盲目的,可能会对企业造成极大损失。而银行由于业务发展的需要,与各行各业进行联系,相应对其情况都有一定的了解。民营银行掌握这些信息后,及时转告中小企业。中小企业经过自己的调查分析,如果发现商机,就能发挥"船小好调头"的特点,及时调整,满足市场需求。最后,现在市场上往往会存在这么一种情况:一个企业生产某种产品,另一个企业需要这种产品,由于信息不对称而无法获取对方信息导致交易效率低下。民营银行基于自身的信息优势,能够较好地汇集各个企业的供求信息,在一定程度上克服由于这种信息不对称所导致的损失。

二、民营银行运行必须要有自身的特色

相对于国有银行,民营银行的竞争力在于民营银行的经营和战略有其自身特色。实行差异化发展战略,在于民营银行能够不断创新,改变传统的银行经营理念、模式、方法等,以新的机制、新的产品、新的服务来赢得客户和市场。

长期以来,中国的银行贷款运行实际上建立在两种制度的支撑上,一是房地产抵押制度,二是互保担保制度,这也是中小企业融资难的重要原因,因为中小企业缺乏足够的抵押担保能力,尤其是房地产抵押与资产担保,而互保担保制度引起的担保圈资金链问题十分突出。所以如果民营银行还是延续大银行的这种做法,则很难满足中小企业融资需求。

民营银行必须创新,因为这决定着民营银行能否在激烈的银行业竞争中占得一席之地。民营银行的创新在以下几方面尤为重要。

首先是产权结构与治理机制的创新。民营银行要从产权结构着手,引进现代企业制度来进行管理,规范公司治理结构。相较于国有银行,民营银行最大的优势就是规范的制度结构和灵活的机制管理,而这也是未来影响民营银行发展的核心竞争力所在。因此,唯有真正市场化的发展路径,才能实现民营银行发展的目标。如果形成了"名符其实"的民营银行,确立了良好的公司治理结构和市场化的经营机制,那么它选择资金支持对象的标准就只能有一个——企业

的发展状况、盈利和资金偿还的能力。

充分发挥市场机制自主运作、不受政府干预的优势。从境内外发展经验来看，不规范的市场准入、不健全的监管机制、特权集团的介入、内部人控制和关联企业贷款等是民营银行失败的主要原因。如果上述问题不能有效解决，那么民营银行的运行就没有自身的特色，就不可能形成自身的特有竞争优势。

精准选择目标客户、深耕服务创新。民营银行在其经营客户的选择上需要探索向民营企业、高科技企业以及广大中小企业提供更加个性化的服务的路径，发掘这些被现行金融格局所疏忽但却又确实存在巨大融资需求的群体，在个性化、特色化等方面进行创新。

其次是发展模式与目标市场的创新。杜绝简单模仿或盲目扩张的方式，应当依据自身实际情况因地制宜地确定发展模式。民营银行应立足于为地方经济发展服务的基础上，充分运用自身优势不断发展壮大，待时机成熟之后再考虑进一步扩张。并且除了提供融资服务外，民营银行还可以在项目可行性分析、财务顾问以及管理咨询等方面为中小企业提供多样化的金融服务。

充分发挥民营银行获取中小企业信息的优势。目前的大型商业银行开展小企业业务，难以解决彼此之间的信息不对称问题，而中小企业、民营企业也的确存在着财务不透明、经营不规范、可抵押资产少等弊病，在这种情况下，银行从自身盈利的角度出发自然会选择优先发展更符合其信贷要求的大型企业，导致目前大量中小企业无法从银行渠道获取发展所需资金和服务。具有草根性的民营银行就应当充分利用本土化的优势，从多方面、多渠道获取客户相关信息，包括基础信息、借贷信息、交易信息、财产信息等，并进行整合梳理与产品设计，与这些中小企业建立起比较稳固的关系，使信息的不对称状况能够得到有效改善。

再次是管理制度与人才机制的创新。为适应市场竞争日趋激烈、客户需求多样化的要求，民营银行必须着力培育符合现代金融企业要求的管理机制。在组织架构上，构造责权利明确、管理科学、运作高效的银行经营管理体制和组织体系；在管理模式上，理顺内部管理职能，调整内设机构，规范业务经营、管理部门的权限设置和职能划分；在经营机制上，加快激励机制和约束机制的创新。民营银行要走出特色化经营之路，必须体现对人才、科技的重视。金融业的竞争最终体现为人才的竞争，民营银行要建立一套合理的培养、用人机制和有效的激励机制。通过创新发展，进一步在充足资本、严格内控、安全运营、完善服务和效益等方面，推进民营银行成为现代金融企业。

三、民营银行发展要重视风险控制与防范

现代金融表现出高度的社会化特点,金融风险又是经济运行中的突出风险。无论是银行存款还是中间业务,都涉及国民经济的各个部门、各个方面,而且各金融机构相互关联,相互影响,具有巨大的连锁效应。一旦金融出了问题,整个经济甚至会陷入瘫痪状态,社会的稳定也将受到莫大的影响。因此,在设立与发展民营银行时,必须充分考虑其可能的风险,做好有效防范。民营银行的风险控制与防范在下列几方面尤为突出。

首先,建立与中小企业的信息对接机制。信息不对称是中小企业融资风险的一个重要原因。因此,建立民营银行与中小企业之间良性的信息对接,促进民营银行对客户企业进一步的信息发现和挖掘,有利于减少信息的不确定性,从而控制和防范风险。在这方面,一个基础性工作是完善并充分发挥客户经理制的作用。客户经理是民营银行与客户之间信息沟通的有效桥梁和第一窗口,民营银行通过客户经理收集和整理客户企业的有关信息,并不断跟踪客户企业的发展动态,为民营银行提供决策依据。通过建立银行与客户企业之间全面稳定的服务关系,客户经理制度推动了"以产品为中心"到"以客户为中心"的银行营销理念的提升。并且随着在金融产品推广、市场信息传递、客户信息收集管理等方面的不断完善,进一步疏通了银行与客户企业之间有效沟通的信息渠道。在客户经理制的基础上,应建立客户企业信息数据库,并及时更新。基于客户企业信息数据库,搭建客户信息平台,对客户企业进行信息管理。

Gutek 等(1999)认为,商业银行客户经理的服务主要有两类机制:关系型服务机制(relationship mechanism)和邂逅型服务机制(encounter mechanism)。邂逅型服务机制下,客户企业与银行之间的交易往往是偶然的,而且双方都不期待发生未来交易。而关系型服务机制中,通过重复的契约交易,建立了客户企业与银行之间的服务关系。甚至有时这种关系会深入到个人交往层面,且双方都希望未来可以继续这种交易关系。民营银行客户经理制更要偏重关系型服务机制,通过与客户企业积极的互动交往和充分的信息沟通,形成深厚信任基础,通过建立长期稳定关系来开展可延续的金融服务。

其次,选择合理的银行风险管理办法。商业银行风险管理的核心环节是风险估算和风险控制。而风险的准确估算和精密控制,都离不开风险的量化,即对风险损失发生的概率分布和风险损失额的量化。因此,必须根据民营银行自

身的特点,建立适合民营银行的内部风险量化体系,根据业务特征,选择合理的风险管理模型。例如,成立初期,传统业务所占比重较高,可以采用风险价值法(VAR 模型);不断开拓新业务之后,银行风险资本比重日益提高,可以采用风险调整的资本收益法(RAROC 模型);发展到一定阶段,与较大银行竞争,可以采用资产组合调整法(KMV 模型)。

再次,完善公司治理结构与内部控制。形成合理的股权结构,既要避免一股独大,又要防止股东过度分散,形成内部人控制的局面,所以需要培育中等规模的股东,形成大、中、小股东的合理结构。加大外部股权比重有利于增强民营银行所有者在银行制定和执行战略发展决策过程中的博弈能力,可以有效监督大股东和董事会成员的决策行为,形成良性的权利制衡格局,并为民营银行的不断发展注入新思维。

信息不对称是引发代理人败德行为的主要原因。银行风险的控制和处置离不开银行内部信息的充分沟通。可以说,银行内部信息的及时披露不仅提供了有关银行运营、财务绩效以及治理实践方面的充分信息,而且还显示了银行在业务运作与竞争力方面非财务业绩的公开性,有利于银行声誉的树立。因此,民营银行需要建立完善的银行内部信息体系,健全银行内部信息披露制度。除了严格按照中央银行规定的信息披露原则、内容、方式和程序披露相关信息之外,民营银行还应重点披露关联交易等关键信息。

最后,建立市场准入与存款保险制度。制订民营银行市场准入方案必须严格遵循以下两个原则:一是稳定原则。银行的特点在于其依赖于从外部借入资金经营,安全性不仅关系到银行的存亡,而且关系到社会的稳定;二是成本原则。根据新制度经济学和交易费用原理,任何制度安排都必须在一定的制度约束条件下,优先考虑成本最低。由于金融企业的特殊性,其关闭、破产的成本代价极其高昂,工作相当复杂,清算时间也很漫长。因此,在进行银行业的改革时,要充分考虑到这一点,使成本处在可控范围内。

存款保险制度的建立对于增强银行的风险控制与防范能力有重要作用。存款保险制度作为商业银行抵御风险的最后防线,还有利于提高民营银行的信誉度。与国有商业银行和大型股份制商业银行不同,民营银行资金实力比较薄弱,风险防控能力较弱,其信誉度难与大银行相比,这会导致一部分高质量的企业选择大银行。而存款保险制度的建立有利于民营银行信誉度进一步提升,以便争取更多优质客户。

此外,民营银行规模小,拥有的资金有限,在日常业务中会遇到头寸不足的现象，影响资金使用效率。管理部门应让民营银行进入全国结算系统，让其更好地调剂资金余缺。这样既能提高民营银行的资金使用效率，又可降低民营银行的经营风险。

参考文献

[1]刘红忠,马晓青.中小民营银行的公司治理与金融风险管理[J].国际金融研究,2003(4):59-63.

[2]张哲,李晓玲.我国商业银行经营转型时期短期行为探析[J].湖北农村金融研究,2008(12):20-23.

[3]金雪军,欧朝敏,李杨.民营银行与中小企业的互动机制研究[J].技术经济,2006(3):41-44.

[4]宁黎明.对我国商业银行金融创新的思考[J].中国金融,2002(11):42-43.

[5]徐滇庆.金融改革的当务之急[J].管理与财富,2002(7):20-23.

[6]庞克锋,安强身.民营银行设立路径选择与发展探讨[J].企业技术开发,2005,24(4):47-49.

[7]李杨,王军辉,侯方玉.乡镇企业与股份制商业银行的互动机制研究[J].乡镇经济,2008,24(3):109-112.

[8] Gutek B A, Bhappu A D, Liao-Troth M A, et al. Distinguishing between service relationships and encounters [J]. Journal of Applied Psychology,1999,84(2):218.

对浙江金融改革发展的思考[①]

近年来,我国陆续展开各项金融改革试点,各省市的金融改革不断推进,金融机构、金融平台与金融产品不断创新,都力求在未来的金融发展中占有一席之地。浙江应在全面分析金融与经济发展现状的基础上,有针对性地推进金融改革与创新,力求与经济转型同步、相互借力,尽快进入金融经济双转型的第一梯队。

一、浙江金融业发展与经济转型的矛盾与解决路径

概括起来,浙江金融改革与发展应紧紧围绕为实体经济服务的本质要求,以调整现有的融资结构为切入点,以建立多元化、多层次的金融体系为落脚点,充分发挥互联网金融等新金融形式的比较优势。

(一)浙江金融业发展与经济转型的基本矛盾

近两年来,浙江陆续启动多项国家金融改革试点项目,区域金融特色愈发明显。民营金融、海洋金融、农村金融、贸易金融与科技金融等均面临前所未有的发展机遇。但总体来看,金融发展对经济转型的促进作用尚待发掘,金融发展与经济转型之间的矛盾依然存在,主要表现在以下几方面。

第一,中小企业融资需求量与中小金融机构数量之间的矛盾。近年来在多项金融改革措施的推动下,浙江已发展一批小贷公司和村镇银行等中小金融机构为个人信贷、小微企业信贷提供服务,但仍难以满足数量众多的中小企业的

---

① 本文作者金雪军,最初发表在《清华金融评论》2014 年第 9 期。

融资需求,这导致中小企业技术创新步伐和区域经济转型升级速度受到限制。此外,大金融机构在解决中小企业融资问题上的作用也仍有许多限制。

第二,直接融资服务高需求与融资结构失衡的矛盾。受间接金融的限制,越来越多的企业将融资目光聚焦于直接融资市场。但是浙江体制内区域资本市场还比较落后,有直接融资需要的企业现代治理结构的改造也明显滞后,直接融资比例严重偏低。

第三,金融业快速发展与地方金融实力较弱的矛盾。浙江地方法人金融机构不仅数量少,而且实力相对较弱,已经成为限制金融业全面快速发展的"瓶颈"。从数量上看,与上海、北京、深圳等省市相比,浙江在银行、证券、保险、信托、基金等方面的地方法人金融机构数量都很少。在影响力方面,省内的地方法人金融机构在全国市场占比有限,影响力薄弱。

第四,企业融资周期的特殊性与银行信贷体系的矛盾。从浙江企业融资周期的状况看,不少企业资金需求呈现长期性的特点,尤其是科技型企业和传统企业升级转型,则更为突出。然而目前银行信贷短期化色彩很浓,一年期以下的贷款产品很多,甚至信贷周期仅几个月,而且还实行"借新还旧"的政策。目前的银行信贷基本上是基于房地产抵押与互保担保体系,而中小企业普遍缺乏足够的抵押与担保资产。

第五,项目融资需求的大额化与资金聚合机制缺乏的矛盾。随着浙江经济不断转型升级,除了继续发展中小微企业外,各大平台、大项目、大企业建设也逐渐被提上议程。向民营资本开放的诸多新领域往往也需要数额较大的资本,而浙江的民间资本尽管充裕,但较分散,缺乏形成大资本的聚合机制。

(二)浙江金融业的发展思路与路径

浙江金融业的发展总体思路应该要从建立实体经济与金融发展的互动机制出发,围绕浙江金融业发展的优势与面临的问题,把金融发展的一般规律与浙江金融特点相结合;要借三中全会全面把握改革的契机和浙江多项地方金融改革的机遇,尤其是抓住海洋经济发展(海洋港航金融)、义乌国际贸易改革配套金融改革、温州金融综合改革示范区、丽水农村金融改革等,把金融改革与金融发展结合起来,把金融改革发展与实施国家战略结合起来;要针对浙江地方金融发展的薄弱环节,加快融资结构多元化步伐,打通民间小资本与大项目、银行大资本与小企业的对接通道;全面解决浙江现有的结构性矛盾。

具体说来,浙江金融业的发展既要重视地方法人金融机构的功能,也要发挥国家主体金融机构在其中的作用;既要创新融资方式,提高直接融资在企业融资中的比例,也要搭建多层次的综合服务平台,优化金融生态环境;既要发展互联网金融等新型融资渠道,也要建立分级负责、协同高效的监管机制,防范金融风险。力争在地方金融改革、创新与发展等方面有所突破,探索建立金融机构链条化、金融平台系列化、金融工具多样化、金融生态更优化与金融监管有序化的浙江金融格局。

二、加快浙江金融改革发展的对策思考

(一)建立链条化的地方金融机构体系,提高金融服务业比重

应加快发展地方金融业,做大做强浙商系列总部金融机构,大力发展银行、保险、证券和信托业,多渠道推进企业上市,积极推动各类创投公司的发展,创建一批符合浙江特色的新型金融机构。这方面考虑到审批的便利性,还可通过与全国性银行等机构合作建立衍生法人机构落户浙江。

在省级层面进行合理的发展布局,在加强杭州长三角区域金融中心地位的同时,形成以温州、台州、义乌、丽水、宁波-舟山等区域金融子中心,这也为实施浙江金融强省战略、打造两个中心(即中小企业金融服务中心与民间财富管理中心)提供空间支撑,并全面支持区域金融改革进程,适时推广、复制金融改革与创新成果,最终在全省范围内建立涵盖各主要行业的金融机构,满足各种金融需求的金融机构链条。

在各地市层面,加大扶持力度,促进已有的城市商业银行、农村金融机构进行增资扩股,扩大资本金,增加服务网点,增强服务能力和抗风险能力。抓住设立民营银行试点的契机,推动民营银行的建立和银行向民营资本开放的步伐。抓住电子商务和互联网金融的比较优势,设立网络银行,占领互联网金融制高点。设立有限牌照社区银行,增设扩大银行在城市社区和农村的网点,以更好适应城乡居民的需要,从而在纵向上形成大、中、小金融机构分工并存,横向上形成能够满足企业发展需要的各种金融服务的机构体系。

(二)建立多元化的金融市场体系,提高直接融资比重

直接融资既可以扩大企业融资渠道,又可以在一定程度上倒逼公司改善治理结构,对推动经济转型和发展有着显著的正面促进作用。建立多层次的金融

市场除了在已有的资本市场进一步发挥融资功能外，还需要进一步完善股权投资市场、产权交易市场，大力发展债券融资，并推动地方金融控股公司的发展。

第一，加大力度培育地方资本市场。借首次公开募股（IPO）核准制向注册制变革、新三板市场向全国开放扩容的契机，重点培育一批能直接在主板市场上市的企业，培育一批到中小板、创业板上市的企业，扶植一批在新三板和股权交易中心上市交易的企业，以扩大"浙江板块"的影响力；以市场为导向，在坚持科学审慎和风险可控的前提下，探索建立符合实体经济发展需求和企业融资需求的场外交易市场，推动知识产权、专利、技术以及林权、海域使用权等各类资源合理高效地流转。为了推动企业面向资本市场融资，要加快企业现代治理结构的改造，推动股权结构的改革，形成普通股与优先股相结合的股权结构。实际上，规范的企业治理结构也为银行扩大企业贷款创造条件。

第二，着力发展债券市场尤其是企业债券与市政债券市场，适当扩大长期金融债券的发行，解决商业银行附属资本不足的问题；加大企业债券融资工具的宣传推广力度，鼓励符合条件的企业发行短期融资券和中小企业集合债；放宽无担保债券的投资范围，逐步增加保险资金投资无担保企业（公司）类债券的品种；推动市政债券的发行，解决城市建设资金需求不断扩大的问题。

第三，加快金融控股集团建设，鼓励和支持有实力的大企业建立面向科技、农业、航运、消费等产业的大型产业金融集团，充分发挥产业集团资本运作、战略管理等方面的专业优势，实现产融结合、融融互动，同时有效倒逼金融机构改革；鼓励与支持地市建立金融控股公司，优化和发挥地方政府资金的杠杆作用。针对产业集团组建金融控股公司，既要按照金融机构特点进行差异化考核，又要建立健全的内部稽核制度、关联交易制度等，提高内部控制有效性。

第四，加快资产证券化的步伐。鼓励商业银行、小额贷款公司与金融机构进行信贷资产证券化、企业资产证券化、项目融资证券化，既活跃金融市场，也能实现长期资金与短期资金、固定资金与流动资金、大额资金与分散资金、借贷资金与投资资金的对接和转换。

（三）建立多维度的金融产品体系，满足各类融资需求

金融产品是资金需求方在经济转型过程中衍生的各种实际性的需求，金融产品创新可以有效地拓宽企业外部融资渠道。结合浙江经济社会对金融产品的现实需求情况，可以从体制内产品创新和体制外产品创新两个方面切入，不断满足中小微企业的融资需求，逐步缓解融资难题。

第一，体制内产品创新。主体金融的改革和创新仍然是金融发展的主导力量，金融改革不应忽视主体金融的深化改革，要充分发挥全国性金融机构的作用以推动浙江地方金融业发展；银行机构产品创新应该更多地创造"实效性"金融产品，服务地方经济发展。

第二，体制外产品创新。体制外产品创新应更多地探索利用互联网等新载体的比较优势，加快建立网络银行，抢占互联网金融高地。从丰富互联网金融参与主体的角度，鼓励大型国有企业、地方法人银行机构积极开展互联网金融业务。同时，积极探讨互联网金融的对外开放，接纳部分有成功经验的国外互联网金融机构来浙开展业务，形成国有资本、民间资本和外资相互竞争、共同发展的和谐格局。

(四)建立多层次综合服务平台，优化金融生态环境

优化金融生态环境，是确保金融业在支持社会经济发展的同时能够实现自身良性循环和发展的基本保障。因此，必须把建立健全金融运行的保障体系放在重要位置，从改善信用环境、法治环境、政策环境入手，优化浙江金融大环境，全面推进金融和经济双转型。

第一，搭建省级信用信息平台，加快推进跨部门信息整合，建立涵盖与企业有关的工商、税务、环保、海关、法院、公安、电力、水务等信息的信息系统，全面推动省级信用信息平台及其与地方共建、共享工作，鼓励和支持地方在省级信用信息平台基础上全面推广应用，着力破解信息不对称难题。金融机构提高与担保公司业务的合作层次，建立健全信息交换机制，维护双方的合法权益。探索建立民间信用服务体系，推动政府、人行和民间三大征信体系协调互通，实现银行信息、社会信息与交易信息有效对接，构建"民间互信、企业诚信、银行守信"的良好社会信用环境。

第二，尽快制定和颁布一系列地方性金融法规及其实施细则，对立法环境尚不成熟、近期不适宜立法的有关金融业，研究制定过渡性规定；对原颁布的有关立法规定、制度进行清理，对不适宜的条款进行废除或修订，确保地方金融改革和创新在法律框架下顺利进行。

第三，积极借鉴上海、天津等地做法，升级有效财税配套政策，加大政策扶持力度和宽度，以优惠的政策措施吸引优质的金融机构入驻和高素质人才落户。

（五）建立全方位的保障机制，完善金融监管体系

金融改革深化的金融监管工作必须全方位、多层面进行，发挥多方主体的合作机制。

第一，制定地方金融综合统计制度和存款保险制度。完善人民银行与银监局、保监局、证监局、发改委、经信委、商贸部门以及金融办的数据共享机制，建立以人民银行为主，覆盖全面、信息准确的金融信息体系，为政府和有关部门提供决策依据；结合国内经济、金融发展状况，尤其是民营银行发展的机遇和制度性障碍，尽快建立或以政府为主导的存款保险机制，或由政府、金融机构、大型企业合作建立存款保险公司，或发挥现有保险机构作用，由保险机构为主导出资成立存款保险公司，既为浙江村镇银行、社区银行等小微金融机构提供保险服务，也为民营银行的设立与扩大创造良好条件。

第二，建立多层次的金融监管体系。鼓励和指导不同类型的金融机构建立不同的金融业同业协会，并赋予同业协会行业保护、行业协调、行业监管、行业合作和交流等职能，充分发挥金融行业协会的作用。在政府监管层面，将地方政府的属地优势与中央驻地方的金融管理部门的专业优势结合起来，进一步加强监管信息沟通和交流，加速提升区域金融管理功能，增强管理合力和协同效应，避免交叉管理和管理真空现象的产生。

第三，研究金融深化改革后出现的新问题。中国金融深化改革过程中，民间资本发起成立银行、利率市场化与汇率市场化、资本项目条件下的自由兑换与进出、资本市场进入门槛的降低与更大开放等，这些金融领域的长期性难题都需在近几年逐步突破。浙江既要抓住改革契机，加快改革步伐，同时也要重视可能出现的新问题，如利率放开后银行风险资产的可能增长、民营银行设立后银行的可能破产与风险兜底等问题，及早制定相关对策。

吉利数字偏好、尾数定价与价格粘性
——来自互联网的证据①

摘　要　本文运用来自"天猫商城"的商品价格数据,对中国商品市场吉利数字偏好存在性、尾数定价模式及其对价格粘性的影响进行研究。结果表明:(1)中国商品市场尾数定价模式主要有三种:8尾数定价、9尾数定价和方便定价,其中最受偏好的是8尾数同时回避4尾数定价,吉利数字偏好对尾数定价模式具有显著影响。(2)马尔科夫转移动态分析发现,8尾数的稳定性最强,且当期的非8尾数在下期转向8尾数的概率较高。(3)与非8尾数价格相比,8尾数价格的调整更为缓慢,平均调整幅度更大。(4)基于Logit模型的分析表明,8尾数对商品价格粘性具有显著正向影响,"吉利价格"粘性强。相对于9尾数定价和方便定价,8尾数定价模式对价格粘性程度的贡献更大。节日期间零售商注重回避不吉利数字,进一步表明文化背景对商品市场价格粘性的影响。本文的研究为价格粘性来源提供了新的经验证据。

关键词　吉利数字;尾数定价;价格粘性

一、引　言

名义价格具有粘性是宏观经济学的基本假定之一。为证明价格粘性假定的合理性,经济学家围绕价格粘性的来源展开了大量研究,代表性的理论解释包括菜单成本论(Barro,1972;Mankiw,1985)、尾数定价理论(Kashyap,1995;Levy等,2011)、公平定价理论(Rotemberg,2005,2011)、信息成本论(Mankiw

---

①　本文作者黄滕、金雪军,最初发表在《财贸经济》2014年第12期。

和 Reis,2002)等,试图为现代宏观经济学建立起坚实的微观基础。其中尾数定价理论(price points theory)是从企业定价模式角度出发来解释价格存在粘性的原因,认为厂商为吸引消费者购买,在定价时偏好把价格尾数设定为某些特定的数字,即使企业面临小幅成本改变的冲击,仍然倾向于保持特定尾数不变,从而导致价格具有粘性(Kashyap,1995)。

最近的理论研究表明,相对于仅考虑菜单成本的粘性理论框架,基于尾数定价理论构建的分析框架能够更好地拟合真实世界的数据特征(Knotek,2010)。在经验研究层面,Levy 等(2011)使用来自 293 个网络零售商的 474 种消费电子产品以及一家美国大型连锁超市的微观数据,发现 9 是最常见的价格尾数,并且 9 尾数价格比非 9 尾数价格更具粘性,为尾数定价理论提供了来自"真实世界"的经验证据。Snir(2012)分别使用来自受控实验、田野实验和美国大型连锁超市的数据,进一步发现消费者使用 9 尾数作为低价信号,这种信号干扰消费者对不同价格的比较,尤其是当消费者面临高认知负荷时,9 尾数常常使得消费者低估实际价格。除了 9 尾数价格模式,现实生活中还存在其他尾数定价模式。早在 1986 年,Cecchetti(1986)就发现在自动售货机和便利店出售的商品中,以数字 0 和 5 作为尾数的价格非常常见。由于这种定价模式可以减少交易过程中找零的数量,因此将这种价格称为方便价格(convenient prices)(Knotek,2008)。那么,方便定价模式会导致价格粘性吗?Knotek(2008)通过构建模型模拟公司定价决策,发现方便定价模式会影响公司的调价行为,降低价格的调整概率。利用来自美国的零售价格数据,Knotek(2011)进一步发现对于需要排队购买、现金购买以及通常单独出售的商品,零售商偏好 0 和 5 作为价格尾数,而且这种所谓的方便价格比其他价格表现出更高的粘性。

就目前的研究而言,上述两种尾数定价模式最为常见。但事实上,正如 Levy 等(2011)指出的,不同国家的尾数定价模式受其文化传统的影响,表现出一定的差异。特别是在中国文化中,数字的发音也可能代表着好运或不幸,其中最典型的吉利数字是 8,因读音像"发"而受到偏爱(Schmitt 和 Pan,1994)。① 比如在香港,约 50% 的餐馆菜单抽样价格为 8 尾数,并被定价者称为"快乐尾数"(happy ending)(Heeler 和 Nguyen,2001)。数字 4 则由于读音像"死"而受到回避(Simmons 和 Schindler,2003;陶芸,2013)。根据一项医学研究结果,生

---

① 2008 年北京奥运会的开幕时间定在 2008 年 8 月 8 日晚 8 时 8 分 8 秒,向全世界展示了中国的数字文化。其他类似的对数字 8 的偏爱现象更是随处可见,比如高价购买尾数为 8 的电话号码和车牌号码。

活在美国的中国和日本籍心脏病人在每个月的第四天出现死亡高峰，而美国籍白人并没有这种现象，在控制其他因素的影响后，发现这种现象与数字4的文化内涵带来的压力显著相关(Phillips等，2001)。

吉利数字偏好的存在可能会从两方面影响商品定价决策。一方面，定价者选择消费者偏好的吉利数字作为价格尾数，同时尽量避免不吉利数字，形成吉利尾数现象。① 另一方面，根据尾数定价理论，吉利尾数定价模式可能会影响价格调整频率，成为名义价格粘性的来源之一。现有研究中，He和Wu(2006)发现中国资本市场存在吉利数字偏好现象，股票价格尾数存在明显的"8多4少"特征(饶品贵等，2008)，并且这种"8崇拜"影响投资行为并导致了金融资产价格"异象"(赵静梅和吴风云，2009)。对于商品市场，许多研究表明，不同于西方国家，在中国、日本、马来西亚等亚洲国家，最为常见的价格尾数是数字8而不是数字9(Heeler和Nguyen，2001；Nguyen等，2007；Schindler，2009；Yang，2011)。其中Yang(2011)人工收集2007年北京地区的餐馆、超市及百货商店的零售价格数据，首次考察中国数字文化对定价模式的影响，发现价格尾数中最受欢迎的数字为8，证明中国商品市场存在吉利尾数定价现象。但考虑到该研究的数据样本仅来自北京地区，可能难以全面反映中国商品市场的定价模式，因此还需要更有力的证据。总体而言，现有研究主要局限于吉利数字偏好的现象研究，关于吉利尾数定价模式对价格粘性影响的研究还非常鲜见。Levy等(2011)虽然指出不同国家的文化背景会对尾数定价模式及价格粘性产生影响，但并未展开讨论。与此相关的一项研究来自Cai等(2007)，发现中国的数字文化因素不仅有助于解释中国股票市场的价格聚集，而且会导致价格调整形成阻力点(resistance points)。该研究预示着这种数字文化对商品市场的定价和调价可能具有类似的影响。

鉴于此，本文运用网络文本提取工具，收集来自中国最大的网络购物平台"天猫商城"的约150万种商品和服务的价格信息，对中国商品市场吉利数字偏好的存在性、尾数定价模式及其对价格粘性的影响展开研究。与既有研究相比，本文的主要贡献在于：一是介绍了一种新的数据来源，通过收集来自互联网

---

① 在亚太地区，商家发现消费者的吉利偏好是提升产品销量可利用的有效因素，突出体现在商品价格尾数以及商品品牌名称上(Schmitt和Pan，1994)。人们愿意为这些吉利数字代表的吉祥含义付出代价，Kramer和Block(2009)发现吉利数字通过提升消费者预期效用影响消费者行为，比如台湾的消费者愿意多花费50%的钱去购买8只装的网球，而不选择更为便宜的10只装网球。

的海量商品和服务的高频价格数据,构建大样本微观数据库,并以此为基础对中国商品市场的尾数定价现象进行了全面研究。发现中国商品市场最受偏好的是8尾数定价模式,并回避4尾数定价,证明吉利数字偏好对尾数定价模式具有显著影响。同时,发现9尾数定价和方便定价也是中国商品市场非常重要的定价模式,表明中国的定价模式既受到传统文化的影响,也受到西方营销方式的影响。二是把吉利数字偏好现象研究拓展到商品市场价格决策阶段,发现我国传统文化中的数字偏好对价格调整概率具有显著影响,为价格粘性理论研究提供了来自文化因素的证据,也为尾数定价理论提供了来自发展中国家的证据。

二、数据处理

(一)数据来源与获取方法

本文的数据来源于中国最大的综合性网络零售交易平台"天猫商城"。获取数据的具体步骤如下:首先,在每天的固定时间,利用网络文本提取软件访问"天猫商城"公共网页,分析页面源代码,识别并抽取目标信息,保持为可扩展标记语言(Extensible Markup Language,XML)格式。第二,对 XML 文件进行"清洗",去除文件中的标签等无用信息。例如价格信息包含在两个"Price"标签之间,可根据这两个标签进行定位,提取标签之间的有效内容。再次,对"清洗"后的文件进行模式识别,得到需要的最终信息。模式识别的过程较为复杂,需要用正则表达式精确定义识别规则,并据此对文本进行模式匹配。最后,将经过清洗和模式识别后的信息添加到本地数据库。

(二)数据处理

微观数据通常存在缺失值、异常值等问题,我们进行如下处理:(1)数据缺失问题。本文的原始数据由软件自动上网采集,偶尔会出现断网或软件崩溃的情况,从而导致数据缺失。参照文献的常用做法,用缺失前的价格记录对缺失数据进行补齐。(2)异常值问题。对价格序列进行排序,剔除价格小于1%和大于99%百分位数的商品数据(Nakamura 和 Steinsson,2008;金雪军等,2013)。(3)样本期问题。由于产品下架或推出新品,会导致样本数据的观测天数不同,特别是部分新上架商品的连续观测天数可能较短。为保证样本的观测时期足够长,剔除样本期小于 180 天的观测。(4)识别促销价格。根据 Nakamura 和 Steinsson(2008)的研究,促销价格具有两大特征:一是与促销价格持续时间较短;二是促销结束后的价格会恢复到原来价格,即价格变化呈现明显的"V 型"模式。本文将降价持续时间小于 15 天且具有"V 型"特征的价格变化定义为促销。

(三)数据描述性统计

经过上述处理后的最终数据集,涵盖来自"天猫商城"的约 150 万种商品和服务的品名、价格、分类等信息,时间跨度从 2010 年 12 月至 2013 年 2 月,共有 806 天超过 4 亿条的连续观测。按照数据集中包含的分类信息进行统计,所有网络商品和服务的种类共 871 类。为便于进一步分析,我们基于国家统计局的《2010 年统计报表制度》分类标准,把网络分类与国标分类进行手工匹配。匹配后共有 166 个基本分类,相当于覆盖了 CPI 篮子的 63.3%。最后把 166 个基本分类划分为 8 个大类。这 8 个大类分别是食品、烟酒及用品、衣着、家庭设备用品及服务、医疗保健及个人用品、交通和通信、娱乐教育文化用品及服务、居住。① 表 1 列出了数据的描述性统计结果。

表 1　网络数据的描述性统计　　　　　　　　　　　　　　单位:元

分类	观测值	商品数	最小价格	最大价格	中位数	平均价格	标准差
全部商品	419998022	1493483	2.00	1995000	99.00	762.32	10479.83
食品	37697468	118654	2.00	680000	29.00	114.48	2513.23
烟酒	14252416	22956	2.48	368000	150.00	603.61	2554.56
衣着	88664369	332235	2.00	480000	93.00	177.2	777.37
家庭	75150150	279973	2.00	1000000	99.00	509.42	2203.43
医疗	96213554	385678	2.00	1995000	112.00	1653.21	19933.64
交通	17561381	39064	2.00	249000	422.00	972.32	1713.47
教育	76415337	294699	2.01	1430000	149.46	892.29	4461.55
居住	14043347	20224	2.18	121000	218.00	754.25	2637.42

从表 1 第 2 行的全体商品统计结果看,网络商品的价格区间跨度较大。中

---

① 为行文方便,简记为食品、烟酒、衣着、家庭、医疗、交通、教育和居住。

位数价格远小于平均价格，表明低价商品数量较多。表 1 剩余几行的分类统计结果表明，不同类别商品的价格差异比较明显。中位数价格的区间从 29 元到 422 元不等，其中食品类的中位数价格最低，为 29 元；交通类的中位数价格最高，为 422 元。不同类别商品占全部商品数量的比例略有差异，食品（7.94%）、衣着（22.25%）、家庭（18.75%）、医疗（25.82%）、教育（19.73%）类商品比例较高，交通（2.62%）、烟酒（1.54%）、居住（1.35%）类商品占比较低。但从绝对数量看，即便是商品数量较少的居住、烟酒和交通类也都有超过两万种商品。总体而言，本文数据的主要特点是样本量大、产品种类丰富、定价主体多元、高频和高 CPI 覆盖率，能够有效降低观测误差并保证研究结论的一般性。

三、典型事实

（一）价格尾数分布

本节首先通过考察价格尾数分布来验证吉利数字偏好的存在性。价格尾数是指价格最右边的数字，比如某商品价格为 8.9 元，则该商品的价格尾数是 9。本文对数据集中的每一个商品价格，截取该价格最右边的一位数字，以此形成的价格尾数序列作为考察对象。遵循既有文献（Levy 等，2011；Yang，2011），验证中国商品市场是否存在特定数字偏好的策略是：如果零售商定价行为不存在数字偏好，那么商品价格最后一位数字在 0 到 9 之间是等概率出现，即每个数字作为价格尾数的概率为 10%，[①]因此，我们可以检验商品价格尾数分布是否服从均匀分布，如果不服从均匀分布，某些数字在价格尾数序列中出现的概率会显著高于其他数字，则表明商品定价行为存在数字偏好现象。表 2 报告了价格尾数分布结果。

根据表 2 最后一行的卡方检验 P 值，无论总体样本还是分类样本，卡方检验都在 1% 的置信水平拒绝 0 到 9 这 10 个数字是均匀分布的零假设，表明零售商定价存在数字偏好现象。具体而言，根据表 2 第 2 列总体样本结果，数字 8 最受偏好，约 24.55% 的价格尾数是 8，在所有数字中出现的频率最高。其次是数字 9，在价格尾数中出现的频率为 19.84%。频率超过 10% 的数字还有 0 和

---

① 根据 Yang（2011）基于中国数据的研究，若商品市场没有特定数字偏好的影响，数字 0 到 9 在价格尾数中出现的频率的确遵循离散均匀分布。因此，不存在数字偏好时商品价格尾数服从均匀分布是一个合理的假设。

5,分别为 13.04% 和 11.14%。以上述四个数字结尾的价格占所有价格的比例超过 69%。价格尾数序列中出现频率最低的数字是 4,仅为 2.41%。在八大类商品的尾数分布结果中,大多数类别呈现了相同的规律,即价格尾数中存在"8 最多 4 最少"现象。

表 2　价格尾数的频率分布

单位:%

价格尾数	全部	食品	烟酒	衣着	家庭	医疗	交通	教育	居住
0	13.04	17.02	12.95	12.07	12.36	12.03	16.08	14.38	7.74
1	4.90	2.84	3.58	6.55	4.49	4.45	3.17	4.84	6.04
2	7.05	7.87	5.55	7.63	7.25	7.03	4.99	6.24	9.02
3	4.18	3.87	3.09	4.55	4.06	3.86	2.68	4.61	4.44
4	2.41	2.74	2.46	2.16	2.35	2.31	1.49	4.42	1.40
5	11.14	8.36	12.17	5.59	13.76	13.95	21.09	11.66	8.20
6	8.05	8.85	7.61	8.78	8.07	8.83	4.90	6.32	6.99
7	4.85	4.73	3.17	5.36	4.88	5.01	2.41	2.85	4.33
8	24.55	29.44	32.51	26.18	24.26	25.41	24.06	19.60	36.76
9	19.84	14.29	16.92	21.13	18.52	17.11	19.13	25.07	15.09
观测值(万)	41999	3769	1425	8866	7515	9621	1756	7641	1404
χ^2 检验 P 值	<0.000	<0.000	<0.000	<0.000	<0.000	<0.000	<0.000	<0.000	<0.000

与 Levy 等(2011)基于美国数据发现 9 尾数占主导地位的结论不同,本文研究表明中国商品市场最受欢迎的价格尾数是 8,同时回避 4 尾数,表现出明显的数字文化特征。[①] 同时,发现 9 尾数的出现频率仅次于 8 尾数,表明 9 尾数定价也是典型的定价模式。出现这种现象的可能原因在于,零售价格包含 9 尾数是西方国家常用的营销手法,中国三十多年的"开放"政策使得西方营销手法在中国得以大量运用(Yang,2011),9 尾数定价因此成为定价者采用的定价策略。

---

①　在中国文化中,数字组合往往能够加强单个数字所蕴含的寓意。两个连续的不吉利数字组合,比单独的不吉利数字更糟,而两个连续的吉利数字,可能比单独的幸运数字更受欢迎(Yang,2011)。比如人们不喜欢"74"组合,因为听起来像"去死",如果是"98"则会受到欢迎,因为听起来像"久发"。我们通过考察价格尾数组合的频率分布来验证是否存在数字组合偏好,发现频率排名前十的尾数组合中几乎都包含数字 8,比如 98、88、68 等尾数组合,而且出现频率至少是均匀分布频率的两倍。在频率排名后十位的组合中,出现最多的数字则是 4 和 7,比如 47、41、37、54 这种数字组合,出现频率远低于均匀分布频率,表明存在明显的尾数组合偏好现象。

0 尾数和 5 尾数的比例均超过 10%,说明方便定价也是主要定价模式之一。虽然目前中国的网络购物有多种支付方式,但出于安全考虑,相当数量的消费者青睐"货到付款"(孙道银和李桂娟,2010)。因此,部分零售商可能会偏好方便定价模式以降低"货到付款"的交易成本,提升交易效率。

(二)动态考察

前面我们证实了中国商品市场存在明显的吉利数字偏好现象。接下来从价格调整动态角度出发,构造马尔科夫状态转移概率矩阵,分析价格尾数分布的动态演变过程,考察数字偏好对价格调整的影响。[①] 由于价格尾数中只可能出现 0 到 9 这 10 个数字,因此共有 10 个状态。当价格发生变化时,每种状态有 10 种转移的可能性,需要用 100 个转移概率来描述。表 3 报告了计算结果。

表 3　马尔科夫转移概率矩阵　　　　　　　　　　　　单位:%

当期尾数	下期尾数									
	0	1	2	3	4	5	6	7	8	9
0	**3.74**	0.30	0.56	0.19	0.48	1.00	0.56	0.18	0.95	0.66
1	0.29	1.39	0.47	0.31	0.26	0.54	0.38	0.18	1.48	1.57
2	0.54	0.50	1.53	0.30	0.65	0.57	0.97	0.17	2.11	1.39
3	0.19	0.33	0.30	0.75	0.27	0.50	0.25	0.19	0.64	1.19
4	0.47	0.27	0.64	0.28	0.96	0.38	0.67	0.14	1.20	0.73
5	1.00	0.56	0.58	0.20	0.37	**5.04**	0.51	0.32	2.26	2.10
6	0.56	0.41	0.99	0.29	0.66	0.51	1.69	0.25	3.08	0.81
7	0.17	0.19	0.17	0.20	0.14	0.32	0.25	**0.39**	0.39	0.47
8	0.93	1.59	**2.15**	0.65	**1.21**	2.28	**3.13**	0.40	**7.3**	2.60
9	0.61	**1.64**	1.41	**1.22**	0.73	2.11	0.77	0.47	2.51	**6.44**

注:我们用黑体标示出转移概率最高的三种情况。转移矩阵中的元素表示当价格发生变化时,当期的价格尾数下期转移到另一个价格尾数的概率。转移概率经过了标准化处理,表中所有的概率之和为 1。

---

①　根据马尔可夫分析法,可将价格尾数作为离散状态的马尔可夫过程,该过程假设价格尾数序列具有"无后效性",即在已知价格尾数"现在状态"的条件下,价格尾数"未来状态"的条件概率分布与其"过去状态"无关(Quah,1996;Levy 等,2011)。在这一假设前提下,可以计算出价格尾数的概率转移矩阵,判断价格尾数分布的动态变化趋势。由于本文的样本容量较大,我们用价格尾数的转移频率来近似地估计转移概率。

由转移概率矩阵可以看出:(1)尾数8的稳定性最高。转移矩阵中对角线元素的值表示当价格发生变化时,价格尾数在下一期仍保持上一期状态的概率。该值越大,代表价格尾数的稳定性越强。可以看到,尾数8的稳定性最强,7.35%的8尾数在价格改变后仍然以8为尾数。稳定性相对较强的其他尾数包括9、5、0,转移概率分别是6.44%、5.04%和3.74%。尾数4的稳定性较弱,当期的4尾数价格下期仍以4为尾数的概率仅为0.96%。(2)当期的非8尾数在下一期转向8尾数的概率较高。当价格发生变化时,排除价格尾数保持不变的情况,多数非8尾数将在下期转向8尾数。如表3第10列所示,尾数2、4、5、6、9在下期转移为8尾数的概率远大于转向其他尾数的概率。由上述价格尾数的动态演变过程可以发现,厂商调价行为的显著特征是偏好8尾数并尽量保持8尾数不变。这种特殊的调价方式意味着当成本发生小幅度变化时,商家并不会立即调价,譬如某件商品的价格是5.8元,商家偏好的调价方式可能是从5.8元调整到6.8元,此时只要商品成本的变化小于1元,商家会选择保持价格不变,从而导致价格粘性。

四、计量分析

(一)均值差异检验

一般而言,当价格能够灵活调整时,价格调整的幅度较小。反之,若价格调整缓慢,则后续的价格调整幅度可能较大(Kashyap,1995)。直觉上,由于中国商品市场存在吉利数字偏好,则以吉利数字作为尾数的价格调整可能更为缓慢,价格调整幅度更大。我们首先通过均值差异检验来验证这一结论(见表4),其中左半部分是以8尾数和非8尾数价格的平均变化大小为比较对象,右半部分是以8尾数和非8尾数价格的平均持续时间为比较对象。

从表4左边栏可以看出,总体样本中8尾数价格的平均变化大小是105.39元。与此形成鲜明对比的是,非8尾数价格仅81.74元的变化。两者具有29%的差异,且在1%的置信水平上显著。八大类商品的8尾数价格变化均显著大于非8尾数。其中差距最大的是烟酒类商品,具有88%的差异;差距最小的是家庭用品,具有16%的差异。表4右边栏是不同尾数价格保持不变的平均时间,可以直观地衡量价格调整灵活性。某个价格保持不变的时间越长,意味着价格发生变化的概率越小,代表价格粘性较高。总体而言,8尾数价格保持不变的平均时间为 33.63 天,非 8 尾数价格的平均时间为 25.77 天,两者具有 30.5%的差异,且具有统计显著性。分类检验也表现出类似的结果,与非 8 尾数相比,8 尾数价格平均持续时间更长,平均调整幅度更大。由于价格持续时间和价格调整幅度都是衡量价格粘性程度的指标(Nakamura 和 Steinsson,2008),上述结果直观地展现了吉利数字偏好对商品价格粘性的影响。

表 4 均值差异检验结果

分类	价格均值(元)				时间均值(天)			
	8 尾数	非 8 尾数	均值差异	T 值	8 尾数	非 8 尾数	均值差异	T 值
总体	105.39	81.74	23.65***	46.85	33.63	25.77	7.86***	56.57
食品	36.07	23.46	12.61***	8.71	39.36	28.07	11.29***	30.74
烟酒	326.00	173.00	153.00***	35.1	39.86	30.3	9.56***	10.28
衣着	75.64	59.4	16.24***	33.31	31.25	23.95	7.3***	26.74
家庭	191.6	165.3	26.3***	20.96	31.03	23.58	7.45***	21.85
医疗	103.6	71.83	31.77***	56.22	36.3	26.79	9.51***	39.44
交通	85.37	65.02	20.35***	14.03	27.85	20.75	7.1***	8.98
教育	71.44	55.09	16.35***	20.13	35.89	29.45	6.44**	10.95
居住	120.4	87.3	33.1***	15.12	44.6	32.45	12.15***	11.15

注:***、**、*分别表示估计系数在 1%、5%、10%的水平上显著。下同。

(二)Logit 模型回归检验

1. 估计方法与变量定义

在有关价格粘性程度的测度文献中,价格调整频率和价格持续时间指标是等价的,若记价格持续时间为 D,价格频率为 F,则两者的关系为:$D=-1/\ln(1-F)$(Nakamura 和 Steinsson,2008)。从公式可以看出,价格调整频率越低,则价格持续时间越长,意味着价格粘性程度更强。在大样本条件下,价格调整频率近似为价格调整概率。在经验研究文献中,可以通过考察解释变量对价格调整概率的影响来估计价格粘性的影响因素。本文使用 Logit 模型估计特定尾数定价方式对价格调整概率的影响,寻找尾数定价导致价格粘性的直接证据。具体而言,借鉴 Levy 等(2011),在 Logit 回归模型中,被解释变量为商家是否调整价格的虚拟变量 Y,发生价格变化时 $Y=1$,没有发生价格调整时 $Y=0$,并使用最大似然法估计如下变量系数:

$$\ln[q/(1-q)] = \alpha + \beta_1 8\_End_{jt} + \beta_2 4\_End_{jt} + \beta_3 9\_End_{jt} + \beta_4 0\_End_{jt} + $$
$$\beta_5 Sale_{jt} + \beta_6 Import_{jt} + \beta_7 Holiday_{jt} + \beta_8 Holiday \times 8_{jt} + \beta_9 Holiday \times 4_{jt} + \varepsilon_t$$

$$(1)$$

其中 q 表示 $Y=1$ 的概率。8_End_{jt} 是 8 尾数虚拟变量,如果产品 j 的价格在时间 t 以 8 为尾数则取 1,否则取 0。由于 8 是受偏好的吉利数字,以 8 为尾数的价格调整概率可能会较低,因此预期 8 尾数虚拟变量的系数为负。4_End_{jt} 是 4 尾数虚拟变量,如果产品 j 的价格在时间 t 以 4 为尾数则取 1,否则取 0。由于 4 是不受偏好的数字,因此预期 4 尾数虚拟变量的系数为正。如果这两个变量的回归结果具有统计显著性且符号方向符合我们的预期,则可以作为吉利数字偏好影响价格粘性的证据。0_End_{jt} 是方便价格虚拟变量,根据方便价格理论(Knotek,2011),预期 0 尾数虚拟变量的系数为负。9_End_{jt} 是 9 尾数虚拟变量,根据 Levy 等(2011)的研究结论,预期 9 尾数虚拟变量的系数为负。

其余的变量是一组代表产品特征的变量,允许我们识别出与产品具体特征相关的效果。其中包括:$Sale_{jt}$ 是促销价格虚拟变量,促销行为对商品调价概率具有正向影响(Levy 等,2011),因此预期 $Sale_{jt}$ 虚拟变量的系数为正。$Import_{jt}$ 是进口虚拟变量,根据金雪军等(2013)的研究,进口品和非进口品的价格粘性不同,这可能会影响价格调整概率,因此考虑该变量的影响。$Holiday_{jt}$ 是节日虚拟变量,根据已有研究(Levy 等,2010),节日期间商品价格具有更高的粘性。在中国,最重要的传统节日是春节,借鉴饶品贵等(2008)的做法,我们把节日定义为春节所在的月份,考察节日期间的价格粘性是否不同。此外,人们对吉利数字的偏好在不同的时间可能会有所不同,比如在节日期间,人们更加注重好兆头和吉利象征,我们使用节日虚拟变量与价格尾数虚拟变量的交叉项,检验节日期间的吉利数字偏好对价格粘性的影响。①

2.估计结果

考虑到 Logit 模型回归系数大小的经济意义较小,我们主要关心两方面的结果:一是回归系数的符号方向及其统计显著性,可以反映解释变量与被解释变量之间的正向或负向相关关系;二是通过对回归系数取反对数得到的优势比

---

① 要指出的是,影响价格粘性的因素有很多,比如菜单成本、信息成本、市场结构、行业集中度、隐形契约等等,这些因素通常反映市场环境或者制度层面的不同特征对价格粘性的影响。由于这些因素在不同尾数价格之间并无区别(Levy 等,2010,2011),可以认为这些因素与本文的解释变量不相关。因此,即便没有将代表这些因素的变量放入本文回归模型,亦不用太担心遗漏变量导致内生性问题。

率(odds ratios),能够反映解释变量在多大程度上影响被解释变量。在表5的估计结果中,我们给出了每个变量的估计系数及其显著性水平,并在括号中给出相应的优势比率。

表5共有五个回归结果,我们依次来看。第(1)列的回归结果主要反映8尾数对价格调整概率的影响,可以发现8尾数变量的估计系数为负且在1%水平上显著,表明8尾数价格与价格调整概率之间是负相关关系。优势比率为0.7,表明8尾数价格的调整概率比非8尾数价格低30%,意味着8尾数价格的确更具价格粘性。在控制变量中,促销变量的回归结果显著为正,与既有研究结论一致(Levy等,2011)。进口品变量的回归系数为负,但不显著。节日变量的回归结果为负数,优势比率远小于1,表明中国商品市场存在较强的节日效应,节日期间价格调整的概率下降,与Knotek(2011)的研究一致。8尾数与节日变量交叉项的回归结果为负,但优势比率接近1,表明节日期间8尾数和非8尾数的价格调整概率比较接近。

表5第(2)列的结果主要反映4尾数对价格调整概率的影响。4尾数虚拟变量的估计系数显著为正,优势比率大于1,表明4尾数价格的调价概率大于非4尾数,4尾数价格的粘性程度相对较低,符合我们的预期。对于节日变量与4尾数变量的交叉项而言,由于节日变量对价格调整概率是负向影响,4尾数对价格调整概率是正向影响,因此交叉项的符号方向无法预判。如果节日效应大于数字偏好效应,则回归结果应该为负;反之则反。表5第(2)列的回归结果表明,交叉项的回归结果为正,说明数字偏好效应大于节日效应。意味着在节日期间,人们更加注重好兆头,回避不吉利的象征。

表5第(3)列和第(4)列分别报告9尾数与0尾数虚拟变量的回归结果。9尾数和0尾数变量与价格调整概率均为负相关关系,分别与Levy等(2011)和Knotek(2011)的结论一致。表明在中国商品市场,9尾数定价和方便定价对价格粘性也具有显著影响。第(5)列为所有变量共同作用的回归结果,发现8尾数、9尾数和0尾数虚拟变量的系数均显著为负,4尾数虚拟变量的回归系数显著为正,符合我们的预期。根据第(5)列四种不同尾数的优势比率结果,8尾数的优势比率与1的差距绝对值最大,表明8尾数定价模式对价格调整概率的影响程度比其他定价模式的影响要大。

表 5　基于 Logit 模型的回归结果

	（1）	（2）	（3）	（4）	（5）
8_End	−0.4035*** （0.668）				−0.3383*** （0.713）
4_End		0.1655*** （1.179）			0.0913*** （1.096）
9_End			−0.0692*** （0.933）		−0.0937*** （0.911）
0_End				−0.1111*** （0.895）	−0.1335*** （0.875）
Sale	2.6980*** （14.851）	2.6877*** （14.698）	2.6919*** （14.760）	2.7000*** （14.880）	2.6804*** （14.591）
Import	−0.1685 （0.845）	−0.1691* （0.844）	−0.1713* （0.843）	−0.1685* （0.845）	−0.1713* （0.843）
Holiday	−0.9533*** （0.385）	−0.9706*** （0.379）	−0.9585*** （0.383）	−0.9577*** （0.384）	−0.9698*** （0.379）
Holiday×8	−0.0202** （0.980）	/	/	/	−0.00445** （0.996）
Holiday×4	/	0.1918*** （1.211）	/	/	0.1901*** （1.209）
常数项	−3.9098***	−3.9167***	−3.8959***	−3.8965***	−3.8701***
一致率（%）	44.9	48.7	44.9	42.8	48.9
Pseudo R^2	0.27	0.23	0.22	0.19	0.26
N（亿）	4.19	4.19	4.19	4.19	4.19

注:括号中的数据为通过对斜率系数取反对数得到的优势比。下同。

（三）稳健性检验

为检验估计结果是否具有稳健性,我们把总体样本分为 8 大类,用同样的对数回归模型对分类数据进行估计,考察不同类别之间的回归结果是否具有差异性(见表 6)。可以发现,8 大类商品的回归结果中,8 尾数变量的回归系数符号方向都是负向的,除了教育类商品,其他 7 类的估计结果都在 1‰ 的置信水平上具有显著性。而 4 尾数价格的回归系数都显著为正,符合我们的预期,说明吉利数字偏好显著影响价格调整概率。对于 9 尾数和 0 尾数价格,所有分类回归的估计系数都显著为负,与总体样本回归结果一致,表明方便价格理论和 9 尾数价格理论成立。代表节日效应的变量系数显著为负,意味着在节日期间价格调整概率下降,节日变量和尾数变量的交叉项估计系数符号方向与总体回归结果相同,说明文化因素对价格粘性的确有显著影响。其他变量的估计结果也符合理论预期,与总体估计结果一致,表明估计结果是稳健的。

表6　稳健性检验:分类回归结果

变量	食品	烟酒	衣着	家庭	医疗	交通	教育	居住
8_end	-0.35*** (0.70)	-0.42*** (0.65)	-0.41*** (0.66)	-0.37*** (0.69)	-0.29*** (0.74)	-0.38*** (0.68)	-0.04* (0.96)	-0.58*** (0.55)
4_end	0.13*** (1.13)	0.08*** (1.08)	0.07*** (1.08)	0.12*** (1.13)	0.13*** (1.14)	0.26*** (1.29)	0.03*** (1.03)	0.31*** (1.36)
9_End	-0.14*** (0.86)	-0.22*** (0.80)	-0.11*** (0.89)	-0.07*** (0.93)	-0.12*** (0.88)	0.06*** (1.06)	-0.04*** (0.96)	-0.24** (0.78)
0_End	-0.15*** (0.85)	-0.36*** (0.69)	-0.17*** (0.84)	-0.13*** (0.87)	-0.08*** (0.91)	-0.26*** (0.77)	-0.11*** (0.90)	0.23* (1.26)
Holiday	-0.78*** (0.45)	-0.94*** (0.38)	-1.01*** (0.36)	-0.98*** (0.37)	-0.89*** (0.41)	-1.17*** (0.30)	-0.94*** (0.38)	-0.32 (0.72)
Import	0.14*** (1.15)	0.23*** (1.26)	-0.19*** (0.82)	-0.21*** (0.80)	-0.21*** (0.80)	-0.31*** (0.73)	0.07*** (1.07)	0.28 (1.33)
Sale	2.80*** (16.49)	2.68*** (14.65)	2.60*** (13.54)	2.73*** (15.35)	2.89*** (18.08)	2.41*** (11.21)	2.87*** (17.70)	2.57*** (13.09)
Holiday×8	-0.09*** (0.91)	0.01 (1.01)	0.03** (1.03)	-0.03* (0.97)	-0.03** (0.96)	-0.12** (0.88)	-0.03 (0.97)	-1.65*** (0.19)
Holiday×4	0.18*** (1.20)	0.24 (1.28)	0.08*** (1.08)	0.15*** (1.17)	0.23*** (1.26)	0.25** (1.29)	0.42*** (1.52)	0.95 (2.58)
常数项	-4.09***	-4.04***	-3.79***	-3.90***	-4.08***	-3.58***	-4.04***	-4.06**
一致率(%)	46.6	54.1	49.8	37.9	47.7	48.0	29.4	51.8
Pseudo R^2	0.28	0.27	0.28	0.19	0.19	0.24	0.11	0.27
N(万)	3769	1425	8866	7515	9621	1756	7641	1404

五、结论、启示与展望

文化、心理等非经济因素对商品市场或者资本市场能否产生影响,是最近几年经济金融领域前沿课题之一。本文收集来自互联网的价格数据,构建产品层面大样本微观数据集,对中国商品市场吉利数字偏好的存在性、尾数定价模式及其对价格粘性的影响进行了研究。结果表明，不同于西方国家，中国商品市场存在明显的吉利数字偏好现象。基于 Logit 模型的进一步研究发现，吉利尾数定价模式对价格调整概率具有显著影响，表明文化因素是价格粘性的来源之一。

本文的研究具有以下启示意义：(1)不同国家或地区特殊的传统文化因素可能对商品市场的价格调整产生特殊的影响。对于理论研究来说，如果文化因素引起的尾数定价模式是价格粘性的来源，那么在我们所构建的宏观经济模型中应该体现这种因素的影响，才能更符合本国经济实际情况。本文的研究有助于深入认识和理解中国商品市场定价行为，也为构建符合中国经济实际的宏观模型提供了新的微观证据。(2)从文化习俗与市场经济关系的视角看，文化习俗不仅影响市场经济的制度基础，而且直接影响商品市场的运作模式进而对整个宏观经济产生影响。今后的研究应该深入挖掘文化传统等各种非经济因素的特点，才能更加全面细致地了解市场体系的运作情况。

文化因素对价格粘性的影响属于新的研究领域，本文研究仅为初步探讨，还有待进一步深入。比如进一步研究传统文化如何影响消费者行为以及企业制定营销策略的具体途径，受到中国传统文化影响的其他亚洲国家和地区是否存在同样的吉利数字偏好及其对价格粘性的影响等等，这些将是我们未来努力的方向。

参考文献

[1]金雪军,黄滕,祝宇.中国商品市场名义价格粘性的测度[J].经济研究,2013(9):85-98.

[2]饶品贵,赵龙凯,岳衡.吉利数字与股票价格[J].管理世界,2008(11):44-49.

[3]孙道银,李桂娟.网络购物人群的支付方式偏好调查[J].销售与市场,2010(3):31-34.

[4]陶芸.数字禁忌的文化内涵[J].江西社会科学,2013(7):249-252.

[5]赵静梅,吴风云.数字崇拜下的金融资产价格异象[J].经济研究,2009(6):129-141.

[6]Barro R J. A theory of monopolistic price adjustment[J]. Review of Economic Studies,1972,39(1):17-26.

[7]Block L, Kramer T. The effect of superstitious beliefs on performance

expectations[J]. Journal of the Academy of Marketing Science,2009(37):161-169.

[8]Cai B M,Cai C X, Keasey K. Influence of cultural factors on price clustering and price resistance in China's stock markets[J]. Accounting and Finance,2007, 47(4): 623-641.

[9]Cecchetti S G. The frequency of price adjustment: A study of the newsstand prices of magazines[J]. Journal of Econometrics, 1986,31(3): 255-274.

[10]He Y, Wu C. Is stock price rounded for economic reasons in the Chinese markets? [J]. Global Finance Journal,2006,17(1):119-135.

[11]Heeler R,Nguyen A. Price endings in Asia[J]. Proceedings of Australia-New Zealand Marketing Association,2001.

[12]Kashyap A K. Sticky prices: New evidence from retail catalogues [J]. Quarterly Journal of Economics,1995(110):245-274.

[13]Knotekll E S. Convenient prices,currency and nominal rigidity: Theory with evidence from newspaper prices [J]. Journal of Monetary Economics,2008,55(7): 1303-1316.

[14]Knotek E S. The roles of menu costs and nine endings in price rigidity[J]. Federal Reserve Bank of Kansas Working Paper,2010(1018).

[15]Knotek E S. Convenient prices and price rigidity: Cross-Section evidence[J]. Review of Economics and Statistics,2011,93(3): 1076-1086.

[16]Levy D,Chen H A,Muller G,et al. Holiday price rigidity and cost of price adjustment[J]. Economica,2010,77(355):172-198.

[17]Levy D, Lee D,Chen H, et al. Price points and price rigidity[J]. Review of Economics and Statistics,2011,93(4):1417-1431.

[18]Mankiw N G. Small menu costs and large business cycles: A macroeconomic model of monopoly [J]. Quarterly Journal of Economics, 1985,100(2): 529-538.

[19]Mankiw N G, Reis R. Sticky information versus sticky prices: A proposal to replace the new keynesian phillips curve[J]. Quarterly Journal of Economics, 2002,117(4): 1295-1328.

[20]Nakamura E, Steinsson J. Five facts about prices: A reevaluation of

menu cost models[J]. Quarterly Journal of Economics, 2008, 123 (4): 1415-1464.

[21]Nguyen A, Heeler R M, Taran Z. High-low context cultures and price-ending practices[J]. Journal of Product & Brand Management, 2007,16 (3): 206-214.

[22]Phillips D P, Liu G C, Kwok K, et al. The hound of the baskervilles effect: Natural experiment on the influence of psychological stress on timing of death[J]. British Medical Journal,2001,323(7327):1443-1446.

[23] Quah D. Twin peaks: Growth and convergence in models of distribution dynamics[J]. The Economic Journal,1996,106(437): 1045-1055.

[24]Rotemberg J J. Customer anger at price increases, changes in the frequency of price adjustment and monetary policy[J]. Journal of Monetary Economics,2005,52(4):829-852.

[25]Rotemberg J J. Fair pricing[J]. Journal of the European Economic Association,2011,9(5): 952-981.

[26]Schindler R M. Patterns of price endings used in US and Japanese price advertising[J]. International Marketing Review,2009, 26(1): 17-29.

[27]Schmitt B, Pan Y. Managing corporate and brand identities in the Asia-Pacific region[J]. California Management Review,1994,36(4): 32-48.

[28]Simmons L C, Schindler R M. Cultural superstitions and the price endings used in Chinese advertising[J]. Journal of International Marketing, 2003,11(2): 101-111.

[29]Snir A, Levy D, Gotler A, et al. Not all price endings are created equal: Price points and asymmetric price rigidity[J]. Journal of Monetary Economics,2020:34-49.

[30]Yang Z. Lucky numbers, unlucky consumers[J]. Journal of Socio-Economics,2011,40(5): 692-699.

谁能成为明星 CEO^①

——管理者声誉的来源及影响*

摘 要 在中国,企业管理者为获取更丰厚的报酬和更好的职业生涯不仅需要通过企业的良好经营,同时也需要积极建立与政府的密切联系。本文从管理者政治关联的独特视角出发,研究了上市公司管理者声誉来源及其对企业短期股价和长期经营绩效的影响。基于 2005—2012 年度上市公司的面板数据,本文采用倾向评分匹配的方法,有效解决了样本"内生性"问题。本文研究发现,国有企业管理者声誉的获取可能主要依赖于其政治关联的支持,而民营企业管理者声誉的取得可能主要依靠企业自身良好的经营绩效;同时管理者声誉在短期内对企业股价有显著的负向影响,但对企业的长期经营绩效确有显著的促进作用。本文为我国经理人劳动力市场的完善及国有企业市场化改革提供了新的经验证据。

关键词 管理者声誉;政治关联;倾向评分匹配;来源;经营绩效

一、引 言

在市场经济发达的西方国家,声誉是管理者个人职业生涯及企业发展的金字招牌,也是缓解市场经济信息不对称、规范市场秩序的一种有效制度安排。法玛(Fama)、克雷普斯(Kreps)等人、米尔格罗姆(Milgrom)等人在 20 世纪 80 年代就开始了对上市公司中管理者个人声誉的研究。^{[1][2][3]}从西方发达国家的经验来看,管理者的个人声誉对企业的经营绩效有显著影响,完善的声誉评价

---

① 本文作者金雪军、郑丽婷,最初发表在《经济理论与经济管理》2015 年第 9 期。

机制在激励和约束管理者行为、完善市场监督、降低代理成本和道德风险等方面发挥着重要的作用。[4][5][6][7]声誉机制作为一种低成本的激励机制,在企业的外部治理中不可或缺。

21 世纪初,我国各大权威媒体相继推选评出"年度最佳 CEO"等奖项,此类奖项的获取被视为管理者声誉最重要的体现。管理者获奖后赢得了公众的大量关注,成为"明星 CEO"。"明星 CEO"逐渐开始出现在广告、杂志、电视节目中,成为企业的代言人。目前,我国学术界对管理者声誉的研究文献主要集中于理论分析,实证研究文献较少,缺乏对管理者声誉来源的实证分析。

对中国企业管理者声誉机制的研究必须基于我国特殊的制度背景。潘红波等人和吴文锋等人发现,中国政府对企业尤其是国有企业的干预一直存在,不少企业也纷纷积极建立起与政府的密切联系,力图通过政治关联获取融资便利、税收优惠、政府补贴等稀缺资源,改善企业经营。[8][9]本文从管理者政治关联的独特视角出发,创新地研究我国管理者声誉的来源,并分析管理者声誉对企业短期股价变动和长期经营绩效的影响。本文研究发现,国有企业管理者声誉可能主要来源于其政治关联的支持,而民营企业的管理者声誉可能主要来自于企业自身的良好经营业绩;同时管理者获奖事件短期内对企业股价有负向影响,而对企业的长期经营绩效起到显著的正向促进作用,说明我国管理者声誉机制起到了激励作用。

本文的研究贡献主要有以下 3 点:(1)与以往大部分文献不同,本文对管理者声誉的形成机制进行了实证研究,填补了我国管理者声誉来源实证分析的空白。同时采用倾向评分匹配方法,有效解决了"内生性"问题;(2)本文手工收集了上市公司管理者政治关联数据,从管理者政治关联的独特视角出发,通过实证研究揭示了国有企业和民营企业管理者声誉来源的差异,进一步补充了对国有企业改革、政府干预等问题的认知;(3)以往文献关于管理者声誉对企业经营绩效的影响仍存在较大争议,鲜有文献分别讨论其对企业长短期经营绩效的作用。本文利用中国上市公司数据,为管理者声誉对企业的影响增加了新的经验证据。

本文内容安排如下:第二节介绍我国公司治理特殊的制度背景以及提出了本文的三个研究假说;第三节解释样本的选择、主要变量的定义以及描述性统计的结果;第四节实证研究管理者声誉的来源及其对企业长短期经营绩效的影响;第五节进行稳健性检验;最后是本文的结论和启示。

二、制度背景分析与研究假说

(一)中国公司治理的特殊制度背景

1. 国有控股企业的政府干预仍然存在。

自国有企业改革以来,政府期望通过给企业"松绑"来增强企业的独立经营能力,逐步实现政企分开。然而,政府对政企关系的局部调整并没有改变企业作为政府附属物的根本事实。[10]根据《2014 年中国公司治理评价报告》,民营控股上市公司的治理指数依然高于国有控股上市公司。① 由于政府对所辖企业同时具有政治价值和经济利益的索求,可以通过政治干预的"掠夺之手"和监督经理人及优惠待遇的"帮助之手"来追求自身效用的最大化。[11]政府行政干预的存在,导致国有控股企业高管与政府官员之间不可避免地相互维护,管理者的政治关联的强弱将在一定程度上影响企业的经营绩效。

2. 企业外部治理机制的不健全。

西方发达国家的公司治理制度不仅有高效的内部治理机制如董事会、监事会、独立董事等,还有非常完善的外部治理机制。在中国,除了产品市场相对成熟,其他外部治理机制都还需要不断完善改进。[12]经理人劳动力市场作为公司外部治理的重要机制,在中国的发展与西方发达国家相比相对落后。[13]目前,我国不少权威媒体每年发布对国内管理者声誉的评定奖项,为我国管理者声誉机制的实证研究提供了重要的经验数据。随着我国经理人市场的不断发展和完善,管理者的声誉激励也被日渐重视,越来越多的学者开始关注高管声誉对公司行为的影响。[14]

(二)研究假说

1. 管理者声誉的来源。

国内外学术界对管理者声誉来源的界定有很多观点,一些文献将管理者声誉看成是其能力的外在体现,高声誉来源于其优秀的企业经营能力,越高的声誉越能够影响企业经营绩效。[4][5][6]还有一些文献从社会心理学的角度出发,将管理者声誉归结为企业其他利益相关者对经理人的综合评价,经理人通过发送

---

① 中国公司治理研究院自 2012 年起发布的研究报告,其中公司治理指数越高表明公司治理机制越健全。

企业的优势信号来影响自身的声誉,而企业的外部影响与政府部门密切相关。[15] 总体而言,管理者声誉可能一方面来源于企业自身的优秀经营成果,另一方面依赖于管理者与企业其他利益相关者如政府等的密切联系。与政府维持的关系既可以使国有控股企业得到政府偏袒,也有助于民营控股企业的产权保护和政府关照,企业管理者的政治关联程度影响企业利益相关者对其个人声誉的综合判断。[16]

与市场经济发达的西方国家不同,我国自中央政府分权改革后,地方政府在其管辖的企业里拥有比过去更多的责任或(和)利益,如增加就业、经济发展、社会稳定、财政盈余、官员晋升等,这些势必导致政府对辖区国有企业进行持续干预以保持影响力。[17] 由于政府对国有企业与民营企业干预程度大不相同,其管理者从政府获取的稀缺性资源也不同,这间接造成了管理者的经营业绩及其他利益相关者对管理者综合评价的差异。基于上述分析,本文提出第一条假设。

假设一:国有企业管理者声誉依靠其政治关联的支持,而民营企业管理者声誉依靠良好的经营成果。

2. 管理者声誉与企业短期股价收益率。

里杰斯特(Regester)和拉金(Larkin)认为,高声誉的管理者具有强烈的风险偏好,其所属企业收益率更有可能出现下降。[18] 管理者为了获取高声誉可能采取机会主义行为,盲目迎合投资者或分析师对其高业绩的预期,投资高风险项目,从而增大其所在公司整体风险。马尔门迪尔(Malinendier)和泰特(Tate)通过研究 CEO 是否获奖导致的地位变化与公司绩效的关系中发现,一部分CEO 为获取外部奖项进行了盈余管理,CEO 在获得高声誉后公司股票价值和经营绩效都发生下降;同时他们还发现管理者获奖后将更多的精力放在了企业经营以外的事情,如出书等。[19]

又由于股票市场反应的灵敏性,在获知企业管理者成为奖项候选人时,企业的股价可能已经发生了改变。经历了短至几天长达一个多月的最终奖项确定时间差,股票市场已经对企业管理者是否获取奖项进行了充分反应。而在确定管理者获奖后,管理者为维持高声誉的关注度,可能无法专注于企业经营工作,短期内势必分散其经营企业的精力。投资者对企业股价在短期内的预期将会下降。基于以上分析,本文提出第二条假设。

假设二:管理者声誉短期内对企业股价有显著的负向影响,且该影响逐渐减弱。

3. 管理者声誉与企业长期经营绩效。

管理者声誉最早被当成一种"经理人市场竞争"的激励机制,法玛(Fama)认为即使在没有企业内部激励的情况下,经理人出于对今后职业前途及外部市场的压力(即声誉)的考虑,也会努力工作,提高企业经营绩效。[1]随后不断有更多的文献证明管理者声誉对企业经营绩效有正向的影响。[6][20]从管理者权力角度出发,可以发现良好的声誉能促使企业获得持续良好的经营业绩,因为拥有良好声誉的管理者将获得公司董事会给予的更多自由裁量权以改善经营状况,同时也说明管理者的良好声誉是企业股价上涨的有利信号。[7]管理者声誉在增加股东信任、拓宽利益相关者沟通渠道和获取稀缺资源等方面上发挥着越来越重要的作用,有利于企业长期经营绩效的提升。基于以上分析,本文提出第三条假设。

假设三:管理者声誉对企业的长期经营绩效有显著的正向影响。

三、研究设计

(一)样本选择与数据来源

本文所用的 CEO 个人特征和企业特征数据来源于国泰安 CSMAR 数据库公司研究板块,企业每股收益率数据来源于 Wind 数据库。同时,政治关联数据通过下载巨潮网①中各企业的公司年报,手工统计高管简历的相关数据而得。样本主要来自上海证券交易所和深圳证券交易所 A 股上市公司,为了消除极端值的影响,笔者对主要连续变量按照上下 1% 进行 Winsor 缩尾处理。将发生过 ST 的公司、金融企业及数据严重缺失的样本予以剔除,最终得到了 10329 个观测样本。

1. 管理者声誉。

管理者声誉无法直接量化,学术界通常选取两种代理变量:(1)媒体对管理者名字的报道频率;(2)主流权威媒体对管理者发布的奖项。由于媒体对管理者的报道性质难以确定,中性报道占绝大部分,同时也无法排除部分哗众取宠的企业管理者对整体样本的噪声。简单的媒体报道频率难以准确衡量管理者的良好声誉,故本文采用管理者获得的权威商业杂志和媒体披露的奖项来测量

---

① 巨潮资讯网:http://www.cninfo.com.cn/

管理者的声誉。

借鉴刘丽颖的做法,笔者收集了 2005—2012 年度"CCTV 中国年度经济人物"、福布斯"最佳 CEO 榜单"、"中国最佳商业领袖"、"世界经理人榜单"、财富中国"最具影响力的 50 位商界领袖榜单"及中国 CEO 颁奖典礼"年度 CEO 人物"这六个由中央电视台、第一财经频道、财富中国、福布斯等权威媒体发布的管理者获奖名单。[21]这些权威媒体机构在开展管理者奖项评选以来受到了广大公众和社会的关注,评选的内容主要从领导能力、经营业绩、社会贡献、管理策略等方面对管理者进行考核。评选大部分通过推荐或自荐,初选,复选,公开投票和评委会审定等流程,由国内外重要机构与重量级人物担任推荐人,由国内外知名经济学家、顶尖的商业精英、中文权威财经媒体主编等资深人士出任评委,根据管理者所在公司的业绩、市值等财务指标为基础依据,结合多维度的评选标准对管理者进行综合评价,保证评选活动的公平、公正、公开。样本总获奖名单人次为 1268 次,其中在上海证券交易所和深圳证券交易所上市的企业的获奖人次为 648 次。本文收集的获奖名单既包括董事长获奖,也包括 CEO 获奖,下文将统一称为企业的管理者。获奖组名单的管理者个人特征数据都是与获奖人一一对应的,获奖的大部分管理者为企业的 CEO,故未获奖的管理者个人特征数据采用了该企业的 CEO 数据(见表1)。

表1　2005—2012 年上市公司管理者所获各大奖项人次

奖项 ＼ 年份	2005	2006	2007	2008	2009	2010	2011	2012
CCTV 年度经济人物	5	5	8	5	11	7	5	7
福布斯最佳 CEO 榜单	25	25	25	25	50	50	50	15
中国最佳商业领袖	0	0	4	0	2	0	5	3
蒙代尔·世界经理人榜单	26	21	21	20	22	18	17	22
财富中国最具影响力商界领袖榜单	12	9	0	10	15	25	24	24
中国 CEO 年度人物颁奖典礼	0	0	4	8	8	10	8	2
总计	68	50	62	68	108	110	109	73
占总 A 股上市公司比例	4.9%	3.5%	4.0%	4.2%	6.4%	5.3%	4.7%	2.9%

资料来源:CCTV 年度经济人物数据来源于央视网 http://www.cntv.cn/;福布斯最佳 CEO 榜单数据来源于福布斯中文网 http://www.forbeschina.com/;中国最佳商界领袖数据来源于第一财经官方网站 http://www.yicai.com/;蒙代尔·世界经理人榜单数据来源于《世界经理人》周刊;财富中国最具影响力商界领袖榜单数据来源于财富中文网 http://www.fortunechina.com/;中国 CEO 年度人物颁奖数据来源于中国 CEO 年会。

2. 政治关联

本文通过下载上市公司 2005—2012 年的财务报告，查看管理者简历，通过数据赋值的方法手工统计了管理者的政治关联度。若财务年报中没有管理者简历，通过百度、谷歌等搜索引擎进行补充。费舍尔(Faccio)等人认为，只要企业的控股股东或管理者与政府高官及政党有着紧密的联系即可解释为有政治关联。[22]考虑到我国目前的政治体制，本文同国内多数学者一样，选择企业总经理或董事长是否曾任或现任政府官员、党代表、人大代表、政协委员等来界定管理者的政治关联，若是，则进行相应的赋值。[23][24]同时参考巫景飞等人将管理者是否为党员、是否在行业协会或军队任职、是否获取国家或省级奖项作为政治关联考虑因素，若是，则进行相应赋值。[25]以上八个因素的赋值之和作为企业管理者政治关联度的最终值，具体赋值方法限于篇幅省略，有兴趣的读者可向笔者索取。图 1 为管理者政治关联度概率直方图，从图 1 可以发现，超过 40% 的企业管理者与政府建立了联系。其中，22% 的管理者的政治关联度为 1，剩余 20% 的管理者的政治关联度分布在 2～25 之间。

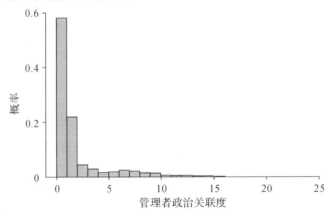

图 1　2005—2012 年上市公司 CEO 政治关联度概率分布直方图

(二)主要变量的定义和描述

本文采用事件研究法，选取事件发生窗的平均异常股价波动率来衡量管理者声誉对上市公司股价的短期影响。本文选取了 3 年平均总资产收益率来反映企业的长期经营绩效。采用虚拟变量(0 和 1)来刻画管理者是否获奖，作为管理者声誉的代理变量。其他主要变量如表 2 所示。

表 2　主要变量定义

含义	变量名	具体定义
资产收益率	ROA_t	第 t 年的资产收益率
平均资产收益率	ROA_{t_avg}	第 t、$t+1$、$t+2$ 年总资产收益率的均值
每股收益率	$return_t$	第 t 期净利润/实收股本
管理者是否获奖	$winner$	虚拟变量,若当年度获奖,则为 1,否则为 0
管理者的政治关联度	$ceop$	具体统计方法见附录 A
CEO 个人特征		
管理者年龄(岁)	age	企业 CEO 年龄
管理者教育程度	edu	企业 CEO 教育程度,博士为 5,硕士为 4,本科为 3,专科为 2,专科以下为 1
女性管理者	$female$	虚拟变量,管理者若为女性,则为 1;反之,则为 0
管理者任期(年)	$tenure$	当前时间－管理者任职初始时间
管理者现金报酬(千元)	$ceotcc$	当年管理者获取的收入报酬总额
占前三名高管总报酬比例	$rate$	管理者总报酬/前三名高管总报酬
企业股票激励	$incentive$	当年企业有激励,则为 1,否则为 0
企业特征		
是否国企	soe	虚拟变量,企业为国企取 1;否则取 0
企业市值(百万元)	mkt	[(总股数－境内上市的外资股 B 股)×今收盘价 A 股当期值＋境内上市的外资股 B 股×今收盘价当期值×当日汇率＋负债合计本期期末值]取对数
账面价值市值比	btm	账面资产总计/企业市值
托宾 Q 值	q	市值/(资产总计－无形资产净额－商誉净额)
企业规模(百万元)	$size$	企业年末资产取对数
企业营业收入(千元)	$sales$	企业当年营业收入取对数
企业净利润(千元)	$profit$	企业当年年末净利润
企业资产负债率	lev	企业总资产/总负债
获奖一年前每股收益率	pr_return	获奖日前一年的每股收益率

续表

含义	变量名	具体定义
前三个月每股收益率	Npr_return	获奖日前 N 个月的每股收益率
后三个月每股收益率	$Nafter\_return$	获奖日后 N 个月的每股收益率
其他		
行业	$Industry$	行业虚拟变量
年份	$Year$	年份虚拟变量

说明:变量名括号内为该变量的单位。

(三)描述性统计

表 3 对主要变量进行了描述性统计,将样本分为三大类,其中获奖 CEO 与未获奖 CEO 分别是 $winner$ 为 1 和 0 的两种情况,分别记为 Winner 组和 Loser 组,$p(W-L)$ 是 Winner 组与 Loser 组样本间的均值相等的概率值。从获奖 CEO 和未获奖 CEO 两组数据可以发现大部分的变量都存在显著性差异。其中,获奖 CEO 相较于未获奖 CEO 拥有更高的教育水平、更长的任期、更强的政治关联程度和更多的现金报酬。同时获奖 CEO 所属的企业的营业收入额、企业资产、企业市值、托宾 Q、净利润和总资产报酬率等经营指标也显著高于未获奖 CEO 所属企业。

四、实证结果及其分析

(一)实证规范

从表 3 的获奖 CEO 与未获奖 CEO 的均值比较中发现,几乎所有变量都存在显著差异,也就是说这两组样本并不是随机被选择的。因为所得到的高声誉的管理者可能是由于其所属的企业更好的经营绩效、更大的企业规模、更高的生产效率等因素导致的,并不一定是由外部奖项等声誉机制所激励的,故会面临"内生性"问题。

为解决"内生性"问题,本文参考马尔门迪尔(Malinendier)和泰特(Tate)的方法,采用罗森鲍姆(Rosenbaum)和鲁宾(Rubin)提出的倾向评分的匹配方法(PSM),通过近邻匹配得出与获奖 CEO 样本组管理者个人特征与企业特征最为接近的一组未获奖的管理者样本。[19][26]首先,利用 logit 回归方程,通过回归得出管理者获奖的概率。表 4 是样本倾向评分匹配的 logit 回归结果,可以看出

表 3　主要变量的描述性统计

变量	获奖管理者				未获奖管理者				候选管理者				均值差异	
	样本量	均值	中位数	标准差	样本量	均值	中位数	标准差	样本量	均值	中位数	标准差	$p(W-L)$	$p(W-P)$
匹配的变量														
管理者年龄	402	47.306	47.000	6.407	9927	47.170	47	6.528	327	47.199	47	6.566	0.658	0.839
管理者教育程度	402	3.547	4.000	0.912	9920	3.393	3	0.821	327	3.459	4	0.778	0.000***	0.157
管理者任期	402	4.618	4.500	2.700	9307	3.523	3.250	2.231	327	4.002	3.750	2.279	0.000***	0.002***
管理者政治关联度	402	1.520	0.000	2.932	9843	1.293	0	2.505	327	1.327	0	2.737	0.081*	0.326
是否国企	402	0.289	0.000	0.454	9843	0.409	0	0.499	327	0.281	0	0.450	0.000***	0.805
营业收入	402	8.716	8.385	1.759	9913	7.332	7.239	1.395	335	8.537	8.425	1.505	0.000***	0.142
企业市值	402	9.822	9.590	1.345	9855	8.560	8.418	1.048	335	9.682	9.570	1.233	0.000***	0.145
资产	402	9.038	8.830	1.563	9927	7.881	7.730	1.194	335	8.935	8.700	1.417	0.000***	0.351
管理者现金报酬	397	949.97	1297	1297.1	9751	497.170	370	500.6	335	714.04	591.4	636.17	0.000***	0.003***
其他的变量														
女性管理者	402	0.057	0.000	0.233	9927	0.057	0	0.231	335	0.057	0	0.232	0.993	0.977
兼职	402	0.152	0.000	0.359	9839	0.192	0	0.394	335	0.173	0	0.379	0.044**	0.433
占前三名高管总报酬比例	396	0.386	0.115	0.122	9744	0.384	0.380	0.113	335	0.372	0.375	0.096	0.780	0.088
企业股票激励	402	0.117	0.000	0.322	9927	0.049	0	0.215	335	0.081	0	0.273	0.000***	0.103
账面市值比	402	0.547	0.551	0.298	9852	0.582	0.590	0.276	335	0.563	0.503	0.302	0.011**	0.461
托宾 Q	402	2.876	2.360	2.360	9855	2.457	1.900	2.360	335	2.750	2.100	2.048	0.001***	0.445
债务比	402	0.484	0.492	0.190	9927	0.450	0.460	0.216	335	0.478	0.494	0.199	0.002***	0.654

续表

变量	获奖管理者				未获奖管理者				候选管理者				均值差异	
	样本量	均值	中位数	标准差	样本量	均值	中位数	标准差	样本量	均值	中位数	标准差	$p(W-L)$	$p(W-P)$
净利润	392	6.246	6.013	1.661	9456	4.602	4.540	1.448	328	6.029	6.007	1.488	0.000***	0.067*
总资产收益率	402	0.088	0.075	0.071	9924	0.054	0.047	0.052	335	0.081	0.063	0.065	0.000***	0.155
当期每股收益率	402	0.736	0.550	0.897	9923	0.395	0.300	0.458	335	0.673	0.530	0.699	0.000***	0.295
前三个月每股收益率	402	0.426	0.333	0.480	9761	0.288	0.209	0.371	335	0.427	0.310	0.518	0.000***	0.964
前六个月每股收益率	402	0.369	0.271	0.460	9388	0.191	0.139	0.246	335	0.346	0.250	0.393	0.000***	0.471
前一年每股收益率	402	0.746	0.573	0.676	9057	0.386	0.290	0.483	335	0.696	0.500	0.721	0.000***	0.336
后三个月的每股收益率	402	0.180	0.110	0.262	9918	0.086	0.058	0.134	335	0.173	0.110	0.252	0.000***	0.734
后六个月的每股收益率	402	0.556	0.390	0.788	9914	0.266	0.200	0.331	335	0.490	0.340	0.627	0.000***	0.215
后一年每股收益率	402	0.733	0.537	1.007	9925	0.358	0.270	0.456	335	0.670	0.480	0.824	0.000***	0.354
营业收入增长率	402	0.267	0.214	0.497	9046	2.610	0.155	162.4	335	0.445	0.217	2.445	0.772	0.271

注：***代表显著性水平<0.01，**代表显著性水平<0.05，*代表显著性水平<0.10。

越年轻、任期越长、现金报酬越高、政治关联度越大的 CEO 更有可能获得外部 CEO 奖项认可;同时市值越大、营业收入越高的企业获奖的概率越高。表 4 中还发现,CEO 的教育程度、企业的资产与 CEO 获奖的概率成反比,民营企业相较国有企业更容易获奖。

接下来,在对样本进行 logit 回归后,预测出的管理者获奖的概率值即倾向评分值。采用近邻匹配的方法找出与处理组倾向评分值最为接近的未获奖样本——候选 CEO(Predicted 组)。表 3 中的 $p(W-P)$ 是 Winner 组与 Predicted 组样本间的均值相等的概率值。通过两组均值比较发现,获奖 CEO 与候选 CEO 只有 CEO 任期、CEO 现金报酬和净利润这三个变量存在显著差异,其他大部分变量的均值不存在显著差异,候选 CEO 组基本克服了前文提到的"内生性"。

表 4　倾向评分匹配 logit 回归结果

处理组中 $winner=1$;对照组中 $winner=0$	
变量	Logit
管理者年龄	-0.013^{***} (-2.93)
管理者教育程度	-0.064^{*} (-1.84)
管理者任期	0.059^{***} (5.97)
管理者政治关联度	0.026^{**} (2.47)
管理者现金报酬	0.000^{***} (3.54)
企业市值	0.757^{***} (12.09)
企业资产规模	-0.376^{***} (-5.22)
企业营业总收入	0.233^{***} (5.02)
是否国企	-0.759^{***} (-11.12)

续表

处理组中 $winner=1$；对照组中 $winner=0$	
年度	控制
行业	控制
$Pseudo\ R^2$	0.251
$P\ value\ of\ \chi^2$	0.000
样本量	9409

注：＊＊＊代表显著性水平＜0.01，＊＊代表显著性水平＜0.05，＊代表显著性水平＜0.10。
说明：括号内数字为 t 检验值。

（二）管理者声誉的来源

为了进一步研究管理者声誉的来源，本节将匹配后的样本分为国有企业样本和民营企业样本，利用式（1）模型，分别进行回归分析。

$$winner = \alpha + \beta_1 ceop + \beta_2 controls + \sum Y_i + \sum I_i \tag{1}$$

表5汇报了国有企业和民营企业两组样本中管理者声誉来源的研究结果，我们可以发现，首先，国有企业管理者的政治关联关于管理者声誉的回归系数为正，且在5%的水平下显著；而民营企业中管理者的政治关联度对管理者能否获得外部声誉不存在显著影响。其次，在管理者任期方面，国有企业管理者任期越短，越可能获得外部声誉，而民营企业情况却不同。最后，民营企业的净利润关于管理者声誉的回归系数为正，且在1%的水平下显著；而国有企业管理者声誉与其净利润均不存在显著影响。国有企业是政治主导型企业，而民营企业正好相反。[27]表5中可以看出，国有企业获取的外部声誉部分依赖于其管理者（政府）关联的支持，而民营企业可能主要依靠企业良好的经营绩效，这一结论支持了假设一。

表 5 管理者声誉来源的国有企业与民营企业差异

变量	国有企业—*winner*	民营企业—*winner*
管理者政治关联度	0.030** (2.04)	0.009 (1.01)
管理者年龄	−0.004 (−0.66)	0.001 (0.2)
管理者教育程度	0.046 (0.88)	0.009 (0.34)
管理者任期	−0.050*** (−2.65)	0.033*** (3.17)
管理者现金报酬	0.000** (2.46)	−0.000** (−2.17)
企业市值	−0.093 (−0.96)	−0.002 (−0.04)
企业账面市值比	−0.259 (−1.07)	0.137 (0.89)
托宾 Q 值	−0.041 (−1.21)	0.015 (0.81)
企业营业总收入	0.054 (0.74)	−0.077** (−2.05)
企业净利润	0.030 (0.63)	0.120*** (3.25)
企业资产负债比	0.135 (0.61)	0.085 (0.49)
获奖前一年每股收益率	0.045 (0.95)	0.043 (1.02)
行业	控制	控制
年份	控制	控制
样本量	207	500
F 值	1.92	2.23
R^2	0.1145	0.1249

注:***代表显著性水平<0.01,**代表显著性水平<0.05,*代表显著性水平<0.10。
说明:括号内数字为 t 检验值。

（三）管理者声誉与企业长短期绩效

1. 管理者声誉与企业短期股价变动。

本文采用事件研究法，来衡量管理者获奖后对企业短期股价变动的影响。将管理者获奖作为发生事件，设定事件发生日 T 为权威媒体首次公布管理者获奖的日期，对于一年中重复获奖的管理者，本文选取当年首次获奖的时间为事件发生日。事件估计窗口为 (T_3, T_1)，事件发生窗口期为 (T_1, T_2)，整个事件窗口的时间节点如图 2 所示。对每个事件，本文选取的估计窗口期的长度为 250 天即事件发生前一整年 250 个开市日。估计窗口期的长度沿用了以往文献的习惯，太长的估计时间可能导致其他事件的交叉影响，而太短的估计时间则无法较为准确地估计出回归系数。[28]

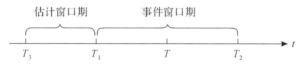

图 2　事件研究中所用的各时间节点示意

本文收集了来源于 Wind 数据库的企业历史股票收益率和市场组合收益率数据，首先利用事件发生前一整年的相关数据估计出模型式（2）中 α_i 和 β_i 的系数。然后利用已估计出的模型（2）预测事件发生窗的预期股票收益率，最后计算利用市场模型估计出的股票收益率 $\hat{R}_{it}$ 与实际股票收益率 R_{it} 的差额即为异常股票收益率 AR_{it}。本文采用事件发生窗的平均异常股票收益率 AR_avg 来衡量事件发生对企业股价的影响。

$$R_{it} = \alpha_i + \beta_i R_{mt} + \varepsilon_{it} \tag{2}$$

式中，R_{it} 与 R_{mt} 分别是证券 i 和市场投资组合在 t 期的收益，ε_{it} 扰动项，其均值为 0，方差为 σ_{it}^2。α_i 与 β_i 为市场模型的估计参数。

表 6　事件发生窗的平均异常收益率的均值比较

事件窗口期	窗口期平均异常收益率	均值检验 t 值
$(-0, +0)$	-1.025^{***}	-4.441
$(-1, +1)$	-0.567^{***}	-4.222
$(-1, +3)$	-0.490^{***}	-5.550
$(-1, +10)$	-0.414^{***}	-6.018
$(-1, +20)$	-0.356^{***}	-6.223

续表

事件窗口期	窗口期平均异常收益率	均值检验 t 值
(−3,+1)	−0.499***	−4.701
(−3,+3)	−0.464***	−5.926
(−3,+10)	−0.412***	−6.420
(−3,+20)	−0.360***	−6.359

注：***代表显著性水平<0.01，窗口期平均异常收益率均值的单位为%。

从表 6 中我们可以发现，事件发生窗的平均异常收益率在 1% 的置信水平下显著不为零，均值为负数。这一结论表明管理者获奖在短期内会导致企业股价的下降，且负向影响逐渐减弱。企业管理者行为受到投资者的密切关注，在管理者获取外部奖项后，由于其短期内经营精力分散、风险增加等因素，投资者对该企业股价存在看跌预期，导致股价出现下降。随着时间的推移，管理者精力和时间的重心回到企业经营中，该负向影响也将逐渐减弱。这一结论与假设二相符。

2. 管理者声誉与企业长期经营绩效。

为有效避免"内生性"问题，本文采用了倾向评分匹配方法对获奖组和未获奖组进行匹配，利用匹配后的样本进行回归分析。表 7 是采用倾向评分匹配方法中的近邻匹配得出的样本总体平均处理效应，从表 7 可以发现，不管是匹配前还是匹配后，上市公司的总资产收益率与每股收益率的评价处理效应均为1% 正向显著。该结果表明，在控制了其他变量后，上市公司的经营绩效仍然受到管理者外部声誉激励的正向影响，这与假设三的预期一致。

表 7　样本的总体平均处理效果(近邻匹配)

变量名称	样本	处理组	控制组	平均处理效应	T 值
总资产收益率	匹配前	0.0881	0.0518	0.0363	13.69
	匹配后	0.0881	0.0732	0.0149	2.85
每股收益	匹配前	0.7346	0.3687	0.3659	15.34
	匹配后	0.7346	0.5334	0.2012	3.47

为进一步研究管理者声誉对企业长期绩效的影响，本文采用式(3)所示的回归模型来研究管理者声誉对企业长期绩效的影响。公司治理的文献习惯采用三年平均业绩来衡量企业长期绩效，式(3)模型中，ROA_{t_avg} 为企业获奖当年

及后两年的平均总资产收益率。[29]表 8 报告了基于式(3)的回归结果:第(1)列是在控制了管理者个人特征和企业特征后管理者声誉对企业未来长期绩效影响的相关结果;第(2)列和第(3)列分别是在国有企业和民营企业的分样本下的回归结果。

$$ROA_{t\_avg} = \alpha + \beta_1 winner + \beta_2 controls + \sum Y_i + \sum I_i \qquad (3)$$

表 8　管理者声誉对企业未来长期绩效的影响

变量	(1)匹配后总样本 ROA_{t_avg}	(2)国有企业 ROA_{t_avg}	(3)民营企业 ROA_{t_avg}
管理者声誉	0.007***	0.012**	0.008***
	(3.14)	(2.48)	(2.77)
管理者政治关联度	0.001	0.000	0.001
	(1.28)	(0.43)	(1.12)
管理者年龄	−0.000	−0.000	0.000
	(−0.02)	(−0.05)	(0.10)
管理者教育程度	0.001	−0.005	0.002
	(0.48)	(−1.33)	(1.36)
管理者任期	0.001	0.002	0.001
	(1.52)	(1.10)	(0.89)
市值	0.077***	0.069***	0.082***
	(12.10)	(5.09)	(10.92)
账面与市值比	0.081**	0.035	0.103**
	(5.77)	(1.27)	(6.01)
资产规模	−0.109***	−0.090***	−0.117***
	(−15.99)	(−5.97)	(−14.69)
营业总收入	0.003	−0.004	0.005**
	(1.37)	(−0.85)	(2.08)
净利润	0.033***	0.031***	0.034***
	(16.71)	(8.94)	(14.18)
资产负债比	−0.022**	−0.033**	−0.023**
	(−2.56)	(−2.23)	(−2.05)
获奖前一年每股收益	0.010***	0.011***	0.010***
	(4.55)	(2.70)	(3.45)
年度	包含	包含	包含

续表

变量	(1)匹配后总样本 ROA_{t_avg}	(2)国有企业 ROA_{t_avg}	(3)民营企业 ROA_{t_avg}
行业	包含	包含	包含
样本量	634	177	457
F 值	60.80	18.97	44.42
R^2	0.7516	0.7821	0.7578

注：*** 代表显著性水平＜0.01，** 代表显著性水平＜0.05，* 代表显著性水平＜0.10。
说明：括号内数字为 t 检验值。

表 8 的回归结果可以看出：第(1)列、第(2)列、第(3)列中，管理者声誉能够显著改善企业未来长期经营绩效，对其长期绩效有显著正向影响，与研究假设三相符。对比列(2)和列(3)发现，国有企业管理者声誉对其企业的长期经营绩效的促进作用要明显大于民营企业。从前文的分析不难得出，国有企业管理者在政治关联的支持下，更易获得有利的竞争环境，如：便利的融资渠道、优惠的政策等。在中国特殊的制度背景下，高声誉的国有企业管理者既能巩固先天优势，在攫取市场份额、获取股东和消费者信任等方面与民营企业相比有着更大的优势，这也就解释了国有企业管理者声誉相比民营企业对其企业的长期经营绩效有更大的促进作用的结果。

五、稳健性检验

(一)对匹配质量的额外检验

本节添加了女性管理者、企业股票或期权激励、兼职、占前三名高管总报酬比例、获奖前后的每股收益率等变量，对它们进行获奖组和候选组的均值差异比较。结果如表 9 所示，这些变量在两组间均不存在显著差异。同时，为确保匹配结果在更大的样本范围内是稳健的，本文采用了 1 对 2，和 1 对 3 的近邻匹配方法进行匹配。对匹配前后的样本同样进行均值检验，结果与前文类似。

(二)采用不同的匹配方法

本文在进行实证规范中采用了倾向评分匹配中的近邻匹配的方法来解决"内生性"的问题，本节中又采用了核匹配与半径匹配的方法重新进行匹配，发现结果与近邻匹配结果基本一致，进一步解决了内生性问题。

表 9 半径匹配和核匹配前后相关变量的平均处理效应结果

变量名称	匹配方法	样本	处理组	控制组	平均处理效应	t 值
总资产收益率	半径匹配	匹配前	0.0881	0.0517	0.0364	13.71
		匹配后	0.0881	0.0734	0.0145	3.65
	核匹配	匹配前	0.0881	0.0517	0.0364	13.71
		匹配后	0.0881	0.0745	0.0136	3.53
每股收益率	半径匹配	匹配前	0.7346	0.3687	0.3659	15.34
		匹配后	0.7346	0.5950	0.1296	2.66
	核匹配	匹配前	0.7346	0.3687	0.3659	15.34
		匹配后	0.7346	0.6050	0.1296	2.76
净资产收益率	半径匹配	匹配前	0.1759	0.1056	0.0703	15.59
		匹配后	0.1759	0.1427	0.0332	5.45
	核匹配	匹配前	0.1759	0.1056	0.0703	15.59
		匹配后	0.1759	0.1416	0.0343	2.64

(三)对绩效的其他度量

为避免可能的度量误差,本文还采用净资产收益率 ROE 和未来三年平均净资产收益率 ROE_{t_avg} 分别代替 ROA 和 ROA_{t_avg},进行同样的回归检验,结果与上文类似。ROE 在半径匹配和核匹配两种不同匹配方法下,匹配前后平均处理效应均在 1% 的水平下显著,与 ROA 结果一致。表 10 中第(1)列、第(2)列、第(3)列是管理者声誉对企业长期平均 ROE_{t_avg} 影响的回归结果,可以发现,管理者声誉对企业长期平均净资产收益率 ROE_{t_avg} 有着相同的促进作用,且管理者声誉对国有企业长期经营绩效的促进作用同样要明显优于民营企业。

表 10 管理者声誉对企业长期经营绩效影响的回归结果

变量	(1)匹配后总样本 ROE_{t_avg}	(2)国有企业 ROE_{t_avg}	(3)民营企业 ROE_{t_avg}	(4)匹配后总样本 ROA_{t_avg}	(5)国有企业 ROA_{t_avg}	(6)民营企业 ROA_{t_avg}
管理者声誉	0.015***	0.026***	0.014***	0.005*	0.009*	0.006*
	(3.34)	(2.59)	(2.48)	(1.88)	(1.95)	(1.84)
政治关联度	0.002***	0.004*	0.002	0.000	−0.001	0.000
	(2.71)	(1.87)	(1.38)	(0.12)	(−0.79)	(0.37)

续表

变量	(1)匹配后总样本 ROE_{t_avg}	(2)国有企业 ROE_{t_avg}	(3)民营企业 ROE_{t_avg}	(4)匹配后总样本 ROA_{t_avg}	(5)国有企业 ROA_{t_avg}	(6)民营企业 ROA_{t_avg}
年龄	−0.000 (−0.23)	−0.000 (−0.01)	0.000 (−0.39)	0.000 (−0.75)	−0.001 (−1.52)	−0.000 (−0.15)
教育程度	0.003 (0.95)	−0.006 (−0.90)	0.004 (1.04)	0.001 (0.82)	0.001 (0.28)	0.003 (1.40)
任期	0.002 (1.38)	0.001 (0.50)	0.001 (1.15)	0.001** (2.21)	0.003 (2.07)	0.001 (1.28)
企业市值	0.082*** (6.95)	0.049* (1.81)	0.094*** (6.80)	0.072*** (10.23)	0.077*** (4.94)	0.074*** (8.74)
账面市值比	0.050* (1.89)	−0.024 (−0.44)	0.079** (2.48)	0.059*** (3.75)	0.024 (0.78)	0.079*** (3.96)
资产规模	−0.147*** (−11.54)	−0.100*** (−3.30)	−0.163*** (−11.06)	−0.099*** (−13.13)	−0.094*** (−5.61)	−0.104*** (−11.40)
总营业收入	0.007 (1.85)	−0.004 (−0.46)	0.010** (2.29)	0.003 (1.13)	−0.001 (−0.26)	0.004 (1.46)
净利润	0.066*** (17.92)	0.064*** (9.19)	0.068*** (15.18)	0.030*** (14.94)	0.021*** (5.75)	0.032*** (12.73)
资产债务比	0.186*** (11.53)	0.164** (5.51)	0.180** (8.70)	−0.035*** (−3.61)	−0.028* (−1.79)	−0.040*** (−3.19)
获奖前一年每股收益率	0.017*** (3.90)	0.026*** (3.13)	0.013** (2.41)	0.007*** (3.06)	0.008** (2.36)	0.006* (1.91)
年度	包含	包含	包含	包含	包含	包含
行业	包含	包含	包含	包含	包含	包含
样本量	632	177	455	548	138	410
F 值	40.25	12.79	28.79	51.90	25.15	35.05
R^2	0.6598	0.7077	0.6627	0.7507	0.8660	0.7351

注: *** 代表显著性水平<0.01, ** 代表显著性水平<0.05, * 代表显著性水平<0.10。

说明:括号内数字为 t 检验值。

(四)利用不同样本进行回归分析

本文收集了 2005—2012 年间获奖管理者信息,其中包括获奖的 CEO 和董事长。为进一步明确 CEO 声誉的来源及其影响,本节剔除了所有获奖董事长数据,仅保留获奖 CEO 的数据。对新的样本重新进行倾向评分匹配后回归。表 11 是不同控股企业 CEO 声誉来源的回归结果,从表中笔者也可以得出与前文类似的结论。表 10 的第(4)列、第(5)列、第(6)列是新样本下管理者声誉对企业长期绩效影响的回归结果,同样也得到了类似的结论。

表 11 不同控股企业 CEO 声誉的来源

变量	国有企业—winner	民营企业—winner
政治关联度	0.030*	0.001
	(1.90)	(0.10)
年龄	−0.006	−0.001
	(−0.62)	(−0.26)
任期	−0.070**	0.052***
	(−2.52)	(4.42)
现金报酬	0.000***	−0.000**
	(2.76)	(−1.31)
市值	−0.286***	−0.002
	(−2.97)	(−0.04)
账面市值比	−0.319	0.108
	(−1.31)	(0.74)
营业总收入	0.184**	−0.048
	(2.48)	(−1.16)
净利润	0.025	0.062*
	(0.39)	(1.70)
资产负债比	−0.186	−0.032
	(−0.69)	(−0.17)
获奖前一年每股收益	0.045	0.041
	(0.95)	(0.83)
行业	控制	控制
年份	控制	控制
样本量	152	438
F 值	1.48	1.70
R^2	0.2438	0.1044

注:*** 代表显著性水平<0.01,** 代表显著性水平<0.05,* 代表显著性水平<0.10。
说明:括号内数字为 t 检验值。

六、结论与启示

不同于以往文献,本文从政治关联独特视角出发,基于我国公司治理的特殊制度背景,分别针对国有企业和民营企业的管理者声誉来源进行了实证研究。利用倾向评分匹配的方法,有效解决样本"内生性"问题。通过对匹配后的样本进行回归,研究管理者声誉与企业短期股价变动和长期经营绩效的影响,为我国管理者声誉研究提供新的经验证据。基于 2005—2012 年我国上市公司管理者获得的外部管理者奖项数据的实证检验结果,得出以下结论:首先,国有企业的管理者声誉可能主要依赖于其政治关联的支持,而民营企业的管理者声誉可能主要来自于企业自身良好的经营绩效。其次,管理者获奖在短期内会导致企业股价的下降,长期来看会显著提高企业的经营绩效,这表明我国经理人市场的声誉机制发挥了激励作用。最后,国有企业新上任管理者更有可能获取外部声誉,而民营企业管理者情况相反。

本文研究可以得出如下政策启示:第一,上市公司管理者声誉机制对企业经营能够起到显著的激励作用,加速完善企业管理者的声誉评定机制,进一步促进经理人劳动力市场的成熟,将有效降低企业高管的监督成本和提高激励效果。第二,深入推进国有企业市场化改革,减少政府对国有经济主体的行政干预(特别是高管任命和薪酬管制),逐步形成以经营业绩为导向的市场化激励制度,将大大降低企业高管的道德风险和权力寻租空间。

参考文献

[1] Fama E F. Agency problems and the theory of the firm[J]. The Journal of Political Economy,1980,88(2):288-307.

[2] Kreps D M,Milgrom P,Roberts J,et al. Rational cooperation in the finitely repeated prisoners' dilemma[J]. Journal of Economic Theory,1982,27(2):245-252.

[3] Milgrom P,Roberts J. Predation,reputation and entry deterrence[J]. Journal of Economic Theory,1982,27(2):280-312.

[4] Johnson W B,Young S,Welker M. Managerial reputation and the informativeness of accounting and market measures of performance[J]. Contemporary Accounting Research,1993,10(1):305-332.

[5] Milbourn T T. CEO reputation and stock-based compensation[J]. Journal of Financial Economics,2003,68(2):233-262.

[6] Gibbons R,Murphy K J. Optimal incentive contracts in the presence of career concerns:Theory and evidence[J]. Journal of Political Economy, 1992,100(3):468-505.

[7] Gaines-Ross L. CEO reputation:A key factor in shareholder value [J]. Corporate Reputation Review,2000,3(4):366-370.

[8] 潘红波,夏新平,余明桂. 政府干预、政治关联与地方国有企业并购[J]. 经济研究,2008,4(1):41-52.

[9] 吴文锋,吴冲锋,刘晓薇. 中国民营上市公司高管的政府背景与公司价值[J]. 经济研究,2008(7):130-141.

[10] 罗仲伟. 中国国有企业改革:方法论和策略[J]. 中国工业经济,2009 (1):5-17.

[11] 张功富. 政府干预、政治关联与企业非效率投资——基于中国上市公司面板数据的实证研究[J].财经理论与实践,2011,32(3):24-30.

[12] Jiang F,Kim K A. Corporate governance in China:A modern perspective[J]. Journal of Corporate Finance,2015,32(6):190-216.

[13] 上海证券交易所研究中心. 中国公司治理报告:国有控股上市公司治理[M].上海:复旦大学出版社,2006.

[14] 袁春生,吴永明,韩洪灵. 职业经理人会关注他们的市场声誉吗?来自中国资本市场舞弊行为的经验透视[J]. 中国工业经济,2008(7):151-160.

[15] Fombrun C,Shanley M. What's in a name? Reputation building and corporate strategy[J]. The Academy of Management Journal,1990,33(2):233-258.

[16] 田利辉,张伟. 政治关联影响我国上市公司长期绩效的三大效应[J]. 经济研究,2013,48(11):71-86.

[17] 徐细雄,刘星. 放权改革、薪酬管制与企业高管腐败[J]. 管理世界,2013(3):119-132.

[18] Regester M,Larkin J. Risk issues and communication management:A casebook of best practice[M]. London:Kogan Page Publishers,2008.

[19] Malendier U,Tate G. Superstar CEOs[J]. Quarterly Journal of Economics,2009,124(4):1593-1638.

［20］ Jian M，Lee K W. Does CEO reputation matter for capital investments？［J］. Journal of Corporate Finance，2011，17(4):129-946.

［21］刘丽颖.中国上市公司高管声誉的效应研究［D］.天津:南开大学，2013.

［22］Faccio M，Masulis R W，McConnell J. Political connections and corporate bailouts［J］. The Journal of Finance，2006，61(6):2597-2635.

［23］杜兴强,郭剑花,雷宇.政治联系方式与民营上市公司业绩"政府干预"抑或"关系"？［J］. 金融研究，2009(11):158-173.

［24］罗党论,刘晓龙.政治关系、进入壁垒与企业绩效——来自中国民营上市公司的经营证据［J］. 管理世界，2009(5):97-106.

［25］巫景飞、何大军、林暐等.高层管理者政治网络与企业多元化战略:社会资本视角——基于我国上市公司面板数据的实证分析［J］. 管理世界，2008(8):107-118.

［26］Rosenbaum P R，Rubin D B. The central role of the propensity score in observational studies for causal effects［J］. Biometrika，1983，70(1):41-45.

［27］龚军姣. 政治关联与城市公用事业民营企业成长——基于首家公交民营企业案例研究［J］. 经济理论与经济管理，2013(3):95-104.

［28］王永钦，刘思远，杜巨澜.信任品市场的竞争效应与传染效应:理论与基于中国食品行业的事件研究［J］. 经济研究，2014,49(2):141-154.

［29］郑志刚，梁昕雯，吴新春. 经理人产生来源与企业未来绩效改善［J］. 经济研究，2014，49(4):157-171.

金融危机、货币政策与信贷供给①
——基于公司层面银行信贷数据的经验研究

摘　要　不同的银行特征会对金融危机和货币政策传导的银行信贷渠道产生异质性影响。本文运用 2001—2015 年公司层面银行信贷数据实证检验了我国货币政策传导的银行信贷渠道，随后进一步研究金融危机对不同特征银行信贷供给的影响差异。经验研究发现：我国货币政策银行信贷渠道主要通过非国有控股银行传导，并引起不同资产负债表特征银行信贷供给的异质性反应。银行规模越大、流动性越强、资本充足率越高，银行信贷供给对货币政策越不敏感。金融危机期间，银行信贷渠道的传导效率显著降低，高资本水平的银行和国有控股银行受金融危机的冲击较小，并且宽松的货币政策对国有控股银行信贷供给调控的效率更高。

关键词　货币政策调控；金融危机；银行信贷渠道

一、引　言

2007 年美国次贷危机爆发，并于 2008 年演变为全球性金融危机。为应对危机，中国人民银行于 2008—2009 年全球金融危机期间连续三次下调法定存款准备金率，五次下调贷款基准利率。凯恩斯货币理论认为，在金融危机期间，由于"流动性陷阱"，宽松的货币政策不能有效促进投资需求因而可能无效。但是，大多数研究表明，宽松的货币政策能有效抑制金融危机带来的负面影响，有

①　本文作者金雪军、徐凯翔，最初发表在《经济理论与经济管理》2016 年第 12 期。

利于经济复苏。[1]徐茂魁等人的研究表明,中国以银行信贷扩张为主的货币政策能有效解决流动性陷阱中货币政策无效的难题,带动中国经济增长。[2]

近年来,中国经济下行,经济发展进入"新常态"。中国人民银行实行稳健的货币政策,多次通过小幅下调法定存款准备金率和贷款基准利率来释放银行的流动性。根据货币政策银行信贷渠道的理论,宽松的货币政策能提高银行的信贷供应[3]。而由于不同银行资产负债表质量状况的异质性,货币政策影响不同银行信贷供给的效率也存在差异。[4]如果某一银行特征指标能够反映银行资产负债表的质量状况,那么该指标能够通过影响银行和融资方之间的融资成本从而影响银行信贷渠道的效率。[5]

目前,国内关于货币政策银行信贷渠道的实证研究,主要集中于运用宏观数据和微观银行数据进行实证分析[6][7],其局限性在于不能将信贷供给和信贷需求有效分离,传统的银行信贷渠道模型不能预测货币政策对异质性借款人的影响差异。此外,国内关于金融冲击对货币政策影响的研究主要集中在宏观层面,较少关注金融危机对货币政策微观渠道传导的影响。[8]本文选取 2001—2015 年期间公司层面的银行信贷数据(即考虑公司异质性),对中国货币政策传导的银行信贷渠道进行检验,更直接识别不同资产规模、流动性水平、资本充足程度的银行其信贷供给对货币政策变动的反应差异,并进一步研究全球金融危机冲击对不同特征银行信贷渠道的异质性影响。

本文的结构安排如下:第二部分为相关文献与研究假设,第三部分为研究设计,第四部分为数据与变量说明,第五部分为经验结果,最后为结论与启示。

二、相关文献与研究假说

伯南克(Bernanke)和吉特勒(Gertler)认为当货币政策紧缩时货币减少使市场利率上升。由于金融市场的信息不对称,外部融资溢价也会朝着相同的方向变动,从而使货币政策对利率的影响被放大,导致银行信贷规模减少。[3]而货币政策对金融市场上外部融资溢价的影响分为两条路径:银行信贷渠道和资产负债渠道。其中,银行信贷渠道是通过减少银行的准备金和银行存款等方面影响银行的财务状况,从而影响其外部融资溢价。而资产负债渠道是通过影响借款人的财务状况从而影响其外部融资溢价。

在银行信贷渠道的研究文献中,卡什亚普(Kashyap)和斯坦(Stein)基于1976—1992 年美国银行数据研究发现小型银行受信息不对称的影响比大型银行大,从而导致信贷供给比大型银行对货币政策的变动更为敏感。[9]卡什亚普(Kishan)和奥佩拉(Opiela)研究表明在美国货币政策紧缩期间,银行规模越小、流动性水平和资本充足率越低的银行降低信贷供给规模幅度更大。[10]然而,在以欧洲银行业为研究对象的文献中,结论并不统一。法韦罗(Favero)等人基于法国、德国、意大利和西班牙银行业数据的研究并未发现银行信贷渠道[11];甘巴科尔塔(Gambacorta)发现在意大利货币政策紧缩时,资本充足率高的银行信贷供给减少较小,而银行规模并不影响银行信贷渠道的效率[12]。阿尔特巴斯(Altunbas)等人以欧元区 2948 家银行为研究对象发现银行规模越大,资金流动性水平和资本充足率越高,对货币政策越不敏感。[13]

中国由于金融市场的缺陷和利率管制,绝大多数公司融资主要依靠银行信贷,银行信贷渠道成为中国货币政策传导的主要渠道。[14]国内基于银行面板数据的实证研究表明,货币政策的银行信贷渠道在中国主要通过中小型银行进行传导,流动性和资本等特征不同的银行,其信贷供给对货币政策变动的敏感度存在差异。[6][7]综合以上分析,笔者提出以下研究假设:

假设(1):在其他条件不变的情况下,银行规模越大、流动性越强、资本充足率越高,银行信贷供给对货币政策越不敏感。

金融危机会通过各种渠道对社会经济造成负面影响,如不完善的金融市场导致的资源错配效应、金融市场信息不对称导致信用紧缩、金融中介部门倒闭致使货币存量下降等。当 2008 年美国次贷危机波及其他国家的实体经济[15],多个国家主权信用评级和银行评级被下调导致银行贷款规模减小[16],货币政策往往陷入两难境地。若此时降低利率会导致本币贬值,从而通过资产负债表渠道引起国内资产价值大幅下降并恶化企业负债状况,导致融资约束紧缩;但如果为了维持汇率而提高市场利率,又会提高融资成本,导致恶性循环。[17]因此,金融危机会降低货币政策的有效性。

金融危机期间,在没有外部注资的情况下,"去杠杆化"会大幅降低名义资产价值[18],资本充足率较低的银行将被迫调整资产负债表,紧缩信贷进而市场流动性大幅缩减导致经济衰退。[19]因此,金融危机过后,各国纷纷出台金融监管改革措施,对商业银行的资本要求日益提高,如 2010 年巴塞尔委员会出台的《巴塞尔协议Ⅲ》。但是各国也不能过多提高资本充足率的监管要求,这会降低银行信贷供给效率,提高融资成本。[20]罗杰(Roger)和弗尔切克(Vlcek)基于包含银行部门和金融摩擦的 DSGE 模型研究发现,更高的银行资本金监管要求会导致美国和欧元区的 GDP 增速下降。[21]综合以上分析,笔者提出以下假设:

假设(2):金融危机降低了货币政策银行信贷渠道传导的效率,银行资本充足率越高,该银行受全球金融危机的冲击越小。

大多数的经验证据发现相对于民营企业(或银行),国有企业(或银行)业绩较差。具有政治关系的国有企业更容易从国有银行获得信贷资金,因而货币政策调整对民营企业的影响远远大于对国有企业的影响。[22]谭劲松等人基于某国有银行 1988—2005 年的数据研究发现,由于政治晋升锦标赛、财政分成制改革和地方分权等原因,政府对国有银行过多的政治干预导致了国有银行比非国有银行有更多的不良贷款。[23]因此,国有控股银行的垄断地位和无利润约束降低了我国货币政策银行信贷渠道的传导效率。

但是,2008 年全球金融危机爆发后,政府对银行业干预较多的国家或地区,危机期间银行股价下降较少,国有企业的业绩也优于民营企业。[24]梁琪和余峰燕通过亚洲 11 个国家或地区 66937 个公司年度样本研究发现如果企业所在国家或地区的银行国有化程度较高,这类企业受金融危机的负面冲击较小,且与非国有企业相比,国有企业在金融危机期间资本投资下降较少。[25]国有控股银行的资本充足率在我国银行业中处于中上水平,且拥有更多的从业人员和营业网点,使其信贷供给在危机期间更为稳定。综合以上分析,笔者提出以下假设:

假设(3):货币政策银行信贷渠道主要通过非国有控股银行传导。金融危机期间,国有控股银行的信贷供给规模受其负面影响较小,并且宽松的货币政策对国有控股银行信贷供给调控的效率更高。

三、研究设计

为了检验我国货币政策传导的银行信贷渠道,研究在货币政策冲击下,不同特征银行信贷供给的横截面差异,本文借鉴吉梅内斯(Jiménez)等人的模型构架[26],建立基准模型如下:

$$
\begin{aligned}
\ln LOAN_{ijkt} = {} & \alpha_1 + \alpha_2 MP_t + \alpha_3 MP_t \times CAP_{jt-1} + \alpha_4 MP_t \times LIQ_{jt-1} \\
& + \alpha_5 MP_t \times \ln ASSET_{jt-1} + \alpha_6 BANK_{jt-1} + \alpha_7 CONTROL_t \\
& + \sum INDUSTRY_{it} + \sum YEAR_t + \varepsilon_{ijkt}
\end{aligned} \tag{1}
$$

式中,i、j、k 和 t 分别代表公司 i、银行 j、合同 k 和年份 t,共同定义一条贷款数据。在式(1)中,被解释变量 $\ln LOAN_{ijkt}$ 为第 t 年第 i 家公司与第 j 家银行之间第 k 个合同银行贷款的自然对数,MP_t 为货币政策代理变量,CAP_{jt-1} 为银行资本指标,LIQ_{jt-1} 为银行流动性指标,$ASSET_{jt-1}$ 为银行规模指标,

$BANK_{jt-1}$为银行特征变量,$CONTROL_t$为可能影响被解释变量的当期宏观经济变量。由于当期信贷与银行规模、流动性、资本充足率等银行特征指标存在相互影响,为缓解解释变量和被解释变量相互影响而产生的内生性问题,采用银行特征变量的滞后1期值。此外,设定年份虚拟变量以控制时间效应[13],设定行业虚拟变量以减轻公司行业特征的影响[27],并在公司层面进行标准误的聚类调整。[13][27]

为了检验2008—2009年全球金融危机对银行信贷供给的影响,设立虚拟变量$CRISIS_t$,2008—2009年取值为1,否则取值为0。同时,借鉴吉梅内斯(Jiménez)等人的模型构架[28],在式(1)的基础上,引入关于$CRISIS_t$的交互项,建立模型具体如下:

$$
\begin{aligned}
\ln LOAN_{ijkt} = {} & \beta_1 + \beta_2 MP_t + \beta_3 MP_t \times CRISIS_t + \beta_4 MP_t \times CRISIS_t \\
& \times CAP_{jt-1} + \beta_5 MP_t \times CRISIS_t \times LIQ_{jt-1} + \beta_6 MP_t \\
& \times CRISIS_t \times \ln ASSET_{jt-1} + \beta_7 BANK_{jt-1} + \beta_8 CONTROL_t \\
& + \sum INDUSTRY_{it} + \eta_{ijkt}
\end{aligned}
\tag{2}
$$

为验证假设(1),笔者比较关注式(1)中α_3,α_4和α_5的符号及其显著性。根据α_3、α_4和α_5的估计结果,可以得出资本充足率等银行特征如何影响货币政策在银行部门间的异质性传导。为验证假设(2),笔者感兴趣的参数是式(2)中的β_3、β_4、β_5和β_6,β_3的符号和显著性说明了金融危机冲击对货币政策银行信贷渠道传导的影响程度,β_4、β_5和β_6的估计结果分别说明了不同资本充足率,流动性比率和资产规模的银行其银行信贷渠道受金融危机的异质性影响。为验证假设(3),将样本银行分类为国有控股银行和非国有控股银行,基于式(2),说明金融危机对国有控股银行和非国有控股银行货币政策银行信贷渠道传导的影响差异。

样本数据为非平衡面板,且模型中有些解释变量(GDP,CPI和CRISIS)随时间变化但不受截面因素影响的,因此不适用固定效应模型,为强化回归结果,分别使用混合OLS模型和随机效应模型进行估计。

四、数据与变量说明

(一)样本选择与数据来源

本文研究的样本区间为2001—2015年。2001—2015年上市公司的银行贷款数据来自国泰安数据库。非上市公司银行信贷数据来自某全国性股份制银行省分行 2007 年第 1 季度至 2015 年第 2 季度的企业贷款数据。该分行位于我国经济发展水平前 10 位的省份,经济活动活跃,信贷交易频繁,具有良好的代表性。银行的季度报表数据来自国泰安数据库和 WIND 数据库,货币政策数据和主要宏观经济数据来自中国人民银行网站和国家统计局数据库。最终,得到了 55419 条公司层面的银行信贷数据,样本银行包括了 5 家国有控股银行,12 家全国性股份制商业银行以及 113 家城市商业银行。

(二)变量说明

美国等西方发达国家的货币政策调控主要通过公开市场操作实施。公开市场操作除了影响债券市场利率外,还通过市场化的途径影响银行的融资成本和可贷款资金数量,从而影响银行信贷供给。因此,国外研究中往往选择短期银行间市场利率作为货币政策代理变量。

我国央行的货币政策调控综合使用了政策性利率、法定存款准备金率、公开市场操作等一系列直接、间接的价格和数量型工具,且不同工具对银行信贷渠道的影响存在差异。因此,为有效区分和检验不同类型工具对银行信贷供给的影响,笔者选取 1 年期贷款基准利率、7 天银行间同业拆借利率和法定存款准备金率作为货币政策的代理变量。

笔者重点考察的银行供给因素为规模、流动性和资本水平三大资产负债表特征。银行规模指标用资产总额的对数值代表,流动性指标用流动性资产/资产总额代表,资本指标用资本充足率代表。此外,引入银行层面的控制变量[29]:银行资产规模、存款总额、资本充足率、不良贷款率、流动性比率、银行年龄、资产报酬率和是否上市银行。同时,采用年度国内生产总值增长率作为信贷需求的替代变量,采用年度居民消费价格指数增长率控制通货膨胀因素的影响。变量的具体说明详见表 1。

表 1　主要变量定义

变量符号	单位	变量定义
ln*LOAN*	元	贷款规模,等于贷款额的自然对数
ln*R*	元	7 天银行间同业拆借率的自然对数
ln*RL*	元	1 年期贷款基准利率的自然对数
ln*DEPO*	元	法定存款准备金率的自然对数

续表

变量符号	单位	变量定义
CAP	%	资本充足率,等于银行资本/加权风险资产
LIQ	%	流动性比率,等于流动性资产/资产总额
lnASSET	元	银行规模,等于银行资产总额的自然对数
lnSIZE	元	银行存款总额的自然对数
AGE	年	银行年龄
NPL	%	不良贷款率,等于银行不良贷款/总贷款余额
ROA	%	银行总资产报酬率,等于(净利润+利息费用+所得税)/资产总额
IPO		虚拟变量,上市银行取1,非上市银行取0
GDP	%	年度国内生产总值增长率
CPI	%	年度居民消费价格指增长率

(三)描述性统计

首先,为了研究结果的稳健性,在1%水平下对公司层面的银行信贷数据进行缩尾处理以排除极端值的影响。随后对主要变量进行描述性统计,结果如表2所示。从表2中可以看出,银行对公司的单笔贷款金额的自然对数均值为17.286,标准差为2.438,标准差较大说明公司层面的银行信贷规模有较大差异,为研究分析提供了前提。在货币政策代理变量方面,样本中1年期贷款利率最大值为7.470,最小值为4.350;7天银行间同业拆借率最大值为6.980,最小值为0.990;法定存款准备金率最大值为21.500,最小值为6.000。

表 2 描述性统计

变量		平均值	标准差	中位数	最小值	最大值
贷款规模	lnLOAN	17.286	2.438	17.728	7.824	20.738
货币政策	R	3.710	0.926	3.540	0.990	6.980
	RL	5.959	0.468	6.000	4.350	7.470
	DEPO	19.640	1.576	20.000	6.000	21.500

续表

变量		平均值	标准差	中位数	最小值	最大值
银行特征	CAP	11.416	1.335	11.370	2.300	27.070
	LIQ	92.460	5.290	92.364	29.850	99.241
	lnASSET	28.301	1.011	28.107	22.682	30.656
	lnSIZE	27.924	1.031	27.651	22.530	30.378
	AGE	31.514	17.056	28.000	3.000	103.000
	NPL	0.933	0.610	0.890	0.000	21.760
	ROA	1.024	0.215	0.970	0.000	2.270
	IPO	0.946	0.225	1.000	0.000	1.000
宏观经济	GDP	7.856	0.972	7.700	6.900	14.200
	CPI	2.590	1.213	2.600	-0.800	5.900

五、经验结果

(一) 货币政策银行信贷渠道检验

表 3 说明了在货币政策冲击下,银行异质性对银行信贷供给的影响。在货币政策代理变量方面,1 年期贷款基准利率、7 天银行间同业拆借利率和法定存款准备金率的回归系数均显著为负,即当 1 年期贷款基准利率、7 天银行间同业拆借利率和法定存款准备金率上升时,银行的信贷供给规模下降。相反,1 年期贷款基准利率、7 天银行间同业拆借利率与法定存款准备金率下调会提高公司获得的银行信贷供给规模。货币政策收紧减少了银行的存款类资金来源并使外部融资溢价,降低了银行信贷供给和企业信贷需求的意愿,导致银行信贷规模减小。基于公司层面的银行信贷数据的实证结果验证了我国货币政策传导的银行信贷渠道。

表 3 模型(1)～模型(6)显示 MP 与 CAP,LIQ 的交互项都显著为正,表明银行资本充足率和流动性比率越高,银行信贷供给对货币政策的反应越不敏感。表 3 中模型(1)和模型(2)显示 MP 与 lnASSET 的交互项显著为正,表明银行资产规模越大,银行越不容易受法定准备金率变动的影响而改变信贷供给规模,反之亦然。不同的银行在一些能够反映资产负债表质量的特征指标上存

在差异。资产负债表质量较好的银行面临更少的金融摩擦,更容易通过其他渠道获得融资从而降低外部融资溢价,其信贷规模受货币政策的影响较小。因此,在其他条件不变的情况下,银行规模越大、流动性越强、资本充足率越高,银行信贷供给对货币 CAP,LIQ 政策越不敏感,假设(1)得到验证。

从控制变量的回归结果看,CAP 和 LIQ 对被解释变量产生显著影响,提高银行的资本充足率和流动性比率越会降低银行信贷规模增速,2010 年《巴塞尔协议Ⅲ》出台后,中国银监会对银行业资本充足率和流动性提出了更严格的监管标准。银行不得不控制贷款规模增速,补充资本并促进银行业务转型;AGE 和 NPL 的回归系数均显著为负,说明成立时间越晚的银行信贷扩张动机越强,且不良贷款率越高的银行发放贷款的意愿越小;GDP 和 CPI 的回归系数均显著为负,说明我国银行信贷规模具有逆经济周期特征,信贷规模适度逆经济周期调整有利于减少宏观经济的波动和福利损失。[30]

表3 货币政策传导的银行信贷渠道检验

货币政策	法定存款准备金率		1年期贷款基准利率		7天银行间同业拆借利率	
解释变量	模型(1)	模型(2)	模型(3)	模型(4)	模型(5)	模型(6)
	混合回归	随机效应	混合回归	随机效应	混合回归	随机效应
MP	−20.683*** (−3.273)	−21.283*** (−3.546)	−13.332*** (−2.829)	−15.535*** (−3.129)	−5.354*** (−1.014)	−5.697*** (−1.187)
$MP \times CAP$	0.695*** (−0.069)	0.726*** (−0.063)	0.310** (−0.148)	0.333*** (−0.085)	0.221*** (−0.022)	0.231*** (−0.024)
$MP \times LIQ$	0.044*** (−0.011)	0.043*** (−0.013)	0.128*** (−0.014)	0.143*** (−0.017)	0.011** (−0.006)	0.016** (−0.008)
$MP \times \ln ASSET$	0.324** (−0.129)	0.324*** (−0.122)	−0.089 (−0.134)	−0.080 (−0.115)	0.059* (−0.032)	0.051 (−0.034)
CAP	−1.903*** (−0.204)	−1.995*** (−0.181)	−0.452* (−0.25)	−0.493** (−0.151)	−0.150*** (−0.025)	−0.161*** (−0.028)
LIQ	−0.122*** (−0.030)	−0.123*** (−0.037)	−0.214*** (−0.024)	−0.242*** (−0.031)	−0.005 (−0.007)	−0.011 (−0.009)
$\ln ASSET$	−0.667* (−0.401)	−0.637 (−0.395)	0.063 (−0.272)	0.051 (−0.265)	0.180 (−0.172)	0.235 (−0.188)
$\ln SIZE$	0.033 (−0.165)	0.024 (−0.179)	0.434*** (−0.168)	0.449** (−0.179)	0.068 (−0.162)	0.041 (−0.179)
AGE	−0.003*** (−0.001)	−0.003*** (−0.001)	−0.002*** (−0.001)	−0.003*** (−0.001)	−0.002*** (−0.001)	−0.003*** (−0.001)

续表

货币政策	法定存款准备金率		1 年期贷款基准利率		7 天银行间同业拆借利率	
	模型(1)	模型(2)	模型(3)	模型(4)	模型(5)	模型(6)
解释变量	混合回归	随机效应	混合回归	随机效应	混合回归	随机效应
NPL	−0.147*** (−0.032)	−0.150*** (−0.029)	−0.072** (−0.031)	−0.072** (−0.029)	−0.076*** (−0.029)	−0.080*** (−0.028)
ROA	1.171*** (−0.072)	1.185*** (−0.071)	1.192*** (−0.071)	1.201*** (−0.070)	1.230*** (−0.073)	1.243*** (−0.070)
IPO	−1.288*** (−0.070)	−1.383*** (−0.067)	−1.416*** (−0.076)	−1.511*** (−0.066)	−1.334*** (−0.074)	−1.434*** (−0.066)
GDP	−0.191*** (−0.062)	2.873*** (−0.539)	0.152*** (−0.037)	1.193*** (−0.357)	0.045 (−0.036)	1.150*** (−0.355)
CPI	−1.166*** (−0.231)	−3.229*** (−0.401)	−0.600*** (−0.098)	−1.828*** (−0.264)	−0.607*** (−0.092)	−1.982*** (−0.262)
常数项	77.177*** (−8.882)	53.987*** (−12.354)	32.601*** (−4.962)	27.822*** (−5.971)	16.954*** (−1.447)	8.268*** (−2.747)
公司效应	random	fixed	random	fixed	random	fixed
年份效应	fixed	fixed	fixed	fixed	fixed	fixed
行业效应	fixed	random	fixed	random	fixed	random
公司聚类调整	yes	no	yes	no	yes	no
观测值	55419	55419	55419	55419	55419	55419
R^2	0.098	0.086	0.097	0.084	0.097	0.085

注:*** 代表显著性水平<0.01,** 代表显著性水平<0.05,* 代表显著性水平<0.1。

说明:括号内数字为标准差。以下各表同。

(二)金融危机对货币政策银行信贷渠道传导的影响

表 4 说明了金融危机对货币政策银行信贷渠道的影响。表 4 模型(1)~模型(6)中,CRISIS 的回归系数全部显著为负,说明金融危机冲击显著降低了公司获得的银行贷款规模。MP 与 CRISIS 的交互项均显著为正,说明在金融危机期间,银行信贷供给对货币政策的敏感度显著降低,即金融危机显著降低了货币政策银行信贷渠道传导的效率。此外,MP×CRISIS×CAP 的回归系数在表 4 模型(1)~模型(6)中显著为负,说明在金融危机期间,银行资本充足率越高,货币政策银行信贷渠道受其负面影响越小,反之亦然。金融危机造成公司和银行的资产负债表状况恶化,削弱了公司获取银行贷款的能力和银行发放贷款的意愿,导致银行贷款规模减小,降低了货币宽松政策的有效性。而资本

充足率越高的银行违约风险预期越低,其外部融资溢价的幅度越小,越能抵御金融危机的负面冲击。因此,金融危机降低了货币政策银行信贷渠道传导的效率,银行资本充足率越高,其受全球金融危机的冲击越小,与假设(2)相一致。

国有控股银行和非国有控股银行在管理制度、政府干预和市场化程度等方面存在较大差异。因此,为了研究金融危机对国有控股银行和非国有控股银行的影响差异,基于式(2)对国有控股银行样本和非国有控股银行样本分别进行随机固定效应面板回归,得到的计量结果如表5所示。从表5中可以看出,国有控股银行三种货币政策代理变量的回归系数与全样本皆不相同,而非国有控股银行样本的回归结果与全样本的回归结果基本一致。这说明货币政策银行信贷渠道主要通过非国有控股银行传导,国有控股银行的银行规模、资本充足率和流动性比率处于中上水平,违约风险预期较低且拥有更多的资金来源渠道,受货币政策变动的影响较小。此外,表5模型(1)~模型(6)中,非国有控股银行的CRISIS回归系数绝对值均大于国有控股银行,这说明金融危机对非国有控股银行信贷供给的冲击比国有控股银行大,原因在于国有控股银行偏好保守、谨慎的商业模式和风险管理策略,这使其资产负债表状况受金融危机负面影响较小;而非国有控股银行MP与CRISIS交互项的回归系数均小于国有控股银行,这说明危机期间宽松的货币政策调控对国有控股银行的效果比对非国有控股银行的效果好,原因在于国有控股银行在金融危机中受到的负面冲击较小,在宽松的货币政策刺激下,与非国有控股银行相比发放贷款的能力和意愿更强。综上所述,假设(3)得到验证。

表 4 金融危机对货币政策银行信贷渠道传导的影响

货币政策	法定存款准备金率		1 年期贷款基准利率		7 天银行间同业拆借利率	
解释变量	模型(1)	模型(2)	模型(3)	模型(4)	模型(5)	模型(6)
	混合回归	随机效应	混合回归	随机效应	混合回归	随机效应
MP	−2.479***	−1.823***	−2.241***	−1.017***	−0.465***	−0.187***
	(−0.181)	(−0.223)	(−0.138)	(−0.249)	(−0.059)	(−0.053)
CRISIS	−7.126**	−10.750***	−4.225***	−4.894***	−1.048***	−1.431***
	(−3.613)	(−3.318)	(−0.758)	(−1.436)	(−0.123)	(−0.245)
MP×CRISIS	3.543***	5.087***	4.297***	4.674***	5.067***	5.345***
	(−1.239)	(−1.256)	(−0.719)	(−1.065)	(−1.571)	(−1.925)
MP×CRISIS×CAP	−0.069***	−0.078***	−0.106***	−0.121***	−0.192***	−0.210***
	(−0.008)	(−0.009)	(−0.012)	(−0.014)	(−0.032)	(−0.030)

续表

货币政策	法定存款准备金率		1年期贷款基准利率		7天银行间同业拆借利率	
解释变量	模型（1）	模型（2）	模型（3）	模型（4）	模型（5）	模型（6）
	混合回归	随机效应	混合回归	随机效应	混合回归	随机效应
MP×CRISIS×LIQ	0.001	−0.002	−0.004	−0.004	−0.006	−0.007
	（−0.003）	（−0.002）	（−0.005）	（−0.004）	（−0.011）	（−0.009）
MP×CRISIS×lnASSET	−0.011	−0.014	−0.024	−0.027	−0.064	−0.058
	（−0.016）	（−0.017）	（−0.023）	（−0.026）	（−0.06）	（−0.065）
CAP	0.129***	0.150***	0.149***	0.159***	0.146***	0.140***
	（−0.012）	（−0.013）	（−0.012）	（−0.013）	（−0.011）	（−0.012）
LIQ	−0.004	0.007**	−0.008***	0.004	−0.013***	0.005
	（−0.003）	（−0.003）	（−0.003）	（−0.003）	（−0.003）	（−0.003）
lnASSET	−1.580***	0.097	−1.876***	−0.008	−1.887***	−0.123
	（−0.176）	（−0.183）	（−0.182）	（−0.183）	（−0.180）	（−0.182）
lnSIZE	1.832***	0.224	2.061***	0.317*	2.111***	0.441**
	（−0.169）	（−0.176）	（−0.173）	（−0.177）	（−0.172）	（−0.176）
AGE	−0.001**	−0.003***	−0.001*	−0.003***	−0.002***	−0.003***
	（−0.001）	（−0.001）	（−0.001）	（−0.001）	（−0.001）	（−0.001）
NPL	−0.144***	−0.054**	−0.003	−0.002	0.001	−0.005
	（−0.03）	（−0.026）	（−0.025）	（−0.025）	（−0.024）	（−0.025）
ROA	1.363***	1.208***	1.223***	1.167***	1.196***	1.122***
	（−0.078）	（−0.070）	（−0.074）	（−0.070）	（−0.074）	（−0.070）
IPO	−1.216***	−1.357***	−0.949***	−1.292***	−1.046***	−1.325***
	（−0.069）	（−0.065）	（−0.067）	（−0.065）	（−0.068）	（−0.065）
GDP	−0.086***	0.083	0.060***	0.306***	0.019	0.267***
	（−0.023）	（−0.052）	（−0.021）	（−0.05）	（−0.022）	（−0.045）
CPI	0.054***	−0.075	−0.009	−0.242***	−0.039***	−0.247***
	（−0.017）	（−0.046）	（−0.014）	（−0.050）	（−0.015）	（−0.044）
常数项	18.639***	11.317***	16.065***	7.009***	12.666***	5.757***
	（−0.846）	（−1.052）	（−0.740）	（−0.900）	（−0.723）	（−0.767）
公司效应	random	fixed	random	fixed	random	fixed
行业效应	fixed	random	fixed	random	fixed	random
公司聚类调整	yes	no	yes	no	yes	no
观测值	55419	55419	55419	55419	55419	55419
R^2	0.087	0.074	0.088	0.075	0.084	0.071

表 5　金融危机对国有控股银行和非国有控股银行的影响差异

货币政策	法定存款准备金率		1 年期贷款基准利率		7 天银行间同业拆借利率	
解释变量	国有银行	非国有银行	国有银行	非国有银行	国有银行	非国有银行
	模型(1)	模型(2)	模型(3)	模型(4)	模型(5)	模型(6)
MP	0.138	−1.337***	0.219	−1.224***	0.309***	−0.233***
	(−0.326)	(−0.272)	(−0.215)	(−0.307)	(−0.061)	(−0.062)
CRISIS	−5.503**	−8.662*	−2.558***	−3.819*	−0.764***	−1.320***
	(−2.389)	(−5.282)	(−0.886)	(−2.152)	(−0.136)	(−0.363)
MP×CRISIS	10.072***	5.331**	14.137***	5.032***	29.118**	4.079
	(−1.959)	(−2.073)	(−2.925)	(−1.795)	(−12.131)	(−3.529)
MP×CRISIS×CAP	−0.173***	−0.083***	−0.266***	−0.128***	−0.536*	−0.234***
	(−0.044)	(−0.011)	(−0.071)	(−0.017)	(−0.278)	(−0.037)
MP×CRISIS×LIQ	−0.008***	−0.009**	−0.011***	−0.013**	−0.027*	−0.013
	(−0.003)	(−0.004)	(−0.005)	(−0.005)	(−0.016)	(−0.012)
MP×CRISIS×lnASSET	−0.195***	−0.038	−0.313***	−0.045	−0.707**	0.001
	(−0.048)	(−0.030)	(−0.075)	(−0.047)	(−0.282)	(−0.125)
CAP	0.000	0.199***	0.008	0.204***	−0.020	0.171***
	(−0.023)	(−0.018)	(−0.023)	(−0.018)	(−0.022)	(−0.017)
LIQ	0.008	−0.004	0.009	−0.007*	0.012*	−0.007*
	(−0.007)	(−0.004)	(−0.008)	(−0.004)	(−0.007)	(−0.004)
lnASSET	−0.798*	0.472**	−0.874*	0.393*	−0.609	0.326
	(−0.463)	(−0.222)	(−0.480)	(−0.223)	(−0.465)	(−0.222)
lnSIZE	0.907**	0.111	1.004**	0.187	0.729*	0.255
	(−0.424)	(−0.221)	(−0.438)	(−0.222)	(−0.426)	(−0.221)
AGE	0.001*	−0.076***	0.001	−0.077***	0.001	−0.080***
	(−0.001)	(−0.005)	(−0.001)	(−0.005)	(−0.001)	(−0.005)
NPL	0.227**	−0.005	0.169*	0.026	0.214**	0.013
	(−0.097)	(−0.029)	(−0.101)	(−0.028)	(−0.091)	(−0.028)
ROA	−0.055	0.882***	−0.183	0.848***	0.031	0.809***
	(−0.208)	(−0.081)	(−0.214)	(−0.081)	(−0.204)	(−0.081)
IPO		−0.884***		−0.836***		−0.850***
		(−0.083)		(−0.083)		(−0.082)
GDP	−0.203***	0.211***	−0.180***	0.386***	−0.140***	0.343***
	(−0.032)	(−0.066)	(−0.030)	(−0.066)	(−0.030)	(−0.064)
CPI	−0.085***	−0.065	−0.118***	−0.182***	−0.138***	−0.211***
	(−0.020)	(−0.058)	(−0.024)	(−0.067)	(−0.021)	(−0.063)
常数项	15.761***	3.693**	15.148***	1.219	14.811***	0.257
	(−2.811)	(−1.451)	(−2.787)	(−1.294)	(−2.297)	(−1.169)

续表

货币政策	法定存款准备金率		1年期贷款基准利率		7天银行间同业拆借利率	
解释变量	国有银行	非国有银行	国有银行	非国有银行	国有银行	非国有银行
	模型(1)	模型(2)	模型(3)	模型(4)	模型(5)	模型(6)
公司效应	fixed	fixed	fixed	fixed	fixed	fixed
观测值	9090	46329	9090	46329	9090	46329
R^2	0.096	0.051	0.097	0.054	0.097	0.051

(三)稳健性检验

1. 倾向得分匹配(PSM)。

为进一步减少内生性对计量结果的影响,本文采用倾向得分匹配法对货币政策紧缩时期和货币政策宽松时期、金融危机期间和非金融危机期间的银行信贷供给规模差异进行比较。

其基本步骤是:第一步,分别以法定存款准备金率、1年期贷款基准利率、7天银行间同业拆借利率的中位数为界,建立虚拟变量,高于中位数的样本取值为1,低于中位数的样本取值为0;第二步,选取影响银行信贷供给的因素,使用LOGIT模型进行回归,得到每个样本的倾向性得分。针对货币政策宽松时期和货币政策紧缩时期的银行信贷供给差异比较,本文选取了CAP,LIQ,$\ln ASSET$,$\ln SIZE$,AGE,NPL,ROA,IPO,GDP,CPI变量作为被解释变量($\ln LOAN$)的控制变量。针对金融危机期间和非金融危机期间的银行信贷供给差异比较,本文选取了MP,CAP,LIQ,$\ln ASSET$,$\ln SIZE$,AGE,NPL,ROA,IPO,GDP,CPI变量作为被解释变量($\ln LOAN$)的控制变量;第三步,采用最近邻匹配法(Nearest-Neighbor Matching)对样本进行倾向得分匹配;第四步,计算匹配前和匹配后处理组和控制组的信贷供给均值差距。具体结果如表6所示。

表6 倾向得分匹配均值比较

变量名称	货币政策	样本	处理组	控制组	差距	标准差	t值
$CRISIS$	$\ln DEPO$	匹配前	17.4022	17.2819	0.1203	0.0546	2.20
		匹配后	17.4022	17.7966	-0.3944	0.2215	-1.78
	$\ln RL$	匹配前	17.4022	17.2819	0.1200	0.0546	2.20
		匹配后	17.4022	18.0587	-0.6565	0.2286	-2.87
	$\ln R$	匹配前	17.4022	17.2819	0.1203	0.0546	2.20
		匹配后	17.4022	17.6987	-0.2966	0.1557	-1.90

续表

变量名称	货币政策	样本	处理组	控制组	差距	标准差	t 值
ln*DEPO*		匹配前	17.1145	17.9778	−0.8633	0.0257	−33.62
		匹配后	17.1145	18.4138	−1.2993	0.4388	−2.96
ln*RL*		匹配前	17.0917	18.0162	−0.9244	0.0251	−36.84
		匹配后	17.0917	18.0340	−0.9423	0.4691	−2.01
ln*R*		匹配前	17.0178	17.4921	−0.4743	0.0208	−22.8
		匹配后	17.0178	17.9473	−0.9296	0.5037	−1.85

表 6 显示了匹配前和匹配后处理组和控制组的银行信贷供给均值及差异显著性检验。结果显示在控制了上述特征变量带来的异质性之后，货币政策紧缩时期和金融危机期间的银行信贷供给均值显著低于货币政策宽松时期和非金融危机期间，与计量模型相关变量回归系数的符号相一致，说明计量结果具有较好的稳健性。

2.替换计量模型变量

为检验计量模型中交互项的回归结果是否受选择的流动性和资本指标的影响，使用资本/资产总额替代本文使用的资本指标，使用流动资产/负债总额替换本文使用的流动性指标，回归结果如表 7 所示。与基准回归结果不同的是表 7 模型（3）和模型（4）中 1 年期贷款基准利率与银行规模交互项的回归系数显著为负，即银行规模越大，其信贷规模受 1 年期贷款基准利率变动的影响越大。对此，可从信贷供给和信贷需求的角度予以解释：由于我国尚未实行利率市场化，在存贷利率管制的背景下，银行存贷利差较高。银行为了扩大市场份额，即使基准利率上调，也普遍存在信贷扩张的冲动，因此提高基准利率对抑制银行的信贷供给作用有限。而在信贷需求方面，大银行的贷款客户主要是大企业，小银行的贷款客户主要是中小企业。大企业的融资渠道比较丰富，当银行贷款成本上升时，可以通过其他渠道进行融资，因此大企业的银行信贷需求对贷款利率的敏感度较高。而我国中小企业融资主要依赖于银行信贷，因此中小企业的信贷需求对贷款利率的敏感度较低。所以，银行规模越大，其面临的贷款需求利率弹性越高[13]，1 年期基准贷款利率变动对其信贷规模的影响越大。此外，其他主要变量回归系数的符号和显著性与前文均一致，进一步说明计量模型的回归结果是比较稳健的。

表 7　货币政策传导的银行信贷渠道检验（稳定性检验）

货币政策 解释变量	法定存款准备金率		1 年期贷款基准利率		7 天银行间同业拆借利率	
	模型（1）	模型（2）	模型（3）	模型（4）	模型（5）	模型（6）
	混合回归	随机效应	混合回归	随机效应	混合回归	随机效应
MP	−15.634***	−15.562***	−6.921***	−8.701***	−5.323***	−5.574***
	（−3.228）	（−3.607）	（−2.444）	（−3.072）	（−0.947）	（−1.144）
MP×CAP	1.453***	1.606***	0.438***	0.487***	0.416***	0.440***
	（−0.122）	（−0.139）	（−0.111）	（−0.133）	（−0.031）	（−0.037）
MP×LIQ	8.015***	8.446***	13.858***	15.435***	3.149***	3.678***
	（−1.258）	（−1.290）	（−1.320）	（−1.605）	（−0.535）	（−0.694）
MP×lnASSET	0.234**	0.201	−0.266***	−0.268**	0.062**	0.051
	（−0.108）	（−0.125）	（−0.081）	（−0.109）	（−0.029）	（−0.033）
CAP	−3.996***	−4.434***	−0.513***	−0.587***	−0.226***	−0.242***
	（−0.352）	（−0.408）	（−0.193）	（−0.237）	（−0.038）	（−0.047）
LIQ	−22.052***	−23.460***	−22.814***	−25.695***	−2.252***	−2.972***
	（−3.559）	（−3.703）	（−2.289）	（−2.852）	（−0.620）	（−0.850）
lnASSET	0.085	0.232	0.794***	0.815***	0.657***	0.734***
	（−0.336）	（−0.405）	（−0.208）	（−0.263）	（−0.173）	（−0.192）
lnSIZE	−0.490***	−0.527***	−0.027	−0.030	−0.440***	−0.491***
	（−0.170）	（−0.185）	（−0.168）	（−0.183）	（−0.165）	（−0.184）
AGE	−0.003***	−0.004***	−0.003***	−0.004***	−0.003***	−0.004***
	（−0.001）	（−0.001）	（−0.001）	（−0.001）	（−0.001）	（−0.001）
NPL	−0.175***	−0.179***	−0.142***	−0.145***	−0.125***	−0.130***
	（−0.032）	（−0.029）	（−0.031）	（−0.028）	（−0.030）	（−0.029）
ROA	1.253***	1.262***	1.238***	1.241***	1.245***	1.250***
	（−0.075）	（−0.069）	（−0.073）	（−0.069）	（−0.074）	（−0.069）
IPO	−1.012***	−1.071***	−1.120***	−1.189***	−1.061***	−1.129***
	（−0.071）	（−0.072）	（−0.070）	（−0.071）	（−0.071）	（−0.071）
GDP	0.046	1.622***	0.115***	1.552***	0.014	1.232***
	（−0.041）	（−0.486）	（−0.038）	（−0.353）	（−0.038）	（−0.351）
CPI	−0.837***	−2.706***	−0.837***	−2.313***	−0.743***	−2.383***
	（−0.150）	（−0.365）	（−0.099）	（−0.258）	（−0.094）	（−0.255）
常数项	59.016***	46.259***	23.782***	15.270***	18.562***	9.127***
	（−8.962）	（−12.505）	（−4.185）	（−5.859）	（−1.375）	（−2.703）
公司效应	random	fixed	random	fixed	random	fixed
年份效应	fixed	fixed	fixed	fixed	fixed	fixed
行业效应	fixed	random	fixed	random	fixed	random

续表

货币政策	法定存款准备金率		1 年期贷款基准利率		7 天银行间同业拆借利率	
解释变量	模型(1)	模型(2)	模型(3)	模型(4)	模型(5)	模型(6)
	混合回归	随机效应	混合回归	随机效应	混合回归	随机效应
公司聚类调整	yes	no	yes	no	yes	no
观测值	55419	55419	55419	55419	55419	55419
R^2	0.100	0.088	0.099	0.086	0.100	0.088

六、结论与启示

本文应用 2001—2015 年期间公司层面的银行信贷数据,基于混合 OLS 模型和随机效应模型,对中国货币政策传导的银行信贷渠道进行检验,并进一步研究全球金融危机冲击对不同特征银行信贷渠道的影响差异。检验结果显示:货币政策传导的银行信贷渠道在我国是存在的。货币政策在影响银行信贷供给的同时,也会由于不同银行资产规模、流动性水平、资本状况等特征差异引起信贷供给的异质性反应。银行规模越大、流动性越强、资本充足率越高,银行信贷供给对货币政策越不敏感,反之亦然;金融危机冲击会显著降低货币政策银行信贷渠道传导的效率,资本充足率越高的银行,在危机期间信贷供给紧缩程度越小,反之亦然。我国货币政策银行信贷渠道主要通过非国有控股银行传导,金融危机冲击对国有控股银行的负面影响比非国有控股银行小,危机期间宽松的货币政策调控对国有控股银行的效果比非国有控股银行好。

根据上述的研究结果,得到以下几点启示:第一,由于我国银行业存在较高的存贷利差保护,在经济过热时银行的信贷扩张冲动弱化了紧缩性货币政策的作用,在经济下行时银行又因缺乏信贷供给动力从而弱化了货币宽松政策的效力,降低了货币政策银行信贷渠道传导的效率。中国应加快利率市场化改革,放松对银行存贷利差的保护。第二,在金融危机期间,政府应作为"最后贷款人",通过注资等措施稳定银行的财务状况,保证银行信贷资金对有偿还能力的借款人持续供给,降低金融危机对银行信贷渠道的负面影响。第三,政府应减少对银行的行政干预,银行的信贷供给应根据对风险和收益的判断。同时应加快国有控股银行内部体制改革,使国有控股银行将利润目标与风险控制放在同等重要的位置上,提高货币政策的传导效率。

参考文献

[1] Romer C D. What ended the great depression? [J]. Journal of Economic History,1991,52(4):757-784.

[2] 徐茂魁,陈丰,吴应宁. 后金融危机时代中国货币政策的两难选择——抑制通货膨胀还是保持经济增长[J]. 财贸经济,2010(4): 20-25.

[3] Bernanke B S, Gertler M. Inside the black box:The credit channel of monetary policy transmission[J]. Journal of Economic Perspectives,1995,9(4):27-48.

[4] Bernanke B. The financial accelerator and the credit channel[R]. Board of governors of the Federal Reserve System(vs),2007.

[5] Diamond D W,Rajan R G. Fear of fire sales,Illiquidity seeking,and credit freezes[J]. Quarterly Journal of Economics,2011,126(2):557-591.

[6] 徐明东,陈学彬. 中国微观银行特征与银行贷款渠道检验[J]. 管理世界,2011(5): 24-38.

[7] 李涛,刘明宇. 资本充足率,银行信贷与货币政策传导 [J]. 国际金融研究,2012(11): 14-22.

[8] Díaz R A,Olivero M P. On the firm-level implications of the bank lending channel of monetary policy[J]. Journal of Economic Dynamics & Control,2010,34(10):2038-2055.

[9] Kashyap A K,Stein J C. The impact of monetary policy on bank balance sheets[J]. Carnegie Rochester Conference Series on Public Policy,1994,42:151-195.

[10] Kishan R P,Opiela T P. Bank capital and loan asymmetry in the transmission of monetary policy[J]. Journal of Banking & Finance,2006,30(1):259-285.

[11] Favero C A,Giavazzi F,Flabbi L. The transmission mechanism of monetary policy in europe:Evidence from banks' balance sheets[R]. National Bureau of Economic Research,1999.

[12] Gambacorta L. Asymmetric bank lending channels and ECB monetary policy[J]. Economic Modelling,2003,20(1): 25-46.

[13] Altunbas Y,Gambacorta L,Marques-Ibanez D. Securitisation and

the bank lending channel[J]. European Economic Review, 2009, 53(8): 996-1009.

[14] 周英章,蒋振声. 货币渠道,信用渠道与货币政策有效性的实证分析[J]. 金融研究,2002(9):34-43.

[15] Dwenger N, Fossen F M, Simmler M. From financial to real economic crisis: Evidence from individual firm-bank relationships in germany[J]. Social Science Electronic Publishing,2015:1-55.

[16] Adelino M, Ferreira M A. Bank ratings and lending supply: Evidence from sovereign downgrades[J]. Review of Financial Studies,2016,29(7): 1709-1746.

[17] Drazen A, Hubrich S. A simple test of the effect of interest rate defense [J]. Journal of the Japanese & International Economies,2006,20(4): 612-636.

[18] Blundell-Wignall A. The subprime crisis: Size, deleveraging and some policy options[J]. Oecd Journal Financial Market Trends,2008(1): 29-63.

[19] Felton,A. The first global financial crisis of the 21st century[M]. Centre For Economic Policy Research (CEPR),2008.

[20] Chiuri M C,Ferri G,Majnoni G. The macroeconomic impact of bank capital requirements in emerging economies: Past evidence to assess the future [J]. Journal of Banking & Finance,2002,26(5):881-904.

[21] Roger S,Vlček J. Macroeconomic costs of higher bank capital and liquidity requirements[J]. IMF Working Papers,2011,11(103):1-52.

[22] 郭路,刘霞辉,孙瑾. 中国货币政策和利率市场化研究——区分经济结构的均衡分析[J]. 经济研究,2015(3):18-31.

[23] 谭劲松,简宇寅,陈颖. 政府干预与不良贷款——以某国有商业银行1988—2005 年的数据为例[J]. 管理世界,2012(7):29-43.

[24] Hossain M,Jain P K,Mitra S. State ownership and bank equity in the Asia-Pacific region [J]. Pacific-Basin Finance Journal, 2013, 21(1): 914-931.

[25] 梁琪,余峰燕. 金融危机,国有股权与资本投资[J]. 经济研究,2014,49(4): 47-61.

［26］Jiménez G,Ongena S,Peydró J L,et al. Credit supply and monetary policy:Identifying the bank balance-sheet channel with loan applications[J]. The American Economic Review,2012,102(5):2301-2326.

［27］饶品贵,姜国华. 货币政策对银行信贷与商业信用互动关系影响研究[J]. 经济研究,2013(1):68-82.

［28］Jiménez G, Ongena S, Peydró J L, et al. Hazardous times for monetary policy:What do twenty—three million bank loans say about the effects of monetary policy on credit risk—taking? [J]. Econometrica,2014,82(2):463-505.

［29］Aysun U,Hepp R. Identifying the balance sheet and the lending channels of monetary transmission:A loan-level analysis[J]. Journal of Banking & Finance,2013,37(8):2812-2822.

［30］李连发,辛晓岱. 银行信贷、经济周期与货币政策调控:1984—2011[J]. 经济研究,2012(3):102-114.

金融包容的需求侧与供给侧探析①
——基于 CHFS 项目 28143 户家庭的实地调查数据

摘　要　主流银行包容存在需求不足、潜在需求、供给排斥、供求错配及供求平衡状态。与传统的"金融包容指数越高则越优"的理解不同,需求层面包容指数的最优未必等同于供给层面的包容最优;供给不足也并非金融排斥的唯一原因。要从需求侧、供给侧入手剖析包容的表现与诱因,寻求供求匹配解;金融包容相同的诱因其作用强度、方式不尽相同,细化的个性分析可揭示各个要素对不同种类金融包容的边际作用;微观与宏观视角的金融包容不同,普惠金融不等于全民金融;金融包容需要将"大数据"与"厚数据"相结合,家庭金融视角将与国别视角、区域视角一起构成金融包容的重要维度。对家庭金融包容需求侧与供给侧的探析,在一定程度上拓宽了金融地理学的内涵和外延。

关键词　金融包容;需求侧;供给侧;金融排斥;供需平衡

金融包容(financial inclusion)是金融排斥(financial exclusion)概念的扩展与深化,是一个多维度的动态复合概念,指个体、群体、企业、组织或地区等接触并融入金融系统的过程和状态。它不仅意指微观主体以合理的成本获取、使用金融产品和服务并融入主流金融的渠道与过程,也蕴含了区域金融的包容性增长。目前相关研究尚存在以下不足:(1)无法有效区分积极或消极的金融排斥,落入"金融包容指数越高则越优"的固定思维窠臼;对某些发达地区金融综合力水平与金融排斥指数双高的悖论至今未能做出合理解释。(2)未能有效区分金融包容理念的存量与流量视角,忽视了过度负债引发潜在金融风险的可能性;将微观个体、家庭的金融包容与宏观区域、国家的金融包容界定相混淆,易引发

①　本文作者田霖、金雪军、蒋岳祥,最初发表在《浙江大学学报(人文社会科学版)》2017 年第 4 期。

合成谬误与分解谬误。（3）由于微观调查数据的缺乏，针对中国家庭展开的相关研究相对较少；个体金融能力的提升与自主选择、家庭资产与负债的自主性有效配置与管理等关键议题往往在学者的研究视野之外。本文采取 2013 年 China Household Finance Survey (CHFS)项目的大型实地调查数据①，数据遍布 29 个省区市 262 个县 1048 个社区[1]，将贷款细分为农业贷款、工商业贷款、房屋贷款与汽车贷款，从需求侧和供给侧的角度尝试对以上问题进行初步解答。

一、理论回顾

金融包容理念起源于西方金融地理学对金融排斥的关注与研究。2003 年，金雪军、田霖将金融地理学这一新兴边缘交叉学科引入中国，将 financial exclusion 译为"金融排除"、"金融排外性"[2]；2007 年，田霖将其中文表述统一为"金融排斥"[3]，并对其内涵外延进行了详细阐释，引发了国内诸多学者的兴趣。然而，学者们在强调消减金融排斥、构建贫困和弱势人群普惠金融制的同时，往往容易忽略其潜在风险导致普惠金融的发展误区②和金融包容悖论[4]。在新型危机及新金融背景下，西方学者将研究视角从金融排斥转向金融包容，金融包容已经被政府管理者提到国家竞争力的高度，成为实现社会公正不可或缺的部分以及创建平衡、繁荣、和谐、有活力的社区经济的必需手段。由于在构建透明化金融体系、反洗钱及反恐怖主义方面的特殊作用，金融包容已成为一国乃至全球金融安全的重点与焦点问题[5]。

参照 Beck[6-7]，Kelegama 和 Tilakaratane[8]，Collier[9]，Bhowmik 和 Saha[10]，Geach[11]，Regan 和 Paxton[12] 以及 AFI (Alliance of Financial Inclusion)等对金融包容的衡量思路，其内涵可规范为：金融包容需要在风险容忍度范畴内同时考察金融深度与金融宽度，在纳入金融产品可接触性的同时考察其使用的效用与强度。前者可概括为地理渗透性，即经济主体接触银行、保险等金融机构的可达性，也包含互联网技术，尤其是移动互联网的普及率；后者

---

① 2011 年开始，西南财经大学家庭金融调查研究中心每两年开展一次全国大型实地调查。目前 2011 年的数据可通过公开渠道获取，但 2013 年的数据尚未公布，需要签订数据保密协议，以内部申请方式获得一定期限的授权，不得拷贝原始数据，仅能在 VSP 平台上进行试算操作。

② 实际上，"普惠金融"与"金融包容"的学术溯源与概念界定不同。具体可参见田霖《互联网金融的发展轨迹与未来展望》，《人民论坛·学术前沿》2016 年第 6 期。

特指经济主体对金融产品与服务的使用数量与强度,也包含了 2013 年以后出现的互联网金融产品的普及与渗透①。金融包容与金融排斥概念并非完全对称,其内涵更为丰富[6-12]。不仅包括储蓄、贷款和保险等基本金融需求,还包括风险资产(如股票、债券、房地产投资等)的选择;不仅关注被排斥弱势群体如何融入主流金融系统,更提倡机会平等、和谐共赢;不仅关注需求主体,也强调供给机构的持续盈利与稳健发展;不仅关注传统金融业态,也研究新金融业态;不仅关注城镇居民、农户,也强调企业融资模式的创新,构建多方共赢的融资体系与包容制度,实现各参与主体的一体化以及互惠共生。可见,金融包容对促进金融稳定、协调发展具有重要的理论与现实意义[13]。

根据 Jones、Gloukoviezoff 对金融包容界定的新颖视角,即金融包容性的衡量方式不仅是用户接触、使用到金融产品的机会,必须采用基于结果的方法或资产价值法来界定,且始终从公平、社会公正的视角进行,这与英国考察健康护理、教育、公用设施的普及方式类似[14-16]。可见,传统的金融发展反映的政策目标集中于资本积累总和,并且金融相关比率(国内私人信贷资产总和/GDP)成为衡量金融发展深度的显著指标。但该指标建立了金融深度与经济增长之间的内在关联,却忽略了金融接触宽度。大量证据表明,包容与权益资本、公平、增长与消除贫困存在紧密的内在关联,因此,金融包容亦逐渐替代金融发展成为独立的政策目标,它与党的十八大"自由、平等、公正"的核心价值观相契合。金融包容的研究视野,既要关注需求主体,也要重视金融排异下供给主体所面临的三重排异(社区排异、组织排异及监管排异)及其生存困局。需求最优、供给最优与供求匹配的最优解并不相同,需要探讨如何通过金融包容体系的创建来实现各参与主体的共赢。

供给侧结构性改革是目前学界研究的热点,余永定教授针对学界和媒体对该政策的混乱解读提出了核心看法:需求管理与结构改革并不互相排斥,而是相辅相成。结构改革主要解决长期问题,但不意味着可以忽视短期问题。供给侧结构性改革并不意味着供给侧才有结构改革,或只有供给侧结构性改革才是重要的[17]。结合金融包容而言,其需求侧包括微观个体、企业、家庭、区域对主流金融产品和服务的需求(如支付需求、理财需求、融资需求等),其供给侧则指主流金融机构开发并提供各类金融服务(如通道服务、投资平台、存款贷款、汇兑保值等)以满足需求方以及同时实现自身的可持续经营。如长期以来,农村

---

① 中国互联网金融的概念有广义和狭义之分,具体参见田霖《互联网金融视域下金融地理学研究的新动态述评》,《经济地理》2016 年第 5 期。

居民、城市低收入群体及诸多中小企业被排斥在主流金融系统之外,金融供给侧的改革是从根源上解决问题,一方面扩大服务的可达性,使广大公众可以平等地接触到金融机构与产品;另一方面提升服务的使用强度,避免出现包容中的排斥。这并非意味着需求不重要,恰恰相反,金融需求侧的金融素养、创业与创新能力、自我排斥的心理、家庭特征与社区环境潜移默化的影响等,都在发挥着作用。可见,金融需求侧与供给侧两者不可偏废,这与中央政府所倡导的供给侧结构性改革的导向是一致的。

本文从微观家庭角度出发,探析金融包容的需求侧与供给侧,为寻找供求匹配解提供新的思路、昭示新的路径,并尝试对金融包容研究可能存在的误区与悖论进行修正。

二、模型与变量

(一)模型设定

与传统的供给不足观点不同,CHFS 调研数据显示,中国绝大部分家庭没有银行①贷款并非因为各类显性与隐性障碍,而是因为"不需要";此外,除了少部分人群"申请过被拒绝",还有很多家庭是"需要,但没有申请过"或"曾经有贷款,现在已还清"(见表 1)。那么,为何中国的家庭不能彻底融入主流金融系统呢? 怎样的金融包容生态才是我们所期待的结果呢?

本文主要采用 Probit 模型来分析家庭金融包容指数、家庭特征、区域特征诸变量对贷款有无的影响;将贷款细化为农业贷款、工商业贷款、房屋贷款及汽车贷款,以探悉解释变量如何作用于不同类型的贷款。Probit 模型如下:

$$Y = 1(\alpha hfi + \beta household + \gamma community + \mu > 0) \tag{1}$$

(1)式中,$\mu \sim N(0, \sigma^2)$。Y 是哑变量,等于 1 表示有贷款,0 表示没有贷款;household 表示与家庭特征相关的 9 个变量,包括户主特征变量(性别、信仰、文

---

① 包括中国工商银行、中国农业银行、中国建设银行、中国民生银行、中国光大银行、中国银行、招商银行、中信银行、交通银行、兴业银行、华夏银行、中国邮政储蓄银行、上海浦东发展银行、深圳发展银行、广东发展银行、国家开发银行、厦门国际银行、中国进出口银行、中国农业发展银行、北京银行、上海银行和农村信用合作社。

化程度、婚姻状况、年龄、风险态度）、收入变量①、家庭规模变量；community 则是与区域特征相关的 7 个变量，涵盖大区域控制变量（是否农村地区、是否东中西部地区）、省区变量（所在区域的城市包容指数、农村包容指数）与社区控制变量（受访户所在地距离中心的分钟数、受访户所在社区的经济状况）。在模型估计时，为了考察各个自变量的真实作用而不仅仅是系数大小，同时进行了 probit 和 dprobit 估计，并汇报边际效应 dy/dx②。

表 1　不同种类银行贷款需求侧与供给侧的具体表现

因变量		银行贷款情况	频数	百分比	观测值	供需情况
农业	有		585	7.1%	8160	现实供求
	无	1. 不需要	5907	78.10%	7563	需求不足
		2. 需要，但没有申请过	1047	13.84%	7563	需求侧（潜在）
		3. 申请过被拒绝	275	3.64%	7563	供给侧（排斥）
		4. 曾经有贷款，现在已还清	334	4.42%	7563	供求匹配
工商业	有		456	12.12%	3762	现实供求
	无	1. 不需要	2633	79.79%	3300	需求不足
		2. 需要，但没有申请过	419	12.70%	3300	需求侧（潜在）
		3. 申请过被拒绝	114	3.45%	3300	供给侧（排斥）
		4. 曾经有贷款，现在已还清	134	4.06%	3300	供求匹配
房屋	有		2059	10.52%	19565	现实供求
	无	1. 不需要	13544	77.52%	17472	需求不足
		2. 需要，但没有申请过	2219	12.70%	17472	需求侧（潜在）
		3. 申请过被拒绝	312	1.79%	17472	供给侧（排斥）
		4. 曾经有贷款，现在已还清	1005	5.75%	17472	供求匹配
		5. 购房时，银行没有提供贷款服务	392	2.24%	17472	供求错配

---

① 为了避免内生性问题，采用了"去年实收货币收入"指标，投资性收入、财产性收入与其他收入不计入。

② 由于篇幅所限，OLS 的回归结果不再汇报。需要说明的是，相关系数矩阵显示，相关系数均小于 0.4；VIF 检验的值均介于 1～2 之间，不存在大于 10 的方差膨胀因子，这表明不存在多重共线性问题。为了避免异方差问题，对 probit 添加 robust 回归，比对结果显示，稳健回归的系数不变，但方差、P 值和置信区间有所区别；dprobit 加不加 robust 回归，输出结果差别不大。数据事先均进行了异常值检测及缩尾处理。

续表

因变量		银行贷款情况	频数	百分比	观测值	供需情况
汽车	有		395	9.38%	4213	现实供求
	无	1. 不需要	3398	89.75%	3786	需求不足
		2. 需要，但没有申请过	248	6.55%	3786	需求侧（潜在）
		3. 申请过被拒绝	29	0.77%	3786	供给侧（排斥）
		4. 曾经有贷款，现在已还清	111	2.93%	3786	供求匹配

　　传统的财务危机预警模型容易产生选择偏误问题，即以通过审核的申请者样本建立模型，忽略未通过审核的申请者样本，从而影响模型的配适度与预测能力。银行贷款也是一样，如果仅以通过银行审核的申请贷款家庭为样本进行分析，所建构出来的模型无论是在变量的选取、权重的设计以及未来是否向贷款申请人给予贷款的决策上，均容易产生偏误。目前金融包容各种统计口径给予的贷款总额指标均为事后指标，我们无法了解所有申请者的状况（比如，是不需要贷款，还是有其他替代性渠道？是不愿意申请，还是申请以后被拒绝？申请贷款被批准是资金需求全部得到了满足还是部分得到满足？是主动的自我排斥，抑或出于个人偏好？等等），只有对需求方的各种情况与影响要素进行详尽分析，才有可能探寻供求平衡的最优解。否则，需求疲软（供给刺激无效）、供给不足（消极金融排斥）或需求过度（资金饥渴、过度负债）、供给错配（供给结构不合理）都会产生消极的后果，也无法实现刺激投资、消费以带动经济增长的目标。

　　表 1 的因变量给出了没有贷款的几种原因（方案 1～5），故采用多值响应模型（mlogit）[①]：

$$P(y_i = j \mid x_i) = \frac{\exp(x_i^{'}\beta_j)}{\sum_{k=1}^{J} \exp(x_i^{'}\beta_k)} \tag{2}$$

被解释变量 y 是没有银行贷款的原因：不需要，$y=1$；需要，但没有申请过，$y=2$；申请过被拒绝，$y=3$；曾经有贷款，现在已还清，$y=4$；银行没有提供此类型贷款服务，$y=5$。x_i 的界定同模型（1）。共有 j 种互相排斥的选择，且各种方案的概率之和为 1，即 $\sum_{j=1}^{J} P(y_i = j \mid x_i) = 1, j = 1-5$。

---

① mlogit 与 mprobit 回归的系数有差别，但预测概率差别不大。

在多值选择模型中,由于被解释变量的分布必然为多项分布,故一般不必使用稳健标准误,使用普通标准误即可。文章同时汇报回归系数及相对风险比(rrr)。所谓相对风险比 rrr_{jk},就是当只有 x_k 变化而其他所有 x 不变时发生比变化的倍数:

$$rrr_{jk} \times \frac{P(y = j \mid x_k)}{P(y = base \mid x_k)} = \frac{P(y = j \mid x_k)}{P(y = base \mid x_{k+1})}$$

(二)变量选择

1. 因变量

agril、busil、housel 与 housel 存在两个值:1(有)、0(无),是模型 1 关注的被解释变量。"有贷款"表示家庭申请贷款并且被批准,是实现了的供求,故被界定为"现实供求"。

模型 2 更关注没有贷款的原因。nagri、nbusi 与 nauto① 存在四种方案:(1)不需要(需求不足的原因可能是资金充足、个人偏好、替代性借款、产品不合适、信息不对称、路径依赖等);(2)需要,但没有申请过(原因可能是自我排斥、烦琐的手续耗时过长、心理预期等);(3)申请过被拒绝(供给侧的排斥,可能存在价格排斥、营销排斥、条件排斥、收入排斥等);(4)曾经有贷款,现已还清(由于几种方案相斥、没有交叉重叠的部分,故全部需求都得到了供给机构的满足,界定为供求匹配,也是最令人期待的结果。这种状态下暂时没有新的需求)。变量 nhouse 又多了一种方案,即:(5)购房时,银行没有提供贷款服务(缺乏适应需求的产品与服务类型,属于供给结构问题,界定为供求错配)。

2. 自变量

解释变量 hfi 表示家庭金融包容指数。本研究将个体或家庭的金融包容用活期账户(current count)、定期储蓄账户(savings account)、证券(securities)及信用卡(credit card)来衡量[14-16,18-23]。结合中国家庭金融特点,该指标应涵盖所有无风险资产与风险资产,包括活期存款、定期存款、股票账户里的现金、股

---

① "汽车为何没有贷款"(nauto)有 28 个数据显示状态 5,与问卷设计不一致,疑似统计错误,故删除异常值,按照 4 套方案处理;汽车只考虑首辆汽车,房屋也只考虑首套房屋,因为第 2 辆车(第 2 套房)、第 3 辆车(第 3 套房),样本量极其有限,缺乏代表性,也满足不了计量分析的基本要求。

票、债券、基金、衍生品、金融理财产品、黄金①。由于金融包容考察的是主流金融且指资产在银行系统中顺畅运行，故而删除现金与借出款指标（CHFS 给出的是民间借贷、私人借贷，基于亲缘、人缘、地缘，不属于主流金融）[25]。hfi 剔除家庭负债指标的原因是：(1)微观金融包容的精髓在于家庭的自主选择与资产管理，是事后、存量的概念，强调金融能力的提升与家庭资产的有效配置，可以用某一时点的家庭金融资产来衡量；贷款则是一段时期的发生比数与总额，是流量概念，与前者界定不同，且易交叉和重复计算。消费性贷款与投资性贷款最终会以非金融性资产的形式存在或者表现为收入变化或金融资产的再配置，统计时点和口径不一致。(2)由于部分调查数据没有严格区分"银行贷款"和"其他借款"，故购买风险金融资产的负债不予考虑。(3)由于占比很低，这种处理不会影响计量结果且有效地规避了内生性问题。(4)将家庭金融包容指数分解是为了更好地研究家庭资产价值角度的静态金融包容如何影响某段时期家庭对主流金融机构的动态融资需求。

引入区域城市金融包容指标（ufi）和区域乡村金融包容指标（rfi）是为了区分宏观层面与微观层面金融包容的不同作用，为金融包容悖论的释疑提供基础。需要注意的是，网点的地理渗透性仅是金融可得性的一方面；金融产品与服务的可接触性也只是包容的片面反映，比如拥有银行账户而使用率却很低的情况属于包容中的排斥。为兼顾数据可得性和城乡统计口径可比性，采用四项指标来衡量（参见表 2）。这些人均指标也是目前学界进行区域金融包容指数计算时常用的共识性指标[25]，后文将会分析这种处理的潜在问题。其他自变量的表示、含义与数据处理参见表 2。

---

① 在美国，非风险性金融资产主要由交易账户、储蓄账户、储蓄性债券和债券等组成；而在中国，非风险性金融资产主要由现金、储蓄存款和国债等组成，且占绝对主导地位。所以考察家庭金融包容情况，不能仅仅考虑风险资产，应该对无风险资产赋予更大的权重（约占总资产的 78%）。

表 2　自变量列表与含义

自变量		含义	处理方法
家庭金融 包容指数	hfi	常用活期存款账户数目;目前活期存款总额(元);定期存款比数;定期存款总额(元);股票账户现金余额(元);股票目前市值(元);非公开市场交易股票市值(元);目前拥有基金市值(元);期货市价(元);权证市价(元);其他衍生品市值(元);理财产品总市值(元);黄金市值(元);常使用的信用卡有几张	1.采用主成分和因子分析法,提取两个主成分,观测值为 28143 户家庭; 2.取值范围[−0.1388,0.3851],数值大小具相对意义,负值表示家庭金融包容水平低于平均水平; 3.国债市值指标的样本值全部缺失,故删除该指标; 4.按金融包容定义,剔除现金与对外借款指标; 5.为避免内生性问题,负债指标不计入 hfi。
家庭特征	fm	家庭规模	用家庭人口数衡量
	gender	性别	男=0,女=1
	belief	宗教信仰	无宗教信仰=1,其他=0
	edu	户主文化程度(代替金融素养)	没上过学=1;小学或初中=2;高中、高职、中专、大专=3;大学本科以上=4
	marriage	婚姻状况	未婚或同居=0,已婚、分居、离异、丧偶=1
	age	户主年龄范围	18~30 岁=1;31~55 岁=2;56 岁以上=3
	income	去年实收货币后入	取对数
	risk 1	风险偏好	CHFS 关于风险态度的问题是:"如果您有一笔资产,将选择哪种投资项目?1.高风险,高回报项目;2.略高风险,略高回报项目;3.平均风险,平均回报项目;4.略低风险,略低回报项目;5.不愿意承担任何风险。"将选项 1 和 2 界定为风险偏好,选项 4 和 5 界定为风险厌恶,以选项 3 风险中性为参照组。
	risk 2	风险厌恶	

续表

自变量		含义	处理方法
区域特征	rural	是否农村地区	农村＝1，城市＝0
	east	是否东部地区	是＝1，否＝0
	central	是否中部地区	是＝1，否＝0
	ufi	区域城市金融包容指数	省区控制变量：包括金融网点数目、人均存款情况、资金利用效率、人均贷款情况
	rfi	区域乡村金融包容指数	
	phi	受访户所在地距离中心的分钟数（车程）	反映其居住地位置的优劣
	eco	经济状况	按所在社区的富裕程度打分，贫穷到富裕依次赋值为 1～10

三、实证分析结果

(一)模型(1)计量分析结果

利用 probit 和 dprobit 回归，两种分析得出的各自变量符号均一致。边际作用使回归系数大小发生了变化，如表 3 所示。

表 3　模型(1)计量分析结果汇总

变量	agril		busil		housel		autol	
	dF/dx	$P>\|z\|$	dF/dx	$P>\|z\|$	dF/dx	$P>\|z\|$	dF/dx	$P>\|z\|$
hfi	−1.9624	0.000	0.9406	0.000	−0.0616	0.832	1.5929	0.000
fm	0.0254	0.000	0.0172	0.000	0.0118	0.000	0.0261	0.000
gender*	−0.0689	0.000	−0.0200	0.000	−0.0131	0.031	−0.0025	0.514
belief*	0.0292	0.001	−0.0286	0.000	−0.0479	0.000	−0.0161	0.009
age	−0.0303	0.000	−0.0740	0.000	0.0362	0.000	−0.0512	0.000
edu	−0.0839	0.000	−0.0253	0.000	−0.0121	0.010	0.0433	0.000
marriage*	0.0006	0.961	0.0259	0.000	0.0103	0.438	0.0605	0.000
income	0.0131	0.052	0.0228	0.000	0.0045	0.504	0.0271	0.000
risk 1*	−0.0330	0.001	0.0106	0.087	−0.0012	0.908	0.0202	0.002

续表

变量	agril		busil		housel		autol	
	dF/dx	$P>\|z\|$	dF/dx	$P>\|z\|$	dF/dx	$P>\|z\|$	dF/dx	$P>\|z\|$
risk 2*	−0.0149	0.028	−0.0275	0.000	0.0106	0.158	−0.0287	0.000
rural*	0.3794	54.45	−0.0576	0.000	0.0809	0.000	−0.0252	0.000
east*	0.0076	0.319	0.0109	0.038	−0.0676	0.000	−0.0231	0.000
central*	−0.0040	0.591	0.0069	0.187	−0.1235	0.000	−0.0301	0.000
ufi	−0.0859	0.000	−0.0282	0.000	−0.0176	0.005	−0.0026	0.494
rfi	−0.0173	0.000	0.0009	0.757	0.0051	0.302	0.0330	0.000
phi	0.0007	0.000	−0.0004	0.000	−0.0002	0.083	−0.0000	0.879
eco	−0.0065	0.000	0.0029	0.014	−0.0002	0.924	0.0185	0.000

注：* 为虚拟变量，其 dF/dx 是其从 0 到 1 的离散变化；z 和 $P>\|z\|$ 对应变量系数为 0 的检验结果。

1. agril

男性相对于女性更倾向于向银行申请农业贷款；户主年龄越大，越不愿负债从事农业生产；无宗教信仰的家庭更易于融入主流金融系统；风险中性的家庭更偏好使用银行贷款；农村地区的农业贷款数目明显大于城市地区；家庭金融包容指数越高，农业贷款越少；ufi、rfi 均为负贡献，再次验证了主流金融对某些发达地区农户或企业的支持力度不高，区域金融综合竞争力和金融排斥指数双高的悖论也有了合理的解释。受访户所在社区的经济状况越好，农业贷款反而越少，说明其资金相对充裕、不愿扩大生产或者有其他替代性的借款来源。家庭规模越大、基本收入水平越高、距离经济中心的位置越近，农业融资就越容易采纳银行贷款模式。

2. busil

与农业贷款不同，家庭金融包容指数越高，使用的工商业贷款越多；区位优势使东部较之其他地区增加工商业贷款的可能性提高了 1 个百分点；农村地区相对于城市地区工商业贷款减少 5.76 个百分点；rfi 不显著，ufi 为负，说明微观包容状况比宏观包容大小更能影响家庭的经济与金融行为，也更符合现实逻辑。收入越高、已婚、家庭规模越大、所在社区的经济状况较好会增加工商业贷款，风险偏好型家庭也会倾向于增加贷款。受访户所在地距离中心的分钟数为负向贡献，反映出社区银行、互联网金融的崛起在某种程度上降低了地理可得性这一要素的重要性。

3. housel

户主年龄的增长、家庭规模的扩大会导致房产银行贷款的增加，这反映了家庭的刚性需求。相对于男性，女性户主的购房压力相对较小。从区域控制变量来看，城乡金融系统的差异导致房产贷款情况也不尽相同。受访户距离本区中心的距离指标在 5% 的水平上不显著，而 rural 在 1% 的水平上显著且边际作用为正，说明农户在本地购房的意愿可能并不高，由于家庭规模扩大、城镇化进程加速、子女迁徙等原因，其房产需求也逐渐转移到城市，间接拉高了城市的房价。

4. autol

城市金融包容指数不显著，验证了区域层面的高包容水平未必意味着个人消费贷款同时增加；随着农村生活质量以及环境的提高和改善，各类耐用消费品的需求较之城市开始大幅度增加，可见挖掘农村消费潜力是拉动经济持续增长的重要方面；东部与中部市场的空间有限；户主的家庭收入以及家庭所处社区的富余程度其边际作用均显著为正，前者是私人内在消费需求的带动，后者则是社会资本网络下通过外部示范效应、从众心理、攀比消费等渠道发挥作用；家庭人口越多、户主教育水平越高，越有购买汽车的融资需求；随着户主年龄的增加，信贷需求减少；已婚人士与风险偏好型家庭更加偏好汽车贷款。

(二)模型(2)计量分析结果

参照组为方案 1，即"不需要"。遗憾的是，"为什么不需要"缺乏深度细化的调查数据，故只能分析存在需求的前提下如何通过金融供给侧的改革与调整来匹配需求侧，并提高有效需求。mlogit 回归结果见表 4。

表 4-1　模型(2)计量分析结果汇总——方案 2

变量	nagri			nbusi			nhouse			nauto		
	Coef	rrr	$P>|z|$	Coef	rrr	$P>|z|$	Coef	rrr	$P>|z|$	Coef	rrr	$P>|z|$
hfi	-68.4643^*	1.85×10^{-30}	0.000	-27.5528^*	1.08×10^{-12}	0.000	-29.4454^*	1.63×10^{-13}	0.000	-16.8981^*	4.58×10^{-8}	0.003
fm	0.0459^*	1.0469	0.029	-0.0015	0.9985	0.969	0.0961^*	1.1009	0.000	0.0647	1.0668	0.163
gender	-0.0564	0.9452	0.444	0.0251	1.0255	0.823	0.0227	1.0230	0.642	-0.1249	0.8826	0.372
belief	-0.1483	0.8622	0.184	-0.1162	0.8903	0.459	0.0267	1.0271	0.717	0.0372	1.0379	0.858
edu	-0.0842	0.9192	0.227	-0.1416	0.8680	0.124	-0.2489^*	0.7797	0.000	-0.0863	0.9173	0.412
marriage	0.1564	1.1693	0.444	0.8590^*	2.3607	0.001	0.3397^*	1.4046	0.007	0.6190	1.8572	0.073
age	-0.2862^*	0.7511	0.000	-0.3213^*	0.7252	0.004	-0.2492^*	0.7794	0.000	-0.3299^*	0.7190	0.014

续表

变量	nagri			nbusi			nhouse			nauto		
	Coef	rrr	$P>|z|$	Coef	rrr	$P>|z|$	Coef	rrr	$P>|z|$	Coef	rrr	$P>|z|$
income	0.2279	1.2559	0.079	0.2667	1.3056	0.176	−0.1331*	0.8754	0.018	−0.2529	0.7765	0.051
risk1	0.2850*	1.3297	0.025	0.3549*	1.4260	0.027	−0.0825	0.9208	0.368	0.3131	1.3677	0.139
risk2	−0.1222	0.8850	0.157	−0.1455	0.8646	0.259	−0.0312	0.9693	0.603	0.3281*	1.3883	0.049
rural	0.2248*	1.2520	0.009	0.2185	1.2442	0.147	0.2274*	1.2553	0.000	0.4564*	1.5784	0.013
east	0.0116	1.0116	0.909	−0.3271*	0.7210	0.033	−0.2898*	0.7484	0.000	−0.7471*	0.4737	0.000
central	−0.0148	0.9853	0.875	−0.2338	0.7915	0.109	−0.1471*	0.8632	0.023	−0.4829*	0.6170	0.009
ufi	−0.0764	0.9265	0.553	0.0676	1.0700	0.626	−0.3025*	0.7389	0.000	−0.3240*	0.7232	0.049
rfi	−0.1532*	0.8579	0.035	−0.2506*	0.7783	0.014	−0.0645	0.9375	0.129	−0.1431	0.8666	0.245
phi	0.0027*	1.0027	0.001	−0.0034	0.9966	0.129	−0.0008	0.9992	0.279	−0.0054*	0.9946	0.028
eco	−0.0354	0.9652	0.136	−0.0995*	0.9053	0.005	−0.0464*	0.9547	0.003	−0.1510 *	0.8599	0.001

表 4-2　模型(2)计量分析结果汇总——方案 3

变量	nagri			nbusi			nhouse			nauto		
	Coef	rrr	$P>|z|$	Coef	rrr	$P>|z|$	Coef	rrr	$P>|z|$	Coef	rrr	$P>|z|$
hfi	−64.6053*	8.75×10^{-29}	0.001	−23.6708	5.25×10^{-11}	0.080	−35.9786*	2.37×10^{-16}	0.000	−13.8377	9.78×10^{-7}	0.359
fm	0.0645	1.0667	0.089	0.0866	1.0905	0.161	0.0457	1.0467	0.237	0.1975	1.2183	0.071
gender	−0.5670*	0.5672	0.000	−0.0903	0.9136	0.654	−0.3679*	0.6922	0.003	−0.7928	0.4526	0.066
belief	−0.4880*	0.6139	0.006	0.3504	1.4197	0.287	0.1375	1.1474	0.447	−0.7473	0.4737	0.130
edu	−0.1474	0.8629	0.256	−0.3033	0.7384	0.077	−0.3816*	0.6827	0.000	−0.5301	0.5885	0.088
marriage	0.9220	2.5142	0.052	0.9247	2.5211	0.093	1.2353*	3.4394	0.002	13.0481	0.4642	0.978
age	−0.3166*	0.7286	0.007	−0.1710	0.8428	0.383	−0.4354*	0.6470	0.000	−0.1127	0.8934	0.758
income	0.6635*	1.9417	0.035	0.2342	1.2639	0.524	0.0333	1.0338	0.834	0.0084	1.0085	0.987
risk1	0.5606*	1.7517	0.025	0.4563	1.5782	0.119	0.3427	1.4087	0.077	1.1306*	3.0974	0.037
risk2	−0.3084*	0.7346	0.047	−0.0121	0.9880	0.959	−0.1743	0.8400	0.232	0.1950	1.2153	0.701
rural	0.1299	1.1387	0.403	0.0375	1.0382	0.886	0.3272*	1.3871	0.020	0.0652	1.0674	0.893
east	−0.5907*	0.5539	0.002	−0.4073	0.6654	0.132	−1.0680*	0.3437	0.000	−0.1479	0.8625	0.787
central	−0.2808	0.7552	0.097	−0.4643	0.6285	0.076	−0.7122*	0.4905	0.000	0.1268	1.1352	0.814
ufi	0.0684	1.0708	0.768	−0.3044	0.7376	0.275	−0.0520	0.9493	0.748	−1.3562*	0.2576	0.022
rfi	0.0794	1.0826	0.545	−0.2118	0.8091	0.266	−0.0219	0.9783	0.849	−0.4212	0.6562	0.244
phi	0.0004	1.0004	0.777	0.0005	1.0005	0.883	−0.0026	0.9974	0.125	−0.0049	0.9952	0.465
eco	−0.0038	0.9962	0.931	−0.0524	0.9489	0.407	−0.0659	0.9362	0.087	−0.1308	0.8774	0.285

表 4-3　模型(2)计量分析结果汇总——方案 4

变量	nagri			nbusi			nhouse			nauto		
	Coef	rrr	$P>\|z\|$	Coef	rrr	$P>\|z\|$	Coef	rrr	$P>\|z\|$	Coef	rrr	$P>\|z\|$
hfi	−12.8411	2.65×10^{-6}	0.316	−11.9087		0.225	−6.6518	0.0013	0.053	−5.6925	0.0034	0.412
fm	0.0086	1.0087	0.816	0.0981	6.73×10^{-6}	0.088	0.1065*	1.1124	0.000	0.0022	1.0022	0.976
gender	−0.1728	0.8413	0.175	−0.1956	1.1031	0.296	0.1347	1.1442	0.052	0.4402*	1.5530	0.030
belief	0.0771	1.0801	0.699	−0.0381	0.8224	0.885	0.2002	1.2216	0.076	−0.1470	0.8633	0.622
edu	0.3134*	1.3681	0.006	0.0339	0.9626	0.817	0.4139*	1.5128	0.000	0.1427	1.1533	0.337
marriage	0.2450	1.2776	0.446	−0.1882	1.0345	0.589	0.6935*	2.0006	0.000	0.0283	1.0287	0.946
age	−0.3468*	0.7069	0.002	0.0835	0.8225	0.644	−0.2164*	0.8054	0.001	0.1481	1.1596	0.455
income	0.2059	1.2287	0.301	0.0215	1.0871	0.935	0.2959*	1.3443	0.001	0.2349	1.2648	0.259
risk1	0.3412	1.4067	0.090	0.1601	1.0218	0.565	−0.0060	0.9941	0.959	−0.0856	0.9180	0.757
risk2	−0.1574	0.8543	0.269	0.0860	1.1737	0.690	−0.0806	0.9226	0.329	0.3998	0.6705	0.078
rural	0.7395*	2.0948	0.000	0.0527	1.0898	0.838	0.2663*	1.3051	0.000	−0.1288	0.8791	0.694
east	−0.8272*	0.4373	0.000	−0.4907*	1.0541	0.050	−0.9109*	0.4022	0.000	−0.3040	0.7379	0.281
central	−0.6648*	0.5144	0.000	−0.7065*	0.6122	0.007	−0.6972*	0.4980	0.000	−0.2786	0.7569	0.358
ufi	−0.4826*	0.6172	0.017	−0.5895*	0.4933	0.022	0.1016	1.1069	0.169	−0.4707*	0.6246	0.018
rfi	0.2220*	1.2486	0.049	0.1041	0.5546	0.511	0.0961	1.1008	0.101	0.1713	1.1869	0.251
phi	−0.0000	0.9999	0.978	−0.0006	1.1097	0.874	0.0009	1.0009	0.395	0.0052	1.0052	0.135
eco	0.0278	1.0282	0.483	0.1357*	0.9994	0.024	0.1624*	1.1763	0.000	0.0740	1.0768	0.252

注：参照方案(1."不需要")为 base outcome，表 4-1、4-2、4-3 依次汇报了方案 2、3、4 各变量的回归系数、相对风险比率(rrr)以及与 rrr 匹配的 P 值($P>|z|$列)；* 表示在 5% 水平上显著；"房屋为何没有贷款"(nhouse)存在状态 5(即"购房时，银行没有提供贷款服务")，由于篇幅所限，表格没有汇报。

1. nagri

相对于参照组，在 1% 的显著性水平上，给定其他变量，hfi 越高，第 2、3 种情况的可能性越小，且 hfi 对需求侧的作用强度更大，而对需求匹配解没有影响；ufi 与 rfi 在 1% 的显著性水平上对农业贷款的需求侧、供给侧影响都不大，可见区域层面的高金融包容度不能等同于微观个体的高融资需求水平，否则就成了"分解谬误"，也无法解释包容悖论的存在；风险偏好、家庭居住地理优势两项因素相对更倾向于刺激贷款的实际申请率，家庭位置正向作用于融资需求与供求匹配解。区域控制变量对供给侧和供求匹配解具有较为显著的作用。受访户所在地距离中心的分钟数这一指标更易造成"需要，但没有申请过"这一结果。与基准结果相比，edu 最容易影响供求匹配解，说明高金融素养的微观主体可以自主、能动地寻求资金的最佳配置以及高效地管理家庭金融资源，即"金融包容最优解"。

在5%的显著性水平上，"需要，但没有申请过"相对于"不需要"的发生比上，在控制了其他变量影响后：hfi每增加一个单位、受访户所在地距离中心的时间与家庭人口的增加均会导致这一发生比提高①；老龄化、农村地区相对于各自对照组的发生比则会降低。在5%的显著性水平上，"申请过被拒绝"相对于"不需要"的发生比上，在控制了其他变量影响后：hfi每增加一个单位、收入水平提高、风险偏好家庭相对于其对照组均会导致发生比提高，而女性、老龄化将使申请被拒绝的概率较之"不需要"有所降低；在家庭的资金需求一定且提出贷款申请的前提下，东部地区由于供给侧拒绝而导致的无效需求问题并不严重，"不需要"与"不申请"是造成其金融排斥指数畸高的根源之一。在5%的显著性水平上，"曾经有贷款，现已经还清"相对于"不需要"的发生比上，在控制了其他变量影响后：edu与rfi每增加一个单位，农村地区相对于其他地区将使供求匹配情况较之"不需要"的发生比有所增加；年龄每增长一个强度单位、城市金融包容指数每增加一个单位，将使这一发生比降低。在供求匹配的情况下，区域金融包容指数与微观主体的实际状况取得了一致且高度显著。说明只有在供求平衡的情况下，中观层面的包容指数才最具参考意义和价值。

2. nbusi

相对于参照组，在5%的显著性水平上，给定其他变量，hfi越高，出现第2、3种情况的可能性越小，对供求匹配解影响不大；有过婚姻经历的主体更倾向于有工商业贷款的潜在需求；社区环境的改善更易催生供求匹配解；风险偏好型家庭的工商贷款需求强度高；相对于"不需要"，东部地区出现"需要但不申请"与"曾经有贷款，现已经还清"的可能性相对较小，而中部地区更难达到供求匹配解；rfi易诱发需求侧的变化，而ufi则降低供求匹配的可能；年龄越大的人越不会出现"有需求、不申请"的情况；教育水平越高，"申请但被拒绝"的概率会降低。

在5%的显著性水平上，"需要但不申请"相对于"不需要"的发生比上，在控制了其他变量影响后：hfi每增加一个单位则发生比提高；rfi与eco每增加一个单位，发生比降低；老龄化、东部地区相对各自对照组令"需要但不申请"较之"不需要"的概率降低。在5%的显著性水平上，"曾经有贷款，现已经还清"相对

---

① 这种模型分析结果的解释并不规范，限于版面，予以简化。

于"不需要"的发生比表明,工商业贷款方面,西部地区的金融包容指数最为健康和客观,基本反映了供求平衡的状况。ufi 每增加一个单位,则更易出现"不需要";社区越富裕,越会实现供求均衡,且"不需要"的频度降低。

3. nhouse

相对于参照组,在 5% 的显著性水平上,给定其他变量,hfi 越高,越容易出现方案 2、3;ufi 对需求侧有显著影响;金融素养的提升更易引致供求匹配解及供求错配解;年龄越大,越不容易出现方案 2、3、4;户主收入会降低"需要,但没有申请过"的概率,并增加供求匹配解的频次;风险偏好型家庭更倾向于"申请被拒绝";社区环境良好易诱发供求匹配解,而降低"需要,但没有申请过"的频次;东部地区最不容易出现"申请被拒绝"的状况;中部地区则不大可能出现潜在需求和供给排斥;女性较之于男性,较少出现"申请被拒绝",已婚家庭则使"申请被拒绝"概率大幅增加;rural 会引发除供求错配方案之外的其他方案频数增加;家庭规模较大则更有可能出现"需要,但没有申请过"以及"以前有银行贷款,但已还清"。

在 5% 的显著性水平上,"需要但不申请"相对于"不需要"的发生比上,在控制了其他变量影响后:hfi 每增加一个单位、家庭成员每增加一人,则发生比提高;年龄越大,受访户所在地距离中心的时间每增加一分钟则发生比降低。在 5% 的显著性水平上,"申请被拒绝"相对于"不需要"的发生比上,在控制了其他变量影响后:hfi 每增加一个单位使发生比倍增;农村地区易出现申请但被拒绝的情况;西部地区供给排斥概率较高。在 5% 的显著性水平上,"以前有银行贷款,但已还清"相对于"不需要"的发生比上,在控制了其他变量影响后:hfi 每增加一个单位、家庭成员每增加一人、教育每提升一个档次、收入每增加 1%、受访户所在地距离中心的时间每增加一分钟,将使发生比有所提高;户主年龄越大越不容易引致供求匹配;农村地区资金需求趋于加速增长;东部地区现实需求已基本得到满足。在 5% 的显著性水平上,"购房时,银行没有提供贷款服务"相对于"不需要"的发生比上,在控制了其他变量影响后:除了教育,其他因素对发生比均不产生显著影响。

4. nauto

相对于参照方案,在 5% 的显著性水平上,给定其他变量,hfi 越高,"需要但不申请"越不可能发生;ufi 越高,越不会出现"申请被拒绝";相对于"不需要",收入水平的提高、东部、西部及农村地区,更易引致"需要但不申请";风险偏好型易较大程度引发供给排斥,风险厌恶型则易导致潜在需求;年龄越大,越倾向于不申请汽车贷款；社区经济状况越好，"需要但不申请"的情况越少；女性相对于男性，"申请被拒绝"的频数降低，而供求匹配解增加。

在5%的显著性水平上，"需要但不申请"相对于"不需要"的发生比上，在控制了其他变量影响后：hfi每增加一个单位、风险厌恶型家庭发生比提高；年龄越大的人、东部与中部地区发生比相对降低；农村地区家庭出现需要但不申请的概率倍增；ufi每增加一个单位、受访户所在地距离中心的时间每增加一分钟、社区的富裕程度每上升一个档次均引致发生比降低。在5%的显著性水平上，"申请过被拒绝"相对于"不需要"的发生比上，在控制了其他变量影响后，风险偏好型家庭更易被银行拒绝。在5%的显著性水平上，"以前申请过，已经还清"相对于"不需要"的发生比上，在控制了其他变量影响后，女性更容易出现供求匹配解；ufi每增加一个单位，则发生比降低。

比较而言，农业贷款更易遭受收入排斥，房屋贷款更易受到政策和收入排斥影响，工商业贷款则主要是条件排斥导致的贷款申请被拒。模型（2）细化研究了关键自变量、家庭特征变量与区域控制变量对家庭不同类型银行包容的作用力与影响力，剖析了每个影响要素对需求不足、潜在需求、供给排斥、供求错配及供求匹配状态的贡献度，发生比的变动反映了资金供求状态的相对变化，为政策的引导与干预、有效推动金融供给侧的改革以及刺激实体经济发展提供了借鉴和参考。

四、结论与启示

与传统的"金融包容指数越高则越优"的理解不同，需求层面包容指数的最优未必等同于供给层面的包容最优。供给不足也并非金融排斥的唯一原因。要从需求侧、供给侧入手剖析包容的表现与诱因，寻求供求匹配解。需求不足、潜在需求、供给排斥、供求错配抑或供求匹配，状态不同，其着眼点与抓手也不尽相同。比如"不需要"（占70%以上），如果是具备相应金融能力的微观个体或家庭，在信息充分对称的条件下，在经过成本、收益客观分析的基础上，自主做出的理性、审慎的资产选择与配置，可以纳入包容范畴，即积极的金融排斥。如果是"需要，但是不申请"，应根据没申请的原因采取不同的对策：若因"申请过程麻烦"，就需要供给侧简化贷款手续，降低条件排斥、收入排斥等；若因"估计贷款申请不会被批准"，则属于心理预期造成的自我排斥，需要供给侧通过巧妙的营销宣传对消费者加以引导；若因"不知道如何申请贷款"，则需提升居民的金融素养。同样，"申请但被拒绝"的原因也有很多，如"收入低、信贷员担心还不起"属于收入排斥；"不良的信用记录""项目风险较大""缺乏担保品或抵押品"可归入条件排斥、评估排斥；当然还存在政策原因、缺乏关系型融资、规避过度负债等。如果是供求错配，就要求供给机构在服务中创新，丰富产品类型、升级技术、降低无效与重复供给、与差异性市场需求对接，从而提升有效需求。可见，何为金融包容的最优水平不可"一刀切"，要结合供求、实体经济、技术、风险、参与主体、心理偏好等各因素灵活调整策略，以达到供求平衡。

从实践操作看，金融包容由不同层面构成，相同的诱因其作用强度、方式也不尽相同，因此，只有细化剖析包容的不同类型，才能洞悉各个要素对不同种类金融包容的边际作用。农业贷款、工商业贷款、汽车贷款、房屋贷款的回归系数与 rrr 存在显著差异：如家庭金融包容指数提高，工商业贷款随之增加，农业贷款反而会减少；风险偏好型家庭工商业贷款的需求强度增大，却会导致房屋贷款"申请被拒绝"；家庭规模对汽车贷款没有影响，却将显著引发房产贷款的需求不足；社区经济富裕程度每增加一个单位，将会使工商业贷款"需要但不申请"相对于"不需要"的发生比减少，使"曾经有贷款，现已经还清"相对于"不需要"的发生比增加，而对汽车贷款的供给侧及供求匹配解都影响不大；教育水平提高会使工商业贷款及房屋贷款"申请但被拒绝"发生的概率降低，却对汽车贷款的边际贡献不大；已婚人士更容易达到房屋贷款的供求平衡解，同时增加工商业贷款"需要但不申请"相对于"不需要"的发生比，而婚否却对汽车与农业贷款没有影响；女性较之男性，申请农业贷款、房屋贷款、汽车贷款更加不容易被拒绝，却对其工商业贷款没有显著影响。这些量化分析与预测可以帮助决策者评估每个家庭的个性化特征对不同类型贷款的影响，而传统的共性分析则掩盖了这些问题，不利于有针对性地解决消极的金融排斥问题，使"三期叠加"局面下实体经济的持续启动和稳健发展更为困难。

微观金融包容与宏观金融包容不同，存量视角与流量视角的包容也不同。实证表明，东部地区由于"供给侧拒绝"而导致的无效需求问题并不严重，"不需要"与"不申请"是造成其金融排斥指数畸高的根源。"金融包容悖论"说明只有在供求平衡的前提下，区域层面的包容指数才最具参考意义和价值。不能"唯指数论"，更不能将人均储蓄、人均账户拥有量、人均贷款、保险深度、保险密度等指标得分的高低作为判定某区域微观个体或家庭包容水平高低的唯一参照标准。绿色金融与普惠金融指标体系等方面是 2016 年 9 月 G20 峰会的重要议题，在具体贯彻执行各项措施、打通金融服务"最后一公里"的过程中，需要提前防范和警惕分解谬误、口径差异与国情、区情差异,了解普惠金融不等同于全民金融。从供给层面讲,普惠金融不是要全社会都从事金融创业或偏离实体经济搞金融,更不是以投融资中介的名义超范围从事金融活动,增加金融和经济的不稳定因素;从需求层面讲,普惠金融强调产品和服务的无歧视和广覆盖,主要是支付服务、投资服务等的大力推广和普及,而并不意味着每个人的融资需求都应该得到满足,因为任何风险与收益关系的不匹配,都是违背金融规律的,也是不可能长期可持续的。ufi与rfi在1%的显著性水平上对农业贷款的需求侧、供给侧影响都不大,也验证了省域层面的高金融包容度不能完全等同于微观个体的高融资需求水平,家庭金融包容水平的提升,同样需要贯彻"精准"原则。可见,在互联网金融的冲击下,主流供给机构要想发挥优势,在竞争中取胜,除了主动采用大数据、区块链技术并与互联网企业合作共赢之外,还必须更靠近社区,更融入微观消费者,了解个性需求、提供特色服务、实行目标营销。

金融包容需要将"大数据"与"厚数据"相结合,家庭金融将成为金融包容的重要维度。金融包容性是一个动态的、复杂的、分层的概念,既往的事后实证分析不仅存在漏洞,也很难满足多视角的需要。完全金融包容体现所有参与主体的对称性、一体化、互惠共生。它不仅仅站在地理角度分析金融机构的覆盖率或者人均金融资源占有量,而且对参与深度、经济主体的金融决策技能与信心等方面展开全方位的探析。包容不是以慈善为基础,它强调参与者有能力分享发展成果,所有的人都有权利参与这个过程。金融包容已经被认为是提高、增强参与主体能力的渠道之一,不同社区消费者的观念、个性对主流金融服务的采纳具有重要影响。CHFS项目的"厚数据"将便利金融包容供求主体差异、诱因差异、福利差异等方面的解析与预测。

参考文献

[1]甘犁,尹志超,贾男,等.中国家庭资产状况及住房需求分析[J].金融研究,2013(4):1-14.

[2]金雪军,田霖.金融地理学:国外地理学科研究新动向[J].经济地理,2004(6):721-725.

[3]田霖.金融排斥理论评介[J].经济学动态,2007(6):83-89.

[4]田霖.金融包容:新型危机背景下金融地理学视阈的新拓展[J].经济理论与经济管理,2013(1):69-78.

[5]Koker L D, Jentzsch N. Financial inclusion and financial integrity:

Aligned incentives？［J］．World Development，2013，44（3）：267-280．

［6］Beck T，Demirgüec-Kunt A，Maksimovic V．Bank competition and access to finance：International evidence［J］．Journal of Money Credit & Banking，2004，36（3）：627-648．

［7］Beck T，Demirgüec-Kunt A，Peria M S M．Reaching out：Access to and use of banking services across countries［J］．Journal of Financial Economics，2007，85（1）：234-266．

［8］Kelegama S，Tilakaratane G．Financial inclusion，regulation，and education in Sri Lanka［J］．ADBI Working Paper，2014，344（4）：1216-1223．

［9］Collier B．Exclusive finance：How unmanaged systemic risk continues to limit financial services for the poor in a booming sector［J］．General Information，2013，39（3）：251-270．

［10］Bhowmik S K，Saha D．Financial inclusion of the marginalised［J］．India Studies in Business and Economics，2013．

［11］Geach N．The digital divide，Financial exclusion and mobile phone technology：Two problems，one solution［J］．Journal of International Trade Law and Policy，2007，6（1）：21-29．

［12］Regan S，Paxton W．Beyond bank accounts：Full financial inclusion［M］．Buckingham：Institute for Public Policy Research，2003：1-20．

［13］Hannig A，Jansen S．Financial inclusion and financial stability：Current policy issues［J］．Finance Working Papers，2011．

［14］Jones P A．From tackling poverty to achieving financial inclusion——the changing role of British credit unions in low income communities［J］．Journal of Socio-Economics，2008，37（6）：2141-2154．

［15］Jones P A．Financial skills training at HM prison liverpool［EB/OL］．［2016-08-30］．https：//www．livjm．ac．uk/Faculties/HEA/HEA_docs/FST-CAB-North_Liverpool_Final_20071．pdf．

［16］Gloukoviezoff G．From financial exclusion to over-indebtedness：The paradox of difficulties for people on low income？［J］．New Frontiers in Banking Services：Emerging Needs and Tailored Products for Untapped Markets，2007：213-245．

［17］余永定．供给侧结构性改革不是大杂烩［EB/OL］．（2016-06-04）

［2016-08-30］. http://finance. sina. com. cn/reviewhgds2016-06-04/doc-ifxsvenv6509846. shtml.

［18］Kempson E, Whyley C. Kept out or opted out? ［M］. Understanding and combating financial exclusion,Bristol:Policy Press,1999.

［19］Kennickell A B,Starr-Mccluer M,Surette B J. Recent change in U. S. family finances:Results from the 1998 survey of consumer finances［J］. Federal Reserve Bulletin,2000,86(1):1-29.

［20］Arnold I, Ewijk S V. Can pure play internet banking survive the credit crisis? ［J］. Journal of Banking&Finance,2011, 35(4):783-793.

［21］Kapoor A. Financial inclusion and the future of the indian economy ［J］. Futures,2014,56: 35-42.

［22］Graham C,Nikolova M. Does access to information technology make people happier? Insights from well-being surveys from around the world［J］. Journal of Socio-Economics,2013,44(10):126-139.

［23］Hersi W M. The role of islamic finance in tackling financial exclusion in the UK［EB/OL］. ［2009-12-31］. http://etheses. dur. ac. uk/23/.

［24］王聪,张海云.中美家庭金融资产选择行为的差异及其原因分析［J］. 国际金融研究,2010(6):55-61.

［25］田霖.我国金融排斥的城乡二元性研究［J］.中国工业经济,2011(2): 36-45, 141.

金融危机、货币政策与企业贷款行为
——基于企业风险承担的微观视角研究①

摘　要　货币政策调控会先影响企业的风险偏好或风险容忍度,进而影响企业的贷款行为。并且,金融危机冲击和货币政策调控会引起不同特征企业贷款行为的异质性反应。经验研究发现:宽松的货币政策会显著引起我国企业风险承担的上升,而企业风险承担的上升也显著引起其银行贷款规模的增加,中小企业、股权分散型企业和民营企业的银行贷款规模对企业风险承担变化的反应更加敏感。在2008—2009年金融危机期间,企业风险承担对货币政策变动的反应更加灵敏,而企业贷款规模对企业风险承担的敏感度有所下降,大型企业、股权集中型企业和国有企业基于企业风险承担传导的贷款行为受金融危机的影响更大。

关键词　货币政策调控;金融危机;企业风险承担;企业贷款行为

一、引　言

2007年美国次贷危机爆发,并于2008年演变为全球性金融危机,绝大多数经济体受到了不同程度的影响。为应对危机,各国货币管理局纷纷根据本国国情制定了积极的货币政策。中国人民银行于2008—2009年全球金融危机期间采取公开市场操作、多次下调存款准备金率和存贷款基准利率等传统货币政策来为市场提供流动性,并取消信贷硬约束以增加商业银行信贷供给的灵活性,从而带动中国经济恢复增长。2016年,央行将准备金动态调整和合意贷款管理

---

①　本文作者金雪军、徐凯翔,最初发表在《浙江大学学报(人文社会科学版)》2018年第3期。

机制升级为宏观审慎评估体系（MPA），有助于更好地降低社会融资成本，提高货币政策的传导效率。目前，我国尚未完成利率市场化改革，无法完全将市场利率等价格型指标作为货币政策的中介目标，仍然依赖于货币供应量、社会融资规模等数量型货币政策中介目标。此外，我国的金融体系以商业银行为基础，间接融资方式占据了主导地位，银行贷款作为非金融机构融资的主要手段，是大多数企业融资的资金来源。当微观层面的企业贷款规模发生变化时，折射到宏观层面上就是社会融资规模的波动，社会融资规模会对经济增长、物价水平、投资消费等实体经济指标产生较大影响[1]。

根据已有的货币政策传导渠道理论，货币政策主要通过信用渠道传导影响银行的信贷供给和企业的贷款行为。Bernanke 和 Gertler 根据货币政策对金融市场上外部融资溢价的影响将信用渠道分为银行贷款渠道和资产负债渠道[2]28。全球金融危机后，学界开始反思金融危机与货币政策的关系，货币政策立场对企业风险承担的影响成为研究热点。Borio 和 Zhu 首次提出了货币政策传导的风险承担渠道，货币政策调整先是影响了金融机构的风险偏好或风险容忍度，进而对银行资产组合、信用风险定价以及贷款决策产生影响，并最终作用于实体经济[3]。已有关于货币政策风险承担渠道的研究主要集中在银行层面[4]1，较少关注基于企业传导的货币政策风险承担渠道。此外，风险承担渠道应包括货币政策对风险承担水平的影响和风险承担水平变化对后一期银行贷款规模的影响两个阶段，而现有研究更侧重于第一个阶段，较少涉及第二个阶段。本文基于企业风险承担的微观视角，利用上市公司层面的财务数据和银行贷款数据，从风险承担渠道的两个阶段出发，更为完整地考察我国基于企业微观传导的货币政策风险承担渠道是否存在，及其受企业规模、股权结构和所有权性质等企业异质性特征的影响差异，并在此基础上进一步研究金融危机对基于企业微观传导的货币政策风险承担渠道的影响。

二、相关文献与研究假说

根据货币政策传导银行贷款渠道和银行风险承担渠道理论，当央行实行紧缩性货币政策时，银行准备金减少，其信贷供给能力受限，银行风险偏好下降，从而提高了信贷审批标准和风险控制水平，最终导致企业的信贷约束加剧，削弱了企业风险承担的意愿和能力。货币政策除了通过金融中介影响企业的风险承担水平，还会直接影响企业的资产负债表状况和融资成本。当货币政策紧缩时,企业资产负债表状况恶化导致外部融资溢价上升,市场利率上升提高了企业获得风险溢价的机会成本,企业风险偏好及风险容忍度下降,导致企业风险承担降低。此外,中央银行在调整货币政策立场时,会充分利用预期管理来实现货币政策目标,货币政策长期宽松时,经济主体因预期未来更高的投资利润而降低其风险规避程度[5]58。当企业风险承担较高时,企业为了追求高收益会选择高风险的投资项目,而高风险的投资项目往往具有投资周期长、投入资金多的特征[6]115。Dong 等的研究显示,高风险承担水平的企业会采取更多的债务融资、较短的债务期限结构,并保持较高的现金持有水平[7]2519。而我国由于金融市场的缺陷,绝大多数企业融资主要依靠银行信贷,企业更多地使用银行贷款来满足项目的正常运转,导致较高的资产负债率。因此,在货币政策宽松期间,企业风险承担较高,其银行贷款规模更大。

为提高实证上的相关性,Bernanke 等在研究货币政策传导机制的模型中加入了"企业异质性"假设,这使模型的模拟结果与实际经济运行更加吻合[8]870。本文着重讨论企业规模、股权结构和所有权性质三个企业异质性特征。在企业规模方面,由于中小企业信用记录较少,可抵押担保资产净值和多元化程度较低,货币政策紧缩时,中小企业获得的贷款相比于大型企业下降更多[9]44。程海波等研究发现我国非国有中小企业面临严重的信贷约束,中小企业更加依赖于关系型贷款[10]67。在股权结构方面,基于 Jensen 等提出的代理理论[11]306,股权集中时,大股东更有动力和能力对经理层进行有效监督,从而降低企业的外部融资成本,因此,提高股权集中度对公司绩效产生了正向显著影响[12]148。在所有权性质方面,陆正飞等研究发现,在银根紧缩的情况下,我国民营上市公司的负债增长率相比国有上市公司明显放缓,存在对民营上市公司"信贷歧视"现象,民营上市公司承担了更高的债务融资成本[13]124。而且,在国有银行还占据信贷市场主要份额的背景下,国有企业还能得到更多国有银行的照顾与扶持[14]12。因此,中小企业、股权分散型企业和民营企业相较大型企业、股权集中型企业和国有企业,有着较强的融资约束,对影响其银行贷款的因素更加敏感,企业风险承担的变化对其银行贷款规模影响更大。基于以上分析,我们提出以下研究假设。

假设 1:在其他条件不变的情况下,货币政策越宽松,企业风险承担水平越高,其银行贷款规模越大;货币政策越紧缩,企业风险承担越低,其银行贷款规模越小,中小企业、股权分散型企业和民营企业的贷款规模对企业风险承担变化的反应更加敏感。

在稳定的经济环境下，公司经营层预期可以通过各种投资组合达成企业经营目标。然而，当金融危机发生时，金融危机会通过各种渠道对实体经济造成负面影响，如不完善的金融市场导致的资源错配效应、金融市场信息不对称导致的信用紧缩、金融中介部门倒闭致使货币存量下降等，企业效益降低，经营目标往往无法完成。Kahneman 等提出的前景理论认为，当公司预期收益低于公司经营目标水平时，企业经营层迫于竞争和考核的压力，不得不搜寻较高风险的投资项目以完成业绩考核要求，公司将会追求风险[15]264。在金融危机期间实行宽松货币政策时，市场利率和融资成本下降，促使企业承担风险的意愿加强；相反，如果货币政策紧缩，企业资产负债表会进一步恶化，企业风险承担下降更快。因此，金融危机冲击提升了企业风险承担对货币政策的敏感度。同时，金融危机冲击会导致信贷规模的缩小。从供给方来看，在没有外部注资的情况下，"去杠杆化"会大幅降低名义资产价值，商业银行将被迫调整资产负债表，紧缩信贷，从而使市场流动性大幅缩减，导致经济衰退[16]30；从需求方来看，宏观环境不确定性增加，经济主体要为减少负债而努力，对应的经营目标变为负债最小化而非利润最大化[17]207。因此，在金融危机期间，为保持资产负债表状况良好，企业对影响其债务融资的内部或外部因素的敏感度降低，企业风险承担对贷款行为的影响减小，金融危机冲击降低了货币政策风险承担渠道的传导效率。

考虑企业异质性，不同企业承担风险的能力和意愿有所不同，金融危机冲击对其贷款行为的影响程度也会存在差异。在企业规模方面，Habib 等研究发现，处于生命周期不同阶段的企业的风险承担水平不同[18]466。处于发展期的企业为了阻止竞争者进入会增加投资以确保有利地位，风险承担水平较高；而成熟期的企业生产经营更加稳定，风险承担意愿较低。在股权结构方面，大股东股份占比越大，越有监督管理层的动力，可以减少管理层机会主义行为所导致的低水平的风险承担；股权分散则提升了管理层对企业的控制力，促进了企业对高风险、高收益项目的选择[19]420[20]228。Mishra 研究认为大股东存在追求私有收益的动机，可能通过选择更稳健的投资项目来确保个人利益，主导股东的存在降低了企业的风险承担水平，而多个大股东的存在可以提高企业风险承担的水平[21]508。在所有权性质方面，李文贵等检验了企业所有权性质和市场化进程对风险承担的影响，认为国有企业易受政府干预，行为决策多基于政治因素，会更倾向于选择稳健、低风险的投资项目[6]116。余明桂等进一步研究发现，国有企业在民营化之后，风险承担水平显著提高，且在良好的产权制度下显著性更强[22]112。因此,大型企业、股权集中型企业和国有企业的风险承担水平较低,企业的经营管理层倾向于风险规避策略。在金融危机冲击下,社会经济更容易产生系统性风险,对于风险厌恶的企业其减少投资和缩减债务融资的幅度更大。

基于以上分析,我们提出研究假设:

假设2:在其他条件不变的情况下,金融危机冲击提升了企业风险承担对货币政策的敏感度,同时降低了企业贷款规模对企业风险承担的敏感度,大型企业、股权集中型企业和国有企业基于企业风险承担传导的银行贷款行为受金融危机影响更大。

三、研究设计

为了检验我国基于企业微观传导的货币政策风险承担渠道是否畅通,首先建立模型(1)检验货币政策对企业风险承担的影响。如果模型(1)的实证结果显示货币政策对企业风险承担影响显著,那么我们构建模型(2)检验企业风险承担对企业贷款规模的影响,并引入企业风险承担与企业异质性的交互项,以进一步检验企业异质性特征的影响差异。

$$RISK_{it} = a_1 + a_2 MP_t + a_3 FRIM_{it-1} + a_4 CONTROL_t$$
$$+ \sum INDUSTRY_{it} + \sum YEAR_t + \varepsilon_{it} \tag{1}$$

$$\ln LOAN_{ijkt} = b_1 + b_2 RISK_{it-1} + b_3 RISK_{it-1} \times \ln SIZE_{it-1}$$
$$+ b_4 RISK_{it-1} \times OWN_{it-1} + b_5 RISK_{it-1} \times FS_{it-1}$$
$$+ b_6 FIRM_{it-1} + b_7 BANK_{jt-1} + b_8 CONTROL_t$$
$$+ \sum INDUSTRY_{it} + \sum BANK_t + \sum YEAR_t + \eta_{ijkt} \tag{2}$$

其中,i,j,k 和 t 分别代表公司 i、银行 j、合同 k 和年份 t,它们共同定义一条贷款数据。在式(1)中,被解释变量 $RISK_{it}$ 为第 t 年第 i 家公司的风险承担水平,MP_t 为货币政策代理变量,$FIRM_{it-1}$ 为公司特征变量,$CONTROL_t$ 为可能影响被解释变量的当期宏观经济变量。由于当期企业风险承担与公司特征指标可能相互影响,为缓解解释变量和被解释变量相互影响而产生的内生性问题,采用公司特征变量的滞后1期值。此外,设定年份虚拟变量以控制时间效应,设定行业虚拟变量以减轻公司行业特征的影响,并在公司层面进行标准误的聚类调整。

在式(2)中,被解释变量 $\ln LOAN_{ijkt}$ 为第 t 年第 i 家公司与第 j 家银行之间

第 k 个合同银行贷款的自然对数，$\ln SIZE_{it-1}$ 为企业规模指标，OWN_{it-1} 为企业所有权性质，FS_{it-1} 为企业股权结构，$BANK_{jt-1}$ 为银行特征变量。同样，我们采用公司和银行特征变量的滞后 1 期值来缓解内生性问题，并设定年份虚拟变量以控制时间效应，设立银行虚拟变量控制银行效应，设定行业虚拟变量以减轻公司行业特征的影响。

为了研究 2008—2009 年全球金融危机冲击对基于企业微观传导的货币政策风险承担渠道的影响，本文设立虚拟变量 $CRISIS_t$，2008—2009 年取值为 1，否则取值为 0。然后，在式（1）和式（2）的基础上，引入关于 $CRISIS_t$ 的交互项，建立模型具体如下：

$$RISK_{it} = c_1 + c_2 MP_t + c_3 MP_t \times CRISIS_t + c_4 FRIM_{it-1}$$
$$+ c_5 CONTROL_t + \sum INDUSTRY_{it} + \sum YEAR_t + \mu_{it} \quad (3)$$

$$\ln LOAN_{ijkt} = d_1 + d_2 RISK_{it-1} + d_3 RISK_{it-1} \times CRISIS_t$$
$$+ d_4 RISK_{it-1} \times CRISIS_t \times \ln SIZE_{it-1}$$
$$+ d_5 RISK_{it-1} \times CRISIS_t \times OWN_{it-1}$$
$$+ d_6 RISK_{it-1} \times CRISIS_t \times FS_{it-1}$$
$$+ d_7 FIRM_{it-1} + d_8 BANK_{jt-1} + d_9 CONTROL_t$$
$$+ \sum INDUSTRY_{it} + \sum BANK_t + \sum YEAR_t + \chi_{ijkt} \quad (4)$$

为验证假设 1，我们比较关注式（1）中 a_2 和式（2）中 b_2，b_3，b_4 和 b_5 的符号及其显著性。根据 a_2 和 b_2 的估计结果，可以检验我国基于企业微观传导的货币政策风险承担渠道是否存在，b_3，b_4 和 b_5 的估计结果说明了企业风险承担水平对银行贷款规模的影响程度受其企业规模、所有权性质、股权结构等公司异质性特征影响的差异。为验证假设 2，我们感兴趣的是式（3）中的 c_3 和式（4）中的 d_3，d_4，d_5 和 d_6、c_3 和 d_3 说明了金融危机冲击对基于企业传导的货币政策风险承担渠道的影响，d_4，d_5 和 d_6 的符号及显著性说明了金融危机冲击下，不同特征企业的贷款规模受企业风险承担的影响差异。

四、数据与变量说明

（一）样本选择与数据来源

我国银行上市主要集中于 2001 年以后，且 2001—2016 年间我国货币政策立场包含了宽松和紧缩周期，考虑数据的可得性和货币政策的周期变化，本文研究的样本区间为 2001—2016 年。公司层面的财务数据取自沪深 A 股上市公司年报,数据来自国泰安(CSMAR)和万德(WIND)数据库;公司的银行贷款数据取自上市公司银行贷款公告,数据来自国泰安(CSMAR)数据库;货币政策数据和主要宏观经济数据来自中国人民银行网站和国家统计数据库。为了确保研究结果的稳健性,在数据分析之前我们进行了以下筛选:1.剔除了金融类上市公司;2.剔除样本期间被 ST 的上市公司;3.剔除其他财务状况异常的公司;4.在 1% 水平下对公司层面的银行贷款数据进行缩尾处理以排除极端值的影响。最终,得到了 19733 条上市公司和上市银行间的贷款数据,样本包括了1548 家上市公司和 16 家上市银行。

(二)变量说明

1.企业风险承担变量。根据已有的国内外文献,常用的企业风险承担测度指标有 Z 值、企业收益波动率和预期违约概率等。相较基于定期报表的 Z 值和企业收益波动率等指标,我们选择对风险测度更灵敏的企业预期违约概率(EDF)作为企业风险承担变量[23]20。预期违约概率把股东的股权作为期权,从企业所有者的角度考虑偿还银行贷款的激励问题,当企业的资产价值大于其债务时,企业债务状况良好,公司不会选择违约,反之则反。此外,由于上市公司股票的市场信息会直接影响企业预期违约概率,企业预期违约概率可以更加全面地反映市场对企业未来表现的预期,具有更强的前瞻性。企业预期违约概率越大,则企业风险承担越高。

2.货币政策代理变量。国外研究中往往选择短期银行间的市场利率作为货币政策代理变量。中国人民银行虽然以数量型指标作为货币政策的中介目标,M1 和 M2 等指标的变动可以作为反映国内货币状况的综合变量,但中国人民银行的货币政策调控综合使用了政策性利率、法定存款准备金率、公开市场操作等一系列直接或间接的价格和数量型工具,且不同的货币政策工具对企业风险承担渠道的影响存在差异。因此,为稳健检验货币政策对风险承担渠道的影响,我们选取一年期贷款基准利率、7 天银行间同业拆借利率和法定存款准备金率作为货币政策的代理变量。

3.控制变量。为控制公司、银行及宏观变量可能对基于企业微观传导的风险承担渠道造成影响,我们在式(1)和式(3)中引入控制变量:企业规模、资本结构、股权结构、所有权性质、资产收益率和经济发展水平。在式(2)和式(4)中引入公司层面的控制变量:企业规模、资本结构、股权结构、所有权性质和资产收益率;引入银行层面的控制变量:银行规模、资本充足率和流动性比率;引入宏观控制变量:经济发展水平和货币政策立场。其中,货币政策立场参考刘海明等的研究,将 2004、2006、2007、2010 和 2011 年作为货币政策紧缩的年份,其余年份货币政策较为宽松[24]163。变量的具体说明详见表1。

表 1 主要变量定义

变量	变量符号	变量定义
贷款规模	lnLOAN	贷款额的自然对数
7 天银行间同业拆借率	lnR	7 天银行间同业拆借率的自然对数
一年期贷款利率	lnRL	一年期贷款利率的自然对数
法定存款准备金率	lnDEPO	法定存款准备金率的自然对数
企业风险承担	RISK	企业预期违约概率
企业规模	SIZE	企业资产总额的自然对数
资本结构	LEV	负债总额/资产总额
股权结构	FS	第一大股东比例
所有权性质	OWN	国有企业取 1,民营企业取 0
资产收益率	ROA	(净利润＋利息费用＋所得税)/资产总额
银行规模	ASSET	银行资产总额的自然对数
资本充足率	CAR	银行资本/加权风险资产
流动性比率	LIQ	流动性资产期末余额/资产总额
经济发展水平	GDP	省份生产总值年同比增长率
货币政策立场	MP	紧缩货币政策周期取 1,宽松货币政策周期取 0

(三)描述性统计

表 2 为企业贷款数据及其关联方主要变量的描述性统计。从表 2 中可以看出,上市公司单笔贷款金额的自然对数均值为 18.420,标准差为 1.232,标准差较大说明公司层面的贷款规模有较大差异,为研究分析提供了前提。在货币政策代理变量方面,样本中 1 年期贷款利率最大值为 7.470,最小值为 4.350;7 天银行间同业拆借率最大值为 12.252,最小值为 0.933;法定存款准备金率最大值为 21.500,最小值为 8.500。样本中风险承担水平最高的企业预期违约概率为 0.792,平均值为 0.326,说明我国上市公司承担风险的意愿和能力较强。所有权性质平均值为 0.413,即样本中国有企业占 41.3%,民营企业占 58.7%,

样本结构比较合理。

表 2　描述性统计

变量		平均值	标准差	中位数	最小值	最大值
贷款规模	lnLOAN	18.420	1.232	18.421	15.425	21.717
货币政策	lnR	3.227	1.054	2.838	0.933	12.252
	lnRL	5.262	0.738	5.350	4.350	7.470
	lnDEPO	18.395	1.649	18.500	8.500	21.500
公司特征	RISK	0.326	0.147	0.368	0.000	0.792
	SIZE	22.190	1.153	22.094	18.220	28.858
	LEV	0.525	0.199	0.534	0.008	4.101
	FS	0.346	0.153	0.333	0.034	0.900
	OWN	0.413	0.492	0.000	0.000	1.000
	ROA	0.016	0.024	0.012	0.000	0.145
银行特征	ASSET	29.322	0.933	29.185	25.734	30.731
	CAR	0.124	0.015	0.124	0.081	0.157
	LIQ	0.452	0.084	0.453	0.276	0.657
宏观变量	GDP	9.025	1.990	8.533	3.000	19.200
	MP	0.081	0.272	0.000	0.000	1.000

五、实证结果

(一)检验我国基于企业微观的货币政策风险承担渠道

表3说明了货币政策对企业风险承担的影响。在解释变量方面,模型(1)至模型(3)中分别报告了以1年期贷款基准利率、7天银行间同业拆借利率和法定存款准备金率为货币政策代理变量的回归结果,结果显示,在其他因素不变的情况下,货币政策代理变量的系数在1‰水平上显著为负,即当1年期贷款基准利率、7天银行间同业拆借利率和法定存款准备金率上升时,企业风险承担下降;相反,则会提高企业的风险承担。因此,在其他条件不变的情况下,货币政策越宽松,企业风险承担越高;反之则反。

从控制变量的回归结果看,企业规模的回归系数显著为负,说明大型企业风险承担较低,这是因为大型企业多元化程度较高,拥有诸多业务和投资渠道,更容易通过组合对冲市场风险。资本结构与企业风险承担呈现显著负相关,说明杠杆率越高的企业风险承担越高,越追求高风险高收益。股权结构与企业风险承担成负相关关系,即我国股权越集中的上市公司的风险偏好越低。所有权性质的系数显著为负,表明国有企业的风险承担较低,国有企业在我国掌握着更加优质的资金和政治资源,却更倾向于通过低风险的项目获得稳定的收益。资产收益率与风险承担水平呈负相关关系,表明效益越好的企业更愿意提高风险承担水平以追求更高的收益。

表 3　货币政策对企业风险承担的影响

货币政策 因变量:RISK	RL (1)	R (2)	DEPO (3)
MP	-0.642^{***} (0.013)	-0.487^{***} (0.011)	-0.155^{***} (0.005)
lnSIZE	-0.004^{***} (0.002)	-0.005^{***} (0.002)	0.001 (0.002)
LEV	0.003^{**} (0.001)	0.003^{**} (0.001)	0.004^{***} (0.001)
FS	-0.055^{***} (0.010)	-0.050^{***} (0.010)	-0.071^{***} (0.010)
OWN	-0.035^{***} (0.003)	-0.035^{***} (0.003)	-0.029^{***} (0.004)
ROA	0.001^{*} (0.001)	0.001^{*} (0.001)	0.001^{***} (0.001)
GDP	0.044 (0.069)	-0.056 (0.069)	-0.918^{***} (0.065)
_cons	1.942^{***} (0.038)	1.274^{***} (0.035)	1.198^{***} (0.036)
公司聚类	YES	YES	YES
行业效应	YES	YES	YES
年度效应	YES	YES	YES
N	21306	21306	21306
r^2	0.443	0.433	0.400

注:***代表显著性水平<0.01,**代表显著性水平<0.05,*代表显著性水平<0.1。
说明:括号内数字为标准差,以下各表同。

在验证了货币政策对企业风险承担影响显著后,我们以企业贷款规模为因变量,企业风险承担为自变量进行估计,以检验企业风险承担对其银行贷款规模的影响,回归结果如表4所示。在模型(1)至模型(6)中,企业风险承担水平的回归系数均在1‰水平上呈显著正相关,即企业风险承担越高,其银行贷款规模越大;反之则反。当企业风险承担提高时,企业为了追求更高的收益,必定会投入更多的成本,通过融资获得更多的资金,从而增加了银行贷款规模。在模型(2)和模型(5)中,企业风险承担和企业规模的交互项系数均显著为负;在模型(3)和模型(5)中,企业风险承担和所有权性质的交互项与银行贷款规模呈显著负相关,这表明大型企业和国有企业的银行贷款规模对企业风险承担的反应更不敏感。大型企业和国有企业的融资渠道比较丰富,当企业风险承担提升需要更多的投资资金时,可以通过多种渠道进行融资,而我国中小企业和民营企业更加依赖于银行信贷,因此,中小企业和民营企业的贷款规模对企业风险承担更加敏感。在模型(4)和模型(5)中,企业风险承担和企业股权结构的交互项系数显著为负,即企业股权集中度越高,其银行贷款规模对企业风险承担越不敏感。股权集中时,大股东更有动力对管理经营层进行监督,减少企业高风险的投资行为,企业融资需求对风险承担的敏感度降低;当股权制衡时,由于缺乏有效监督,且投资失败时可以将破产风险损失转嫁给股东,管理经营层会偏向于高收益高风险的投资项目,其投融资行为对风险承担的敏感度更高。因此,在其他条件不变的情况下,企业风险承担越高,其银行贷款规模越大,中小企业、股权分散型企业和民营企业的贷款规模对企业风险承担变化的反应更加敏感。综上,假设1得到验证。

在其他控制变量的回归结果方面,企业规模的系数显著为正,资本结构的系数显著为负,股权结构的系数显著为正,说明资产规模越大、杠杆率越低、股权集中度越高的企业更愿意通过银行信贷融资,其获得的银行贷款规模越大;经济发展水平的系数显著为负,说明我国银行贷款规模具有逆经济周期特征,贷款规模适度逆经济周期调整有利于减少宏观经济的波动和福利损失;货币政策立场的系数显著为负,即货币政策宽松时,企业的银行贷款规模越大,这从微观层面为我国货币政策传导信用渠道畅通提供了经验证据。

表4　企业风险承担对企业贷款规模的影响

因变量:lnLOAN	(1)	(2)	(3)	(4)	(5)
RISK	0.155*** (0.028)	1.450*** (0.396)	0.290*** (0.037)	0.498*** (0.061)	0.790* (0.414)

续表

因变量:lnLOAN	(1)	(2)	(3)	(4)	(5)
RISK×lnSIZE		−0.057*** (0.017)			−0.039** (0.018)
RISK×OWN			−0.266*** (0.048)		−0.206*** (0.052)
RISK×FS				−0.963*** (0.152)	−0.816*** (0.157)
lnASSET	−0.007 (0.131)	−0.012 (0.131)	−0.023 (0.131)	−0.003 (0.131)	−0.017 (0.130)
CAR	0.967 (1.882)	1.018 (1.882)	0.847 (1.881)	1.104 (1.880)	1.000 (1.880)
LIQ	−0.047 (0.166)	−0.052 (0.166)	−0.033 (0.166)	−0.037 (0.166)	−0.029 (0.166)
lnSIZE	0.346*** (0.009)	0.380*** (0.014)	0.346*** (0.009)	0.344*** (0.009)	0.351*** (0.015)
LEV	−0.140*** (0.050)	−0.142*** (0.050)	−0.137*** (0.050)	−0.128** (0.050)	−0.127** (0.050)
FS	0.449*** (0.055)	0.438*** (0.055)	0.444*** (0.055)	0.964*** (0.098)	0.880*** (0.101)
OWN	0.000 (0.018)	0.002 (0.018)	0.145*** (0.032)	0.000 (0.018)	0.113*** (0.033)
ROA	0.456 (0.401)	0.477 (0.401)	0.451 (0.401)	0.482 (0.401)	0.478 (0.401)
GDP	−0.025*** (0.006)	−0.025*** (0.006)	−0.027*** (0.006)	−0.026*** (0.006)	−0.027*** (0.006)
MP	−0.553*** (0.048)	−0.552*** (0.048)	−0.555*** (0.048)	−0.551*** (0.048)	−0.553*** (0.048)
_cons	11.117*** (−3.756)	10.470*** (−3.761)	11.519*** (−3.754)	10.844*** (−3.753)	11.076*** (−3.759)
公司效应	YES	YES	YES	YES	YES
银行效应	YES	YES	YES	YES	YES
行业效应	YES	YES	YES	YES	YES

因变量:lnLOAN	(1)	(2)	(3)	(4)	(5)
年度效应	YES	YES	YES	YES	YES
N	19733	19733	19733	19733	19733
r^2	0.173	0.174	0.175	0.175	0.176

(二)金融危机冲击对我国货币政策风险承担渠道的影响

在检验了我国基于企业微观传导的货币政策风险承担渠道畅通后,我们在基准模型上引入金融危机虚拟变量,以研究金融危机冲击对我国货币政策传导风险承担渠道的影响,回归结果如表 5 和表 6 所示。对比表 5 和表 3,表 6 和表 4 中相同变量的回归系数,其符号与显著性基本一致,这表明我们的计量结果具有一定的稳健性。

在表 5 的模型(1)至模型(3)中,分别以 1 年期贷款基准利率、7 天银行间同业拆借利率和法定存款准备金率作为货币政策的代理变量,且货币政策代理变量和金融危机虚拟变量的交互项与企业风险承担均呈显著负相关关系,这说明金融危机期间,企业风险承担对货币政策变动更加敏感,宽松货币政策提升企业风险承担意愿的程度更高。在表 6 的模型(1)至模型(5)中,企业风险承担和金融危机虚拟变量的交互项系数均显著为负,即金融危机冲击下,企业贷款规模对企业风险承担变动的反应敏感度下降,企业降低了对银行贷款的依赖程度。在金融危机期间,市场经济主体普遍产生了悲观情绪,企业风险承担意愿对央行通过货币政策调整释放的经济预期信号更加敏感;同时,金融危机造成公司和银行的资产负债表状况恶化,削弱了公司获取银行贷款的能力和银行发放贷款的意愿[25]76。因此,在其他条件不变的情况下,金融危机冲击提升了企业风险承担对货币政策的敏感度,同时降低了企业贷款规模对企业风险承担的敏感度。

在表 6 的模型(2)和模型(5)中,企业风险承担,企业规模和金融危机虚拟变量的交互项系数均显著为负;模型(3)和模型(5)中,企业风险承担,所有权性质和金融危机虚拟变量的交互项与银行贷款规模呈显著负相关,这表明金融危机冲击下,大型企业和国有企业的银行贷款规模对企业风险承担的敏感度下降更多。在金融危机期间,经济衰退导致企业资产负债表恶化,企业都倾向于降低债务性融资,提高股权融资比例,大型企业和国有企业由于股权融资渠道更畅通,降低银行贷款规模幅度更大,而中小企业和民营企业则更加依赖于债务融资,因而降低银行贷款规模幅度较小。在模型(4)和模型(5)中,企业风险承担,企业股权结构和金融危机虚拟变量的交互项系数显著为负,即企业股权集中度越高,企业基于风险承担水平传导的贷款行为受金融危机影响越大。大股东更倾向于债务融资以减少代理成本的控制机制,股权集中时会提高企业的负债率。而在金融危机期间,经济环境恶化,高负债率的企业为了维持资产负债表健康会大幅减少债务融资,其投融资行为对风险承担的敏感度下降更快。因此,大型企业、股权集中型企业和国有企业基于企业风险承担传导的贷款行为受金融危机影响更大。综上所述,假设 2 得到验证。

表 5　金融危机冲击对企业风险承担的影响

货币政策 因变量:RISK	RL (1)	R (2)	DEPO (3)
MP	-0.519^{***} (0.014)	-0.366^{***} (0.010)	-0.090^{***} (0.006)
MP×CRISIS	-0.028^{***} (0.001)	-0.075^{***} (0.002)	-0.041^{***} (0.0010)
InSIZE	-0.004^{**} (0.002)	-0.004^{***} (0.002)	0.000 (0.002)
LEV	0.003^{**} (0.001)	0.003^{**} (0.001)	0.003^{***} (0.001)
FS	-0.055^{***} (0.010)	-0.052^{***} (0.010)	-0.064^{***} (0.010)
OWN	-0.034^{***} (0.003)	-0.034^{***} (0.003)	-0.030^{***} (0.004)
ROA	0.001^{*} (0.001)	0.001^{*} (0.001)	0.001^{***} (0.001)
GDP	0.094 (0.069)	0.085 (0.069)	-0.439^{***} (0.068)
_cons	1.716^{***} (0.041)	1.141^{***} (0.036)	1.017^{***} (0.037)
公司聚类	YES	YES	YES
行业效应	YES	YES	YES
年度效应	YES	YES	YES
N	21306	21306	21306
r^2	0.447	0.445	0.424

表6 金融危机对企业贷款规模的影响

因变量:lnLOAN	(1)	(2)	(3)	(4)	(5)
RISK	0.164***	0.996***	0.30***	0.511***	0.688**
	(0.028)	(0.265)	(0.037)	(0.060)	(0.271)
RISK×CRSIS	−0.275*	−0.296*	−0.263*	−0.286*	−0.278*
	(0.156)	(0.156)	(0.156)	(0.156)	(0.156)
RISK×CRSIS×lnSIZE		−0.037***			−0.027**
		(0.012)			(0.012)
RISK×CRSIS×OWN			−0.270***		−0.210***
			(0.048)		(0.051)
RISK×CRSIS×FS				−0.979***	−0.827***
				(0.150)	(0.156)
lnASSET	−0.005	−0.011	−0.022	−0.003	−0.017
	(0.131)	(0.131)	(0.131)	(0.130)	(0.130)
CAR	0.971	0.869	0.847	1.055	0.930
	(1.882)	(1.882)	(1.881)	(1.880)	(1.880)
LIQ	−0.041	−0.029	−0.025	−0.027	−0.015
	(0.166)	(0.166)	(0.166)	(0.166)	(0.166)
lnSIZE	0.346***	0.368***	0.347***	0.344***	0.348***
	(0.009)	(0.011)	(0.009)	(0.009)	(0.012)
LEV	−0.137***	−0.136***	−0.133***	−0.124**	−0.123**
	(0.050)	(0.050)	(0.050)	(0.050)	(0.050)
FS	0.448***	0.442***	0.444***	0.971***	0.886***
	(0.055)	(0.055)	(0.055)	(0.097)	(0.100)
OWNE	0.000	0.001	0.147***	0.000	0.114***
	(0.018)	(0.018)	(0.032)	(0.018)	(0.033)
ROA	0.460	0.479	0.456	0.486	0.483
	(0.401)	(0.401)	(0.401)	(0.401)	(0.401)
GDP	−0.026***	−0.025***	−0.027***	−0.026***	−0.027***
	(0.006)	(0.006)	(0.006)	(0.006)	(0.006)
MP	−0.565***	−0.557***	−0.566***	−0.561***	−0.561***
	(0.049)	(0.049)	(0.049)	(0.049)	(0.049)
_cons	11.076***	10.749***	11.463***	10.860***	11.144***
	(3.756)	(3.757)	(3.754)	(3.752)	(3.754)
公司效应	YES	YES	YES	YES	YES

续表

因变量:lnLOAN	(1)	(2)	(3)	(4)	(5)
银行效应	YES	YES	YES	YES	YES
行业效应	YES	YES	YES	YES	YES
年度效应	YES	YES	YES	YES	YES
N	19733	19733	19733	19733	19733
r^2	0.174	0.174	0.175	0.175	0.176

(三)稳健性检验

1.倾向得分匹配(PSM)

为进一步减少内生性对计量结果的影响,本文采用倾向得分匹配法对货币政策紧缩时期和货币政策宽松时期的企业风险承担差异进行比较,对高风险承担水平企业和低风险承担水平企业的银行贷款规模差异进行比较。

基本步骤如下:第一步,分别以法定存款准备金率、1年期贷款基准利率、7天银行间同业拆借利率和企业风险承担的中位数为界,建立虚拟变量,高于中位数的样本取值为 1,低于中位数的样本取值为 0;第二步,分别选取影响企业风险承担和企业贷款规模的因素,使用 LOGIT 模型进行回归,得到每个样本的倾向性得分。针对货币政策宽松时期和货币政策紧缩时期的企业风险承担差异比较,本文选取了 lnSIZE、LEV、FS、OWN、ROA、GDP 变量作为被解释变量(RISK)的控制变量;针对高风险承担水平企业和低风险承担水平企业的银行贷款规模差异比较,本文选取了 RISK、lnASSET、CAP、LIQ、lnSIZE、LEV、FS、OWN、ROA、GDP、MP 变量作为被解释变量(lnLOAN)的控制变量;第三步,采用最近邻匹配法(Nearest-Neighbor Matching)对样本进行倾向得分匹配;第四步,计算匹配前和匹配后处理组和控制组的被解释变量均值差距。具体结果如表 7 所示。

表 7　倾向得分匹配均值比较

被解释变量	货币政策	样本	处理组	控制组	差距	标准差	t 值
RISK	lnDEPO	匹配前	0.691	0.793	−0.101	0.002	−41.650
		匹配后	0.691	0.779	−0.088	0.012	−7.410
	lnRL	匹配前	0.720	0.711	0.010	0.002	4.280
		匹配后	0.720	0.728	−0.008	0.003	−2.640
	lnR	匹配前	0.683	0.783	−0.100	0.002	−45.300
		匹配后	0.683	0.752	−0.069	0.004	−17.950
lnLOAN		匹配前	18.440	18.392	0.048	0.018	2.690
		匹配后	18.440	18.319	0.121	0.055	2.190

表 7 为匹配前、匹配后处理组和控制组的被解释变量均值及差异显著性检验。结果显示在控制了上述特征变量带来的异质性之后,货币政策宽松时期的企业风险承担均值显著高于货币政策紧缩时期,高风险承担水平企业的银行贷款规模均值显著高于低风险承担水平企业,与计量模型相关变量回归系数的符号一致,说明计量结果具有较好的稳健性。

2.替换计量模型变量

本文以上市公司股票价格的波动率来替换预期违约概率,作为企业风险承担变量,股票价格波动率越大,则企业风险承担水平越高。稳健性检验回归结果如表8和表9所示,主要变量回归系数数值相较表3至表6有了较大变化,与基准回归不同的是,表9中的企业风险承担、企业规模和金融危机虚拟变量的交互项系数显著性有所下降,但符号方向没有发生变化。其他主要变量回归系数的符号和显著性均与前文一致,进一步说明计量模型的回归结果是比较稳健的。

表 8　货币政策对企业风险承担的影响(稳定性检验)

货币政策 因变量:RISK	RL (1)	R (2)	DEPO (3)	RL (4)	R (5)	DEPO (6)
MP	−1.980*** (0.069)	−1.524*** (0.056)	−0.559*** (0.020)	−1.892*** (0.075)	−1.311*** (0.055)	−0.435*** (0.023)
MP×CRISIS				−0.020*** (0.004)	−0.131*** (0.007)	−0.078*** (0.005)

续表

货币政策 因变量:RISK	RL (1)	R (2)	DEPO (3)	RL (4)	R (5)	DEPO (6)
lnSIZE	0.063*** (0.009)	0.060*** (0.009)	0.078*** (0.009)	0.063*** (0.009)	0.062*** (0.009)	0.077*** (0.009)
LEV	0.058** (0.025)	0.057** (0.025)	0.061** (0.024)	0.058** (0.025)	0.057** (0.025)	0.060** (0.024)
FS	−0.334*** (0.061)	−0.320*** (0.061)	−0.393*** (0.060)	−0.338*** (0.061)	−0.323*** (0.061)	−0.381*** (0.060)
OWN	−0.115*** (0.018)	−0.116*** (0.018)	−0.099*** (0.018)	−0.114*** (0.018)	−0.115*** (0.018)	−0.100*** (0.018)
ROA	0.023** (0.010)	0.023** (0.010)	0.024** (0.010)	0.023** (0.010)	0.023** (0.010)	0.024** (0.010)
GDP	0.038 (0.408)	−0.222 (0.406)	−2.817*** (0.372)	0.072 (0.411)	0.015 (0.412)	−1.914*** (0.401)
_cons	2.913*** (0.226)	0.866*** (0.208)	0.811*** (0.204)	2.754*** (0.240)	0.636*** (0.212)	0.462** (0.209)
公司聚类	YES	YES	YES	YES	YES	YES
行业效应	YES	YES	YES	YES	YES	YES
年度效应	YES	YES	YES	YES	YES	YES
N	21306	21306	21306	21306	21306	21306
r^2	0.326	0.324	0.317	0.326	0.325	0.319

表9　金融危机对企业贷款规模的影响(稳定性检验)

	(1)	(2)	−(3)	(4)	(5)
RISK	0.032*** (0.006)	0.180*** (0.053)	0.062*** (0.008)	0.109*** (0.013)	0.135** (0.054)
RISK×CRSIS	−0.089* (0.047)	−0.089* (0.047)	−0.087* (0.047)	−0.084* (0.047)	−0.083* (0.047)
RISK×CRSIS× lnSIZE		−0.007*** (0.002)			−0.004* (0.003)
RISK×CRSIS× OWN			−0.063*** (0.011)		−0.050*** (0.011)

续表

	（1）	（2）	—（3）	（4）	（5）
RISK×CRSIS×FS				−0.228***	−0.195***
				（0.034）	（0.035）
lnASSET	−0.006	−0.010	−0.017	−0.006	−0.015
	（0.131）	（0.131）	（0.131）	（0.131）	（0.130）
CAR	0.951	0.842	0.873	0.983	0.906
	（1.882）	（1.882）	（1.881）	（1.880）	（1.880）
LIQ	−0.044	−0.031	−0.024	−0.032	−0.017
	（0.166）	（0.166）	（0.166）	（0.166）	（0.166）
lnSIZE	0.349***	0.371***	0.349***	0.346***	0.349***
	（0.009）	（0.012）	（0.009）	（0.009）	（0.013）
LEV	−0.128**	−0.124**	−0.120**	−0.113**	−0.108**
	（0.050）	（0.050）	（0.050）	（0.050）	（0.050）
FS	0.444***	0.442***	0.442***	1.167***	1.061***
	（0.055）	（0.055）	（0.055）	（0.120）	（0.124）
OWN	−0.001	−0.002	0.199***	−0.003	0.157***
	（0.018）	（0.018）	（0.039）	（0.018）	（0.040）
ROA	0.462	0.475	0.467	0.474	0.477
	（0.401）	（0.401）	（0.401）	（0.401）	（0.401）
GDP	−0.026***	−0.026***	−0.027***	−0.026***	−0.027***
	（0.006）	（0.006）	（0.006）	（0.006）	（0.006）
MP	−0.575***	−0.565***	−0.575***	−0.569***	−0.569***
	（0.049）	（0.049）	（0.049）	（0.049）	（0.049）
_cons	11.035***	10.640***	11.244***	10.823***	10.983***
	（3.757）	（3.759）	（3.754）	（3.753）	（3.754）
公司效应	YES	YES	YES	YES	YES
银行效应	YES	YES	YES	YES	YES
行业效应	YES	YES	YES	YES	YES
年度效应	YES	YES	YES	YES	YES
N	19733	19733	19733	19733	19733
r^2	0.173	0.174	0.175	0.175	0.176

六、结论与启示

本文通过 2001—2016 年期间上市公司层面的微观数据和银行贷款数据，运用混合 OLS 模型和固定效应模型，基于企业微观视角，对我国基于企业传导的货币政策风险承担渠道进行检验，研究其受企业异质性特征的影响差异，并在此基础上进一步研究金融危机对货币政策传导风险承担渠道的影响。实证结果显示：我国基于企业微观传导的货币政策风险承担渠道畅通，货币政策宽松时，企业风险承担较高，其银行贷款规模较大；货币政策紧缩时，企业风险承担较低，其银行贷款规模较小。货币政策在通过企业风险承担影响企业贷款规模的同时，也会由于不同企业资产规模、股权结构和所有权性质等特征的差异引起银行贷款行为的异质性反应，中小企业、股权分散型企业和民营企业的银行贷款规模对企业风险承担变化的反应更加敏感，反之亦然。在金融危机期间，虽然企业风险承担对货币政策变动的敏感度较高，但企业贷款规模对企业风险承担的敏感度显著降低，金融危机冲击降低了货币政策影响社会融资规模的有效性。其中，大规模企业、股权集中型企业和国有企业基于企业风险承担传导的贷款行为受金融危机影响更大，反之则反。

根据上述实证结果，我们得到以下几点启示：

第一，宏观审慎评估体系除了监管银行业的运行状况，还应纳入实体经济的相应指标，如企业风险承担，建立企业风险承担的评估体系和监测制度，对企业实行逆周期的动态调控。在货币政策宽松时，抑制企业过高的风险承担水平，如果企业投资过热，信贷扩张过快，会催生资产价格泡沫，导致经济和金融危险积聚；在货币政策紧缩时，预防企业风险承担过低，企业过于保守会导致企业对投资机会的把握不够充分，缺乏创新动力，不利于实体经济增长。

第二，中小企业、股权分散型企业和民营企业的银行贷款行为对风险承担更加敏感，在稳定的经济环境下具有更强的活力和创新能力；大型企业、股权集中型企业和国有企业在金融危机期间对基于风险承担传导贷款规模降低幅度更大，减少机会主义行为起到了"经济稳定器"的作用。因此，在高风险、高传染性行业应鼓励大型企业、股权集中型企业和国有企业加入，在低风险、缺乏竞争的行业应引入中小企业、股权制衡型企业和民营企业。

第三，金融危机期间，政府应采取有效措施向金融系统提供必要的稳定性，承担"最后贷款人"的责任，为实体经济提供充足的流动性，对有偿还能力的借贷人提供持续的信贷供给,从而提高货币政策传导的有效性,在一定程度上缓解金融危机冲击对实体经济带来的负面影响,为实体经济的投融资行为提供有力支撑。

参考文献

[1] 盛松成.社会融资规模与货币政策传导[J].金融研究,2012(10):1-14.

[2] Bernanke B S,Gertler M. Inside the black box:The credit channel of monetary policy transmission[J]. The Journal of Economic Perspectives,1995,9(4):27-48.

[3] Borio C,Zhu H. Capital regulation,risk-taking and monetary policy,a missing link in the transmission mechanism? [J]. Journal of Financial Stability,2012,8(4):236-251.

[4] 江曙霞,陈玉婵.货币政策,银行资本与风险承担[J].金融研究,2012(4):1-16.

[5] Delis M D,Tran K C,Tsionas E G. Quantifying and explaining parameter heterogeneity in the capital regulation-bank risk nexus[J]. Journal of Financial Stability,2012,8(2):57-68.

[6] 李文贵,余明桂. 所有权性质,市场化进程与企业风险承担[J].中国工业经济,2012(12):115-127.

[7] Dong Z,Wang C,Xie F. Do executive stock options induce excessive risk taking? [J]. Journal of Banking and Finance,2010,34(10):2518-2529.

[8] Bernanke B S, Mihov I. Measuring monetary policy[J]. The Quarterly Journal of Economics,1998,113(3):869-902.

[9]Gertler M,Gilchrist S. The role of credit market imperfections in the monetary transmission mechanism:Arguments and evidence [J]. The Scandinavian Journal of Economics,1993,95(1):43-64.

[10] 程海波,于蕾,许治林. 资本结构,信贷约束和信贷歧视:上海非国有中小企业的案例[J].世界经济,2005(8):67-72.

[11] Jensen M C,Meckling W H. Theory of the firm:Managerial behavior,agency costs and ownership structure[J]. Journal of Financial Economics,1976,3(4):305-360.

[12] 贺炎林,张瀛文,莫建明. 不同区域治理环境下股权集中度对公司业绩的影响[J].金融研究,2014(12):148-163.

[13] 陆正飞,祝继高,樊铮. 银根紧缩,信贷歧视与民营上市公司投资者利益损失[J].金融研究,2009(8):124-136.

[14] 饶品贵,姜国华.货币政策,信贷资源配置与企业业绩[J].管理世界,2013(3):12-22,47,187.

[15]Kahneman D,Tversky A. Prospect theory:An analysis of decision under risk[J]. Econometrica:Journal of the Econometric Society,1979,47(2):263-291.

[16]Blundell-Wignall A. The subprime crisis:size, deleveraging and some poling optinos[J]. OECD Journal:Financial Market Trends,2008(1):29-53.

[17]Koo R. The holy grail of macroeconomics:Lessons from Japan's great recession[J]. Survival,2009,51(3):207-208.

[18]Habib A,Hasan M. M. Firm life cycle,corporate risk-taking and investor sentiment[J]. Accounting and Finance,2017,57(2):465-497.

[19]Attig N,Ghoul S E,Guedhami O,et al. The governance role of multiple large shareholders:Evidence from the valuation of cash holdings[J]. Journal of Management and Governance,2013,17(2):419-451.

[20]Koerniadi H,Krishnamurti C,Tourani-Rad A. Corporate governance and risk-taking in new zealand[J]. Australian Journal of Management,2014,39(2):227-245.

[21]Mishra D R. Multiple large shareholders and corporate risk taking:Evidence from east asia[J]. Corporate Governance:An International Review,2011,19(6):507-528.

[22] 余明桂,李文贵,潘红波. 民营化,产权保护与企业风险承担[J].经济研究,2013(9):112-124.

[23] 牛晓健,裘翔. 利率与银行风险承担——基于中国上市银行的实证研究[J].金融研究,2013(4):15-28.

[24] 刘海明,曹廷求. 基于微观主体内生互动视角的货币政策效应研究——来自上市公司担保圈的证据[J].经济研究,2016(5):159-171.

[25] 金雪军,徐凯翔. 金融危机、货币政策与信贷供给——基于公司层面银行信贷数据的经验研究[J].经济理论与经济管理,2016(12):70-82.

高质量发展需要科创与金融的融合[①]

摘　要　经济发展的高质量与创新型经济的发展密不可分,创新型经济的发展要以创新驱动发展战略为核心支撑。本文在广泛调研的基础上,指出创新型经济的发展离不开科创金融的支持,并提出以科创金融推动创新型经济发展的相关对策建议。

关键词　高质量发展;创新型经济;科创金融

创新型经济的发展推动了经济的高质量发展,浙江省近几年在引领新兴产业发展和推动传统产业转型升级上走在了全国前列,2017 年浙江省发布《浙江省培育发展战略性新兴产业行动计划(2017—2020 年)》,明确重点发展五大领域、十大产业,提出力争到 2020 年,主营业务收入突破 2.5 万亿元,年均增速超过 13%;支撑产业迈向中高端水平;新增龙头骨干企业 100 家以上,通过创新型经济的发展推动全省经济高质量发展。

创新型经济发展离不开科创金融的支持,所谓科创金融,就是科技创新产业的发展能否得到金融的大力支持,如何得到金融的大力支持,其关键是技术资本、产业资本与金融资本的高度融合。经济要实现高质量发展,需要金融给予针对性的、持续的、有力的支持,发展科创金融是必由之路,能够更好地发挥金融服务实体经济的功能。

一、科创企业与科创金融

科技创新与科创金融的发展相辅相成,科创企业的发展离不开金融的创

---

①　本文作者金雪军,最初发表在《决策咨询》2018 年第 6 期。

新、保障和支持,否则科技创新发展成果无法落地并产业化应用,科创企业也无法实现发展和扩张。一般说来,企业的发展过程有种子期、初创期、成熟期和衰退期,即生命周期。科创企业在不同发展阶段中,对于不同融资来源的需求也有所差异。内源融资的需求在整个周期中呈现逐渐下降的趋势,而外部融资则是在种子期和初创期需求增加幅度较快,之后呈现缓慢下降趋势,从整体来看,科创企业对外部融资的需求更大,尤其是在企业发展的前期阶段,科研经费的大量投入会导致公司对于资金的大量需求,因此需要更多的外部融资以满足公司发展的需要。科创企业的现金流量也能在一定程度上反映公司在生命周期的四个发展阶段中对于资金不同的需求程度,企业在成长期到成熟期的过渡阶段,在销量接近达到顶峰的阶段,现金流量低于危险水平,科创企业在生命周期最关键的阶段更加需要资本的投入以弥补公司在现金流上的短缺。因此,结合生命周期的融资行为来看,企业融资普遍是个需要解决的问题,无论从产品市场前景和现金流量,还是从抵押资产和信用担保等方面看,处在初创发展过程中的科技创新企业往往处于劣势。所以鼓励科创企业的发展,提供融资来源的保障,维持稳定的现金流,需要金融创新给予持续有力的支持。

迄今为止,银行依旧是国内金融体系最重要的构成部分,银行所提供的融资总量占到整个金融行业存量的80%以上,可见银行在融资市场上的绝对支配地位。然而,银行虽然占据了融资市场的主导地位,但长期来,银行选择贷款对象总是强调房地产的抵押与互保联保关系,还要考虑企业的销售收入和利润,在贷款期限上,也偏重于短期性,即使是较长时期的贷款也往往有"过桥"的要求,而科创企业往往有轻资产、周期性较长、不确定性较大等特点,如何使两者相容对称是个突出问题。面向科创企业的服务方式和专业审批权限等与客户实际需要之间有不小的距离,银行从事科创金融业务的风险和收益机制不匹配,科创企业通过银行实现融资存在难度。

二、科创金融的发展亮点

促进科创战略有效落实,促进金融为实体经济服务,实现经济的高质量发展,需要着力推动科技创新与科创金融的融合发展。这些年来,科创金融的发展在以下几个方面比较突出:

一是商业银行创新。如打造科技支行,引入科技贷款,推动投贷联动,从桥隧模式到路徽模式,为科创企业提供资金支持的融资模式。二是业务产品创新。如通过科技型企业名录库的建立和知识产权的质押,帮助企业盘活知识产权等更多的无形资产,拓展融资渠道,将金融资源投向具有知识产权的科创企业。三是技术手段创新。如依托现有的技术优势,推动云计算、大数据、区块链等新一代信息技术向各行业融合渗透,打造"互联网+"生态体系,以数据和技术为核心驱动力,通过技术手段提高金融运行的效率。四是区域发展创新。如通过措施强化科技产业和促进金融要素聚集,探索科技创新与创新金融交互式发展的模式,建设具有影响力的科技金融试点、科技金融集聚区。五是基金形态创新。如设立风险补偿基金、海归人才基金、创投引导基金、产业发展基金等多种基金为科创企业的融资提供全新的模式和思路。六是机构体系创新。如通过科技担保、科技投资、科技企业上市、科技保险、科技债券等多种运作形式。七是交易平台创新。如通过技术市场,通过知识产权交易中心为科技成果的落地提供交易环境,科创企业通过交易平台可以更好地获取技术成果与资金资源,实现业务的快速发展。

三、科创金融推动创新型经济发展需要解决的问题

一是知识产权的市场化。它包括明确知识产权的权属(所有权、支配权、收益权),活跃知识产权的交易,完善知识产权的税收等。从现在的情况看,知识产权市场化过程中还需要进一步的完善。二是复合型人才队伍的建设。科创产业具有很强的新技术、新产业特点,因此需要有一大批既懂金融又懂新技术新产业的复合型人才,只有这样才能真正发挥金融为创新型实体经济服务的目的。从现在的情况看,复合型人才的培养体系还有不足,需要加速推进。三是债权与股权联动与转换机制的形成。不同金融资源有各自的特点、适合企业发展的不同需求,从美国硅谷的情况看,科技企业的债权与股权的联动与转换具有重要作用。从现在的情况看,债权与股权的联动与互换还尚未形成,还需吸引整合不同特点、不同风险偏好的金融机构参与到科创企业的发展中来。四是全链条金融服务体系的完善。科创企业从种子期开始,到成长期、成熟期,需要从天使投资到IPO的各种金融服务,也需要一系列配套的中介服务体系。从现在的情况看,金融服务在科创中还未实现全链条产业一体化,还需要进一步推动这一体系的完善。五是科创金融与金融科技的结合。如果说科创金融指金融如何支持科创产业的发展,那么金融科技就是指金融如何运用新技术提高金融运行效率,优化金融资源配置,在信息技术为代表的新兴技术发展的时期,如

何更多地利用大数据、云计算、区块链和人工智能等新技术提高金融业的整体服务水平，对接应用到更多科创企业的实际发展中来十分重要，从现在的情况看，大有发展空间。六是资本市场的退出渠道的顺畅。这方面目前还存在多层次资本市场发展中的制约因素和相关制度不健全等问题，还需要从资本市场的制度建设和环境保障等方面完善风险资本的退出机制。

当前，针对科创金融在发展中的现状、优势和存在的问题，在推动创新型经济发展，推动经济高质量发展的过程中，重要的是要加快形成推动科创和金融的有效融合的机制，例如，城西科创大走廊和钱塘江金融港湾建设之间、大湾区产业带与新兴金融中心之间、开放性经济与创新型经济之间的协同发展机制，打造科创金融综合改革示范区，秉承金融支持实体经济发展的理念，把强化金融与产业发展的融合作为关键目标。

数字经济治理模式助力疫情后经济复苏[①]

在此次新冠疫情期间，基于数字化的智能应急管理系统对疫情防控发挥了不可替代的作用。而随着线上消费、云平台、大数据分析、工业互联网等智能化技术与商业模式不断涌现，我国将有可能实现全球有史以来最大规模的数字化沉淀。以此次疫情为镜鉴，构建与数字化、智能化管理思维相协调的社会治理体系，运用数字科技赋能疫情防控，释放数字化对经济发展的放大、叠加、倍增作用，成为从中央到地方、从政府到企业的共识。

以数字赋能，让万物互联，正成为推动经济社会发展的全新"密码"。人工智能、大数据、物联网、云计算、区块链这些技术交叉融合，构成一个新技术生态，推动经济和社会的底层逻辑从物到数、从劳动力到计算力的深刻转变。当前，我国已经进入以数字经济为重要特色的发展新阶段，经济形态的变化对治理形态也提出了新的要求，数字治理的兴起就是政府对经济社会演变到数字形态的自我适应。

数字经济与数字社会的发展与运行包括数字技术、数字产业、数字经济、数字社会、数字政府。技术是前提，没有数字技术的突破，不可能形成数字企业与行业，也谈不上在经济社会中发挥作用；产业是载体，没有数字企业和行业的形成，就缺乏在经济中运行的微观主体，也缺乏适应市场需求的供给主体；经济是基础，没有数字经济的应用，就难以抓住"痛点"与"场景"，难以实现成本收益最优化条件下的持续发展；社会是条件，没有数字社会的拓展，就不可能形成数字化运行的完整"生态"与"链条"，也无法体现数字化运行的优势；而数字政府的打造，不但是政府转型本身的重要内容，而且对营造数字经济与数字社会健康

---

① 本文作者金雪军、朱玉成，最初发表在《清华金融评论》2020 年第 5 期。

有序运行的环境，推动数字经济与数字社会可持续发展意义重大。

浙江省把打造数字经济与数字社会作为推动经济与社会发展的重要抓手，以数字产业化、产业数字化为主线，大力发展数字经济，同时把数字经济与数字社会的联动发展作为有机的整体，把政府转型改革与数字政府建设有机结合起来。可以说，前一阶段数字经济与数字社会的形成与发展为通过数字化手段来应对这一次新冠疫情防控与复工复产态势提供了基础，而数字化手段的应用不但使应对效率大大提高，也推动了数字经济与数字社会新的发展。以数字经济治理模式助力疫情后经济复苏发展，根据对数字经济与数字社会的发展规律的分析，结合对各地目前防控疫情与复工复产的实践的考察，从以下几个方面着力非常重要：

一、控疫情：数字赋能助力精细防疫，破解动态管控难题

数字赋能助力精细防疫，打通信息服务"最后一公里"。一方面，利用数字化技术加强疫情防控，破解防控"靠嘴靠手"和"表哥表姐"问题。强化"健康码"及其国际版的动态更新和精准使用，[2] 以"疫情图""复工图"等技术科学推进复工复产，实现"一次申报、全域通用、动态管理、分类管控"的效果。另一方面，从封闭式管控转为精密型智控，破解人员动态管控难题。整合数据网，实现信息动态监测与数据实时共享，用大网络"守好门"、用大平台"看好门"、用大系统"管住人"、用大数据"找到人"。

打造疫情防控一体化平台，完善信息作战"操作系统"。一是健全疫情防控大数据平台，打造数字化作战的"操作系统"。实现数据集中整合、物资统一调配、态势实时掌控、事件综合指挥，以强有力的数据分析手段支撑高效率的指挥防控。二是全面提速公共数据平台 2.0 建设，推进公共数据的开放共享与创新应用，规范数据开放共享的格式、标准和程序，科学界定大数据用户隐私、使用权属等问题。

二、优治理：以数字"智治"促治理，创新数字化服务模式

以"智治"促治理，加快打造"整体智治"现代政府。一方面，加快数字化建设，提升数字治理效能。拓宽智慧城市公民身份体系的应用范围，打通"市民卡＋健康码"系统，从疫情防控拓展至平安城市、应急管理、养老医疗、智慧社区、

智能出行等公共事务领域,实现疫情防控和经济社会发展"两手抓、两手硬"。另一方面,突出数字化服务,提升政务服务便捷性。全面推行"网上办""掌上办",实现相关业务线上解决。

强化"一网通办"功能,将数字治理下沉到社区。一是推动"非接触"办理、"不见面"审批,推广云招商、云签约,推进联系客户"不见面"、洽谈引资"不出门"、签约项目"不碰头";推广网上收件、网上审批和网上出件;推广在线招标投标和远程异地评标,实现全流程电子化。[3]二是数字赋能基层组织,推进社区立体化监控、精细化管理。推动智慧应用场景继续向社区下沉,以网格化为基础推进基层治理数字化。

三、促消费:以促消费为重点稳需求,促进疫情后消费市场复苏

以促消费为重点稳需求,发展数字消费新模式、新业态。一方面,紧跟数字消费新热点,拓宽智能消费新领域。扶持疫情防控期间涌现的新零售、线上文娱、在线教育等新兴业态和"宅经济""云逛街""网上菜场""无人超市"等无接触式消费模式。另一方面,促进疫情后消费市场复苏,提振消费促进经济增长。制定发放消费券等提振措施。

激发健康消费新潜力,开拓农村消费新市场。一是推广"互联网＋医疗健康"服务,发展"互联网＋家庭式"共享养老。包括预约挂号、远程会诊、分时段诊疗、检查结果互认和药品配送等"互联网＋医疗健康"服务,积极推广居家养老、社区照料、智慧家政等。二是大力开拓农村消费市场,进一步提振农村消费。补齐农村网络消费短板,畅通农村数字消费渠道,实施网络消费下乡工程,拓展农村数字经济新途径。

四、强产业:发展数字经济新模式,推动制造业数字化转型

打造数字经济新增长点,发展数字经济新模式。一方面,加快形成新型数字基础设施体系化布局。加大人工智能、大数据、物联网、云计算和区块链等新型数字基础设施建设,推动城市大脑、工业互联网、"5G＋4K"等技术应用。另一方面,积极发展数字经济新模式,推动数字产业集聚发展。推动实施一批智能制造、无人配送、远程医疗、智慧养老、在线教育等新兴产业技术项目,建设一

批数字化新业态集聚区，通过产业数字化、数字产业化、数字化运行推动数字与经济深化融合。

加快制造业数字化转型，多措并举推进企业"上云"。一是加快生产模式变革。引导有条件的企业加快传统制造装备联网、关键工序数控化等数字技术改造升级，提升数字制造、智能制造水平，实现精益生产、精细管理和智能决策。二是推进企业"上云"，融入产业互联网生态。鼓励企业从云上获取资源和生产性服务，推进企业设备"上云"和业务系统向云端迁移，从企业主导模式向共享制造、个性化定制等消费者主导（C2M）模式转型。

五、降成本：帮助企业降低经营成本，创优财政税收政策环境

降低企业用能成本，减轻社会保险缴纳压力。一方面，缓解企业用能成本压力，降低企业用电、用气、用水、用房成本。对部分受疫情影响生产经营确有困难的企业，落实"欠费不停供"措施，在疫情结束后补缴用电、用气、用水等各项费用。[5]对部分承租国有企业经营性房产的支付困难企业，考虑延期收取或减免部分房租。另一方面，减轻企业缴纳社保和公积金压力，酌情缓缴或降低缴存比例。[6]对受疫情影响严重的企业，可缓缴企业养老保险、失业保险、工伤保险费和住房公积金单位缴费部分。

加强财政扶持力度，创优税收政策环境。一是强化财政帮扶力度，给予财政贴息支持。对涉及防疫生产、交通运输、公益捐赠等企业给予贷款优惠和贴息支持。二是落实税收优惠政策，推广"非接触式"办税缴费服务。[7]对部分受疫情影响不能按期缴纳税款的企业，减免城镇土地使用税、房产税，延长税款缴纳期限。对涉及防疫生产、交通运输、公益捐赠等相关企业，优先落实税费减免政策，在增值税留抵退税过程中予以政策支持。

六、强金融：多渠道提供金融扶持，提高产融对接平台服务水平

多渠道提供金融扶持，加大信贷精准纾困力度。一方面，完善民生领域金融服务。银行应对受疫情影响较大的批发零售、住宿餐饮、物流运输、文化旅游等行业、企业，积极提供续贷、展期、减免逾期利息等支持。对参加疫情防控工

作人员、住院治疗或隔离人员给予适当的信贷政策倾斜,合理延后信用卡、住房按揭等还款期限。另一方面,多渠道提供金融扶持,降低企业信贷融资成本。运用供应链金融、知识产权质押、商业保理等融资方式扩大对企业的融资供给,为受疫情影响较大的行业和企业提供金融差异化服务。

优化产融对接服务,提升金融服务可获得性。一是提高产融对接平台服务水平,提升金融服务效能。二是创新线上金融服务业务,提高线上金融服务效率。丰富"非接触式"金融服务渠道,提供安全便捷的"不出门"数字化金融服务。

七、稳就业:数字赋能复工复产,加大稳岗稳就业力度

鼓励业务系统"上云",推广线上远程办公。一方面,积极打造网上办公平台,提倡线上办公。另一方面,鼓励业务系统"上云",数字赋能复工复产。支持企业运用智能通信、远程协作、视频会议等方案恢复正常生产运营,探索虚拟云桌面、员工云考勤、线上业务协同、在线文档协同等数字化解决方案满足线上办公需求。

支持企业稳岗稳就业,优化线上招聘服务。一是加强企业用工保障,稳定企业劳动关系。推行线上供求对接和远程招聘,通过本地挖潜、余缺调剂等手段满足阶段性用工需求。鼓励企业采取调整薪酬、缩短工时、共享用工、轮岗轮休、待岗等方式保留劳动关系。二是完善高校毕业生就业举措,推广线上招聘服务。实现"网上面试、网上签约、网上办理"。

参考文献

[1]《中国数字经济发展与就业白皮书(2019年)》发布[EB/OL].(2019-4-18).http://finance.people.com.cn/n1/2019/0418/c1004-31037803.html.

[2]浙江省疫情防控责任令(第3号)[EB/OL].(2020-03-27)[2020-04-15].https://www.thepaper.cn/newsDetail_forward_6698982.

[3]国家发展改革委办公厅关于积极应对疫情 创新做好招投标工作保障经济平稳运行的通知[EB/OL].(2020-02-08)[2020-04-01].https://www.ndrc.gov.cnxxgkzcfb/tz/202002/t20200208_1220179.html.

[4]浙江省人民政府办公厅关于提振消费促进经济稳定增长的实施意见[EB/OL].(2020-03-24)[2020-04-01].http://travel.people.com.cn/n1/2020/

0324/c41570-31646585. html.

　　[5]河南省发展和改革委员会关于做好降低企业用能成本的通知［EB/OL］.（2020-03-09）［2020-04-12］. http://www. henan. gov. cn/2020/03-09/1301791. html.

　　[6]人力资源社会保障部办公厅关于切实做好新型冠状病毒感染的肺炎疫情防控期间社会保险经办工作的通知［EB/OL］.（2020-01-30）［2020-04-12］. http://www. mohrss. gov. cngkmlzcfg/gfxwj/202001/t20200130 _ 357847. html.

　　[7]国家税务总局关于优化纳税缴费服务配合做好新型冠状病毒感染肺炎疫情防控工作的通知［EB/OL］.（2020-01-31）［2020-04-12］. http://www. gov. cn/zhengce/zhengceku/2020-01-31/content_5473310. htm.

　　[8]国务院应对新型冠状病毒感染肺炎疫情联防联控机制关于印发企事业单位复工复产疫情防控措施指南的通知［EB/OL］.（2020-02-22）［2020-04-12］. http://www. gov. cn/zhengce/content/2020-02/22/content_5482025. htm.

　　[9]国资委关于新冠肺炎疫情防控期间扎实做好稳岗扩就业工作的紧急通知［EB/OL］.（2020-03-15）［2020-04-15］. https://baijiahao. baidu. com/s? id＝16616387614089164568. wfr＝spider8.for＝pc.

　　[10]人力资源社会保障部 教育部 财政部 交通运输部 国家卫生健康委关于做好疫情防控期间有关就业工作的通知［EB/OL］.（2020-02-06）［2020-04-15］. http://www. gov. cn：8080/zhengce/zhengceku/2020-02/06/content _ 5475179. htm.

创新链产业链融合与实体经济转型升级①

摘 要 当前,我国正处于从制造业大国向创新型强国转变的第二次转型状态,同时,实体经济发展面临一系列严峻挑战,因而亟须通过创新链产业链融合发展推动实体经济转型升级。推动创新链与产业链融合发展,需要做到以下几点:发挥企业在创新中的主体地位;疏导"创新—产业"传导环节,畅通技术创新向现实生产力转化的通道;向产业价值链"微笑曲线"两端发力,推动制造业数字化与服务化转型;强化知识产权补贴和税收优惠政策,让知识产权保护的制度篱笆"通上电"。

关键词 创新链;产业链;实体经济;产业发展

在依赖要素投入的情况下,经济增长具有边际递减效应。在"低垂的果子"被摘完以后,经济增速将有所放缓甚至衰退。我国此前主要依靠以中小企业为主的"集群生产"和以国际分工为特征的"全球生产"扩大竞争优势。近年来,越来越多的低收入发展中国家开始参与全球代工竞争,越南、马来西亚、泰国等新兴经济体在国际上"低价抢单",我国制造业面临发展中国家低成本优势的激烈挑战。同时,我国产业迈向中高端、进入产业链价值高地仍面临许多困难,[1] 以服务和高附加值产品为主的高成长市场尚在培育过程中。"旧的渐弱,新的未起",我国实体经济发展被卡在具有低成本优势的低收入发展中国家与具有高创新优势的西方发达国家之间,出现两头受挤压的比较优势"真空"。

---

① 本文作者金雪军、朱玉成,最初发表在《国家治理》2021年第1期。

一、如何在第二次转型中实现实体经济转型升级

当前，我国基本完成了后发追赶型工业化阶段。在进入自主创新型工业化阶段之前，我国经济正处于第二次转型状态。第一次转型是从计划经济向社会主义市场经济转型，转型的核心特征是明晰产权和引入市场激励因素，使受计划经济体制压抑的生产力得到了充分释放。在这个阶段，粗放的数量型增长和"低小散"的产业结构对知识创新存在阻碍效应，导致企业更愿意选择相对简单的"工艺创新"而非知识含量更高的"产品创新"，阻碍了创新能力的提高。第二次转型则是由资源、劳动、资本等"有形要素"驱动的制造业大国向由效率和创新驱动的创新型强国转变，转型的核心特征是从依靠技术引进、高素质劳动力和国际国内市场等要素转向依靠自主创新能力提升。[2]随着我国越来越"触摸"到国际前沿技术，国外不再有大批先进技术可供引进、吸收，在国外技术"无限供给"的基本面发生根本性变化后，实体经济转型升级将越来越依靠自主创新。

国际经验表明，技术创新不是完整意义上的创新过程，而只是创新链上的一个环节。如果仅仅依靠创新能力提升，而忽略了创新链产业链的深度融合，无法将技术创新转化为产业发展能力，就会对产业转型升级和全要素生产率提升造成阻碍。因此，原始创新、基础创新和应用创新必须嵌入到产业发展中去。从这个意义上看，通过创新链产业链融合发展推动实体经济转型升级，是我国经济实现从高速增长向高质量发展转变的关键所在。倘若我国能在自主创新能力以及创新链产业链融合上取得领先优势，就可以为经济发展奠定新的增长基础，巩固经济长期增长的稳定性。

二、创新链与产业链如何实现深度融合

1. 发挥企业在创新中的主体地位，在市场获益中激发持续创新的动力

与要素驱动阶段相比，创新驱动阶段的经济增长点不再明确，无法确定哪些行业、哪个企业会在技术上有所突破，为经济发展带来新的增长点。在这种情况下，最好的办法是以分散投资应对不确定性，做到"大众创业、万众创新"。这也是我国号召"大众创业、万众创新"的原因所在。[3]根据熊彼特式"创造性破坏"理论，低效率和丧失了比较优势的企业逐步退出，创新型企业则在竞争中脱颖而出。一方面，"大众创业、万众创新"的主体是企业，要让企业成为创新要素

集成和成果转化的生力军。企业创新可重点关注五大前沿领域：人工智能、大数据、物联网、云计算、区块链。其中，人工智能为数字智能，大数据为数字资源，物联网为数字传输，云计算为数字平台，区块链为数字信任。五大技术交叉融合，有望推动经济和社会的底层逻辑实现从"物"到"数"、从"劳动力"到"计算力"的转变。另一方面，企业创新的价值只能通过市场实现，企业持续创新的动力来自市场。"创新始于技术，成于市场"。没有市场力量的驱动，没有获取利益的捷径，企业不会平白无故地去创新。在只有创新才能生存或者获取高额回报的情况下，企业才会源源不断地将自身资源投向创新领域。从创新的市场支撑来看，我国巨大的市场规模决定了企业创新是有先天优势的，巨大的市场会让企业创新行为得到丰厚回报。创新型企业可充分利用庞大的国内国际市场将技术创新与运用的规模效应发挥出来，降低研发和交易成本。对内可通过"腾笼换鸟"式的空间结构调整来推动产业结构转型，实现"雁阵式"产业升级。后发地区可以成为承接先发地区产业链的第二梯队，通过产业梯度转移和逐次升级助推经济增长。对外可利用"一带一路"倡议等蕴含的产业链重构机会，将后发国家纳入市场范围，利用区域间经济水平的差异所带来的要素资源重构和产业梯度转移的机会，在更大的市场空间内兑现创新价值。

2. 疏导"创新—产业"传导环节，畅通技术创新向现实生产力转化的通道

高质量的经济发展必定是创新链与产业链深度融合的发展，高水平创新体系必须是能促进创新链和产业链双向互嵌、协同升级的体系。我国若要顺利实现内生型增长，就必须打通"创新—产业—经济增长"传导路径，其中的关键又在于打通"创新—产业"这个传导环节。创新链产业链深度融合既是优化经济结构的重要途径，也是影响经济新动能转化速度和潜在经济增长率的核心所在。[4]一方面，构建企业与高校、科研院所等创新主体的合作关系。虽然我国一直在尝试破除阻碍创新链产业链对接的桎梏，但由于科研成果转化程序复杂、成果转移中的产权归属不清等现实问题，导致创新链产业链深度对接的机会较少、成本较高，创新对产业发展的支撑潜力未得到充分释放。我国需要精准推进创新链产业链融合对接，积极探索"企业出题、政府立题、协同解题"的产学研合作之路，完善各方共同发展、优势互补、利益共享、风险共担的协同创新机制，形成相对稳定、紧密结合的创新创业生态体系。另一方面，突破创新过程中政府、高校、企业三角螺旋模式的思维束缚，把传统三角之外的主体如消费者、创客等新型主体纳入到创新链产业链融合的范畴中，着力打通技术创新向现实生产力转化的通道，推动创新链产业链高效匹配、高效协同、循环迭代。

3.向产业价值链"微笑曲线"两端发力,推动制造业数字化与服务化转型

从国际经验看,前沿技术一旦在市场经过模仿、扩散,便进入利润微薄的白热化竞争状态。由于我国企业普遍"重生产、轻研发""重制造、轻品牌",产业分工长期处在产业价值链"微笑曲线"的底端。我国应改变被动型、依附型的国际分工,向产业价值链"微笑曲线"两端发力,从加工制造向服务营销和研发设计两个价值链高点移动,从模仿型的低成本优势向高盈利、高附加值的质量优势转变,构筑自身在全球竞争中的新优势。一方面,通过对传统产业的改造升级实现产业结构的"突围",借由培育新兴产业实现经济结构深度调整的"破题"。我国经济新动能的形成,既体现在以全要素生产率提升为标志的传统制造业转型升级上,也体现在以打造自主创新能力体系为主导的战略性新兴产业的培育壮大方面。我国需瞄准技术前沿,加快集聚一批高能级创新要素,沿着价值链进行产业转型升级,加速新旧动能接续转换,推动产业形态从离散转向集聚,产业层级从中低端转向中高端,产业结构从规模经济转向高附加值经济。另一方面,推动制造业的数字化和服务化转型。运用数字技术改造传统制造业,通过产业链集聚、网络化协作弥补自身不足,从企业主导模式向共享制造、个性化定制等消费者主导模式转型。提升数字制造、智能制造水平,打造协同制造平台,以网络化协作弥补单一企业资源短板,[5]实现"数据信息畅通、供需产能对接、生产过程协同、员工资源共享"。

4.强化知识产权补贴和税收优惠政策,让知识产权保护的制度篱笆"通上电"

创新的成本是很高的,如果知识产权侵权的成本很低,那么整个创新系统就会失去原动力。在知识产权保护上,我国制定的制度不可谓不多,但由于部分制度篱笆没有"通上电",知识产权侵权成本低,而维权周期长、成本高,导致即使"赢了官司",也"费了时间、失了效益";在知识产权服务上,当前知识产权服务体系仍不够健全,服务宣传有"堵点"、服务执行有"痛点"、服务落地有"阻点";在知识产权激励上,税收、补贴、采购等政策的合力没有得到充分体现,缺乏对企业研发前端的加计扣除和研发费用的税收抵免,缺少对企业研发后端的"专利盒"制度等税收激励,对尖端和前沿创新等市场失灵领域的政府购买与补贴力度也还不够。对此,需要通过政府购买、补贴和税收优惠等"有形之手"拉动企业自主知识产权产品需求,通过设计多层次政府购买和更有针对性的补贴政策弥补创新产品生命周期早期阶段的"市场失灵"。我国应增加发明专利补贴、技术研发项目补贴、知识产权贯标补贴的强度,创新知识产权示范企业资

助、产业知识产权联盟资助等新资助手段,完善研发费用加计扣除、研发税收减免计划等"输入"端激励,加强"专利盒"制度等"输出"端激励。另一方面,建立专利侵权惩罚性赔偿制度,让知识产权保护的制度篱笆"通上电"。整合自我保护、行政保护和司法保护等多种维权方式,破解知识产权维权周期长、取证难、赔偿低、效果差等问题。对故意侵犯专利权、重复侵犯专利权等行为,在补偿性赔偿基础上,增加 1~3 倍的警示性、惩戒性赔偿,形成知识产权保护的高压态势。这项惩罚性规定在《商标法》里已经有所体现,可以在我国知识产权保护中作为一个重要措施展开。

参考文献

[1]朱玉成.中国跨越"中等收入陷阱"和预防"高收入之墙"的政策创新研究[J].社会科学,2020(4):58-67.

[2]夏庆杰.第二次转型:由制造业大国向创新型强国升级[J].北京大学学报(哲学社会科学版),2016,53(2):13-16.

[3]张述存.论深入实施创新驱动发展战略的"三引擎"[J].经济体制改革,2016(1):14-19.